CICIR

中国现代国际关系研究院美国研究所

美国大势

MAPPING THE USA

[2016]

时事出版社

目　录

第四编 数据资料

第一编

研究报告

美国政治：反建制力量重塑国家走向*

2016 年是美国大选年，政治和社会焦点集中在总统选举、国会选举和州长选举上。唐纳德·特朗普当选美国第 45 任总统，是本年度最大的“黑天鹅”事件之一，不仅引发美国政治强震，还在国际上产生巨大冲击波。特朗普代表的民粹主义思潮和运动，冲破两党建制派、自由派主流媒体、民主党支持群体的反对和束缚，从一种“现象”上升为塑造甚至决定美国内政外交走向的政治力量，反映美国政治、经济和社会诸多领域的深层矛盾，表明美国正经历冷战结束以来最深刻的调整和变革。未来四年美国政治和社会将总体右转，但宪政结构、政党政治、社情民意和利益集团政治等决定了特朗普的施政不会一帆风顺，在某些领域还会受到严重掣肘。各种政治力量的激烈碰撞，将使美国进入一个矛盾尖锐、斗争激化的振荡期。

一、“反建制”派狂飙突进

此次总统选举属于开放式选举，因在职总统奥巴马受任期限制无法谋求连任，不管是初选还是两党候选人对决阶段，竞争均异常激烈。特朗普的民粹主义主张、自由派主流媒体和社交媒体的竞争、候选人之间“互黑”的负面选战、外国“黑客”和“维基”的爆料等，使这场“政治秀”引发全球高度关注。本次选举极富戏剧性，结果令美国和全球精英阶层大跌眼镜。在民主党总统候选人希拉里·克林顿被多项主流媒体民调和国际社会看好、希拉里本人也认为稳操胜券的情况下，特朗普却以 306 张对 232 张选举人票的巨大优势“逆袭”成功，并改写美国政治版图。共和党不仅赢得总统选举，还维持了在国会参众两院的优势地位，扩大了

* 本章撰稿人：张文宗、孟亚波、黄放、李默

在州长选举中的优势。[①]纵观全年，以大选为核心，美国政治和社会呈现几个突出特点：

（一）民粹主义猛烈冲击传统政治结构

选民对政治精英的不信任，对全球化负面效应的不满，汇成愤怒的社会情绪，不仅让一些“圈外人”登上政治舞台，还造就“特朗普现象”和“桑德斯现象”。

在角逐共和党总统候选人的17名参选人中，前佛罗里达州州长杰布·布什、佛罗里达州州联邦参议员马尔科·鲁比奥、得克萨斯州联邦参议员特德·克鲁兹、俄亥俄州州长约翰·卡西奇、威斯康星州州长斯科特·沃克、新泽西州州长克里斯·克里斯蒂等均有从政经验，而纽约房地产商唐纳德·特朗普、神经外科医生本·卡森、惠普公司前首席执行官卡莉·菲奥里纳等则属于政治“圈外人”。其中，特朗普凭借反对“跨太平洋伙伴关系协定”（TPP）、对进口商品征收高额关税、暂缓海外穆斯林入境、大规模遣返非法移民等争议性言论，选情一路看涨。2015年6月参选时，特朗普全国支持率仅个位数，8月便拔得头筹，此后一直处在领先位置。[②] 2016年2月1日艾奥瓦州初选，特朗普得票率位列第二，仅比第一的克鲁兹少3.4个百分点；[③] 2月9日新罕布什尔州初选，特朗普以35.3%的得票率完胜所有对手（位列第二的卡西奇和第三的克鲁兹得票率分别为15.8%和11.7%）[④]。此后特朗普高歌猛进，迫使其竞争对手相继退出选举，在5月便基本锁定共和党总统候选人提名。

参加民主党总统候选人角逐的五人中，对老牌政客希拉里的选情形成挑战的是伯尔尼·桑德斯。桑德斯为佛蒙特州联邦参议员，自称“民主

---

① 11月8日参议院选举后，共和党减少2席，民主党增加2席，加之还有两个独立派议员的席位，新一届国会共和党、民主党和独立派议员的席位分别为52席、46席和2席；众议院选举后，共和党减少6席，民主党增加6席，共和党仍是多数党，与民主党分别占据241席和194席。此次共12个州举行州长选举，选后共和党州长增加3位，共33位，民主党州长减少3位，共16位，阿拉斯加州州长为独立人士。

② http://www.realclearpolitics.com/epolls/2016/president/us/2016_republican_presidential_nomination-3823.html（上网时间：2016年11月27日）

③ http://edition.cnn.com/2016/02/01/politics/iowa-caucuses-2016-highlights/（上网时间：2016年11月19日）

④ http://www.wnd.com/2016/02/new-hampshire-results-all-eyes-on-trump-and-gop-establishment/（上网时间：2016年12月9日）

社会党人"，是长期游离于民主、共和两党之外的独立人士，但参与民主党党团的活动。以要求公立院校学费全免、捍卫"奥巴马医改"、提高最低工资、反对自由贸易及 TPP、打击超级富豪阶层逃税等主张，桑德斯在初选中获得巨大声势，尤其是获得大量年轻选民的支持，对志在必得的希拉里选情形成挑战。2015 年 4 月，桑德斯宣布以民主党人身份参与总统角逐时，全国民调支持率仅 4%—5%，而希拉里的全国支持率则高达 60% 以上。[①]随着选举展开，桑德斯选情看涨：2016 年 1 月与希拉里的差距缩小到不足 10 个百分点（48.3%：39.7%），4 月中旬一度更缩小至 1—2 个百分点。[②]民调上的竞争性体现在初选上：2 月 1 日民主党艾奥瓦州的初选中，希拉里仅以 0.3% 的优势（希拉里 49.9%：桑德斯 49.6%）艰难取得"开门红"，被媒体评价为"虽胜犹败"；[③] 2 月 9 日新罕布什尔州的第二场初选中，桑德斯以 21% 的极大优势（桑德斯 60%：希拉里 39%）拿下一城，士气大振。[④]随后二人在其他州的初选中基本上平分秋色。在 7 月份党代会召开前，希拉里最终凭借民主党大批"超级代表"的支持锁定提名，但桑德斯掀起的"反建制"风暴，已使希拉里"跌落神坛"。加之"维基揭秘"和媒体披露民主党高层以不正当手段打压桑德斯的丑闻，希拉里的声誉受到严重损害。

在两党候选人对决中，希拉里的"电邮门"、"健康门"、克林顿基金会等问题持续发酵，而特朗普也因"猥亵门"、歧视穆斯林言论等问题备受争议。特朗普继续高举反建制大旗，将矛头对准"被操控的体系"、"腐败政客"及希拉里，最终不仅赢得所有"红州"和俄亥俄、佛罗里达、艾奥瓦等重要摇摆州，还历史性地赢得宾夕法尼亚、密歇根和威斯康星三个长期倾向于民主党的"铁锈带"诸州，印证美国反建制力量的强大。[⑤]

此次大选中"第三党"能见度上升，成为影响结果的重要因素。美

---

① http：//www.realclearpolitics.com/epolls/2016/president/us/2016_democratic_presidential_nomination－3824.html（上网时间：2016 年 12 月 7 日）

② 同上。

③ http：//www.npr.org/2016/02/02/465268206/coin－toss－fact－check－no－coin－flips－did－not－win－iowa－for－hillary－clinton（上网时间：2016 年 11 月 15 日）

④ http：//edition.cnn.com/2016/02/09/politics/new－hampshire－primary－highlights/（上网时间：2016 年 11 月 19 日）

⑤ 宾夕法尼亚和密歇根两州 1992 年以来、威斯康星州 1988 年以来历次大选都是民主党总统候选人获胜。

国选举制度客观上有利于两党制，第三党空间被严重压缩，其推出的总统候选人通常被认为“绝对不可能赢得大选”，其政治影响主要体现在分流两大党候选人的选票进而影响大选结果上。[①]大选中，自由意志党总统候选人、新墨西哥州前州长加里·约翰逊展现财政鹰派和社会自由派的立场，拿下约400万张普选票，较2012年的120万张大幅提升。[②]绿党总统候选人吉尔·斯坦拿到约120万张普选票，也高于2012年的46万多张。[③]考虑到特朗普在多个州战胜希拉里的微弱优势及约翰逊和斯坦的“战绩”，如果这些选票相当一部分投给希拉里，则很可能改变大选结果。[④]第三党所获支持率的上升，表明这部分选民对两党及其候选人均不满意，也从另一个侧面反映了反建制的声势。

（二）两党主流势力遭削弱，政治碎片化加剧

特朗普和桑德斯分别在两党内部崛起，与以候选人为中心的选举模式、政党机器弱化等长期趋势有关，但大选暴露出两党凝聚力下降和党内斗争激化等问题，确为冷战结束以来所罕见。

大选期间，传统共和党精英与特朗普之间持续存在着紧张甚至敌对关系。前总统小布什、2012年的共和党总统候选人米特·罗姆尼、前副国务卿佐利克等高官和外交智囊，甚至基层共和党领袖先后联名发表公开信反对特朗普。5月特朗普选情明朗化后，众议院议长瑞安还态度微妙，刻意与其保持一定距离。7月共和党全国代表大会召开前夕，媒体盛传部分共和党领袖考虑通过修改大会程序“搞掉”特朗普。传统的共和党支持自由贸易，在移民问题上试图争取拉美裔选民以抗衡民主党，但这恰恰是“反建制派”特朗普极力反对的。为特朗普胜选立下汗马功劳的极右网站“布赖特巴特新闻”（Breitbart News）执行主席斯蒂芬·班农称，共和党的自由贸易政策和移民政策已经背离了美国工人，必须加以改造。初选中

① http：//www.dailykos.com/story/2014/3/16/1285187/ - Third - Parties - Have - No - Chance - In - The - US - Political - System（上网时间：2016年12月9日）

② http：//heavy.com/news/2016/11/how - many - votes - electoral - did - gary - johnson - get - in - the - presidential - election - libertarian/（上网时间2016年12月9日）

③ http：//heavy.com/news/2016/11/how - many - votes - electoral - did - jill - stein - get - in - the - presidential - election/（上网时间2016年12月9日）

④ 特朗普在四个州领先希拉里的情况：在佛罗里达州为1.2%、密歇根州为0.2%、宾夕法尼亚州为0.7%、威斯康星州为0.8%，而约翰逊和斯坦在四个州共拿到2.9%、4.7%、3.2%和4.7%的选票。

一度对特朗普形成挑战的克鲁兹，获得“茶党”和宗教保守派的支持，实际上也是共和党中的异类。不同选民群体、不同路线和派别的斗争，使共和党一度面临“分裂”的困境。①民主党内，桑德斯与希拉里的竞争，反映极左与温和派路线的分歧。希拉里获得奥巴马政府、整个政党机器的力挺和绝大多数非洲裔和拉美裔选民的支持，而桑德斯则获得大学生和千禧年一代的青睐。

与反建制的浩大声势相一致，两党内部的温和派均受到更激进的政治势力及其选民群体的挑战：特朗普和克鲁兹推动共和党右倾，而桑德斯和参议员伊丽莎白·沃伦等推动民主党左倾。在政治光谱向两极移动的同时，两党党纲在移民、控枪、堕胎、最低工资等问题上分歧依旧，但均更加强调打击权贵资本和倡导“公平贸易”。② 两党的总统候选人在反全球化和反自由贸易上反而具有了更多共性。

（三）两党斗争致奥巴马政府多项议程受阻

在两党围绕大选激烈攻防的同时，两党斗争还围绕气候变化、控枪、大法官提名等议题展开。执政末期的奥巴马政府力图留下更多“遗产”，但多项政策受到共和党阻挠。

为推动巴黎气候变化大会达成协议，奥巴马政府 2015 年 8 月推出“清洁电力计划”，为各州电厂制定减排标准并要求落实，以实现 2030 年全美发电厂碳排放量比 2005 年下降 32% 的目标。③此举遭到共和党的强力抵制，参议院多数党领袖米奇·麦康奈尔和众议院议长瑞安均表示反对，前者还致信各州州长呼吁其不予配合，后得克萨斯、佛罗里达等 24 个州联合起诉环保署。④在首都华盛顿哥伦比亚特区联邦上诉法院尚未做出裁决之际，保守派占优的最高法院（保守派与自由派法官分别为 5 名和 4

① Adam Clymer，“The GOP Mess”，April 16，2016，http：//www. huffingtonpost. com/adam – clymer/on – the – gop – mess_ b_ 9708254. html?（上网时间：2016 年 12 月 8 日）

② Republican Platform 2016 and 2016 Democratic Party Platform，July 21，2016.

③ 在美国的电力结构中，煤炭发电占比最高，达到总量的 37%，水力和可再生能源发电则分别仅占 7% 和 5%。https：//www. nrc. gov/docs/ML1408/ML14086A551. pdf（上网时间：2016 年 11 月 27 日）

④ http：//thehill. com/policy/energy – environment/273774 – mcconnell – tells – states – to – stop – planning – for – epa – climate – rule（上网时间：2016 年 11 月 27 日）

名）主动介入，裁决暂停实施该计划。[①] 2016 年 5 月，针对北卡罗来纳州 3 月颁布一项“厕所法”，要求跨性别者按照出生时的性别如厕的做法，司法部和教育部根据奥巴马的授意，联合向全美接受联邦政府资助的学校发出“重要指导”，要求这些学校允许跨性别学生按照“心理性别”使用卫生间和更衣室。联邦政府的“如厕令”引起争议，11 个州（其中 9 个是共和党人担任州长）集体向得克萨斯州北区的联邦地区法院提起诉讼，认为联邦的指令侵犯州权，要求法院叫停。[②] 8 月 21 日，该地区法院的法官奥康纳裁决暂停执行“如厕令”。控枪问题上，两党斗争同样十分激烈。2016 年 1 月，奥巴马颁布任内最后一个“控枪令”，强化对枪支买卖双方的审查和限制。除国会两院的共和党领袖外，多位共和党总统参选人、共和党全国委员会主席普里伯斯等均予以反对。[③] 6 月奥兰多枪击案发生后，两党议员围绕控枪议案恶斗，最后闹到民主党议员在国会静坐抗议、而共和党议员利用席位优势提前宣布国会休会的程度。2 月最高法院保守派大法官安东宁·斯卡利亚去世后，奥巴马提名自由派法官加兰德，但共和党议员拒绝召开听证会。参议院共和党领袖麦康奈尔直言，国会不会对这一提名做任何回应，大法官空缺应由新总统提名填补。[④]

（四）社会裂痕扩大与族群矛盾上升

特朗普打破“政治正确”禁忌，以“受害者心态”看待移民问题，并多次发表涉嫌种族和性别歧视的竞选言论，不仅刺激美国排外主义情绪，还引发大量抗议活动。在特朗普竞选集会上，闹场与驱离等“暴力现象”频繁上演。7 月共和党在俄亥俄州克利夫兰召开全国代表大会前夕，媒体普遍担忧 1968 年民主党全国代表大会期间“芝加哥暴动”的场

---

① https：//www. washingtonpost. com/news/volokh – conspiracy/wp/2016/02/09/supreme – court – puts – the – brakes – on – the – epas – clean – power – plan/？ utm_ term = . 424ca03d8afc（上网时间：2016 年 11 月 27 日）

② https：//www. insidehighered. com/news/2016/03/28/north – carolina – bathroom – law – could – change – practices – public – colleges – and – universities；http：//abcnews. go. com/US/obama – administration – public – schools – transgender – students – access – bathrooms/story？ id = 39081956（上网时间：2016 年 11 月 27 日）

③ http：//edition. cnn. com/2016/01/05/politics/obama – executive – action – gun – control/index. html；http：//dailycaller. com/2016/06/14/rnc – the – terrorists – win – if – we – implement – what – obama – and – hillary – are – proposing/（（上网时间：2016 年 11 月 27 日）。

④ http：//edition. cnn. com/2016/09/13/politics/mitch – mcconnell – merrick – garland – lame – duck/（上网时间：2016 年 10 月 19 日）

面重演。特朗普胜选后，纽约、洛杉矶、旧金山、波特兰等地随即出现抗议活动，一些城市还出现小规模骚乱。抗议人群高举“这不是我的总统”、“特朗普是种族主义者”等标语，反对特朗普当选。警民冲突也延续过去几年的高发态势，加剧社会对立。在紧张的社会气氛中，7 月连续发生三起严重的、有种族冲突色彩的枪击事件，其中达拉斯五名警察和巴吞鲁日三名警察被杀。警民冲突背后，是美国警察执法过程中对黑人歧视性的“种族归类”及警察部门的军事化。“黑人的命是命”的运动反过来又引发“所有人的命都是命”、“警察的命也是命”的抗议运动。双方针锋相对，互不相让，在媒体的报道和渲染下加剧了社会对立情绪。

二、“特朗普现象”下的深层矛盾

特朗普与希拉里戏剧性的对决结果，离不开两位总统候选人的性格、履历、竞选策略，更离不开美国的国内小气候，与国际大气候也息息相关。必然性和偶然性交织、个人因素和社会因素叠加，为我们分析美国政治和社会提供了更全面的视角。

从全球视角看，“特朗普现象”既非孤立，也不能说完全出乎意料。在世界政治处在新旧秩序转换、国际体系“正经历 400 年来未有之大变局”的过渡期，在经济全球化、政治多极化、社会信息化、威胁多元化和文化多样化的影响下，伴随着新兴国家的群体性崛起，西方世界整体性低迷、正经历剧烈的内部调整。[①]经济全球化和科技进步在极大促进国际贸易和投资、使国际社会整体受益的同时，也加剧了各国之间和一国内部的不平等问题。资本向低成本国家的流动及技术扩散，将发达国家的低端劳动者置于不利境地。非法移民问题不仅进一步加剧了这些劳动者的困境，还威胁到他们的文化和生活方式。西方国家错误的反恐政策和在中东的过度干预，则使难民问题和恐怖主义问题交织在一起，使上述情况更加严重。英国“脱欧”、奥地利右翼崛起、法国极右翼政党“国民阵线”领导人玛丽娜·勒庞声望看涨等，是部分发达国家部分群体生活今不如昔、缺乏安全感的反映，是发达国家反全球化、反精英、反建制、反移民情绪在政治上的表现。

---

① 袁鹏：《四百年未有之变局：中国、美国与世界新秩序》，中信出版集团，2016 年版，第Ⅻ页。

特朗普代表的美国民粹主义崛起，是发达国家民粹主义兴起的重要部分。美国曾是全球化的旗手，全球化一度还因美国扮演的角色被贴上“美国化”标签。2008年金融危机表面上是次贷危机的产物，深层看是全球化负效应和美国对外战略失误的结果。特朗普的竞选及其成功，是美国政治、经济和社会问题长期得不到解决而持续发酵的结果。

从政治上看，美国政治体系“响应性”差。白人蓝领的困境是长期形成的，而两党均未能及时有效地予以回应和解决。自里根总统以来，共和党偏爱减税、小政府和放松金融监管等政策，这有利于维护大企业的利益，不利于工会发展和增强集体谈判权。特朗普当选时，美国工会成员占工人的比重已从克林顿总统当选时的22%下降到12%。[①]自罗斯福新政以来，民主党就标榜代表工会和中下层民众的利益。不过，20世纪90年代克林顿政府重视自由贸易并奉行“中间道路”后，与硅谷、好莱坞及华尔街的关系也日益密切，对蓝领白人受到的冲击不够敏感。奥巴马执政期间高度重视“制造业回归”和工会的权利，但也未能扭转工人阶层工资下降的趋势。[②]为拓展选民基础，民主党更积极地“讨好”少数族群、女性和“女同性恋、男同性恋、双性恋、跨性别”（LGBT）群体，大搞“认同政治”。奥巴马任内推动“赦免”非法移民、支持同性婚姻、出台照顾LGBT群体政策等，引发了社会保守力量的反弹。除两党有意或无意地“忽视”工人阶级外，美国三权分立的宪政结构和有助于政治极化的国会选区划分，也增加了改革的难度。面对日益激烈的国际竞争和国内的各种积弊，两党却为追逐权力大搞“否决”政治，重大的政策议程难以推进。奥巴马政府极为重视的大规模基础设施建设、进出口银行授权等就因预算问题或大打折扣或胎死腹中。民众对两党恶斗的不满、对国家发展方向的困惑、对国会的极低满意度、对利益集团“绑架”政治议程的深恶痛绝等，都通过强烈的反建制情绪迸发出来。

从经济上看，美国最大的问题是发展不平衡。金融危机以来，美国经济在发达国家中率先复苏，失业率、通胀水平等基本指标不错，但区域经济发展不平衡问题没有得到有效解决。冰冻三尺非一日之寒。20世纪70年代初以来，经工业革命、美国内战和二战期间欣欣向荣的大湖区和中西

---

① Thomas Frank, “Donald Trump is moving to the White House, and liberals put him there”, Nov. 9, 2016, https://www.theguardian.com/commentisfree/2016/nov/09/donald-trump-white-house-hillary-clinton-liberals（上网时间：2016年11月21日）

② Ibid.

部地区的经济遭遇挑战。以煤炭、钢铁和汽车为主导的传统制造业竞争力下降，工厂或倒闭或外迁，继而产生失业率上升和财政亏空等问题。这个被称为“铁锈带”（Rust Belt）的地区，在新世纪以来已日益重视研发投入和产业转型升级，部分城市在生物、纳米和机器人等领域也取得不俗的成绩。但总体而言，这个地区的经济和社会发展状况差强人意，人口持续萎缩。[①]相反，美国西海岸依靠信息技术等高科技产业和跨太平洋贸易，成为美国经济增长的重要引擎；南部“阳光地带”，尤其是得克萨斯等州则凭借气候、成本和油气资源等方面的优势蓬勃发展。此次大选，“铁锈带”诸州在支持特朗普上展现高度的一致性，已经很说明问题。

从社会分配上看，最大问题是居民财富和收入的不平衡。在华尔街、跨国公司、高科技企业的大股东和高管财富膨胀的同时，美国中下层百姓的实际收入却在下降，家庭收入中位数低于16年前。[②]中产阶级人口在2015年还首次低于高、低收入人口之和，“橄榄形”社会的“腰围”变细。[③] 贫富差距扩大和中产阶级萎缩等问题，让相当一部分美国人感到前途渺茫，社会充满焦虑情绪。美国有线电视新闻网（CNN）的一项民调显示，59%的受访者不再相信“美国梦”。“铁锈带”地区的蓝领工人，成为“中产阶级塌陷”的典型代表，成为特朗普所代表的那些“被遗忘的人”的象征。根据CNN在大选后做的出口民调，在未取得大学学历的白人选民中，67%支持特朗普，仅28%支持希拉里。[④]

---

① 从2000年至2015年，密歇根的底特律、弗林特，俄亥俄州的克利夫兰、扬斯顿、代顿，宾夕法尼亚的匹兹堡，伊利诺伊州的芝加哥、迪凯特，印第安纳州的加里等市县的人口均在下降，其中部分地区下降幅度在20%以上。https：//www.census.gov/popest/data/cities/totals/2015/SUB－EST2015.html（上网时间：2016年12月8日）

② Naomi Klein，“It was the Democrats'embrace of neoliberalism that won it for Trump”，Nov.9，2016，https：//www.theguardian.com/commentisfree/2016/nov/09/rise－of－the－davos－class－sealed－americas－fate（上网时间：2016年11月21日）

③ 从1971年至2015年，美国中产阶级覆盖的成年人口从8000万增加到1.208亿，同期富裕阶层和下层的成年人口从5160万增加到1.213亿，中产阶级人口近半个世纪以来首次低于50%。美国的中产阶级，用美国人口普查局的定义，指家庭收入水平是美国家庭收入中位数的2/3到两倍的家庭，高收入家庭和低收入家庭则居于这一收入区间的两端。对美国一个三口之家来说，按照2014年的收入水平，中产阶级家庭的年收入从4.2万美元到12.6万美元。See“The American Middle Class Is Losing Ground：No longer the majority and falling behind financially”，Dec.9，2015，http：//www.pewsocialtrends.org/2015/12/09/the－american－middle－class－is－losing－ground/（上网时间：2016年12月8日）

④ “Exit Polls”，http：//edition.cnn.com/election/results/exit－polls/national/president（上网时间：2016年12月10日）

从社会文化上看，美国的种族和族群问题继续凸显。白人蓝领在抱怨就业岗位被新兴经济体“夺走”的同时，也将愤怒情绪发泄到拉美裔等少数族裔和非法移民身上。他们认为，非法移民抢占有限的福利资源、压低工资水平；联邦政府长期推行的照顾少数族群的“平权行动”对他们还构成“反向歧视”。随着少数族裔人口的迅速增长及美国人口结构的相应变化，他们还担心“白人盎格鲁—萨克逊新教徒”（WASP）的文化价值观受到进一步冲击。[①] 特朗普反对“政治正确”和严打非法移民的主张，直白地呼吁对抗和摧毁“极端伊斯兰恐怖分子”和阻隔海外穆斯林入境等争议性言论，可能说出了这一群体的心声。从绝大多数白人选民（包括30岁以上的白人选民、女性白人）支持特朗普，而绝大多数非洲裔和拉美裔选民支持希拉里来看，种族和政治的“联姻”仍然是一个不争的事实。[②]

另外，特朗普胜选也与候选人个人特质、偶然因素、选举策略和制度设计有关。从候选人个人因素上看，希拉里和特朗普都带有明显缺陷，互被对方称为“骗子”和“疯子”。作为政坛老面孔，希拉里政治包袱不轻。与其相关的“电邮门”、克林顿基金会等丑闻在选举期间持续发酵，尤其是“维基揭秘”披露希拉里与华尔街搞利益交换、与民主党高层串通打压桑德斯等细节，令选民对其政治信誉产生严重质疑。10月底联邦调查局宣布重启对希拉里“电邮门”调查，但一周后又宣布维持7月份“不予起诉”的决定，更加重了选民对政客间相互包庇勾结的疑虑，对其选情形成重大打击。与2012年奥巴马竞选连任时相比，少数族群和年轻人对希拉里的支持都出现明显下降。其中，拉美裔选民的支持率下降6%，18—29岁的年轻人、未婚女性和非洲裔的支持率分别下降5%。在俄亥俄州这样的关键摇摆州，希拉里在拉美裔中的支持率比奥巴马下降

① 美国人口普查局的数据显示，2015年，少数族裔在一岁以下婴儿中占比为50.2%。这一年有199.5102万名少数族裔婴儿诞生，略微超过白种婴儿的198.2936万名。如果这一趋势发展下去，白人在未来几十年后将成为人口的少数。See “It’s official：Minority babies are the majority among the nation’s infants，but only just”，http：//www.pewresearch.org/fact－tank/2016/06/23/its－official－minority－babies－are－the－majority－among－the－nations－infants－but－only－just/（上网时间：2016年12月8日）

② 特朗普和希拉里在白人选民中支持率分别为58%和37%，在白人男性中的支持率分别为63%和31%，在白人女性中的支持率分别为53%和43%。特朗普与希拉里在非洲裔中的支持率分别为8%和88%，在拉美裔中的支持率分别为29%和65%。See “Exit Polls”，http：//edition.cnn.com/election/results/exit－polls/national/president（上网时间：2016年12月10日）

11%，在18—29岁年轻人中的支持率下降达13%。[①] 特朗普因其个性自恋、政策偏激、言谈粗俗饱受非议，“录音门”事件险些葬送其竞选前途。但作为政治“素人”，特朗普没有多少政治包袱，他口无遮拦、敢打敢冲的风格又塑造了与传统政客截然不同的“强人”形象。与其让“虚伪政客”重返白宫，不如给有道德瑕疵的特朗普一个机会，这一选择符合选民求新求变的心理。

对两人的竞选策略，我们也不妨做一回事后诸葛亮式的分析。争夺“铁锈带”是决定此次选举的关键。在过去的两次选举中，奥巴马均赢得这几个州。希拉里过于自信，以为可以十拿九稳地赢得威斯康星和密歇根州，因此在候选人对决阶段根本没去威斯康星州拜票，在明尼苏达和密歇根等州投放的竞选广告也不多，反而跑去“红州”亚利桑那州深耕细作，企图挖特朗普的墙角。[②] 希拉里在选前一周发现威斯康星州有“跳票”危险时，也未亲自去补救，而只让奥巴马去助选，终于以微弱差距丢掉这一地带。

美国的选举人团制也有利于特朗普。尽管希拉里赢得了加利福尼亚、纽约等人口大州，所获得的普选票比特朗普还多280多万张，但特朗普凭借选举人票的压倒性优势而当选。这是21世纪以来连续第二次民主党总统候选人赢得普选票却输了选举。在总统选举层面，美国人口发展的长期趋势有利于民主党，但由于亲民主党的新移民大部分都在“蓝州”聚居，在大城市寻找工作机会，很少深入亲共和党的“红州”腹地。另外，共和党更善于巧妙地改变选区划分，增加己方的票源，因此仍然能够在超过半数的众议员选区维持人口优势，以此维持对众议院的控制。[③]

总之，特朗普意外胜出、各种选前民调的失准和选后的出口民调，表明特朗普的支持群体不仅限于蓝领白人，而是包含相当一部分不满现状但平时不愿表达的“沉默白人”。在全球主义和多元文化主义的冲击下，仍

---

① John B. Judis, “Why identity politics couldn’t clinch a Clinton win”, November 11, 2016, https://www.washingtonpost.com/opinions/why-identity-politics-couldnt-clinch-a-clinton-win/2016/11/11/ed3bf966-a773-11e6-8fc0-7be8f848c492_story.html（上网时间：2016年12月8日）

② Nate Cohn, “Why Trump Won: Working Class Whites, Nov. 9, 2016, http://www.nytimes.com/2016/11/10/upshot/why-trump-won-working-class-whites.html?r=0; Abby Phillip, John Wagner and Anne Gearan, “A series of strategic mistakes likely sealed Clinton’s fate”, *Washington Post*, Nov. 11, 2016（上网时间：2016年11月11日）

③ 黄湘：《美国裂变：大历史转折点上的总统大选》，中信出版社，2016年版，第58页。

占人口绝大多数的白人对国家认同和身份认同的困惑，对两党政治恶斗的不满、对经济和分配不平衡的愤怒，都通过这次大选充分表达出来。决定特朗普胜选的大趋势是基础和根本，一些技术性因素则有表面性和偶然性。

三、评估与展望

特朗普的胜选，表明美国民粹主义在政治上得势。凭借强悍的个性和民意的支持，当选总统特朗普誓言要大干一场。他在政权交接期间与奥巴马政府频生龃龉，一度引发媒体关于美国存在“两个总统”的质疑。其重用家人和“近臣”、提名与自己理念一致的内阁官员、重用执行力强的退役军人等，展现了以民粹主义理念、依靠政治运动打破政治僵局和利益集团束缚、以局外人身份改造华盛顿的决心。

首先，美国政治将右转，但贸易政策将与传统共和党拉开距离，更具保护主义色彩。特朗普依靠民粹主张胜选，必然回馈将其送入白宫的共和党传统选民和白人蓝领，积极履行竞选承诺。新一届政府和国会均由共和党控制，有利于共和党“反转”奥巴马总统和民主党过去八年的自由主义议程。特朗普胜选后，众议院议长瑞安即表示愿与其一道“推动保守主义议程”。经济上，特朗普承诺推动减税、去监管、发展煤炭和油气等传统能源；社会问题上除废除“奥巴马医改”外，还将在移民、堕胎、控枪、宗教和LGBT群体的权益等问题上趋于保守。上述政策符合共和党的一贯主张，是府会有较大公约数的地方。但在国际贸易和投资上，特朗普将偏离共和党偏好自由贸易的传统，奉行“经济民族主义”或激进的贸易保护主义。此次大选期间，三位声势较高的总统参选人桑德斯、希拉里和特朗普均高举“公平贸易”的大旗，反对TPP，表明贸易保护主义在美国已形成跨党共识，具有广泛的政治和社会基础。未来特朗普的对外贸易和投资政策，不仅将延续奥巴马政府反对外包、重振实体经济等做法，还可能重新谈判《北美自由贸易协定》（NAFTA），向中国、日本、德国等对美贸易顺差大国施加更大压力，并对跨国公司出口至美国的产品征收所谓“边境调节税”。[①] 特朗普实际上杂糅了两党的经济主张，对内

---

① “Donald J. Trump Delivers Groundbreaking Contract For The American Voter In Gettysburg”, Oct. 22, 2016, https: //www. donaldjtrump. com/press - releases/donald - j. - trump - delivers - groundbreaking - contract - for - the - american - vote1（上网时间：2016年12月8日）

是传统的共和党，对外则更像民主党。他以当选总统的身份直接干预部分企业的生产经营活动，阻止其海外投资行为，就与传统共和党的立场大相径庭。

其次，美国政治斗争和社会分化将更加严重。特朗普自恋和张扬的个性、戏剧性的选举结果、极度分裂的民意，彰显美国党争和社会分裂加剧的现实。特朗普胜选后数天，华盛顿、芝加哥等多个大城市爆发规模不等的示威活动，成为“分裂的美国”的真实写照。① 特朗普虽然赢得总统选举，但他显然不是一个众望所归的政治人物。作为“少数票总统”，他实际上并未获得充分的“选民授权”。特朗普如果以激进的方式推行政策主张，将激化与各种反对势力的矛盾，导致执政环境迅速恶化。在美国多元政治和多元社会的环境中，这种反对和阻力是正常的，但特朗普遇到的阻力将更大。这主要体现在三方面：一是在共和党内与建制派的磨合。特朗普在大选中受到相当一部分党内精英的反对，很难放下心结。其重用民粹运动的重要推手班农，将延长双方的磨合期。② 大搞基建的计划已获得两党部分议员的支持，但若资金问题得不到很好的解决，其推高财政赤字的做法也将受到财政保守派的反对。③ 二是宪政结构的制衡。反对者可通过立法和司法手段阻挠特朗普的议程。民主党在国会是少数派，但着眼于2018年中期选举和下次大选，必将坚持“逢特必反”的原则，在特朗普的内阁人事批准、最高法院大法官任命、年度预算、减税等议题上搞“否决政治”。两党难以建立大幅推动改革的跨党共识，府会斗争的形式反而会更多样。三是社会层面的抵制。特朗普废除“奥巴马医改”、反堕胎、严打非法移民等政策，不可避免地激起民主党基本盘选民和自由派媒体的反弹。特别是如果特朗普大规模驱逐没有犯罪记录的非法移民、暂停“与恐怖主义有关联”的部分国家居民入境，可能引发一定程度的混乱。此外，在外交领域，如果特朗普兑现一些“出格”言论，如执意推动美

---

① Melanie Eversley，Aamer Madhani and Natalie DiBlasio，“Thousands across the USA protest Trump victory”，http：//www. usatoday. com/story/news/2016/11/09/anti – trump – protests – erupt – new – york – chicago/93570584/（上网时间：2016 年 12 月 20 日）

② Tom Kludt，“What you need to know about Steve Bannon，Trump's chief strategist”，Nov. 14，2016，http：//money. cnn. com/2016/11/14/media/steve – bannon – breitbart – trump – white – house – adviser/index. html（上网时间：2016 年 12 月 20 日）

③ Kathryn A. Wolfe and Lauren Gardner，“ Conservatives vs. Trump ' s infrastructure plan”，http：//www. politico. com/story/2016/11/conservatives – vs – trumps – infrastructure – plan – 231221（上网时间：2016 年 12 月 20 日）

俄缓和关系，将激化与两党建制派和官僚机构的矛盾，遭到多方掣肘。[①]总之，特朗普鲜明的个性、不宽容的执政风格和极端的政策主张，将加剧共和党内部、政府与国会、政府与自由派媒体、政府与社会之间的的复杂碰撞，让美国社会长期处于焦躁不安状态。

再次，两党都面临寻找“党魂”的问题。特朗普作为局外人当选，是两党建制派的失败，将迫使两党重新定位，以扩大各自的选民基础。“铁锈带”诸州的选民成规模地从民主党倒向特朗普，标志着美国政治出现“选民重组”或“政党重组”的势头。特朗普在上述诸州普选票中取得的微弱优势、第三党对民主党选票的分流等，又表明这种“重组”是脆弱的。可以说，这些州的白人蓝领可能成为摇摆州中的“摇摆群体”，成为两党必争的关键票仓。共和党在坚持保守主义的同时，必须重新定义作为大企业代言人的身份，协调大企业和白人蓝领的关系，缓解劳资矛盾。小布什和奥巴马政府时期，共和党的策略是在移民问题上采取温和态度，以图吸引拉美裔选票。特朗普反其道而行之，通过贸易保护、严打非法移民等主张赢得白人蓝领的支持，迫使民主党处于守势。败选后的民主党则面临选择：一条路是在守住基本盘选民的前提下，积极向白人蓝领示好，以重新赢回后者的“芳心”。如果这一策略难以奏效，民主党将选择另一条路，即回到本党核心上，更积极地推动“认同政治”，靠提高少数族群和年轻人的登记率和投票率追求胜选。因此，民主党全国委员会主席的竞选，将透露出民主党重塑政党认同的蛛丝马迹。

最后，美国将经历一场影响深远的变革。反建制、反全球化不是短期现象，不是特朗普“一个人的战争”。充满愤怒和失望情绪的选民推动政治体系做出反应，并进而迫使政府做出改革。社会大众的诉求是提高收入水平、缩小贫富差距、减少社会不公、限制金钱等权势集团对政治的过度干预，实质是要求清除资本主义制度和选举政治的积弊。两党改革的基本目标和内涵有很大的相似性，但在改革途径、方式和手段上却缺乏共识。从更长的历史时期看，当前美国政治和社会处在多种力量激烈博弈的“十字路口”。20世纪以来，美国经历几个大的政治周期，也随之完成几次具有全局性和战略意义的改革。从罗斯福“新政”到20世纪60年代末，自由主义改革占主流，政府更注重推动经济和社会的平等；从里根推

① Michael Crowley, “A Russia reset? Maybe not yet”, Nov. 28, 2016, http://www.politico.com/story/2016/11/trump-putin-russia-231785

行新自由主义到2008年金融危机，政策更注重经济自由和效率。三十年河东，三十年河西。奥巴马政府高举“改变”的旗帜，力图在新的历史起点上再造“新政”之路，但遭到保守力量的抵制。2016年大选乱象，恰是利益和价值观存在冲突的多股力量在激烈博弈。在“极化”和碎片化相互叠加的政治环境下，特朗普的右翼民粹主义将遭到左翼力量的抵制，传统的两党左右之争也不会减弱。美国政治和社会，将在多种力量的拉扯中剧烈晃动，使美国在寻找“再次伟大”的道路上摸索更长时间。

美国经济：收官之年延续向好态势*

2016 年是奥巴马总统第二任期的最后一年。受美国大选环境的影响，奥巴马政府年内政策主基调是保持政策稳定，着力推动已出台政策措施的落实。全年经济继续保持向上态势。为巩固经济成果，美联储直到 12 月份才小幅加息。从奥巴马手中接过美国经济接力棒后，特朗普能否实现其竞选时主张的推动美国经济大发展，有待观察。

一、经济继续温和增长，基本面韧性增强

2016 年美国经济向好迹象明显，1—4 季度分别实现 0.8%、1.4%、3.5% 和 1.9% 的增长，全年实现 1.6% 的增长率。[①] 不及 2014 年和 2015 年 2.4%、2.4% 的增速。从就业形势来看，劳动力市场接近充分就业。据美国劳工部统计，全年美国失业率平均水平达 4.86%，月均非农就业人口超 20 万人。[②] 劳动力市场持续稳定，接近美联储设定的充分就业目标。由于经济向好，企业雇工意愿上升，劳动力市场现供给紧张局面，导致薪资价格上涨。据美国劳工部统计，2016 年薪资价格上涨 2.3%。[③] 从实际收入看，今年以来，诸多美国零售业、餐饮业巨头主动提高临时工最低时薪。12 月企业平均时薪增长 2.9%，创 2009 年 6 月以来最高增速。[④] 2016 年国际油价趋稳，居每桶 50 美元上方，美元升值放缓，仅升值 4%。

---

* 本章撰稿人：余翔、马雪、孙立鹏

① Bureau of economic analysis：https：//www. bea. gov/iTable/iTable. cfm? ReqID = 9&step = 1#reqid = 9&step = 3&isuri = 1&903 = 1/（上网时间：2017 年 2 月 16 日）

② Bureau of labor statistics：https：//www. bls. gov/bls/newsrelease/empsit. htm#2016（上网时间：2017 年 2 月 16 日）

③ Bureau of labor statistics：https：//www. bls. gov/ncs/ect/（上网时间：2017 年 2 月 16 日）

④ Bureau of labor statistics：https：//www. bls. gov/news. release/empsit. t24. htm（上网时间：2017 年 2 月 16 日）

因此随着薪资上升加快，通胀水平提升有所加快。特别是特朗普胜选以后，由于其大兴基建和大幅减税的竞选承诺，让市场呈现 V 型反转，推高市场通胀预期。2016 年 1—4 季度核心通胀率分别为 2.1%、1.8%、1.7%、1.3%，通胀或接近甚至达到美联储 2% 目标。2016 年美国贸易总体对美国经济发挥了正面推动。1—3 季度净出口对 GDP 贡献率分别为 0.01%、0.18%、0.85%，出口同比增长率分别为 -0.7%、1.8%、10%。[①] 从经济增速、就业、收入、通胀等主要指标看，当前美国经济已进入金融危机以来的“最佳状态”。

为推动美国经济继续平稳增长，奥巴马政府放松了“自动减支”机制硬性约束，加大了财政投入。2016 财年，美国财政预算支出总规模达到 38970 亿美元，较 2011 年《预算控制法案》规定的水平增加 500 亿美元，较 2015 财年增加 2000 亿美元。在基础设施建设、教育、工作培训、科研和健康等领域，奥巴马政府的财政投入均有所增加。奥巴马推动通过的《修复美地面运输法案》《保护美国人免受加税法案》年内开始实施。《修复美地面运输法案》计划从 2016 年开始，在随后的 5 年内共投资 3060 亿美元，更新道路、桥梁、公路等基础设施。《保护美国人免受加税法案》，继续针对拥有儿童的家庭、高学历学生等群体进行减税，对中小企业投资、研发试验投入提供税收抵扣。该项法案计划为 2400 万个美国家庭每年减税 1000 美元，每年减税总额 2400 亿美元。[②] 此外，奥巴马还在任内的最后一年着力推动“两洋”自由贸易协定谈判，希望能建立“以规则为基础的自由贸易”，推动美国经济发展，同时留下自己的政治遗产。2016 年 2 月 4 日，12 个成员国正式签署“跨太平洋伙伴关系协定”（TPP），随后 TPP 进入各国国内审批程序。2016 年，美国—欧盟共进行了 4 轮“跨大西洋贸易与投资伙伴协定”（TTIP）谈判，在加强监管合作、关税过渡安排、合并谈判文本等方面取得积极进步。但随着进入美国大选，民粹主义、贸易保护主义抬头，两党分歧愈加严重，TPP 国内审批受阻。美欧双方互信减弱，TTIP 谈判进展放缓。凡此意味着 TPP 在美国已宣告终结，TTIP 陷入泥沼。若 TPP 能实施和 TTIP 能达成，世界贸易规则有望达到一个新的历史高度。

---

① Bureau of economic analysis：https：//www.bea.gov/iTable/iTable.cfm? ReqID = 9&step = 1#reqid = 9&step = 3&isuri = 1&903 = 1/（上网时间：2017 年 2 月 16 日）

② CBO，An Analysis of the President's 2017 Budget，MAR. 2016，p. 2 https：//www.cbo.gov/sites/default/files/114th - congress - 2015 - 2016/reports/51383 - APB. pdf

在 2016 年初中国金融市场冲击、6 月英国“脱欧”影响、“特朗普效应”和 2016 年底美联储第二次加息这几大冲击考验后，美国经济仍表现出抵抗危机的较强韧性和弹性。横向比较，美国表现优于其他发达国家。金融危机后，美国先于其他发达国家复苏，经济表现在主要发达国家中表现亮丽。2009—2015 年日、欧及整个发达经济体实际年均增长分别为 1.1%、0.4% 和 1.06%，与美 1.81% 的同期增长水平存较大差距。美国经济韧性增强主要动力来自：一是内生性增长动力增强。私人消费增速仍明显快于实际 GDP 增速。2016 年私人消费增长 2.7%，拉动美国经济贡献达 1.82%。[①] 就业形势改善提升家庭收入。据美国经济分析局统计，2016 年全美个人支配收入总额达 14.38 亿美元，同比上涨 2.7%。[②] 2016 年全年，国际油价始终低位徘徊，平均约 50 美元/桶。低油价令消费者有更多支付能力购买商品和服务。大选结束后，美消费者已摆脱大选前政治不确定因素影响，2016 年 12 月个人消费支出环比增长 0.5%[③]，密歇根消费情绪指数达 98.2，创 2004 年以来新高。[④] 二是企业业绩靓丽。受经济基本面提振，一半以上的标普 500 成份股公司业绩靓丽，从他们发布财报数据看，四季度收益上涨 8.2%，创 2014 年 3 季度以来最佳表现。《华尔街日报》称，利润增长是股价的长期推动因素，利润持续反弹将支撑股价节节攀升。三是财富效应显现。由于美国企业利润提升，宽松货币环境等因素，美国股票市场保持繁荣。尤其是，美国大选因素虽导致市场短期波动，但特朗普胜选后市场出现“特朗普效应”，助推美国股市大幅飙升。2016 年，标普指数从 2012.66 点上升至 2238.83 点，道琼斯指数从 17148.94 点飙升至 19762.6 点，纳斯达克指数从 4903.19 点上升至 5383.12 点，涨幅分别达 11.24%、15.2% 和 9.78%。[⑤] 财富效应显现，有利于市场信心和刺激私人消费，增强家庭购买耐用消费品的意愿。四是

---

① https：//www.bea.gov/iTable/iTable.cfmReqID = 9&step = 1 # reqid = 9&step = 3&isuri = 1&904 = 2014&903 = 1&906 = a&905 = 2016&912 = x&911 = 3（上网时间：2017 年 2 月 16 日）

② https：//www.bea.gov/iTable/iTable.cfm? ReqID = 9&step = 1 # reqid = 9&step = 3&isuri = 1&904 = 2014&903 = 58&906 = a&905 = 2016&910 = x&911 = 0（上网时间：2017 年 2 月 16 日）

③ Bureau of economic analysis：https：//www.bea.gov/iTable/iTable.cfm? ReqID = 9&step = 1 #reqid = 9&step = 3&isuri = 1&903 = 61（上网时间：2017 年 2 月 16 日）

④ Surveys of Consumers-University of Michigan：http：//www.sca.isr.umich.edu/files/tbmiccice.pdf（上网时间：（2017 年 2 月 16 日）

⑤ http：//finance.yahoo.com/quote/% 5EGSPC? p = ^GSPC　http：//finance.yahoo.com/quote/% 5EDJI? p = ^DJI　http：//finance.yahoo.com/quote/% 5EIXIC? p = ^IXIC（上网时间：2017 年 2 月 16 日）

财政状况改善并趋“中性”。2016 财年美国政府继续保持了“财政中性”，对经济具有微幅的拉动作用。据美国会预算办公室预测，2016 财年美财政赤字达 5870 亿美元，占 GDP 比重为 3.2%，[①] 接近 3% 的财政赤字占 GDP 比重的安全线。虽高于 2015 财年水平，但仍处于可持续增长水平。2016 年，联邦、州和地方政府支出对经济初显积极拉动作用。据美国经济分析局统计，2016 年联邦、州和地方政府支出分别增长 0.6% 和 1%，对经济增长贡献率分别为 0.04% 和 0.11%。[②]

二、美联储在加息问题上保持慎重

2015 年 12 月美联储开启十年来首次加息后，显现出其“牵一发而动全身”的全球影响力。虽然美联储非常谨慎，不断释放预期，以熨平金融市场波动，但 2016 年初仍出现金融波动。仅 1 月前 3 周全球股票市值缩水超 7.8 万亿美元。美国有线电视新闻网（CNN）称，全球经济金融溢出风险，使美联储货币政策“点刹车”。在 1 月议息会议声明中，美联储强调“正密切关注全球经济和金融形势，并正在评估全球形势对劳动力市场、通胀以及经济前景风险平衡的影响”，表明美联储官员对全球经济局势的担忧加剧。3 月议息会议大幅调低加息次数的预期，将此前预测的 4 次调降为 2 次。[③] 进入 6 月后，政治风险对未来世界经济增长构成威胁。一方面，英国退欧前景不明。经济合作与发展组织（OECD）报告认为，英国退欧是重大下行风险，将阻碍投资，损害经济增长，导致近期全球金融市场动荡。另一方面，美国国内贸易保护主义、民粹主义势力蔓延，美国总统大选的不确定性抑制市场活动。美联储再次放缓加息步伐。下半年，美国经济继续维持增长态势，三季度经济增长 3.5%。1—11 月总体失业率保持在 4.7% 至 5% 的危机后最低位，美国消费者已摆脱大选前政治不确定因素影响，消费者信心回升。11 月密歇根消费情绪指数达

---

① https：//www.cbo.gov/publication/52408（上网时间：2017 年 2 月 16 日）

② Bureau of economic analysis：https：//www.bea.gov/iTable/iTable.cfm？ReqID = 9&step = 1#reqid = 9&step = 3&isuri = 1&904 = 2014&903 = 2&906 = a&905 = 2016&910 = x&911 = 0（上网时间：2017 年 2 月 16 日）

③ Federal reserve press release：https：//www.federalreserve.gov/monetarypolicy/files/monetary20160316a1.pdf（上网时间：2017 年 2 月 16 日）

91.6，攀至2016年年中以来最高水平，高于91.1的平均水平。[①] 特朗普"政治地震"虽撼动全美，但其胜选后市场迅速消化不确定性，美经济显示出其韧性。12月13—14日，美联储召开议息会议，决定将联邦基金利率上调25个基点至0.5%至0.75%的水平[②]，启动金融危机后第二次加息。

经再三权衡，美联储最终做出2016年仅加息一次的决定。因为美国经济的确面临一些不稳定、不确定性因素。从内部看，一是潜在金融风险加大。美联储宽松货币政策实施多年，且经三轮量化宽松政策后，其资产负债表规模达4.52万亿美元，而负债方的商业银行准备金项目已高达2.12万亿美元。在美经济好转形势下，大量准备金将通过乘数效应进入金融市场，推高资产价格泡沫。二是美国大选不确定抑制市场活动。今年美国总统大选带来的不确定性超过以往历届选举，"特朗普政治地震"撼动全美。《华尔街日报》称美国内保护主义、民粹主义势力蔓延，大选的不确定性抑制市场活动。从外部看，一是全球经济减速拉低美经济增长预期。世界银行将2016年、2017年的全球经济增长预期分别下调至2.3%、2.7%。由于能源业受冲击，美元上涨压力、国际需求疲软，下调2016年美经济增长预期0.8个百分点，至1.9%。[③] 经济合作与发展组织（OECD）将2016年、2017年34个成员国总体经济增速分别下调至1.8%和2.1%，将2016年、2017年美国经济增速下调至1.8%、2.2%。[④] 二是中国经济放缓影响。美联储主席耶伦称，"中国因素不容忽视"，中国经济正经历重大转型，从依赖出口和投资拉动的增长模式转向更多依靠消费和内生增长模式，转型能否平稳过渡未知，增大美国经济不确定性。三是其他主要央行与美联储政策背道而驰加大美元升值压力。欧、日、英等主要央行进一步实施"负利率"或"量宽"政策，拉大与美利差，美元面临持续被动升值压力，易导致全球金融市场再度动荡，其"回火效应"将冲击美国内金融稳定。

---

① Surveys of Consumers-University of Michigan：http：//www.sca.isr.umich.edu/files/tbmiccice.pdf（上网时间：2017年2月16日）

② Federal reserve press release：https：//www.federalreserve.gov/monetarypolicy/files/monetary20161214a1.pdf（上网时间：2017年2月16日）

③ World Bank Group：http：//data.worldbank.org/indicator/NY.GDP.MKTP.KD.ZG（上网时间：2017年2月16日）

④ OECD.org：https：//data.oecd.org/united-states.htm（上网时间：2017年2月16日）

继2015年12月危机后首次加息以来，美联储议息会议连续7次“按兵不动”，且数次暗示将适时加息，以充分引导市场预期，市场风险已得到有效释放，基本调整到位。因此2016年12月美联储第二次加息后，市场短期内未出现剧烈动荡，但中长期影响需警惕。美联储加息将加大新兴市场乃至全球经济的下行风险，利率上升推动的美元升值将促使资本流出新兴市场，加重其债务负担。《华尔街日报》称，因美元走强将导致中国外汇储备中的非美元资产贬值，加之经济放缓和资本外流，预计未来中国外汇储备可能继续下降。

展望未来加息路径，一是坚持货币政策正常化方向不会改变。美国经济复苏态势稳固，继续支撑美联储的货币正常化之路。若政策出现反复、“重返零利率”时代，将动摇市场对美国经济预期和信心，非危机情况不会出现。二是适时考虑资产负债表“瘦身”计划。美联储官员对经济前景多持乐观看法，认为经济比较强劲，支持继续收紧货币政策。美联储主席耶伦称，鉴于货币政策仍适度宽松，美联储应继续收紧货币政策，放任经济“过热”是不明智的，等待太久行动或扰乱金融市场。[①] 缩减资产负债表和加息政策工具配合使用，既是对前期量化宽松政策的逆向调整，又可提高货币政策效率。

三、美国经济有望在特朗普任内继续走强

2016年，民主、共和两党围绕总统宝座展开激烈角逐。经过近一年的厮杀，11月8日的美国大选最终落下帷幕。特朗普因为在如何振兴美国经济，使美国再次伟大这一核心议题上迎合了底层选民诉求而问鼎白宫。结合当前美国经济形势和特朗普竞选主张看，未来美国经济的总体可能呈现先扬后抑的态势。

短期来看，美国经济可能“先扬”。从竞选主张看，特朗普正式入主白宫后，在奥巴马留下的较好经济基础上，可能会将美国带入一段通过财政刺激，提振美国经济的时期。特朗普竞选官网在11月11日公布了未来美国政府的初步政策框架，该框架提出，要在南部边境建造隔离墙，承诺大规模投资基础设施建设，通过减税和贸易保护来增加国内就业，废除

---

① Chair Janet L. Yellen, The Goals of Monetary Policy and How We Pursue Them, https://www.federalreserve.gov/newsevents/speech/yellen20170118a.htm（上网时间：2017年2月16日）

《多德－弗兰克法案》，通过减税和改革贸易政策等手段重塑美国经济。①

奥巴马政府曾于2009年2月推出总额为7870亿美元的经济刺激计划，这已是二战后美国政府推出的最大规模经济刺激计划。而特朗普主张的经济刺激计划比奥巴马的规模更大，在投资的对象和减税方向上也有所不同。竞选中，特朗普就已经一再声称美国的基础设施落后，承诺将在未来十年推出大规模的基建项目，重修机场、隧道、桥梁、公路等，仅此一项，总金额就达到1万亿美元。② 虽然在奥巴马的投资计划中，也计划加大对基础设施的投资，但是8年过去了，美国的基础设施建设依然远远落后。奥巴马经济刺激计划的主要用途是政府购买金融危机中濒临破产的大企业的股权，变相为私营企业注资。特朗普的计划更像以工代赈，通过政府主导的投资来直接拉动就业。此外，特朗普和奥巴马的经济刺激计划中，在税收杠杆运用上方向上并不相同。特朗普主张对富人、企业进行大幅减税。特朗普在2016年9月纽约经济俱乐部演讲时提出，计划将公司税从33%降低到15%。按其计划估算，减税幅度总金额高达4.4万亿美元。③ 奥巴马的经济刺激政策则是对富人增税，在鼓励创新和发展制造业方面实施结构性优惠，总金额为2756亿美元，减税幅度远小于特朗普。

总体来看，特朗普的经济刺激计划对经济的刺激更为直接，在短期内能对美国经济产生一些"立竿见影"的拉动作用。如通过加大基础设施投资，创造临时性就业。为企业减税，能够短期提振企业的投资意愿。废除《多德－弗兰克法案》将减轻金融业合规经营的约束，鼓励银行和金融公司增加放贷。在竞选中，特朗普曾表示，政府对房贷市场的严苛监管增加了住房的成本，其占到住房总成本的四分之一，他认为这一比例应减至2%。而特朗普所主张的对海外企业和产品征收更高关税，重新审核已经谈成的对外自由贸易谈判协定，实质上是在为外国产品和企业进入美国国内市场构建更高的进入壁垒，排挤外国产品和企业，为美国本土企业和"美国制造"产品腾出更多市场空间。

但是上述政策带来的负面效用很快也将显现，长期看对美国经济的损害超过短期收益，随着问题的不断暴露，美国经济也可能因此进入"后

① https：//www. donaldjtrump. com/press－releases/archive/2015/11（上网时间：2016年11月30日）

② https：//www. donaldjtrump. com（上网时间：2016年11月30日）

③ https：//www. donaldjtrump. com/press－releases/trump－delivers－speech－on－jobs－at－new－york－economic－club（上网时间：2017年1月2日）

抑”阶段。

美国联邦政府财政状况将因特朗普的赤字财政而恶化。金融危机后，在国会的巨大压力下，美国政府被迫进行财政纪律整肃，着力控制财政赤字水平。2009—2015 年，联邦财政赤字占 GDP 的比重逐年降低，从 2009 年的 9.8% 降至 2015 年的 2.5%。[①] 然而，随着财政赤字率逐年降低，美国的财政收入增速却在下降。GDP 增长并未带来相同幅度的财政收入增长，个人所得税、社会保障和养老金账户和公司税三大重要政府收入没有和经济同步增长。根据白宫行政与预算办公室发布的统计数据，在克林顿政府时期，美国政府收入占 GDP 之比最高达到 19.6%，此时美国财政处于盈余状态的。但是，到了小布什、奥巴马时期，财政收入占 GDP 的比重却低至了 14.5%。[②] 财政收入增速走低让人担心美国赤字率逐步降低是否可持续，此时如果特朗普的大幅减税计划得以实施，将彻底扭转美国财政逐步走好的趋势。

特朗普的经济政策将大幅推升美国联邦债务水平。美国会预算办公室多次警告称，若国会不修改现行法律，日益攀升的联邦债务水平在长期看来无法持续。美国尽责联邦预算委员会（Committee for a Responsible Federal Budget）估算，按照特朗普的减税计划，到 2026 年，美国联邦债务可能新增 5 万亿美元。[③] 由众议长保罗·瑞恩领导的国会共和党右翼在控制债务比重问题上持保守立场。在之前的与奥巴马政府要求提高债务上限的谈判中，国会共和党一直都持坚定反对立场，甚至不惜以债务违约和政府停摆为代价。特朗普的财政扩张政策可能会令特朗普政府和国会共和党的分歧加大。在 2019 年前，即使国会两院均由共和党控制，国会可能也会在特朗普的一系列政策主张上持不同立场，从而在一定程度上对特朗普的经济政策形成党内制约。

美元或将因特朗普的赤字财政加速升值，打击美国企业海外出口。根据诺贝尔经济学奖得主蒙代尔的蒙代尔－弗莱明国际宏观经济模型，对于美国这样的开放型、浮动汇率经济体，财政政策对经济的刺激效果长期是

① https：//www.cbo.gov/about/products/budget－economic－data#2（上网时间：2017 年 1 月 20 日）

② https：//www.cbo.gov/about/products/budget－economic－data#2（上网时间：2017 年 1 月 20 日）

③ http：//www.crfb.org/blogs/debt－will－rise－under－next－president（上网时间：2017 年 2 月 28 日）

无效的，但却会推动汇率水平的上升。而美元升值将令美国出口产品的价格上升，削弱其国际竞争力。华尔街投行高盛（Goldman Sachs）的研究指出，美元升值10%可能拖累美国GDP增速0.6个百分点。随着美元升值，新兴市场国家需要更多的本币才能支付以美元计价的贷款。新兴市场企业借款人可能会出现挤兑风波。而如果大量企业突然从当地银行取出存款来偿还美元计价的债务，或使拥有新兴市场债券的投资者变得慌乱，抛售这些新兴市场的资产，那么挤兑风波可能会蔓延。此时，如果美国联储持续加息，将加速美元升值，新兴市场风险或将进一步上升。

美国经济的提振，严控移民、将更多工作机会留给美国人自己、提高最低工资标准、减税等政策举措令美国国内较低的物价水平面临上涨压力。2009—2015年，美国经济基本处于低通胀的状态，距离2%的政府调控目标距离较远，美联储长期将利率维持在低位亦没能拉高通胀。但用来衡量市场对于未来通胀预期的美国10年期盈亏平衡通胀率（美国国债的名义利率减去同期通胀保值债券）目前已升至1.825%。[①] 这在一定程度上表明投资者已开始着手为未来美国经济中出现的通胀做准备。为防控通胀，美联储势必会加快加息频率。

美国与外国在汇率、贸易保护等问题上的纷争会进一步加剧，美国对外经贸关系或将恶化。特朗普声称反对TPP，对北美自由贸易协定（NAFTA）进行重新谈判，宣布中国为“汇率操纵国”，向中国和墨西哥征收高达45%的关税。特朗普期望能从封闭本国市场，同时让别国开放市场中获得最大收益，但这只是一厢情愿的想法。如果其他国家也采取对等保护措施，特朗普的上述“进口替代”计划就会失败。目前美国出口相关行业支持的工作岗位数为1150万个，其中制造业占670万，约占总数的一半，一旦出口受到冲击，这部分（通常是高附加值）工作岗位将会受到严重冲击。

最后，特朗普的经济计划短期内能够实质性创造出就业岗位，如建筑业岗位、物流配送岗位等，并不意味着劳动生产率的增加，可能只是劳动密集型的项目增加了，一旦项目结束，可能又会产生大批失业人口。由于特朗普的经济政策并未改革收入分配制度，其推行的对富人减税的政策以及放松对金融业监管的政策，将令富人和华尔街在分配中获得更大收益，因此，预计贫富差距拉大的问题在未来会更加严重。

---

① https://www.federalreserve.gov/releases/h15/（上网时间：2017年1月3日）

综上所述，在奥巴马留下的较好经济基础上，如果特朗普能将其竞选中承诺的经济政策付诸实施，短期内虽能创造一波经济繁荣，但是其可持续性令人质疑。如果期待特朗普政府兑现承诺，使美国经济更强大的同时，又避免相关政策的负面影响，恐怕是说知易行难。

美国外交：大变局来临前巩固“遗产”*

2016 年是奥巴马执政的最后一年，从中东到欧洲、从朝鲜到阿富汗，其所面临的外交困境继续发酵，奥巴马政府疲于应付、难寻“解套”良策；另一方面为做实其外交遗产、谋求平稳收官，奥巴马亦加大巩固“亚太再平衡”、延续“伸手外交”成果。但鉴于美国大选因素，代表反建制主义、反全球化的特朗普异军突起，使奥巴马所代表的民主党全球主义精英外交受到严重挑战。特朗普胜选及此后其候任期间与奥巴马阵营在外交上所体现出的两种“路线”之争，反映出美国外交将面临深刻转型与调整。奥巴马执政 8 年外交有失有得，特朗普上台后将在部分继承其外交成果基础上构筑“美国优先”的新外交与安全政策。

一、危机中加强博弈

2016 年以来，美国大国关系因美俄交恶、英国脱欧等出现严重困难。一方面，美俄对抗不断升级，关系降至冷战以来最低点。年初围绕叙利亚问题的谈判取得进展，让处于低谷的美俄关系一度出现缓和曙光。2 月，美俄发表联合声明，宣布叙利亚冲突各方就停火达成协议。3 月，普京下达了从叙利亚撤军的命令，下旬，美国务卿克里访问俄罗斯，与俄总统普京及外长拉夫罗夫商讨叙利亚问题和双边关系，双方表态要携手通过日内瓦和谈推动叙利亚政治过渡，美俄关系一度显现缓和迹象。然而，在叙利亚问题上的战术性合作并不能从根本上缓解美俄“安全困境”和在乌克兰问题上陷入的结构性矛盾，两国在叙利亚政治过渡进程上利益分歧严重，美俄艰难达成的停火协议很快沦为一纸空文，在叙利亚的“代理人战争”持续。此外，围绕北约东扩、反导体系推进和“奥运禁赛风波”，

---

* 本章撰稿人：杨文静、孙成昊、董春岭、王锦

双方在军事和政治上的对抗也不断加剧。10 月，奥巴马宣布叙利亚停火谈判“破裂”，双方在联合国相互否决了对方的提案，俄罗斯派遣 S300 防空部队进入叙利亚，派遣唯一的航母奔赴地中海叙利亚沿岸地区，美国指责俄罗斯犯下战争罪，以展示战略核力量的方式对俄施压，而普京则宣布暂停销毁武器级钚协议，双方游走在“核对抗”和直接发生军事冲突的边缘。此后在美国大选过程中，美俄关系成为两党候选人关注的焦点，希拉里指责普京利用黑客发动网络攻击干预美国大选，并指出共和党候选人特朗普获得了俄罗斯提供的政治支持，中情局甚至得到奥巴马授权“随时对俄进行网络反击”。而特朗普虽竭力撇清与俄罗斯的关系，但毫不掩饰对普京的欣赏，双方利用媒体隔空示好，特朗普甚至暗示当选后将接受俄罗斯吞并克里米亚的现实，表态愿意在反恐等领域与俄展开合作。特朗普胜选后，普京第一时间祝贺其当选，而特朗普也表态将在就任后访问俄罗斯，预示着其上台后美俄关系可能回暖。

另一方面，英国脱欧重创美欧关系。2016 年美欧在军事合作领域取得一些进展，但政治合作遭内政严重拖累，经济合作停滞不前，国际问题协调乏力，甚至在难民与反恐等问题上互相指责，总体关系呈现消极状态。首先，美欧为数不多的合作亮点出现在军事领域。一是北约加强与欧盟安全合作。在 7 月北约峰会上，北约和欧盟首次发布安全合作联合宣言，强调在混合战和网络战领域合作、开展联合海洋行动防止非法移民。二是北约加紧部署反导系统。5 月美正式启动在罗马尼亚南部德韦塞卢空军基地部署反导系统，并准备与北约在欧洲的反导系统接轨。三是北约向东欧国家增派兵力。10 月美防长卡特宣布，美军将在波兰东部部署一支 900 人“随时应战的部队”，另一支部队将配备坦克以及其他重型装备，随时部署在东欧任何一个地方。这是自冷战结束以来，北约在与俄罗斯接壤的东欧国家最大规模集结军力。但特朗普当选后，欧盟对北约能否继续发挥先前作用抱有怀疑态度。欧盟 11 月已通过“自主防御计划”，力图强化成员国间军事联系及“战略自主”，减少对美国安全依赖。其次，英国脱欧使欧洲一体化遭受重大挫折，美对欧政策支点随之动摇。英国是欧盟中与美国价值观最一致、又有实力给予支持的国家，能一定程度上在欧盟内关照美国利益。然而，英国脱欧的结果严重冲击美欧关系原有格局，美国不得不重新调整对欧政策着力点，美欧关系不确定性大大增加。为促英国留欧，奥巴马4月任内最后一次访英，呼吁英国民众选择留在欧盟。[①] 但其努力并未换来英国民众留欧。英国脱欧后对美国全球战略的重要性大大下降，美国一方面要求英国实现脱欧“软着陆”，另一方面将逐渐把对欧政策重心转向德、法，但因处理脱欧事务而分心的欧盟一两年内很难在国际事务上帮衬美国。第三，美欧“跨大西洋贸易与投资伙伴关系协议”（TTIP）遭遇障碍。美欧TTIP谈判上半年取得一些成效，但下半年随着双方内部政治气氛变化，尤其是“反全球化”浪潮席卷大西洋两岸，使TPP和TTIP成为美欧遭民意绑架的“牺牲品”，特朗普当选总统后TTIP的前途更加黯淡无光。随着2017年特朗普正式就职，英国脱欧影响进一步显现，法、德迎来大选时刻，美欧关系可能进一步滑入“未知水域”。

在地区政策方面，面对朝核、反恐等问题不断恶化，奥巴马政府在勉力应对的同时处境并不乐观。2016年以来，朝鲜不断进行核导试验：1月核试、2月射星、3月宣布实现核武小型化、8月“成功”发射潜射导弹、9月第二次核试，美国视朝鲜为“最令人担忧的威胁”，将把朝核导开发“作为最优先议题”。[②] 美国对朝政策亦呈现以下新特点。一是动武论上升。第五次核试后，美防长卡特称驻韩美军做好“今夜就战”准备，国务卿克里称朝为“非法和不正当的政权”。美韩联合军演频繁，突出对金正恩“斩首”演习、突袭宁边核设施甚至“如何安置朝鲜难民”等内容。美频繁调遣航母、核潜艇、重型轰炸机等战略资源，形成对朝攻击态势。美对朝动武论上升有对中国施压、并试探反应的考虑，但也不排除未来在朝突破美“红线”的某个节点动武的可能性。二是收紧制裁。单边层面，美通过新的对朝强化制裁法案，加强渗透颠覆，强化核导制裁，并扩大到人权、网络等领域，并首次将金正恩列为制裁对象。国际层面，制定落实安理会制裁的国际战略。第2270号决议超越核、导问题，指向削弱金正恩政权的经济基础。截止9月底，有53国向联合国对朝制裁委员会提交落实第2270号决议报告。特别是老挝、越南、蒙古、安哥拉等与朝关系

---

① The White House, “Remarks by the President Obama and Prime Minister Cameron in Joint Press Conference”, https: //www. whitehouse. gov/the – press – office/2016/04/22/remarks – president – obama – and – prime – minister – cameron – joint – press（上网时间：2016年11月14日）

② 美军战略司令约翰·海腾在参院提名听证会表示，朝鲜是“可能性最大和最令人担忧的威胁”，应把朝核导开发“作为最优先课题”。详见：“Us Warns North Korea of “overwhelming” Response to Any Use of Nuclear Weapons”, *AP*, October 19, 2016, http: //www. foxnews。

良好关系的国家也实施制裁。希拉里当选后会像对付伊朗那样，以强化制裁迫朝回到谈判桌。三是加强外交围堵。美将朝核问题从地区问题上升为全球问题，要求全世界用一个声音对朝。要求各国谴责朝核试，与朝断交或降低外交关系级别，已有 75 国发布谴责声明，一些国家取消朝官员来访或降低会见级别。四是加大对华施压。美坚持认为对朝制裁发生效果责任在中国，不断指责中方未充分落实决议，奥巴马亲自指示制裁“鸿翔实业”，拉塞尔称将继续制裁违反决议的中国企业。美官员还指责中国进口朝鲜煤炭，等同向朝鲜劳动党金正恩政权提供发展核武的资金。[①] 五是维持一定对话渠道。2016 年以来，美前官员与朝高官分别在柏林、北京、吉隆波等地举行“二轨”对话，但双方立场差距难以弥合。朝坚持不放弃现有核武器，要求无条件重启会谈，而美则坚持朝全面弃核才能进入正式会谈。总体看，奥巴马余任内美对朝仍是“战略忍耐”政策的延续，但事实证明这一政策不仅未能改变朝行为、相反促朝加速核武化，半岛僵局更加恶化。未来，美对朝政策依然缺乏有效应对手段，这将成为特朗普政府亟需面对的重大难题。

中东方面，继 2015 年伊核问题达成历史性协议之后，2016 年奥巴马中东战略主要目标为夯实盟友体系、打击“伊斯兰国”、推动叙利亚问题政治解决。首先，安抚盟友效果不彰。为安抚因伊核协议而受损的盟友体系，奥巴马于 4 月访问沙特，出席美国—海合会峰会，又派副总统拜登于 8 月访问土耳其，稳住美土同盟，又于 9 月与以色列就 2019 至 2028 财年军事援助达成协议，将现有每年 30 亿美元对以军援提高至约 38 亿美元。但这一系列安抚盟友的动作，取得的效果却未及预期。由于奥巴马提出要求沙特与伊朗“共享中东”，及美国会通过取消在美搞恐怖主义活动国家的“司法豁免权”法案，美沙关系跌至低点。美土关系始终因为引渡居伦问题、库尔德问题及俄土关系问题面临隔阂。美以关系也未有缓和，以色列舆论将美以关系改善的希望寄托于美国新任总统特朗普。其次，“伊斯兰国”难以被“摧毁”。奥巴马宣称美国打击“伊斯兰国”的目标为“削弱”并“最终消灭”，为此做了诸多努力，如增派兵力及加大预算等，驻伊美军人数达到 5200 余人。美国还支援伊拉克政府军和叙利亚库尔德

---

① 日前，一名美国高级官员指责中国违背国际禁令从朝鲜进口煤炭。中国 2016 年 4 月同意暂停从朝鲜进口煤炭，但同时坚持民生和人道主义的贸易除外。美国官员称，中国从朝鲜的进口实际上有所增加，2015 年从朝鲜进口了总额十亿美元的煤炭。

反对派武装“叙利亚民主军”，分别发动“摩苏尔战役”和“拉卡总攻”。但美国打击“伊斯兰国”面临悖论。美国不愿加大投入，更不愿派地面部队，导致“伊斯兰国”虽有可能短期内被削弱，但还会四散逃窜，重整旗鼓。伊拉克即使收复部分失地，也缺乏对地方的有效治理，“伊斯兰国”势力可能卷土重来，难以被“摧毁”。第三，叙利亚和谈之路并不顺畅。叙利亚和谈是奥巴马2016年在中东主推的政策之一。美俄2月斡旋停火协议，随即展开频繁沟通磋商，但叙境内安全局势仍急剧恶化，“停火协议”名存实亡，日内瓦和谈也未取得进展。叙冲突各方及国际和地区势力间缺乏信任和政治意愿，是和谈难以取得突破的根本原因。叙利亚和谈作为一项奥巴马未完成的任务，交给美下任总统。

南亚形势不容乐观。2016年美一方面着力应对阿富汗“后撤军时代”可能恶化的安全形势，另一方面继续推动与印度和巴基斯坦的双边关系，但在如何平衡二者关系上陷入困境。美阿继续保持密切军事合作，但效果不彰。为扭转阿安全形势，美在逐步撤军、阿接手安全责任的大方向下灵活应变，小幅调整在阿军事部署、适当增加军事援助，谋求尽快协助阿加强维护自身安全能力。2月，美军宣布向阿南部赫尔曼德省部署数百名士兵，支援遭塔利班武装分子攻击的政府军队。尽管奥巴马政府7月宣布离任前将留阿美军人数从原来的5500人增至8400人，但实际上并未根据安全形势变化增兵，更缺乏有效斗争战略，只能利用“调兵遣将”、“排兵布阵”等战术性手段配置有限资源，作用有限。在这一策略下，阿富汗安全形势非但不见好转，甚至呈现螺旋下滑、不断恶化趋势，尤其是塔利班在阿富汗部分地区继续“攻城掠地”。另一方面，印巴矛盾是困扰美南亚政策的最大难题。美目前在南亚首要目标仍是稳定阿国内安全、控制地区反恐形势，需要印巴良好合作。然而，奥巴马政府“重印轻巴”取向以及印巴自身矛盾难化解等因素阻碍美有效实施地区政策。美印签订《后勤保障协议》后，巴表示“忧虑和怀疑”；印巴“克什米尔”地区的领土争端短期难以化解，美在矛盾激化时出现偏袒印度迹象，引发巴强烈不满。

二、力求巩固外交遗产

奥巴马将美古关系改善、伊朗核协议、“亚太再平衡”、气候变化协议与“无核世界”倡议等视为重要的外交与安全遗产，并在其执政的最后一年继续努力推进。首先，继续推进美古关系正常化。3 月 20 日，奥巴马历史性访问古巴，成为 88 年来首位访问古巴的美国在任总统，两国围绕着政治、经贸和人文三个方向对新型关系布局谋篇，在多个领域达成合作意向，该访被誉为是对美古关系未来的“定调之旅”，将美古关系推向了一个历史性高点，标志着美古关系正常化在外交层面已基本实现，也藉此成为“奥巴马主义”的一个样板。10 月，美财政部宣布将进一步放松对古巴在商业和贸易等领域的限制，并增进双方的科技合作和人文交往。具体包括：进一步促进与古巴的旅游、贸易合作以及信息自由流动；在科学研究领域开展双边合作项目；美方还将进口古巴制造的医药产品，美国农业部门则可以向古巴出口杀虫剂和拖拉机等产品。

其次，进一步推进完善“亚太再平衡”。军事上，美国与盟友伙伴关系进一步强化。继 2015 年美日完成旨在实现防卫一体化的新指针之后，2016 年重在落实。如完成修订美军与日本自卫队融通物资的《物资劳务相互提供协定》（ACSA），今后即便日本没有受到直接攻击，作为美军的后方支援，也可提供弹药等。① 美韩同盟借朝核危机不断强化，外长、防长 2 +2 会议决定进一步强化在朝半岛的威慑力量，承诺“尽快部署萨德系统”，并加强网络与海上安全领域的合作。美澳 2 +2 会议就“维护南海和平与稳定的重要性、以及强化两国国防合作达成一致”。因朝核及南海问题升温，美日韩、美日澳、美日印三边合作加强，特别是日韩签署《军事情报保护协定》，美日韩同盟化趋势更加突显。此外，美印就《后勤保障协议》最终文本达成一致，允许两国军方使用对方的军事基地进行后勤作业，确保海上航道安全和海上航行自由。美还在新加坡部署第三艘濒海战斗舰及“海神”反潜巡逻机，探索让新军队在关岛进行培训的可能性；宣布全面解禁对越武器出口，提出助越培训青年军官、共享海上安全情报信息、使用金兰湾军港、助越提升海军实力等具体建议；以“海上安全倡议”为主导，帮助菲、越、印尼、马来西亚、泰国等“维护海上安全”。

外交上，美试图通过更为频密的双边与多边交流加强地区存在。奥巴马实现任内第 10 次访问亚洲，首访越南、老挝，推动建立“全面伙伴关系”，在中南半岛打造战略支点的目标一览无余。此外，年内还两次参加

---

① 此前该协定规定日本在没有受到直接攻击之前向美军禁止提供弹药以及向准备起飞的战机供油，而新协定将允许上述情况。

美国与东盟峰会，宣布全面取消对缅经济制裁，加快美在东南亚战略布局。正如奥巴马在其亚太政策讲话中所表述的，美国“再平衡”政策并非“昙花一现”，而将“长期维持下去”①，表现出其将“亚太再平衡”延续到后奥时代的决心与意愿。

第三，全球治理有所推进。继2015年各方在巴黎气候变化大会上达成协议之后，中美两国率先签署了《巴黎协定》，有力地推动了该协定在年内全面落实，用实际行动为全球气候治理作出表率。无核化方面，4月奥巴马出席任内最后一次核安全峰会，肯定国际社会在核材料清理、强化核设施及储存地安全、强化条约国核安全合作等方面取得积极成果，并与中国签署《核安全合作联合声明》，就保护核材料与核设施安全加强合作。5月，奥巴马访问广岛，成为首个访问核爆受害地的美总统，表明推进无核世界政治意愿。9月，奥巴马酝酿提出“美国不首先使用核武”承诺，引发国际社会强烈关注。尽管遭到美军方及战略界反对而搁浅，但由美总统首次提出该承诺标志着美国内有改进核政策的动机和意愿。10月，为兑现奥巴马实现“互联网全球治理”，美商务部正式将美国政府控制的“互联网域名管理权”移交给非营利性的“互联网名称与数字地址分配机构”（ICANN），表明其向着所倡导的“多利益相关方”治理模式迈进一步。倡导全球治理是“奥巴马主义”的重要组成部分，在其于年内参加的最后一次联大会议上，奥巴马阐述了其心目中全球治理的四个愿景：全球化应服务于所有人、民主治理、反对隔离与围墙、捍卫全球规则，表明其在执政最后一年刻意突显全球治理、以巩固其外交遗产的愿望十分强烈。

三、路线之争折射美国外交分裂

2016年特朗普在大选中的意外胜出不仅反映了美国国内政治的分裂，而此前后奥巴马与特朗普在外交政策领域“为反而反”、相互拆台，使美国外交成为两人“路线之争”的牺牲品，也折射出在涉及美国外交的一些重大问题上美国国内面临“进步主义”与“本土主义”的巨大裂痕。作为候任总统，特朗普不仅在推特上毫不收敛地“指点江山”，还不顾争议接听蔡英文电话，会见日本首相安倍晋三，不断挑战奥巴马权威，似乎提前进入“总统角色”，甚至在一些重大外交问题上主动与奥巴马对着

① Remarks of President Obama to the people of Lao, the White House, Sep. 6, 2016.

干。特朗普胜选后的人事安排更反映出他企图推翻奥式外交遗产和政策方向的决心。奥巴马原本一心盼望希拉里当选后承接自己的外交遗产和思路，如今面对特朗普胜选后急不可耐的“抢班夺权”，并未提前做好准备的奥巴马不得不频频出招，力争化被动为主动，裹挟两党建制派和主流学者、媒体共同向特朗普施压。奥巴马一方面希望树立过渡时期“只有一个美国总统”的威信，延续自己长期坚持的外交政策方向，另一方面着眼未来，力求塑造特朗普执政后外交方向，至少为 1 月 20 日后特朗普挣脱现有外交政策框架增添更多内部束缚和舆论压力。

这一阶段奥巴马处理美俄关系的方式最能体现上述特征。面对特朗普的“挑衅”，奥巴马已彻底放弃在任内改善美俄关系，转而将两国关系推入更冰冷的寒冬，试图让上任后的特朗普难以脱身。如上文所言，美俄关系在 2016 年下半年基本就已罩上大选阴影。12 月以来，奥巴马对俄频频出招，企图力挽狂澜。特朗普赢得大选后，对俄罗斯以及普京的言论并未发生本质改变，在推特上继续向俄罗斯和普京示好，并且从决策核心圈的国家安全顾问一职到操作层面的国务卿一职都启用了友俄知俄人士，对俄新一轮“重启”呼之欲出，对奥巴马时代对俄政策的改弦易辙犹如箭在弦上。美新政府对俄政策明显与奥巴马设定的轨道背道而驰，奥巴马自然无法坐视不理。12 月 20 日，距离特朗普宣誓就职还剩整整一个月，美国财政部决定就乌东局势和克里米亚问题继续扩大对俄罗斯制裁。12 月 29 日，奥巴马再次挥舞制裁“大棒”，宣布俄罗斯涉嫌通过网络袭击干预美国总统选举，因此对包括俄罗斯情报总局和俄罗斯联邦安全局在内的 5 个俄实体机构和 4 名俄情报总局高层官员实施制裁，同时美国国务院宣布驱逐 35 名俄外交人员。这一招引发民主、共和两党大佬集体叫好，美国国内舆论几乎一边倒地站在奥巴马一边。这样看来，即使特朗普执政后能够同样以行政手段突围奥巴马设下的“紧箍咒”，其面临的也将是国内业已形成的强大对俄“共识”。

在中东的巴以问题上，奥巴马在多边外交场合让特朗普和以色列“吞下苦果”。12 月 23 日，美国投下历史性的弃权票，联合国安理会得以通过敦促以色列停止一切定居点活动的决议。长久以来，奥巴马政府都将巴以之间“两国方案”推进不力的板子打在以色列身上，认为以色列在定居点问题上的强硬态度是阻碍巴以和平进程的重要因素之一。相比之下，特朗普对以色列和内塔尼亚胡的态度则截然不同，不仅质疑奥巴马政府对以色列不公，还提出要将美国驻以色列使馆从特拉维夫搬至耶路撒冷，他提名的美驻以大使支持以色列定居点活动并强烈反对以“两国方案”解决巴以冲突。在巴以问题上，尽管美国会议员大多反对奥巴马政府停止庇护以色列的做法，但特朗普新政府若要改变风向，将面临来自国际社会的巨大压力。

此外，面对特朗普志在推翻奥巴马外交遗产的决心，奥巴马卸任前加紧巩固做实，以增添特朗普逆转的成本和阻力。面对特朗普可能退出《巴黎协定》和减排方面的企图，奥巴马在 2015 年 12 月推出油气开采禁令，下令无限期终止在北极和大西洋的一部分石油钻井活动，同时还在美国西部兴建了两个保护区，而上述任何一项都需要特朗普政府通过正常且冗长的司法程序才能推翻。关于能源，奥巴马还特地在《自然》上撰文呼吁，美国清洁能源的势头不可逆转，如果放弃解决气候变暖问题，全球在本世纪末将升温 4 摄氏度以上，导致全球经济每年损失约 4%，其中美国将每年损失 3400 亿至 6900 亿美元。面对特朗普反对奥巴马转移被关押在古巴关塔那摩监狱的囚犯问题，奥巴马刻意在留任前宣布转移新一批囚犯至原籍国或第三国。面对特朗普可能逆转美古关系改善进程，奥巴马在卸任前夕宣布废除非法抵达美国土地的古巴移民在美永久居留的规定①，并绕开国会，动用行政权力特批古巴向美出口 80 吨木炭的首次进口合同。由于特朗普胜选后退出 TPP 的可能性大，奥巴马于特朗普正式宣布任职 100 天内中止 TPP 之前就主动宣布任内不谋求参院通过该协定，以保持主动权，并通过各层级官员继续在工作层面推动。然而，奥特之争所反映的不仅是二者的理念分歧，更反映出美国内在外交重大问题上的严重分裂。未来特朗普想在美古、伊核协议及气候问题上“倒行逆施”，将面临着巨大的国内外阻力。

四、对奥巴马外交的整体评价与未来预估

总体而言，奥巴马是一位有着“进步主义”理念并坚持贯彻自己信

---

① 按照美国 1966 年颁布的《古巴调整法案》规定，古巴人在入境美国一年后可获得美国绿卡。克林顿政府在 1995 年对该法案进行了修改，在处理古非法移民问题上采取了“干脚湿脚”政策，即停止接收在海上被美拦截的古巴偷渡者，但继续接收成功踏上美国领土的古巴人。美古两国政府此前就结束“干脚湿脚”政策进行了长达数月的磋商，并于 2017 年 1 月 12 日最终达成协议。奥巴马在声明中表示，终止该政策的决定即刻生效，试图非法入境美国或不符合人道主义援助条件的古巴公民将被强制遣返。不过，根据新协议，美国每年将依旧通过传统移民渠道接受至少 20000 名古巴公民。

仰的总统。8 年前，作为“变革”总统上台的奥巴马有着如下一些外交议程：一是结束两场战争，恢复美国国际声誉，弥合与穆斯林世界的关系，与大国合作解决全球问题；二是将美从中东乱局中脱身出来，把美国的资源与注意力转移到亚太这个“世界未来政治、经济与文化的重心”；三是对缅甸、朝鲜、伊朗、古巴、委内瑞拉等传统“敌对国家”伸手，谋求契机改善关系，打造美国“合作”形象；四是解决气变、能源、传染病等全球性问题，并推动“无核世界”。在其执政的两届任期内，他始终坚定不移地推行上述目标并取得一定成效。一是始终坚持谨慎动武、“不做蠢事”，在中东反恐问题上坚持“不派地面部队”或发动战争，使美免于陷入另一场战争泥潭；二是循序渐进推动亚太“再平衡”，强化了与盟友伙伴的关系，增加了美国战略存在与影响力；三是主动对敌对国家“伸手”，成功改善与古巴、缅甸、越南等国关系，签署了伊朗核协议；四是与中国达成气候协议，并推动通过巴黎气候协定。这些均成为具有鲜明奥巴马特色的“外交遗产”。

但另一方面，理想与现实总有差距，奥巴马外交也有其明显的弱点，从而受到广泛的国内批评。

其一，在“用兵”问题上过于谨慎、言行不一，因而被认为“过于懦弱”。在奥巴马八年任期里，尽管有过 2011 年击毙拉登的辉煌，但在解决利比亚战后重建以及在叙利亚的“化武红线”问题上过于迟疑，也暴露出其软弱无力，甚至被指为“绥靖”。更令人诟病的是奥巴马的反复，一方面他从 2011 年起就不断呼吁叙利亚总统阿萨德下台，但另一方面又不愿给予反对派支持，这一自相矛盾的立场使解决叙利亚问题几乎成为一个“不可能完成的任务”。与此同时，巴以和谈无果、IS 迅速崛起等也受到国内强硬派指责。不少人指出，其推动“阿拉伯之春”并未给中东国家带来和平；“战略忍耐”未能阻止朝鲜发展核武器，在阿富汗问题上未能按时撤军相反“增兵”，成为留给下任总统的麻烦。

其二，与中、俄等大国关系并不理想。奥巴马在上任之初计划“重启”美俄关系，但经过克里米亚、乌克兰危机的折腾，乃至眼下美国指认俄黑客干预美大选，两国关系非但毫无起色，反而坠入冷战结束以来的最低点。与此同时，8 年来美对华关系可谓“高开低走”，日益面临战略竞争趋紧态势。奥巴马曾希望将中国纳为全球合作的伙伴，希望中国遵守“国际法”和国际规则，实现“负责任的崛起”，但双方价值观及核心利益的差距使美日益走向对华制约一面。因此，很难说奥巴马交棒特朗普之时赋予后者的是一个成功的美中关系。

其三，亚太“再平衡”因其自身矛盾性也面临盟友的信任问题及经费与资源投入不足问题。一是美菲关系倒退损害美国亚太同盟体系。菲新总统杜特尔特上台后加快转圜对华关系，对美菲同盟则持明显批评态度，公开要求美军从菲南部的棉兰老岛撤离，结束与美军在南海的联合巡航，并审查 2014 年美菲签署的《加强防务合作协议》。此后他还指示国防部长不再准备明年与美联合军演。尽管他同时表示菲不打算取消或废止菲美军事同盟关系，但菲一系列“脱美”动态已使美同盟体系受到冲击。二是韩国总统朴槿惠提前下台导致韩国政局不稳、可能影响到预定 2017 年底以前部署萨德的进展。三是美亚太再平衡自身的内在矛盾使亚太国家难以与美目标一致。这些国家看到美对华采取两手政策，且多种援助计划缺乏经费、流于空谈，纷纷采取对美、对华政经分离政策，菲、马等国甚至转而向中国购买武器。此外，作为亚太再平衡重要支柱的 TPP 流产也是其重大败笔之一。

其四，面对特朗普挑战，其外交遗产不确定性增大。为此《华尔街日报》评论道，奥巴马是一个有历史意义的总统，强调美国在世界的领导作用，承诺减少美国干预，但是他的犹豫不决致使现在的世界更加混乱。其民主政治遗产“就像建立在沙堆之上”，可能不会对后世产生重大影响。

特朗普上台总体预示着美对外战略的重大调整。未来他将聚焦于中东反恐、大国关系、经济外交等领域，进一步加强美国国防力量，采取强硬、务实的风格谋求美国利益优先，这种具备鲜明特朗普特色的外交与安全政策将明显区别于奥巴马，标志着美国外交的重大转向。

美国安全：战略姿态由柔转刚*

2016年，奥巴马政府在任内最后一年多头出击，希望在安全领域树立更多政绩，牢固其安全理念的长期影响。在军事领域，奥巴马政府和美国军方力推“第三次抵消战略”，提升美国军事技术竞争力；在反恐领域，奥巴马政府加大国内“去极端化”和境外打击“伊斯兰国”力度；在网络安全领域，奥巴马政府推出一系列网络新政，加快美国网军建设。然而，美国国内发生多起恐袭和网络安全危机，在一定程度上损害了奥巴马政策的信誉和效果。特朗普上台后提出更为强硬的军事安全政策，或将扭转美国对外战略姿态。

一、军事：“第三次抵消”战略加速实施

面对中国、俄罗斯军事技术迅速提升，美国2014年提出“第三次抵消”战略，寻求塑造“21世纪的军事优势”。2016年，在美国政府和国防部的积极推进下，该战略内容逐步明晰，成为牵引美国军事变革的主轴。在美国军方科研部门长期研发下，一批新式武器装备在本年度或有所突破，或投入使用，在一定程度上改变了美军面貌。美国也积极围绕军事变革和大国竞争动向调整海外军事部署，加强与前沿盟友伙伴的军事合作。

其一，“第三次抵消”内涵趋向清晰。“第三次抵消”由前防长哈格尔提出，旨在将“创新驱动”作为美军未来转型方向，重点发展能够“改变未来战局”的颠覆性技术群优势，“抵消”美国主要竞争对手的军事进步。年内，美国军方多名高官对该战略的主要目的、路径和前景发表意见。首先，该战略的针对对象逐渐明晰。副防长沃克指出，此次抵消战

---

* 本章撰稿人：李峥、贾春阳

略是为了“修复美国在大国竞争中的威慑力”，其中的主要目标是俄罗斯和中国。沃克认为，新时代的“大国竞争”的节奏将显著加快，竞争“每天都在进行”，威慑时时都在起效。“第三次抵消”寻求在大国间战略稳定框架下提升美国“传统威慑能力”①。参联会副主席、空军上将塞尔瓦在年度军工防务论坛上称，“第三次抵消”就是“想出我们能改变些什么，维持美传统威慑目标，扰乱他们（中国、俄罗斯）的优势”②。其次，主要投入方向初步确定。沃克称，该战略旨在“抵消”美国当前面临的三大挑战：即前线兵力部署削减、竞争对手精确制导武器进步和竞争对手电子对抗能力增强。为保持美军作战优势，美国应在自主学习、人机结合、可穿戴技术、人机联合作战群和自主化武器五大关键领域有明显突破，取得未来战争的制胜权③。最后，该战略的实施路径初步形成。防长卡特在“战略与国际问题研究中心”针对“第三次抵消”的研讨会上称，当前，美军已根据该战略理念，尝试如何使用现有武器实现“新的功能和效果”，美军下一步将重点投资新的武器系统和作战能力，主要工作包括：在军中引入和培训更多电脑专家和软件工程师；在机器学习领域增加投资；在军中建立“首席创新官”，并引领美军创新活动④。负责美军先进技术研发的两名重要官员在“战略与国际问题研究中心”介绍了美国军方应用先进技术及新型任务与组织架构推进该战略的细节。负责采办、技术与后勤的国防部助理部长弗兰克·肯德尔称，国防部需要摒弃对少量昂贵、高价值设施的依赖，转而采取更为“分布式”的能力部署方案，使关键设施更加难以锁定，从而增大敌方的攻击难度。国防部高级研究计划局（DARPA）局长阿拉蒂·普拉巴卡尔博士称，对当前国际上所有先

---

① Pentagon's Offset Strategy Depends On Deterring Great Powers, http://www.eurasiareview.com/05122016 – pentagons – offset – strategy – depends – on – deterring – great – powers/（上网时间：2017年1月5日）

② Vice Chairman Discusses Defense Deterrence Strategy, http://www.defense.gov/News – Article – View/Article/692212/vice – chairman – discusses – defense – deterrence – strategy（上网时间：2017年1月7日）

③ Deputy Secretary Discusses Third Offset, First Organizational Construct, http://www.defense.gov/News/Article/Article/951689/deputy – secretary – discusses – third – offset – first – organizational – construct（上网时间：2017年1月8日）

④ Remarks on "The Path to an Innovative Future for Defense"（CSIS Third Offset Strategy Conference）, http://www.defense.gov/News/Speeches/Speech – View/Article/990315/remarks – on – the – path – to – an – innovative – future – for – defense – csis – third – offset – strat（上网时间：2017年1月10日）

进商业技术的集成是解决该战略一些技术瓶颈的较好做法，国防部应对美国国防工业界提出更为具体、现实可行的要求[①]。

其二，借助“抵消”推动美军深刻转型。“抵消”战略是美国政府、军方希望推动军队建设变革的“核心驱动力”。美国军方认为该战略能成为军事转型的一个试验田和样本，能够以点带面，促进美军内、国会和军工利益集团对改革抱以积极态度，实现预算调整、政府采购、军工研发、军种调配等众多领域的根本性改变。借助“抵消”所渲染外部威胁的严峻性和军事进步的紧迫性，美国军内人士能更有力推动牵扯各方利益的改革，打破官僚主义和不同声音的阻碍。4 月，防长卡特公布美军改革的总体方案，该方案酝酿数月，是美军 2016 年的头等大事。卡特称，该方案将实现“结构性变革”，涉及参联会主席职责、网军建设、整合指挥系统、改革国防采购的决策评估体系、优化人力管理体系五大关键改革[②]。方案多数内容得到美国国会、舆论的支持，但由于美国进入选举期，总体改革方案被国会搁置。

其三，一批新式、革命性武器装备研发取得显著进展。为贯彻“抵消”战略理念、推进美军作战能力升级，近年来，美国军方持续推进下一代装备研发和实用。在美国军方 2016 年提出的“2017 财年国防支出预算”中，有 183 亿美元与“抵消”研发有关，其中有 5 亿美元用于测试、模拟“第三次抵消”的实战效果、30 亿美元研发反制“反介入/区域拒止”（A2/AD）武器、30 亿美元研发水装备、30 亿美元研发人机协作、17 亿美元研发网络攻击和电子战武器、5 亿美元研发指引性弹药[③]。年内，美国多项陆海空装备取得阶段性突破。陆军方面，7 月，由洛克希德·马丁公司制造的“爱国者 -3 MSE”在新墨西哥州的白沙导弹靶场完成测试，成功地拦截了目标。该新型号的射程增加了近一倍，换装后将显

① Advanced Tech, New Operational Constructs Underlie Third Offset Strategy, http://www.globalsecurity.org/military/library/news/2016/11/mil-161103-afps03.htm（上网时间：2017 年 1 月 12 日）

② Remarks on “Goldwater-Nichols at 30: An Agenda for Updating”（Center for Strategic and International Studies），http://www.defense.gov/News/Speeches/Speech-View/Article/713736/remarks-on-goldwater-nichols-at-30-an-agenda-for-updating-center-for-strategic（上网时间：2017 年 1 月 14 日）

③ Submitted Statement——House Appropriations Committee - Defense（FY 2017 Budget Request），http://www.defense.gov/News/Speeches/Speech-View/Article/672855/submitted-statement-house-appropriations-committee-defense-fy-2017-budget-reque（上网时间：2017 年 1 月 18 日）

著扩大美军陆基反导覆盖范围。空军方面，8 月，空军作战部司令卡莱尔上将称部署在犹他州希尔空军基地的一个 F－35A 战机飞行队取得初始作战资质。这标志着 F－35 项目两个主要机种均取得初始作战资质，将有资格开始建制，开启美国空军主战机型的更新换代。海军方面，10 月，美国最先进、最隐形、最自动化的“朱姆沃尔特级”驱逐舰（又称 DDG1000）投入实战，编入太平洋舰队。海军作战部长理查森上将称赞该舰是美国“一项重要资源”，尤其适合部署在亚太地区。亚太地区是上述新式装备优先部署的地区。9 月，防长卡特称，美国“重返亚太”战略正进入第三阶段，该阶段将更多最先进的武器装备派往亚太地区，包括 F－35 第五代战斗机、P－8 型反潜侦察机和升级版的维吉尼亚级核潜艇以及一些“料想不到的新武器”，加强美国在这一地区的军事优势①。美国海军前军官斯塔什威克称，美国军方正整合“第三次抵消”和“重返亚太”两个战略，将把“抵消”战略中最先进、最先投入使用的装备部署在亚太，以威慑中国和俄罗斯，使两国不能阻止美国将越南、印尼、印度等新军事伙伴纳入安全网络之中。该网络将由美国所主导，更强有力和更具协作性，对中俄两国扩展势力范围带来阻碍②。

其四，“再平衡”军事部署，通过军事威慑度过“抵消”见效之前的“空窗期”。根据美方估算，“第三次抵消”将在 2030 年前后才能使美军战斗力发生质变，但美军不能在此之前动摇其全球领导力。因此，针对反恐、威慑俄罗斯和朝鲜、布局亚太等战略需求，美国军事调动频繁，开展了一些有标志性意义的大规模联合演习，打消其主要竞争对手挑战美军主导权的想法。针对朝鲜核试验和试射远程火箭危机，美军 2 月派出向韩国派遣 4 架 F－22“猛禽”隐形战斗机和“北卡罗来纳”号核动力潜艇，向朝发出战争警告。3 月至 4 月，美韩连续举行“关键决断”和“鹞鹰”两场年度联合军演，由超过 30 万名韩军和 1.7 万名美军参加（比 2015 年增加约三分之一），美国出动战斗航空旅团、海军陆战队机动旅团、“斯坦尼斯”号核动力航空母舰、核潜艇等作战装备。在“关键决断”中，

---

① Remarks on “The Future of the Rebalance: Enabling Security in the Vital & Dynamic Asia－Pacific”, http://www.defense.gov/News/Speeches/Speech－View/Article/959937/（上网时间：2017 年 1 月 23 日）

② Steven Stashwick, Pentagon's ‘Third Offset’ in the US ‘Rebalance to Asia’ http://thediplomat.com/2016/10/pentagons－third－offset－in－the－us－rebalance－to－asia/（上网时间：2017 年 1 月 24 日）

美韩首次全面演练“作战计划 5015”，该计划包括对朝主要核导设施实施外科手术打击、特种部队对朝领导层实施“斩首”等先发制人内容，威慑色彩明显。借此次危机，美韩宣布将在韩部署“萨德”系统，完成美国在亚太关键战略布局。为履行美国对东欧的安全承诺，美国 5 月启动了位于罗马尼亚的导弹防御系统，并宣布开始在波兰建造第二个导弹防御系统，该系统预定 2018 年完成启用。同月，格鲁吉亚、美国和英国三方军队开展为期两周的“高贵伙伴”军事演习，三方参演士兵达 1300 人，引起俄方高度警惕。美俄关系因“网络干涉大选”风波再度紧张时，10 月美国军方再次向俄展开密集威慑，包括宣称北约将建立总兵力达到 4000 人的战斗群、向欧洲运送大批弹药等。

综合来看，“抵消”战略对奥巴马军事战略先前存在的一些问题进行了平衡和修补。奥巴马任内提出“审慎动武”、“无核世界”、“背后领导”等安全理念，希望汲取小布什任内“两场战争”的教训，避免美国卷入不值当的境外安全危机，综合运用美国防务、外交和经济的实力。但是，奥巴马任内国际环境并不太平，先有“阿拉伯之春”造成的中东乱局，后有“乌克兰危机”带来的美西方与俄罗斯的尖锐对立。朝鲜频繁、愈发激烈的挑衅行为也展露出美国管理地区局势的“无力感”。美国战略界对于中国等竞争对手缩小与美国军事实力差距、寻求“对外扩张”的担忧不断增强。“抵消”战略正为增强美国军事自信，打造美国未来的军事优势，增加奥巴马军事安全战略中“刚”的部分。新美国安全中心高级研究员杰里·亨德里克斯认为，“抵消”战略会给“我们争取 5 年或 10 年时间”，但想要持续保持美国军事技术优势，美国需要持续在研发上使力①。

另一方面，“抵消”战略带有事后补救或理想主义色彩，不能满足美国国内各方面对提升国防能力、更有效应对境外安全威胁的迫切需求。由于多数“抵消”战略目标在近 10 年内无法实现，该战略并不足以威慑其主要竞争对手。列克星敦研究所副所长丹·古尔认为，该战略需要投入大量资金研发最终可能无法成功的武器系统，在“俄罗斯威胁美国在欧洲的盟友以及中国在位于南中国海的人工岛上部署武器”之际，该战略并

① Sandra I. Erwin, Pentagon's Strategy to Counter Russia, China, Begins to Take Shape, http://www.nationaldefensemagazine.org/blog/Lists/Posts/Post.aspx? ID=2120（上网时间：2017 年 1 月 25 日）

不能解决此类迫切问题。在舆论和两党政客煽动下，美国国内对奥巴马"克制"、"审慎"的安全战略支持度下降，其政策主张缺乏民意基础，制约美国各界对"抵消"战略的接受度。一些美国学者认为，"抵消"战略只是掩盖奥巴马准备裁军和战略收缩的幌子，并希望借此像"星球大战"计划一样掀起中俄的军事竞赛，其象征意义远大于实际①。

特朗普在竞选过程中表现出与奥巴马截然不同的安全观，"第三次抵消"将被批判继承。竞选过程中，希拉里和特朗普两人均透露出强军的共同诉求，但两人方针路线并不一致。希拉里提出依靠"创新"和"能力上的投入"改进美国陆海空军战斗力，实际上是延续"抵消"战略的减员增效理念。而特朗普则提出增加陆军到 54 万人、海军舰艇增加到 350 艘等激进目标。此外，特朗普重视美国战略威慑力量建设，要求尽快升级美国核武库，升级美军现有的海基、陆基和空基核武器性能，研制新型洲际导弹以取代"民兵"洲际导弹。从上述主张看，特朗普虽然并不排斥升级改造美国主战装备，但更注重依靠军力数量、先进技术和核威慑向美国潜在竞争对手展示力量。"抵消"战略符合特朗普强军、增强国防能力、威慑对手的安全理念，又得到美国主流政界、军工业的高度支持，不会被特朗普政府完全埋没。

二、反恐：多管齐下谋突破，成效忧喜参半

受 2015 年底巴黎恐袭案、加州枪击案影响，奥巴马政府的反恐政策面临越来越大的国内外舆论压力。为此，奥巴马政府 2016 年明显加大内外反恐力度，对内强化入境安全审查、恐怖分子嫌犯侦破并推进"去极端化"，对外加大对"伊斯兰国"、"基地"组织等恐怖组织的打击力度。这些努力取得一定成效，但亦有不足。展望 2017 年，特朗普政府很可能继续加大内外反恐力度，也有望取得更大的成效。

主动出击，多管齐下谋突破。众所周知，自"9·11"事件开始，加强本土反恐防护一直是美国反恐努力的重要组成部分，奥巴马更是将本土安全作为反恐重点。这种努力也取得了一定成效，美国本土十几年来再未

---

① James Jay Carafano, The Third Offset: The "Fairy Dust" Strategy, http://www.heritage.org/defense/commentary/the-third-offset-the-fairy-dust-strategy（上网时间：2017 年 1 月 26 日）

发生“9·11”规模的恐袭案，美情报及执法部门也破获了几十起恐袭阴谋。然而，从波士顿爆炸案到德州枪击案（2015 年 5 月，得克萨斯州加兰市），再到加州枪击案（2015 年 12 月，加利福尼亚州圣贝纳迪诺市），美国近年来小规模恐袭案不断，无不刺痛着美国人的敏感神经。

在此背景下，奥巴马政府 2016 年多管齐下，全面加强本土反恐防护。这种努力主要包括三方面内容：一是加强入境安全审查。2016 年 1 月，美国国务院和国土安全部联合宣布，即日起实施赴美免签证（VWP）新规定，“免签证计划”对象国的公民，如果在 2011 年 3 月 1 日后曾赴伊朗、伊拉克、苏丹和利比亚四国旅游或停留，或拥有上述四国任何一国的国籍，将不再有资格自动免签进入美国；上述人员如要入境美国，需在美国使领馆通过常规入境程序申请签证[①]。同年 2 月，美国国土安全部又将利比亚、也门和索马里三国列入该项目，禁止任何过去五年内曾前往这些国家的人自动免签进入美国。同年 4 月，美国国土安全部开始对所有“免签证计划”对象国的赴美旅客启动高级别“安全电子护照”，以进一步强化入境审查。自 2016 年 12 月开始，美国还开始要求“免签证计划”对象国的公民在旅行授权电子系统（ESTA）在线申请入境美国时，填写一个新的“选择性”要求“录入与上网状态有关的信息”，即向美国政府提供社交媒体账号，包括“脸书”、“谷歌”、Instagram、“领英”、“优兔”等[②]。依照美国国土安全部 2016 年底发布的年终总结，美国边境巡逻队（USBP）2016 财年共逮捕 41.58 万人，而 2015 财年为 33.71 万人；美国移民和海关执法局（ICE）共逮捕 11.44 万人，而 2015 财年为 12.52 万人[③]。二是加强对本土恐怖分子及嫌犯的侦破和打击。美国情报及执法机构 2016 年明显加大了对国内极端分子、恐怖分子及嫌犯的侦查、监控和惩治。据《华盛顿邮报》透露，截止 2016 年 8 月初，美国境内因与

---

① DHS Press Office, “DHS Releases End of Year Fiscal Year 2016 Statistics,” December 30, 2016, https://www.dhs.gov/news/2016/12/30/dhs-releases-end-year-fiscal-year-2016-statistics.（上网时间：2017 年 1 月 18 日）

② Tony Romm, “U. S. government begins asking foreign travelers about social media,” December 22, 2016, http://www.politico.com/story/2016/12/foreign-travelers-social-media-232930.（上网时间：2017 年 1 月 18 日）

③ DHS Press Office, “DHS Releases End of Year Fiscal Year 2016 Statistics,” December 30, 2016, https://www.dhs.gov/news/2016/12/30/dhs-releases-end-year-fiscal-year-2016-statistics.（上网时间：2017 年 1 月 18 日）

“伊斯兰国”有关联而被起诉的人已达100人，其中43人已被判定有罪①。三是推进本土“去极端化”工作。美国国土安全部、司法部、联邦调查局（FBI）、国家反恐中心（NCTC）等部门2016年积极采取措施，进一步推进国内的去极端化（CVE）工作，如推出“去极端化授权项目”（CVE Grant Program），以支持地方政府的“去极端化”努力②。

在境外，美国明显加大了对“伊斯兰国”的打击力度，并扩大了在北非、南亚等地的反恐行动。美国2016年先后多次向伊拉克和叙利亚增兵，并调派阿帕奇武装直升机、电子战飞机打击“伊斯兰国”。同时，美国还加强了针对“伊斯兰国”的网络战，以破坏“伊斯兰国”的指挥链，削弱其网络鼓动和招募能力。美国驻叙利亚和伊拉克军队司令、“坚定决心行动”指挥官斯蒂芬·汤森德（Stephen Townsend）表示，美军2014年的任务是帮助当地伙伴阻挡“伊斯兰国”的进攻；2015年是帮助当地伙伴守护叙利亚并重组军力、开始反击；2016年则是反攻，解放“伊斯兰国”控制的伊拉克和叙利亚领土和人口③。此外，美国还加大了对利比亚、索马里、也门、阿富汗等地“伊斯兰国”分支或其他恐怖组织的打击力度，并调整驻埃及—以色列边境美军的使命和规模，以强化对“伊斯兰国”西奈半岛分支的打击。据美国国防部发言人杰夫·戴维斯（Jeff Davis）2016年4月透露，鉴于埃及境内特别是西奈半岛“伊斯兰国”武装人员活动的增多，美国已开始与埃及、以色列协商调整驻扎在西奈半岛的美军的规模和职责，包括动用无人机、卫星加强对埃及—以色列边境的监控，以应对“伊斯兰国”的威胁④。美国总统国家安全事务助理苏珊·赖斯（Susan Rice）2016年4月公开表示，美国正采取一项综合战略来打

---

① Adam Goldman, Jia Lynn Yang and John Muyskens, “The Islamic State’s suspected inroads into America,” August 8, 2016, https://www.washingtonpost.com/graphics/national/isis-suspects/.（上网时间：2017年1月16日）

② Jeh Johnson, “Testimony before U. S. Senate Committee on Homeland Security and Governmental Affairs,” September 27, 2016, p. 5, https://www.hsgac.senate.gov/hearings/fifteen-years-after-9/11-threats-to-the-homeland.（上网时间：2017年1月18日）

③ U. S. Department of Defense, “Department of Defense Press Briefing by Lt. Gen. Townsend via teleconference from Baghdad, Iraq,” December 14, 2016, https://www.defense.gov/News/Transcripts/Transcript-View/Article/1030405/department-of-defense-press-briefing-by-lt-gen-townsend-via-teleconference-from.（上网时间：2017年1月16日）

④ Andrew Tilghman, “The Rise of ISIS in Egypt is Forcing the Pentagon to Rethink Troop Numbers There,” April 12, 2016, http://www.militarytimes.com/story/military/2016/04/12/rise-isis-egypt-prompts-review-us-military-mission-sinai/82936518/.（上网时间：2017年1月18日）

击“伊斯兰国”及其意识形态，我们正动用我们力量的所有方面，军事、外交、情报、反恐、经济、发展、本土安全和执法等，来打击“伊斯兰国”①。在此过程中，美国还非常注重发挥“巧实力”，注意加强与盟友和伙伴的协调，以调动盟友和伙伴的力量加强对“伊斯兰国”、“基地”组织等恐怖组织的打击。

反恐成效忧喜参半。从美国本土安全形势及中东反恐形势来看，美国的反恐努力，特别是境外反恐努力取得了明显进展，但本土反恐形势并未好转，美国民众对此仍忧心忡忡。可以说，美国2016年的反恐努力忧喜参半，虽有成效，但亦有不足。

在境外，美国领导的反“伊斯兰国”联盟在叙利亚和伊拉克战场上取得明显进展，不仅收复了众多军事要地，也极大地削弱了“伊斯兰国”的军事实力和反扑能力。当前，美国领导的反“伊斯兰国”联盟已收复了辛贾尔、拉马迪、费卢杰等军事重地，并开始对摩苏尔、拉卡等发起攻击。依照美国防部网站2016年12月初发布的资料，与2014年8月相比，到2016年11月底，“伊斯兰国”已在伊拉克丧失了约61%的控制区，在叙利亚丧失了约28%的控制区②。与此同时，“伊斯兰国”的作战能力及反扑能力也有明显下降。美国反“伊斯兰国”联盟总统特使布雷特·麦格克（Brett McGurk）2016年6月底在国会作证时表示，在反“伊斯兰国”联盟打击下，“伊斯兰国”领导层东躲西藏，已不敢抛头露面；仅在过去几个月，反“伊斯兰国”联盟便击毙了100多名“伊斯兰国”中高层指挥人员③。据驻伊拉克美军布雷特·西尔维亚上校（Brett Sylvia）2017年1月透露，美军一线部队起初每天遭遇多达10次汽车炸弹（VBIEDs）袭击，如今这种袭击数量已降至每天1—2次；汽车炸弹给美

① Jim Caramone, “Rice Details U. S. Whole - of - Government Approach to Defeating ISIL,” April 15, 2016, https://www.defense.gov/News/Article/Article/722259/rice - details - us - whole - of - government - approach - to - defeating - isil/source/GovDelivery.（上网时间：2017年1月18日）

② U. S. Department of Defense, “Iraq and Syria: ISIL’s Areas of Influence, August 2014 Through November 2016,” December 9, 2016, https://www.defense.gov/Portals/1/features/2014/0814_ iraq/docs/20161209_ ISIL% 20Areas% 20of% 20Influence_ August% 202014% 20through% 20November% 202016_ Map. pdf? ver = 2017 - 01 - 06 - 094734 - 253.（上网时间：2017年1月17日）

③ Brett H. McGurk, “Testimony Before the Senate Foreign Relations Committee on ‘Global Efforts to Defeat ISIS’,” June 28, 2016, p. 11, http://www.foreign.senate.gov/imo/media/doc/062816_ McGurk_ Testimony. pdf.（上网时间：2017年1月17日）

军造成伤亡或破坏的概率越来越小，且损伤程度也明显降低①。据美国“有线电视新闻网”（CNN）报道，“伊斯兰国”为削减开支，不仅将成员薪酬减半，还要求其成员节约用电、停止公车私用等。② 在此背景下，“伊斯兰国”在叙利亚和伊拉克境内面临的军事、财政、资源压力越来越大，不得不转变战术：一是加大对外渗透力度，谋求在叙利亚和伊拉克之外建立新基地；二是通过不断恐袭转移国际社会注意力，以减轻战场压力。

与之相应，美国本土2016年与“伊斯兰国”相关的恐袭案或阴谋明显增多，美国本土“去极端化”工作的压力也未得到缓解。据不完全统计，2016年美国境内共发生至少14起恐袭事件，共造成至少66人死亡，至少136人受伤，最引人注目的是6月12日的奥兰多枪击案和9月17日发生在新泽西州、明尼苏达州、纽约的三起连环恐袭案③。其中，奥兰多枪击案共造成至少50人丧生，另有50多人受伤，成为美国历史上死亡人数最惨重的单一枪击事件。根据美国国会研究局（CRS）2016年6月发布的报告，从2014年1月到2016年6月初，在美国本土出现的76起恐袭阴谋中，有67起与“伊斯兰国”追随者有关；其中38起与离境或归国“圣战”分子有关，有28起与“受蛊惑者”有关（其中2起亦有离境“圣战”分子参与）④。奥巴马政府也已认识到这种威胁。奥巴马2016年8月公开表示，“事实上，‘伊斯兰国’在叙利亚和伊拉克的挫败似乎促使其转向我们曾经领教过的策略——变本加厉地煽动追随者发动高调的恐袭，包括在美国境内。”⑤ 美国国家反恐中心（NCTC）主任尼克·拉斯穆

---

① U. S. Department of Defense, “Department of Defense Press Briefing by Col. Sylvia via Teleconference from Baghdad, Iraq,” January 11, 2017, https: //www. defense. gov/News/Transcripts/Transcript - View/Article/1047532/department - of - defense - press - briefing - by - col - sylvia - via - teleconference - from - bagh. （上网时间：2017年1月16日）

② Ryan Browne, “ISIS Internal Docs Show Struggle to Retain Fighters, Cut Costs,” April 27, 2016, http: //edition. cnn. com/2016/04/26/politics/isis - documents/index. html. （上网时间：2017年1月17日）

③ Robert Johnston, “Terrorist attacks and related incidents in the United States,” January 8, 2017, http: //www. johnstonsarchive. net/terrorism/wrjp255a. html. （上网时间：2017年1月19日）

④ Jerome P. Bjelopera, “The Islamic State' s Acolytes and the Challenges They Pose to U. S. Law Enforcement,” CRS Report for Congress, June 13, 2016, pp. 1 - 3, http: //www. fas. org/sgp/crs/terror/R44521. pdf. （上网时间：2017年1月16日）

⑤ Jim Garamone, “ISIL Knows It Will Lose, Already Shifting Strategy, Obama Says at Pentagon,” August 4, 2016, http: //www. defense. gov/News/Article/Article/905447/isil - knows - it - will - lose - already - shifting - strategy - obama - says - at - pentagon. （上网时间：2017年1月16日）

森（Nick Rasmussen）称，美国及其欧洲盟友当前面临的恐怖主义威胁比“9·11”事件后的任何时期都“更大、更广泛、更严重”①。

在此背景下，反恐及本土安全成为美国2016年大选的热点议题。共和党总统候选人特朗普打出了“让美国重返安全”的口号，并表示要加大反恐特别是本土反恐防护力度，吸引了大批选民。美国2016年发生的几起恐袭案，如9月17日发生在新泽西州、明尼苏达州、纽约的三起连环恐袭案，对大选的选情形成了明显冲击，为特朗普的反恐、反移民立场赢得了更多的支持空间，缩小了特朗普与希拉里的民调差距。美国媒体评论称，“很多选民将特朗普视为混乱时代的强人，恐袭将驱动部分选民投入其怀抱”②。

特朗普政府将加大内外反恐力度。本土反恐形势长期吃紧不仅影响到美国大选，也刺激了美国的民粹主义和反穆斯林情绪。根据美国皮尤研究中心2016年2月发布的民调数据，美国约有59%的受访者认为美国当前存在很多对穆斯林的歧视，有约76%的受访者认为美国社会对穆斯林的歧视在上升③。得益于民粹主义而上台的特朗普，在这种民粹主义和反穆斯林情绪的推动下，必然会进一步加大国内外反恐力度，尤其是本土反恐力度。

在国内，特朗普政府会继续加大入境安全审查特别是针对特定国家和地区民众的入境审查，加强边境管控及对非法移民的限制和遣返，并加强对国内极端分子、恐怖分子及嫌犯的监控和惩治。特朗普在竞选期间曾大谈要加强边境管控、驱逐非法移民，并禁止穆斯林入境。特朗普的言论虽有追随民意、获取民众支持之嫌，但受制于美国国内强烈的民粹主义和反穆斯林情绪，特朗普即便不完全履行其竞选期间的承诺，也会采取措施加大入境审查和边境管控，以强化本土反恐防护。当前，特朗普已开始为强

---

① Carlo Muñoz, “Islamic State makes terrorism threat facing U. S. gravest since 9/11 attacks,” September 7, 2016, http://www.washingtontimes.com/news/2016/sep/7/isis-makes-terrorism-threat-facing-us-gravest-sinc/.（上网时间：2017年1月19日）

② John Avlon, “Could a Terror Attack Elect Donald Trump?” September 18, 2016, http://www.thedailybeast.com/articles/2016/09/18/terrorism-the-ugliest-election-x-factor.html.（上网时间：2017年1月18日）

③ Pew Research Center, “Republicans Prefer Blunt Talk About Islamic Extremism, Democrats Favor Caution,” February 3, 2016, http://www.pewforum.org/2016/02/03/republicans-prefer-blunt-talk-about-islamic-extremism-democrats-favor-caution/.（上网时间：2017年1月18日）

化本土安全和反恐防护做准备，做法之一便是提升总统国土安全与反恐事务助理的级别。在奥巴马任内，总统国土安全与反恐事务助理归总统国家安全事务助理领导。特朗普的过渡团队在特朗普宣布提名托马斯·博塞特（Thomas Bossert）为国土安全与反恐事务助理后宣布，新政府将提升国土安全助理的级别，与国家安全事务助理平行，专门负责应对针对美国及跨国恐怖威胁，就反恐、网络安全等向总统提出建议，而总统国家安全事务助理弗林的工作重心则是应对国际安全挑战[①]。此外，特朗普还于 2017 年 1 月 27 日发布了一项名为《阻止外国恐怖分子进入美国的国家保护计划》的行政令，主要内容是加强入境审查、限制难民入境，以阻止外国恐怖分子及嫌犯进入美国[②]。

在境外反恐方面，特朗普、国家安全事务助理迈克尔·弗林（Michael Flynn）、国防部长詹姆斯·马蒂斯（James N. Mattis）、国家安全事务副助理凯瑟琳·麦克法兰（Kathleen McFarland）等均是奥巴马政府反恐政策的批评者，认为应加大在中东的反恐力度。马蒂斯甚至主张美国国会给予总统“使用武力授权”，以向美国民众及全世界展示美国的意志，并告诉敌人，美国将动用全部军事、外交和经济资源以赢取胜利；如果有必要，将毫不犹豫地动用地面部队及一切军事手段[③]。从中东反恐形势看，当前美国领导的反“伊斯兰国”联盟在叙利亚和伊拉克战场上正不断向前推进，如能保持当前态势或加大力度，拿下摩苏尔、拉卡将是迟早的事。因此，特朗普政府未来势必会加大在中东的反恐行动力度，这既可打压并摧毁“伊斯兰国”，也可收割反恐“果实”，展示美国的实力和领导地位。同时，为防止“伊斯兰国”转移战场并四处渗透，美国也会在北非、南亚等地加大对“伊斯兰国”分支及其他恐怖组织的打击力度。2017 年 1 月 28 日，刚刚就职不到十天，特朗普便发布备忘录《击败“伊斯兰国”的计划》，要求美国国防部在 30 天内提交一份打击“伊斯兰国”的初步计划，内容需要包括对目前军事行动和政策立场的建议，孤立

---

① 新华社：《特朗普任命总统国土安全和反恐助理》，2018 年 12 月 28 日，http：//news.xinhuanet.com/world/2016 – 12/28/c_ 1120200701.htm.（上网时间：2017 年 1 月 18 日）

② The White House，“EXECUTIVE ORDER：PROTECTING THE NATION FROM FOREIGN TERRORIST ENTRY INTO THE UNITED STATES，” January 27，2017，https：//www.whitehouse.gov/the – press – office/2017/01/27/executive – order – protecting – nation – foreign – terrorist – entry – united – states.（上网时间：2017 年 2 月 6 日）

③ James Mattis，“Using Military Force Against ISIS，” March 4，2015，http：//www.hoover.org/research/using – military – force – against – isis.（上网时间：2017 年 1 月 18 日）

“伊斯兰国”意识形态的措施，经确认的盟友名单以及相应的预算安排等[①]。据“美国有线电视新闻网”（CNN）2017 年 1 月透露，美国国防部已为特朗普新政府准备好了军事建议，其中包括派更多部队介入地面战斗，以加速在叙利亚打击“伊斯兰国”的进程[②]。由此可知，特朗普政府已开始摩拳擦掌，准备在中东地区大干一场，以求彻底击败“伊斯兰国”。

在此过程中，信奉“美国利益优先”的特朗普，势必会加大与盟友、伙伴的协调和合作力度。不仅如此，与俄罗斯总统普京互相欣赏、多番表态要改善美俄关系的特朗普，未来很可能寻求与俄罗斯在中东开展某种程度的反恐合作，以求取得更大的反恐成效，并顺势缓解和改善美俄关系。

三、网络：“干涉大选”风波暴露安全软肋

2016 年内，美国国内网络安全呈现出高开低走的基本态势。2015 年通过的若干网络安全立法、网络安全战略和网络安全合作使美国战略界一度认为网络安全形势得到明显改善，网络安全威胁有所降低。但是，延续全年的美国俄罗斯“网络冲突”却使网络安全再度成为美国国内热门议题，显露出美国在这一问题上仍存在较大短板。特朗普上任后，如何处理这一短板、如何看待俄对美网络干涉行为将成为难题。美国对网络安全的认识正从网络基础设施防护、网络数据保护、打击网络黑客行为向更为宏观的网络整体安全观转变。特朗普在竞选过程中也多次谈及“网络安全”，其主张比奥巴马更为强硬，具有攻击性。

承接 2015 年各领域进展，奥巴马政府年内又陆续推出一些网络安全新政，达成了一些新成就。在国内制度建设上，奥巴马政府 2 月提出《网络安全国家行动计划》，总结奥巴马任内 7 年美国网络安全领域工作

---

① The White House, “Presidential Memorandum Plan to Defeat the Islamic State of Iraq and Syria,” January 28, 2017, https://www.whitehouse.gov/the-press-office/2017/01/28/plan-defeat-islamic-state-iraq.（上网时间：2017 年 2 月 6 日）

② Barbara Starr, “Pentagon readies aggressive ISIS proposals for Trump,” January 17, 2017, http://edition.cnn.com/2017/01/17/politics/pentagon-options-isis-trump/.（上网时间：2017 年 1 月 18 日）

的经验教训，提出下一阶段增强网络安全基础能力的建议①。“计划”要点包括：其一，建立“国家网络安全促进委员会”，勾勒未来十年网络安全技术、政策发展的路线图；其二，设立31亿美元“信息技术现代化基金”，升级政府信息系统基础设施；其三，发起新一轮国家网络安全宣传行动；其四，大幅增加网络安全政府预算；其五，设立“联邦政府首席信息安全官”。该“计划”的主要目的是为下任政府提供思路，但由于美国选后实现政党轮替，“计划”也因共和党的反对未能获得国会拨款。在执法领域，美国年内审判、抓捕、通缉了多名重要境外黑客，警告他国不要挑战美国网络空间利益。2月，一名科索沃黑客在美国弗吉尼亚州法院受审，成为史上第一名在美国受审海外追逃黑客。该黑客被控窃取美国公务员信息，并将其提供给叙利亚极端伊斯兰武装，2015年在马来西亚被捕并遣送到美国本土。根据美国相关法律，他面临最高35年的监禁。3月，美国司法部发表通缉令，通缉7名为伊朗政府工作的黑客，7人被控对多家美国金融机构和纽约州的一座水坝发动网络攻击。通缉令表明美国对网络攻击关键基础设施的“零容忍”。10月，在与捷克警方配合下，美国联邦调查局在布拉格逮捕了一名国际刑事警察组织通缉的涉嫌在美发动网络攻击的俄罗斯黑客。除通过执法行动外，美国也大力加强网军建设，强化美国的网络威慑能力。10月，美国国防部宣布美军网络司令部下属的133支“国家网络任务部队”已经全部具备初步作战能力，标志着美国网军建设完成了“三步走”中的“第一步”。此外，美国政府在10月把互联网域名管理权移交给互联网名称与数字地址分配机构（ICANN），从而不再直接干预互联网域名的管理工作。该问题是多年来困扰美国与发展中国家开展网络安全合作的历史遗留问题。

在与中国达成网络安全相互谅解后，美国关注的战略对手转向俄罗斯。年初至今，美国与俄罗斯在网络安全议题上不断交恶，“俄罗斯黑客”成为美国舆论新的热门话题。年初，美国舆论高度关注2015年底“乌克兰断电”事件，该事件被认为与俄罗斯有关，甚至有美国专家认为俄罗斯对乌克兰使用了小型“电磁武器”（EMP）。此次事件重新唤起了美国对于“电磁武器”的安全恐惧。由于电网事故将对美国经济和人身

① FACT SHEET：Cybersecurity National Action Plan https：//obamawhitehouse. archives. gov/the – press – office/2016/02/09/fact – sheet – cybersecurity – national – action – plan（上网时间：2017年2月2日）

安全造成重大威胁，美国长期以来担忧他国通过网络手段对电网发动攻击，中国和俄罗斯都曾被视为“嫌疑对象”。美国专业杂志称，俄罗斯对乌克兰的攻击利用了多项网络武器，攻击行为“神不知鬼不觉”，美国政府很难事先察觉[①]。“乌克兰断电”事件让美国社会对俄罗斯黑客的关注显著增加，一些历史案例被重新挖出，另一些则被上升至“政治高度”。国家情报总监克拉珀称，出于政治目的的网络攻击变得越来越严重，“俄罗斯黑客”成功入侵至少3个基础设施系统，导致用户电脑被安装恶意软件。2月，美国司法部悬赏300万美元抓捕俄罗斯黑客伯格契夫，使其成为FBI通缉榜上悬赏金额最高的嫌犯之一，足见美国对俄“黑客”行为的重视程度。

民主党全国委员会邮件外泄事件成为大选期间的重大突发事件，并引发美国政府、公众对于“网络干涉大选”的担忧。6月，民主党全国委员会向媒体证实遭到俄罗斯黑客攻击。俄黑客取得机密电邮、聊天室与调查共和党总统候选人特朗普的资料，但民主党认为“捐款者与其他个人隐私资料没有遭到盗取”。俄罗斯方面公开驳斥民主党指责，然而，在民主党即将召开全国代表大会之际，“维基揭秘”组织获取并公开了民主党内部大量电邮，包括党主席的争议言论，全国委员会的“秘密勾当”等。美国政府认为，“维基揭秘”等于坐实了针对俄罗斯方面的指控，尤其是在美国对俄罗斯不断警示的情况下，“维基揭秘”陆续曝出更多电邮信息，有向美国方面报复的意味。10月希拉里亲信伯德斯塔的私人邮件被“揭秘”后，美国与俄罗斯之间因此事造成的紧张关系达到顶峰。

该事件进一步激化了美国与俄罗斯之间的矛盾，美国将网攻和“网络干涉”行为的矛头指向俄罗斯。美国政府认为，此次网络攻击不仅是一般意义上的窃取隐私，还有企图影响美国大选、企图动摇美国政治制度的意图，性质极为严重。参议院军事委员会主席、联邦参议员麦凯恩称，俄罗斯网络美国政党网站的行为“等同于战争”，“等于摧毁美国的根本制度和国家主权”[②]。但是，美国国内对行为的性质、目的和始作俑者存在不同意见，甚至不少民众主动传播“维基揭秘”的相关文件。美国网络专家迈克菲认为，网络攻击行为水平不高，可能由任何一方发起，或许

① Will Infrastructure Sabotage Be the Next Pearl Harbor? http：//www. nationalreview. com/article/429483/infrastructure - sabotage - hackers - emp（上网时间：2017年2月3日）

② McCain：Russian cyberintrusions an ‘act of war’ http：//www. cnn. com/2016/12/30/politics/mccain - cyber - hearing/（上网时间：2017年2月4日）

与俄罗斯政府无关[1]。但是直至选举前，“维基揭秘”仍陆续发布民主党内部高层、克林顿基金会等与希拉里密切相关机构的内部电邮，无意向美国官方屈服。10月下旬，美国著名域名解析服务商 Dyn 公司遭到大规模网络攻击，东海岸地区遭遇断网。不少媒体也将嫌疑人指向俄罗斯。为避免“网络干涉”行为严重干扰大选，威慑俄罗斯勿在大选期间攻击美国关键基础设施，选前，美国政府高层对俄罗斯密集喊话，对其发出严重警告。奥巴马表示，俄罗斯“有可能试图影响美国选举”；副总统拜登称，美国打算向普京“传递一个信息”，这个信息将在“美方选择的时间点、能够造成最大影响的情况下发出”。有美国媒体披露，奥巴马授权美国中央情报局（CIA）提交可行性方案，从而对俄罗斯发动一场广泛的“秘密”网络行动以侵扰克里姆林宫、令其感到“难堪”。中情局为此开展相关筹备工作，比如打开网络（攻击）端口、挑选攻击目标等[2]。据称，中情局收集了关于俄罗斯总统普京的“黑材料”。由于俄罗斯方面停止有关行动，美方并未将上述报复措施付诸实践。即便如此，选前美国仍提升戒备层级。联邦调查局（FBI）通告各州与地方官员严防黑客攻击选举程序。据《华盛顿邮报》报导，选前的网络安防行动由联邦调查局、国土安全部、中央情报局及国家安全局（NSA）等机关协同执行，由国家情报总监克拉珀统一调度。

选后美国学界、情报部门就此次俄罗斯“网络干涉大选”发布系列报告，详细介绍俄罗斯的手法和策略。其中，乔治·华盛顿大学“网络与国土安全中心”的一篇分析报告及美国联邦调查局、国土安全部的评估报告影响力最大。前者由网络安全专家、前执法部门官员和网络商业人士共同撰写，对“疑似”被俄罗斯宣传部门控制的网站和社交媒体账户展开长期跟踪、甄别和分析[3]。该小组通过采用专业技术追踪特定网络信息来源、分析传播平台活动同步性、比对社交媒体账号的个人识别信息，

---

① John McAfee：‘Iran hacked the DNC，and North Korea hacked DYN’ http：//www. csoonline. com/article/3133735/data - breach/john - mcafee - iran - hacked - the - dnc - and - north - korea - hacked - dyn. html（上网时间：2017 年 2 月 6 日）

② CIA Prepping for Possible Cyber Strike Against Russia http：//www. nbcnews. com/news/us - news/cia - prepping - possible - cyber - strike - against - russia - n666636（上网时间：2017 年 2 月 7 日）

③ TROLLING FOR TRUMP：HOW RUSSIA IS TRYING TO DESTROY OUR DEMOCRACY https：//warontherocks. com/2016/11/trolling - for - trump - how - russia - is - trying - to - destroy - our - democracy/（上网时间：2017 年 2 月 8 日）

初步确定美国内200多个网站、7000多个社交媒体账户与俄罗斯宣传部门有关。俄罗斯主要策略手法是通过网络攻击、网络钓鱼等方式获取内幕信息，辅佐其在社交媒体上广泛传播的“虚假信息”和“阴谋论”，从而动摇美国民众对美国选举和美国政治制度的信心，制造社会混乱。联邦调查局、国土安全部报告侧重于分析参与行动的俄罗斯黑客组织[①]。其中，有联邦安全局背景的黑客组织“舒适熊（cozy bear，又名APT29）”侵入了民主党全国委员会（DNC）服务器长达一年之久。总参谋部情报总局背景的黑客组织“花哨熊（fancy bear，又名APT28）”更是在半年前就窃取并公开了民主党全国委员会的内部电子邮件等文件。

官方和民间的分析报告影响巨大，在一定程度上塑造了美国政府、战略界和社会公众网络安全的认知。“网络干涉大选”风波或将促使美国采取更为激进的网络安全政策。首先，美国切实意识到他国对美国本土发动网络攻击的可能性。在“网络干涉大选”风波前，他国对美国本土网络威胁主要是网络间谍活动，破坏性有限，主要追求经济目标。而此次俄罗斯的行动带有鲜明的政治目的，已经是一定程度上的网络战。该行为超出美国情报界、战略界的预料，表明他国有能力和意愿在毫无征兆的情况下对美国发动连续性网络袭击。其次，美国发现除去重要基础设施外，还有需要保护的“高价值目标”。此前，美国将网络安防重点放在水坝、电站、医院、通讯设施等重要基础设施上。此次袭击则针对政党网站、政治人物私人电邮等，却也同样影响巨大。最后，美国意识到网络威胁的多样性，除去传统网络攻击、网络黑客外，网络信息战也能造成重大后果。乔治华盛顿大学报告称，大选期间，有超过1500万个美社交媒体账户转发过“俄罗斯制造的信息”，相关网络视频观看人次达2.13亿，几乎所有美国网民均受其影响。事件结束后，美国采取一系列措施修补国内网络安全漏洞，包括修订《联邦刑事诉讼程序规则》第41条的相关条款，允许执法机构在获得“搜查许可”后运用技术手段闯入嫌疑人计算机，当目标位置被虚拟专用网络（VPN，一种突破网络访问限制的加密通信技术）或洋葱路由（Tor，一种通过代理服务器加密传输数据的技术）隐藏的情

① GRIZZLY STEPPE-Russian Malicious Cyber Activity，https：//www. us - cert. gov/sites/default/files/publications/JAR_ 16 - 20296A_ GRIZZLY% 20STEPPE - 2016 - 1229. pdf（上网时间：2017年2月9日）

况下，执法机构也可开展行动①。该新规意味着美国将有权入侵境外嫌疑用户。此外，美国通过《波特曼—墨菲反宣传法案》，成立一个总额达到8000万美元的基金，以培训资助记者、非政府组织、公民社会组织、智库和专门机构揭露其他国家虚假情报散播活动。

特朗普不完全认可美国情报机构对于俄罗斯网络威胁的判断，其网络安全政策存在一定不确定性。特朗普意外当选在一定程度上受益于“网络干涉大选”风波，再加上他有意改善美俄关系，因此对该问题有些尴尬。当选后，特朗普在社交媒体上与情报界就此展开“口水战”，甚至发出“信任阿桑奇”等偏激言论。特朗普认为，美国情报界针对此事的调查报告带有“政治色彩”，并不能完全反映事件全貌。虽然特朗普在公开竞选言论中多次涉及“网络安全”议题，但一些表述较为模糊，整体态度并不明朗。从当前表述看，特朗普的网络安全观念从属于其对军事安全的整体认知，侧重于充分发挥政府、军方等官方机构的作用，着重防范网络恐怖主义、网络战等直接威胁。相对于奥巴马，特朗普的网络安全理念更加强硬，明确表示要求增加美国网络部队、网络武器攻击性，对他国网络攻击采取果断反击。特朗普当选后，任命其亲密幕僚朱利安尼担任“网络安全特别顾问”，提升该职位的层级，也可看出特朗普并未轻视该问题。

---

① Amendment to Criminal Procedure Rule 41 Impacts Data Privacy in U. S. and Abroad，http：//www. sutherlandcybersecurity. com/2016/12/amendment - to - criminal - procedure - rule - 41 - impacts - data - privacy - in - u - s - and - abroad/（上网时间：2017 年 2 月 18 日）

中美关系：反复博弈下的脆弱平衡*

近年来，在中美两国实力差距持续缩小引发美方战略疑虑、“第三方”因素、双边敏感议题增多等多重因素作用下，中美关系虽然保持整体稳定，但双边关系中的博弈面更加突出，通过扩大合作去平衡双边竞争的难度加大，因为敏感问题导致矛盾甚至对抗的概率提高。与此同时，中美也都意识到越是在这种情形下，就越需要积极管控分歧，以确保双边关系大局稳定。2016 年，中美围绕南海仲裁案、朝鲜核导试验以及美国坚持在韩国部署“萨德”等问题激烈博弈的同时，也充分发挥各级双边交流机制的作用，管控分歧的同时努力扩大合作，在竞争与合作之间寻找平衡点，最终实现中美关系稳中有进，在实践新型大国关系精神道路上朝前迈出一步，为特朗普上台后的中美交往奠定了一定基础。

一、博弈的同时积极管控分歧

2016 年，中美矛盾和博弈主要集中在南海仲裁案、朝鲜核导问题以及台湾等问题上，这对中美关系的韧性构成极大考验。然而，中美虽然因为上述问题激烈博弈，甚至一度剑拔弩张而让外界感到担忧，但两国领导人站在历史和全局的高度看待双边关系，积极管控分歧和矛盾，确保了中美关系未受到较大冲击。

第一，在南海问题上斗而不破并实现争端快速降温。菲律宾阿基诺政府就中菲南海争端提起所谓国际仲裁后，仲裁庭于 2016 年 7 月 12 日公布了一边倒支持菲方立场的“仲裁”结果。在此前后，中美围绕南海以及仲裁问题激烈博弈。

美国方面，为尽可能利用仲裁造成的舆论效果，达到打压中国并确保

---

* 本章撰稿人：程宏亮

其在南海战略存在和利益的目的，借口维护菲律宾的利益而不断对中国在南海的正当行为进行恶意炒作，联手他国制造不利中国的国际舆论，试图把中国塑造为南海“麻烦制造者”的形象。为此，美国一方面喊话盟国，要求它们的立场与其保持一致，在“仲裁”结果出炉后集中表态，同时警告“若中方败诉却不尊重裁决，将会为之付出代价”。[①] 除舆论造势外，美军方以实施“航行自由”为借口，多次派舰机进入中方岛屿所在海域。美军太平洋司令部司令哈利·哈里斯等为代表的美军高级将领不时发表刺激言论，称中国在南海的作为不仅改变了地区的军事环境，而且表明中国正在谋求东亚霸权,[②] 目的是试图改变“二战后形成的国际秩序”。[③] 美国国防部长卡特甚至称中国在南海的行为“孤立了自己”。[④] 7月12日，“仲裁”结果公布后，奥巴马政府迅速发表声明，称“正研究仲裁结果……支持通过利用仲裁等在内的和平方式去解决南海领土和领海争端”，并称仲裁“对中国和菲律宾都有约束力”，希望此次仲裁的形式和内容都能为日后解决类似争端提供“标准”。[⑤]

中国方面，面对美方的压力，采取积极行动予以应对。一方面，提高了对南海所属岛礁的实际控制能力并增强战略存在。为此，采取了民航飞机实施永暑礁机场校验试飞、在永兴岛部署导弹和战机、组织战机赴相关海域和岛礁空域实施战斗巡航，驱离擅自闯入南海岛礁海域与空域的美国舰机等行动。为进一步威慑相关国家不要做出冒险，中国于仲裁结果公布前一周在南海举行了大规模军事演习，对外传递了捍卫海权和领土权益的决心，有效阻止了南海局势的恶化与升级。另一方面，为化解美国等国制造的不友好国际舆论，展开了积极的外交活动，不仅与文莱、老挝等东盟

---

① Strengthening EU-U. S. Cooperation in the Asia-Pacific Region，https：//www. csis. org/events/strengthening-eu-us-cooperation-asia-pacific-region（上网时间：2016年2月19日）

② https：//www. armed – services. senate. gov/hearings/16 – 02 – 23 – us – pacific – command – and – us – forces – korea（上网时间：2016年3月20日）

③ “U. S. Pacific Fleet Head Warns of Economic Risks in South China Sea”，https：//www. wsj. com/articles/u – s – pacific – fleet – head – warns – of – economic – risks – in – south – china – sea – 1458111458（上网时间：2016年3月20日）

④ Remarks on “Asia – Pacific's Principled Security Network” at 2016 IISS Shangri – La Dialogue，https：//www. defense. gov/News/Speeches/Speech – View/Article/791213/remarks – on – asia – pacifics – principled – security – network – at – 2016 – iiss – shangri – la – di/（上网时间：2016年4月1日）

⑤ “Decision in the Philippines – China Arbitration”，https：//2009 – 2017. state. gov/r/pa/prs/ps/2016/07/259587. htm（上网时间：2016年4月12日）

国家达成解决南海问题的共识，上海合作组织还首次就南海问题阐明一致立场，此外全球还有约70多个国家公开宣布支持中方立场和主张。中国还从国际法等角度批评了菲律宾的不合理做法，阐述了中方立场和主张。针对仲裁结果及美国就此发表的声明，中国严厉批评了美方做法，反驳了美国等国对所谓“仲裁”结果的支持立场，再次强调了“不接受、不承认”的立场以及坚定维护领域主权和海洋权益的决心，同时又表明愿直接与有关当事国和平协商解决争端的意愿。①

中美在南海的此轮博弈因为“仲裁”结果达到高潮，以致于周边国家及国际社会担心两国会因此“迎头相撞”。但中美对此保持高度清醒，早在“仲裁”结果公布前就通过各种渠道积极互动，探索管控分歧的有效途径。首先，两国通过官方渠道相互亮明立场，避免误判，使分歧始终被管控在一定范围之内。在“仲裁”结果公布之前，7月6日，中国外交部长王毅应约与美国国务卿克里通电话讨论南海问题。中方表明了自身立场，克里在阐述了美方立场后，也称理解中方就仲裁案表明自身立场，并期望各方都能保持克制，强调中美在维护南海和平问题方面具有共同利益，支持各方继续通过外交途径和平解决有关争议。② 其次，中美通过二轨渠道积极互动，最突出的表现就是两国智库在仲裁结果公布前举行了一次影响颇大的对话会。前任国务委员戴秉国在会上发表主旨演讲，明确地强调了中方立场，收到良好效果。③ 再次，中美在仲裁结果公布后加快了协调和为局势降温的步伐。尤其是美方表示对南海仲裁结果不持立场，支持中菲恢复双边对话，应尽快翻过仲裁案这一页，使南海局势降温。④ 与此同时，菲律宾新任总统杜特尔特也抛弃了其前任的反华政策，转为积极发展对华关系。在这些因素的共同作用下，此轮南海争端迅速降温，未对中美关系构成重大冲击。

第二，围绕“萨德”问题激烈博弈的同时，两次联手推动联合国安理会通过制裁朝鲜决议。近年来，朝鲜不断违背联合国决议进行核导试

---

① “外交部发言人陆慷就美国国务院发言人有关菲律宾南海仲裁案裁决声明答记者问”，http：//www.fmprc.gov.cn/web/fyrbt_673021/dhdw_673027/t1380372.shtml（上网时间：2016年7月13日）

② “王毅同美国国务卿克里通电话”，http：//www.fmprc.gov.cn/web/wjbz_673089/zyhd_673091/t1378119.shtml（上网时间：2016年4月6日）

③ “中美智库南海问题对话会在华盛顿举行”，《人民日报》2016年7月6日第三版。

④ “王毅会见美国国务卿克里”，http：//www.fmprc.gov.cn/web/wjbz_673089/zyhd_673091/t1384437.shtml（上网时间：2016年7月26日）

验，实战化水平持续提升，使得该议题在中美关系中愈发敏感，加剧地区紧张局势的同时，相关国家间关系也更加复杂。这种态势在“萨德”问题上得到集中表现。

2016 年 1 月和 2 月，朝鲜分别进行了氢弹试验和发射卫星活动，3 月和 9 月再次发射导弹并进行核试验。中国对朝鲜的这类行为持强烈反对态度，敦促朝方停止采取任何恶化形势的行为，并呼吁各方不要采取可能进一步导致紧张局势升级的行为。美国对朝鲜的行为不仅持反对立场，而且反应愈发强烈。在美国看来，朝鲜是后冷战时代面临的“最令人烦恼和持久的难题”。[①] 3 月 4 日，美国国防部长卡特称为应对朝鲜导弹威胁，已经与韩国成立联合工作组，全面启动部署“萨德”系统的议程。该系统 X 波段雷达探测距离达到 1200 千米，远超出韩国的防卫需求，会直接削弱中国和俄罗斯等国的战略威慑力。中国认为美国此举是“项庄舞剑，意在沛公”和“司马昭之心，路人皆知”，是在借口防卫朝鲜威胁损害中方正当权益，[②] 对美韩此举表示强烈反对，要求美方务必慎重行事，既不要借机损害中国的安全利益，也不要因此给本地区和平稳定增加新的复杂因素。但美韩不顾中方强烈反对，于 7 月 8 日宣布就此达成协议，计划在 2017 年末投入使用。

除“萨德”外，美国还采取了向韩国部署 F－22 战斗机、派遣战略轰炸机飞跃半岛、与韩国数次举行大规模联合军演等行动。这不仅让本已紧绷的美朝、韩朝关系更加紧张，而且使当时因为南海争端已经非常敏感的中美关系进一步充满了不确定性。中国一方面以高度负责任的态度提出半岛无核化与半岛停和机制转换并行的建议，正告各方“坚决反对任何在半岛挑事惹事之举，决不允许家门口生战生乱，强烈希望有关各方无务必保持克制，不要相互刺激和加剧紧张”，[③] 有效遏制了半岛生乱生战等风险。除直接与美韩交涉外，中国还就“萨德”与俄罗斯展开战略协作。6 月 26 日，两国联合发表《中华人民共和国主席和俄罗斯联邦总统关于加强战略稳定的联合声明》，批评美国单方面打破战略平衡并动摇了全球

① “North Korea：U. S. Relations，Nuclear Diplomacy，and Internal Situation Emma Chanlett－Avery，Coordinator”，CRS Report，January 15，2016.

② “王毅接受路透社专访谈叙利亚和半岛核问题”，http：//www. fmprc. gov. cn/web/wjbzhd/t1340285. shtml（上网时间：2016 年 2 月 14 日）

③ “2016 年 3 月 7 日外交部发言人洪磊主持例行记者会”，http：//www. fmprc. gov. cn/web/fyrbt_ 673021/jzhsl_ 673025/t1345683. shtml（上网时间：2016 年 3 月 8 日）

战略稳定体系，目的是在军事和军技领域获得决定性优势，以牺牲他国安全以换取自身安全。[1] 中俄还在俄罗斯举行了首次联合反导计算机演习，并商定在2017年再次举行此类演习，对美韩的一意孤行形成一定威慑。

与此同时，尽管中美围绕“萨德”问题激烈博弈，但作为联合国安理会常任理事国以及朝鲜半岛事务的攸关方，如何维护地区稳定并共同应对朝鲜核导问题是双方需要共同面对和认真思考的问题。2016年初开始，朝鲜核导问题就已经成为中美间对话的一个重要内容，几乎所有双边交流都会涉及该议题。朝鲜核导试验和发射活动后，中美展开密切合作，先是在3月联手推动联合国安理会以全票结果通过对朝鲜制裁的2270号决议，后针对朝鲜9月核试活动在11月30日又推动联合国安理会全票通过谴责朝鲜核试验，要求朝鲜放弃核导计划并实施新制裁的2271号决议。这些努力有助于局势迅速降温，维护了东北亚地区的稳定。

第三，针对特朗普候任期间的“非传统”涉台举动，中美两国政府积极管控，尽量减少由此带来的负面影响，确保中美关系平稳度过美国大选年。在奥巴马执政的大部分时间里，因为马英九坚持“九二共识”，两岸关系出现和平发展良好态势，台湾议题在中美关系中的敏感性和重要性同时出现下降态势。然而，特朗普赢得美国大选后，在候任期间打破中美建交以来的美方习惯性涉台做法，对中美关系构成严重冲击。

12月2日晚，特朗普与台湾当局领导人蔡英文通电话，两人互称“总统”，互相“祝贺”对方当选。这是美台断交后双方最高（候任）领导人首次直接对话，挑战了中美建交的政治基础“一个中国”原则，向“台独”势力传递了错误信号，对两岸关系和中美关系都产生负面影响。由于特朗普在大选期间为拉选票而对中国持激烈批评态度，引发两国战略界对其未来对华政策的担忧，此举因此被视作其政府未来会对华强硬的先兆。事发后，中国在第一时间内回应并跟美方有关方面交涉。奥巴马政府也及时回应，称对此事前不知情，坚称其政府未改变长期美国长期以来的两岸政策，任内将继续坚守“三个联合公报”和“一个中国”政策。

美国战略界中只有极少数亲台和主张对华强硬的人士认可特朗普的做

---

① “中华人民共和国主席和俄罗斯联邦总统关于加强全球战略稳定的联合声明”，http://news.xinhuanet.com/politics/2016-06/26/c_1119111895.htm?from=timeline&isappinstalled=0（上网时间：2016年6月26日）

法，认为“此举会让亚洲更安全”[1]，大部分人都持批评态度，认为“这是一个美国并不需要的巨大错误”，[2] 担心此举会严重冲击中美关系，伤害美国国家利益，会被中国认定为是高度的挑衅行为，可能会从根本上使中国从负面看待特朗普的战略意图，从而给未来美中关系打下长期互不信任和战略竞争的基础；[3] 告诫特朗普应在朝鲜等更加急迫的问题上与中国合作，而非利用台湾问题挑衅等等。面对中美两国政府和战略界的批评，特朗普阵营称这只是“礼节性通话”，试图缩小由此带来的负面影响。[4]

然而，特朗普在台湾问题上并未收敛，反而在12月11日接受福克斯电视台新闻采访时，公开质疑“一个中国”立场，认为美国不应该被该政策“束缚”，除非能用它跟中国做“交易”，如换取中国在贸易等问题上的让步。[5] 中方对此反应强烈，警告特朗普台湾问题事关主权和领土完整，涉及中方核心利益，一个中国原则是发展中美关系的政治基础，如果该基础受到干扰和破坏，中美关系的健康稳定发展以及两国在重要领域的合作就无从谈起。[6] 美国战略界也再次掀起批评特朗普的浪潮，布鲁金斯学会著名中国问题专家卜睿哲（Richard C. Bush）就此写了一封公开信，警告他重新谈判“一个中国”政策会导致地区不稳定并置台湾于险境。[7] 奥巴马也在其任内最后一次记者招待会上公开批评特朗普，告诫他台湾问

---

① “Opinion: Donald Trump's ‘brilliant’ move on Taiwan may make Asia safer”, http: //edition. cnn. com/2016/12/05/asia/trump – taiwan – shaun – rein/index. html? iid = ob_ lockedrail_ bottomlist（上网时间：2016年12月6日）

② “Former US ambassador: Trump ‘winging it’ with Taiwan call”, http: //edition. cnn. com/2016/12/02/politics/christopher – hill – trump – taiwan – erin – burnett/index. html（上网时间：2016年12月3日）

③ “特朗普与蔡英文通电话”, http: //www. ftchinese. com/story/001070405? full = y（上网时间：2016年12月4日）

④ “Mike Pence: I don't think Donald Trump's Taiwan call signal policy shift”, www. newsweek. com/pence – trump – taiwan – call – on – policy – shift – 528120（上网时间：2016年12月5日）

⑤ “Trump: US doesn't ‘have to be bound’ by ‘one China’ policy”, http: //edition. cnn. com/2016/12/11/politics/donald – trump – china – taiwan/index. html（上网时间：2016年12月13日）

⑥ “2016年12月12日外交部发言人耿爽主持例行记者会”, www. fmprc. gov. cn/web/fyrbt_ 67302/jzhsl_ 673025/t1423456. shtml（上网时间：2016年12月18日）

⑦ Richard C. Bush, “An open letter to Donald Trump on the One – China policy”, December 13, 2016, https: //www. brookings. edu/blog/order – from – chaos/2016/12/13/an – open – letter – to – donald – trump – on – the – one – china – policy/（上网时间：2016年12月15日）Richard C. Bush, “An open letter to Donald Trump on the One – China policy”, December 13, 2016,

题极端敏感，其在有关言行前应该先想清楚可能导致的后果。①

至此，围绕特朗普的“非传统”涉台言行，奥巴马政府在基于美国自身利益考量以及在中方的推动下，数次表态并重申不会改变对台湾问题和“一个中国”政策的基本立场，未使该问题在美国新旧政府权力交接过程中继续升级并恶化，确保了中美关系大局稳定。

二、各级交流机制稳步推动双边合作

在中美关系更紧密但也更复杂的背景下，各类双边机制由于能帮助双方及时沟通，消除误判，扩大合作，管控分歧和矛盾，其重要性就更加凸显。中美建立了近百个官方双边对话和交流机制，形成以两国元首会晤为引导，以年度战略与经济对话、人文交流高层磋商机制、中美商贸联委会等为主渠道，以其他为补充的双边交流机制格局，几乎覆盖中美关系所有方面。2016 年，这些机制更是充分发挥作用，在稳定中美关系的同时，推动双边合作务实展开。

第一，中美元首会晤充分发挥战略引领作用，确保中美关系始终“不偏航”。在中美政府间诸多双边机制中，元首会晤无疑是最重要的双边对话和沟通平台，发挥着越来越重要的作用。中美关系近年来跌宕起伏，尤其是当面临“断崖式”挑战时，元首会晤都能及时发挥“定盘星”作用，确保中美关系不偏航。经过多年实践，元首会晤不仅形式上更加灵活多样，而且更加高效务实。既有正式的国事或工作访问，也有不拘一格的庄园式会晤，并充分利用国际多边会议平台，实现了一年之内多次会晤，再加上不定时地通信、通话，中美元首之间初步形成较为常态化的沟通机制。这不仅有利于两国最高领导人建立良好的工作及个人关系，而且能更好地对其他双边机制发挥引领和促进作用。

2016 年，习近平主席与奥巴马总统利用多种时机先后实现二次会晤。第一次是 4 月初，习近平赴华盛顿参加第四届核安全峰会期间，两国元首就双边经贸关系、南海问题、朝核问题、气候变化、两军关系、台湾问题等广泛交换了看法。② 当时，中美关系错综复杂，双方既因为南海问题激

---

① “Full transcript: President Obama’s final end - of - year press conference”, December 16, 2016, http://www.politico.com/story/2016/12/obama - press - conference - transcript - 232763（上网时间：2016 年 12 月 20 日）

② “习近平会见美国总统奥巴马”，《人民日报》，2016 年 4 月 2 日，第 2 版。

烈博弈，同时也因为朝鲜核导试验而面临如何应对及维护地区和平与稳定的挑战。元首会晤对应对这些问题及在双边及多边层面的合作达成共识，确保了中美关系大局稳定，为日后实现南海问题及时降温并继续合作应对共同挑战奠定了基础。

第二次元首会晤于 9 月初在杭州二十国集团峰会期间举行。这是两国元首在南海仲裁案后的首次会晤，因而备受外界关注。习近平与到访的奥巴马进行了长时间的深入会谈，就中美新型大国关系、台湾问题、南海问题、朝核问题以及“萨德”等问题交换了看法。双方就宏观经济、工业领域结构性改革、全球经济治理、网络安全、地区和全球热点问题等达成 35 项成果，[①] 公布了《中美气候变化合作成果》。[②] 双方再次确认致力于双边关系健康发展并构建中美新型大国关系的决心，重申了要继续保持密切高层沟通和机制性对话，不断增进战略互信，深化在双边、地区、全球层面的协调与合作，同时以建设性方式管控分歧和敏感问题，推动中美关系持续健康稳定发展。此次峰会对中美关系迅速回到正轨并平稳度过美国大选年发挥了积极作用，并延续 2013 年安纳伯格“庄园会晤”、2014 年“瀛台夜话”和 2015 年“白宫秋叙”形式，举行了小范围长时间和深入的“西湖茶话”，进一步丰富并完善了元首会晤的形式和内容。

第三次元首会晤是 11 月中旬，习近平与奥巴马在秘鲁首都利马出席亚太经济合作组织第 24 次领导人非正式会议期间再次见面。此次会晤前，特朗普正式当选为美国新一届总统。他在大选期间对华言论激烈，把美国一些国内问题的根源归咎于中国，扬言一上任就会在贸易、汇率等问题上对华展现强硬态度，使国际社会对中美关系前景普遍表示担忧。在此背景下，习近平与奥巴马利用此次会晤，坦率地围绕分歧阐述各自看法的同时，再次强调了双边关系坚持“不冲突不对抗、相互尊重、合作共赢”原则的重要性。奥巴马表示已经向特朗普介绍了美中关系的重要性，强调应实现两国关系平稳过渡。[③] 此次会晤对中美关系起到了承前启后的重要作用。

第二，年度重要双边对话机制继续充当增信释疑的主管道。在中美诸

---

① “中美元首杭州会晤中方成果清单”，《人民日报》，2016 年 9 月 5 日，第 21 版。

② “中美气候变化合作成果”，《人民日报》，2016 年 9 月 4 日，第 9 版。

③ “习近平会见美国总统奥巴马”，《人民日报》，2016 年 11 月 21 日，第 1 版。

多对话机制中，中美战略与经济对话和中美人文交流高层磋商是规模最大且涵盖几乎所有领域的最重要年度双边交流机制，对稳定中美关系、管控双边敏感议题、扩展合作发挥着积极作用，其重要性因此得到中美两国政府的认可。

2016年6月6—7日，第八轮中美战略与经济对话和第七轮中美人文交流高层磋商在北京同时举行。尽管中美当时正因为南海等问题处于紧张状态，但通过这两大机制，双方在战略轨、经济轨和人文轨共达成约300多项具体成果，确定了在双边和多边层面、地区热点问题，以及教育、科技、文化、卫生、地方等多个领域的合作项目，扎实地推动各层面合作有序展开，巩固了中美关系的民意基础，为南海仲裁案之后的中美关系避免较大波动以及两国元首杭州峰会创造出良好氛围。

除这两大机制外，其他重要双边对话机制也对稳定双边关系并推动合作起到积极作用。如网络问题近年来成为中美关系中的一个重要议题，两国元首为此同意启动中美打击网络犯罪及相关事项高级别联合对话。2016年6月和12月，分别举行了第二次和第三次会议，双方商定启动热线机制，并就网络犯罪启动信息共享、合作进行网络犯罪调查、打击网络暴恐活动等达成共识。① 中美商贸联委会作为中美间成立最久、影响最大的机制之一，第27届会议于2016年11月下旬在华盛顿举行，就出口管制、贸易救济、境外取证和境外执行、农产品检验检疫、赴美投资等多个双方关注的议题进行了沟通并取得共识。该机制在日益复杂的中美经贸关系中继续发挥着“灭火器”和“推进剂”的作用。

中美在执法领域的合作也取得新进展。例如中美执法合作联合小组（JLG）第14次全会在北京举行，双方就反腐败追逃追赃合作、打击网络犯罪、禁毒等热点问题交换了看法。该机制成立于1998年，是中国与国外建立的第一个双边执法合作机制。2016年通过该机制，中美在反腐败领域的合作取得重大进展，美国遣返了杨秀珠等“红通”人员，两国在反腐败领域的合作初见成效，有效地震慑了外逃违法犯罪人员，减少了能对中美关系产生负面影响的一些不利因素。

第三，中美在多层面多领域的合作稳步推进。2016年，中美合作

---

① “第二次中美打击网络犯罪及相关事项高级别联合对话联合成果清单”，2016年6月15日，http：//www.cac.gov.cn/2016-06/15/c_1119048093.htm. “第三次中美打击网络犯罪及相关事项高级别联合对话联合成果清单”，2016年12月9日，http：//www.cac.gov.cn/2016-12/09/c_1120084749.htm.（上网时间：2017年1月16日）

全面稳步推进，尤其是在应对全球气候变化等世界性议题上形成了伙伴关系，成为中美关系的亮点之一。这些合作夯实了中美关系的基础，促使两国决策者在处理双边关系时更加谨慎，积极管控分歧，避免因小失大。

经贸关系上，中美开始形成贸易和投资“双轮”驱动的经贸关系。2015 年，中国成为美国第一大贸易伙伴后，中美互为第一大贸易伙伴国。尽管双边经贸摩擦增多，但 2016 年双边经贸关系一大亮点是中国对美国的投资大幅增加。据美国美中关系全国委员会和荣鼎集团的联合研究报告显示，当年中国对美投资额高达 460 亿美元，比 2015 年度增长 200% 以上，为美国创造了近 5 万个工作岗位。中美互为对方企业最重要的投资目的地之一，中国企业在美国的附属企业数量从 2015 年的 1900 家激增到了 2016 年的 3200 家。①

人文交流取得新突破。在中美人文交流高层磋商机制推动下，中美人文交流涵盖领域不断扩大，规模和水平不断提升，两国在教育、科技、文化、体育、妇女、青年、卫生 7 大领域开展了卓有成效的合作。中国成为美国最大的海外留学生来源国，美国则是中国第二大海外留学生来源国，双方参与人文交流活动的人数初步估计达到 2700 多万人，② 普通民众的参与感、获得感显著提升，深化了两国民众尤其是年轻人对彼此国家的认识。据美国皮尤研究中心 2017 年 4 月一份民调显示，44% 的美国人对中国有好感，2016 年该数字为 37%，其中 18 - 30 岁的年轻人中对中国有好感的比率为 51%。③ 这从侧面显示了人文交流在夯实中美关系根基上所发挥的巨大作用。

两军交流持续推进。虽然因为南海和“萨德”问题，以及美军恶意炒作两军舰机相遇等事件，中美两军相互指责甚至彼此激烈批评，但并未影响两军交流稳步推进，双方在反海盗、救灾及建立互信机制方面的工作持续进行。各军种将领间持续互访，尤其是两国海军间的互访和交流保持

---

① “New Neighbors：2017 Update：Chinese Investment in the United States by Congressional District”，http：//rhg. com/wp - content/uploads/2017/04/RHG_ New - Neighbors_ 2017 - Update_ Reduced. pdf（上网时间：2017 年 4 月 25 日）

② “刘延东谈中美人文交流高层磋商机制成果”，2016 年 6 月 7 日，http：//www. chinaconsulatechicago. org/chn/zzxw/t1370398. htm（上网时间：2016 年 6 月 10 日）

③ “Americans’ Views of China Improve as Economic Concerns Ease”，APRIL 4，2017，http：//www. pewglobal. org/2017/04/04/americans - views - of - china - improve - as - economic - concerns - ease/（上网时间：2017 年 4 月 5 日）

在一定频度。这些对防止两军误判、增加互信、建立有效沟通机制发挥了积极作用。即使中美围绕南海仲裁案激烈博弈期间，中国海军还是应邀参加了美方主办的2016年“环太平洋”军事演习。在仲裁结果公布后不到一个月时间内，美军太平洋舰队司令斯科特·斯威夫特（Scott Swift）就率军舰“本福德”号在8月8日正式访华，表明两军关系未因中美南海仲裁案前后的紧张关系而受到影响，对外传递出积极信号。两军关系因此持续成为中美关系的亮点之一。

全球治理领域的合作成为中美关系又一大亮点。除上述双边层面合作稳步推进外，中美还在地区及全球性议题上积极开展合作。其中，为应对全球气候变化，在两国元首推动下，中美在全球气候变化领域展开积极合作，为此建立了历史性的伙伴关系。中美不仅一道确保了联合国气候变化巴黎峰会成功举行，而且在杭州二十国集团峰会期间向联合国秘书长潘基文交存了各自参加《巴黎协定》的法律文书，为推动《巴黎协定》尽早生效作出了贡献。

三、结论和展望

2016年的中美关系虽然遭遇一定波折，但总体上延续了以往斗而不破的基本态势，再次成功地管控了危机和分歧，在双边和多边层面开展卓有成效的合作，一定程度上还实现了稳中有进。这主要是由于以下几个原因所导致：

第一，从双边角度看，尽管中美两国国内对双边关系前景的看法日益复杂多元，开始更多地强调两国的竞争面和博弈面，但维持双边关系稳定仍是两国最大共识。中美关系高度复杂敏感，任何一方都无法承受由于双边关系破局带来的严重后果。美国方面，奥巴马在任内最后一年重要施政目标是倾力打造政治遗产，一个稳定的中美关系是其中的重要组成部分。奥巴马虽然认可中国是美国最大战略挑战的看法，但始终坚持认为中美关系是21世纪最为重要的双边关系，其政府正是在该理念下谨慎处理对华关系，在竞争的同时积极谋求合作，由此确定了跟中国博弈时不破局、不冲突的基本底线。即使在利用东海、南海等争端并不定时地通过“航行自由”行动展示地区存在并对华展示军事实力的时候，其团队也始终坚持不与中国发生军事冲突的底线。[①] 中国方面，无论要实现“两个一百年”奋斗目标，还是要完成十八届三中全会确定的新一轮深化改革的各项任务，都需要一个良好的外部环境，相对稳定的中美关系又是其中重要组成。因此，面对奥巴马政府亚太“再平衡”战略，中国在博弈的同时积极寻求与美合作，确保中美关系大局稳定，并提出构建中美新型大国关系的倡议。中美维持双边关系稳定的共识确定了双方基本交往模式。奥巴马政府虽然对中方提出的构建新型大国关系倡议既不公开接受亦不公开否认，在实践中却坚持了“不冲突不对抗、相互尊重、合作共赢”的基本精神。2016 年，中美两国无论在管理分歧还是寻求合作时都同样体现了这一精神。

第二，从地区层面看，尽管部分亚太国家想利用中美竞争之机牟利，但亦不愿中美关系恶化到无可救药的地步，希望中美竞争的同时亦能维持双边关系稳定。中国崛起正深刻地改变着亚太的地缘政治和经济环境，个别国家对此不适应，尤其是那些与中国有领海或领土争端的国家更是如此。在这种情形下，它们本能地希望能借助外力去平衡中国日益扩大的影响力并制约中国的行为，因此对中美关系向竞争方向发展持乐见态度。然而，中国崛起对这些国家又是巨大的机遇，这主要体现在对华经贸关系上，中国已经成为亚太所有国家的最大贸易伙伴。这些国家因此面临如何与中美同时相处的“大国困境”，在希望能借助美国制衡中国的同时，又不希望中美关系彻底搞僵而被迫在中美间“选边站”，担心最终伤及自身根本利益。这在东盟国家身上表现较为明显，例如菲律宾在经历了阿基诺政府的极端反华之后，在杜特尔特政府上台后对此进行调整，从一味地依靠美国在南海问题上对华示强转为务实地发展对华关系。这不仅改善了中菲关系，也极大地减少了中美因为菲律宾而发生碰撞的诱因。

第三，从世界层面看，国际大环境也不允许中美关系破局，因为众多热点问题只有中美合作应对才有可能获得解决。当今世界正处于深刻变革之中，既面临前所未有的机遇，也面临前所未有的挑战。世界经济持续复苏乏力，地区热点问题频发多发、恐怖主义威胁此起彼伏，地缘冲突持续不断，难民问题、全球气候变化等问题都需要各国联手应对。中国和美国

---

① Cheng Li, Assessing U. S. - China relations under the Obama administration, https://www.brookings.edu/opinions/assessing-u-s-china-relations-under-the-obama-administration/（访问时间：2016 年 9 月 10 日）

作为世界前两大经济体，对世界和平与繁荣担负着特殊的历史责任。美国战略界就普遍认为，尽管中美间有各种各样的分歧和矛盾，甚至认为中国是美国潜在的最大竞争对手，但是“积极的双边关系不仅对中国和美国非常重要，而且对世界也极为重要”①。正是因为如此，中美一方面积极应对朝鲜核导等地区热点问题的同时，联手推动联合国气候变化巴黎峰会取得成功，在气候变化领域建立了历史性的伙伴关系。

最后，2016 年是中美关系较困难的一年，也是两国成功管理双边关系并务实合作的一年，这一年的中美关系实践对未来双边关系具有重要的借鉴意义。展望 2017 年，政治新人特朗普当选为美国总统，考虑到其在大选中及侯任期间的一些涉华激烈言辞和“反传统”言行，外界认为其任内的中美关系或将面临一定的不确定性。另一方面，奥巴马政府在离任之时，不仅做出不承认中国市场经济地位的决定，而且在签署的《2017 财年国防授权法案》中还提出要实质性地加强美国与台湾的军事联系，允许美台高阶军官和文官互访，从而为特朗普政府加强与台湾的关系做好了铺垫。但考虑到中美关系的现实和 2016 年交往实践，有理由相信中美关系不会脱离“不冲突不对抗、相互尊重、合作共赢”的基本精神，在各层面各领域的现实需求合作将推动中美关系持续发展，通过元首会晤等机制的引领，中美处理双边关系的手法也会更娴熟。

---

① Cheng Li, Assessing U. S. - China relations under the Obama administration, https：//www. brookings. edu/opinions/assessing - u - s - china - relations - under - the - obama - administration/（访问时间：2016 年 9 月 10 日）

第二编

大事记

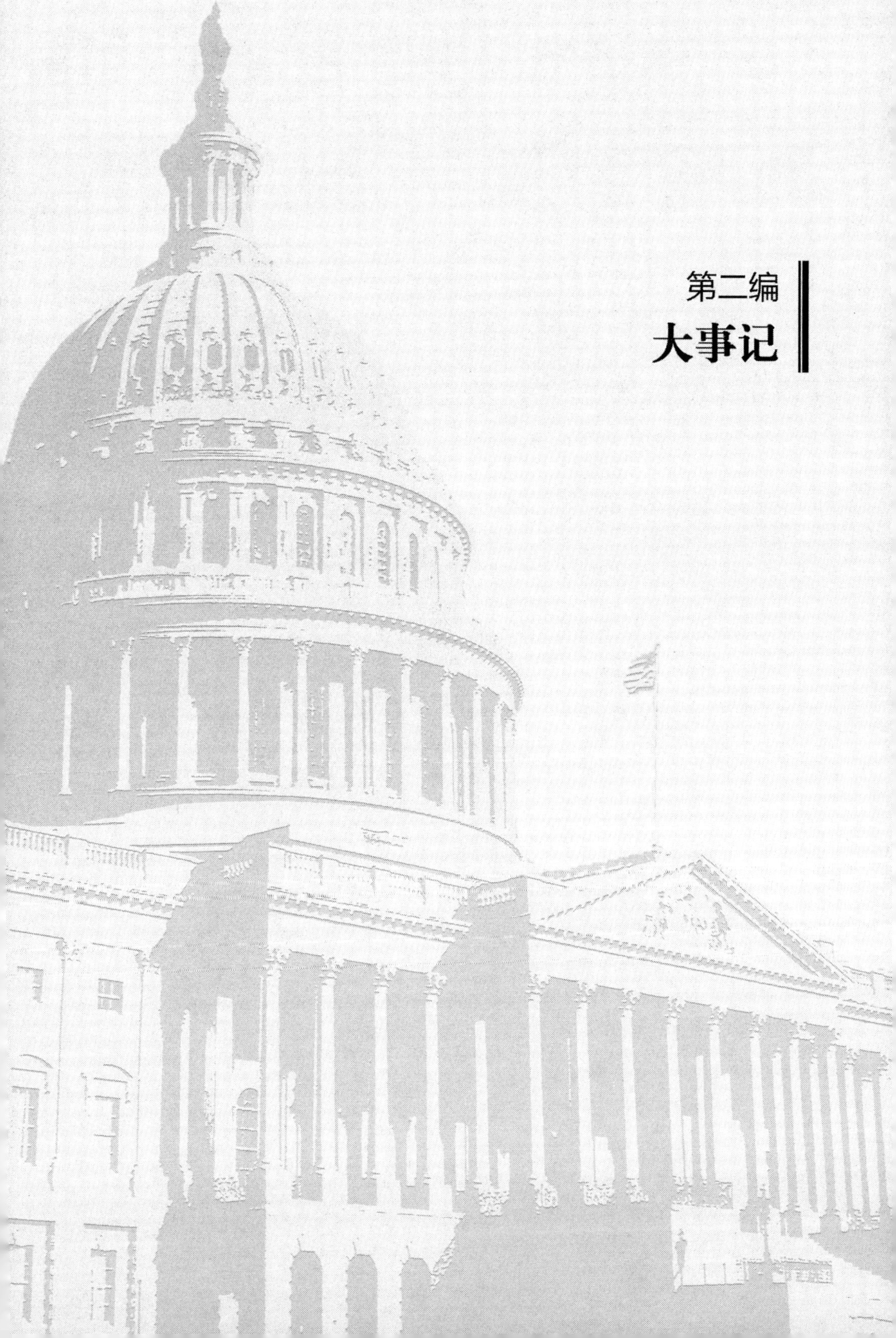

2016 年美国政治经济大事记

1 月

1 月 2 日，约 150 名民兵占领了俄勒冈州哈尼郡马卢尔国家野生动物保护区联邦办公区。这伙民兵以内华达州牧场主安蒙·邦迪为首，目的是抗议美国联邦第 9 巡回上诉法院和地区法院裁决俄勒冈州牧场主德怀特·哈蒙德父子延长刑期。哈蒙德父子 2001 年和 2006 年曾引发联邦公共土地火灾。2012—2014 年，地区法院先后对此做出刑事和民事裁决。但州检查官认为处罚太轻并上诉至联邦巡回上诉法院，最终两人被重新量刑，需再回监狱各服刑 4 年。其遭遇得到俄勒冈牧场主联合会等机构的同情。安蒙·邦迪与其父克利文·邦迪 20 世纪 90 年代则因牧场租赁等问题与土地管理局打过官司，败诉但心怀怨恨。1 月 26 日，占领政府设施的民兵 8 人被捕，1 人被击毙，2 月 11 日最后四位民兵向政府投降。

1 月 4 日，奥巴马宣布一系列行政命令加强对枪支的管控。相关措施包括：扩大对购枪者的背景调查；任何销售枪支的商家（包括枪支展销会商家），都必须获得执照；提高现有枪支管理法规的执行力度，如强化“国家集成弹道信息网络”建设；加强精神疾病防范和治疗，确保购枪背景审查系统中包含精神疾病记录等。1 月 5 日，奥巴马在白宫发表讲话，向美国民众详细阐述他的控枪行政令。共和党总统参选人特朗普与众议院议长瑞安对此做出愤怒反应，而民主党总统参选人希拉里则称若当选将近一步推进上述措施。

1 月 6 日，美联储公布 2015 年 12 月 15—16 日议息会议纪要。几乎所有与会者都认为加息条件已成熟，加息 25 个基点的决议获得一致通过。纪要称美元再度走强或油价进一步下挫都会抑制通胀上行，增加未来不确定性。纪要重申将会逐步、缓慢地加息，使宽松货币政策继续支持劳动力市场、提振通胀，使美联储能更好地评估加息对美国经济的影响。

1月8日，奥巴马否决国会两院通过的含有废除奥巴马医改法和削减美国“计划生育团体”（Planned Parenthood）拨款的法案。奥巴马称，否决该法案是因为它将危及数百万美国人的健康和金融安全。此前，参议院在2015年12月使用特殊程序以简单多数通过该法案，共和党控制的众议院1月6日以240：181的投票结果通过该法案。

1月12日，奥巴马在国会联席会议上做最后一次国情咨文演说。奥巴马总结和捍卫自己过去7年的执政成就，驳斥了其政治对手和一些总统参选人关于美国经济和世界地位正在下降的言论。其演讲中关于具体政策提议的内容很少。在外交政策问题上，奥巴马试图捍卫其组建联盟和加强合作的努力，呼吁国会批准《跨太平洋伙伴关系协定》，解除对古巴半个多世纪的禁运。他称赞2015年12月达成的应对气候变化的国际协议、伊朗核问题协议以及在西非抗击埃博拉病毒的努力。他说，重中之重是“保护美国人民，追踪恐怖主义网络”，还承诺继续为关闭关塔那摩监狱而努力。奥巴马还呼吁未来领导人必须着手解决一些大问题，包括如何提供经济机会，如何让科技服务于民，如何保障美国的安全，以及如何改善政治气候等。南卡罗来纳州长妮基·黑利代表共和党对奥巴马的演讲做出回应。她表示，奥巴马在施政过程中常常无法兑现他的远大承诺。

1月13日，美联储发布《褐皮书报告》。报告指出，劳动力市场持续改善，就业提高明显。工资增长由平缓向适中过渡，通胀压力微乎其微，仅有两个地区报告薪资增长加速。强势美元对需求带来负面冲击。费城和旧金山地区的报告表示，全球需求疲弱是制造业下滑的原因之一。自去年12月开启首次加息以来，美国劳动市场虽保持强劲，但工资和通胀水平却仍旧不尽如人意，因此美联储在1月议息会议上很可能会按兵不动。

1月14日，共和党在南卡罗来纳州北查尔斯顿举行第6场大选电视辩论。特朗普、克鲁兹、鲁比奥、卡森、克里斯蒂、杰布·布什和卡西奇等7人参加。共和党将矛头集体指向奥巴马和民主党，并合力批评民主党参选人希拉里。克鲁兹称，希拉里当选对美国是一场“国家安全灾难”。鲁比奥则强调，若希拉里当选，今后4年将比过去8年更糟糕。参选人还将矛头指向中国。特朗普称若当选将对中国产品征收45%的关税，克鲁兹则称提高关税会引起中国报复、也会伤害美国。

1月16日，奥巴马宣布密歇根州弗林特市进入紧急状态，以应对其水污染事件。联邦政府向该市拨款500万美元用于污染治理，国土安全部与联邦紧急事故管理总署宣布向该市提供 3 个月的物资，包含干净的水源、净水器、滤芯和水质检测试剂等。这场水危机始于 2014 年 4 月，当时陷入财政困难的市政府为节约资金开始抽用弗林特河的水，不再使用底特律的供水系统。但河水腐蚀了老旧的供水管道，使管道中的铅溶进水里。弗林特居民一直都没有被告知其饮用水被污染，直到在当地儿童体内检测铅含量超标，问题才暴露。危机导致当地环境管理部部长辞职，密歇根州州长里克·辛德也正式向公众致歉。弗林特已恢复使用底特律的供水，但官员们表示更新供水系统成本可能高达 15 亿美元。

1 月 20 日，参众议院民主党人挫败了一项阻止接收中东难民的法案。2015 年 11 月巴黎恐怖袭击案后，共和党控制的众议院通过“美国反对外国敌人安全法”（The American Security Against Foreign Enemies Act）。法案要求，叙利亚或伊拉克的难民要进入美国，须经联邦调查局进行背景检查，并获得联邦政府 3 名高官个人签字。在共和党总统候选人特朗普呼吁阻止穆斯林前来美国之际，奥巴马和民主党议员均希望挫败该法案。20 日的投票结果为 55∶43 票，未能达到成案程序所需的 3/5 的赞成票。

1 月 27 日，美联储发布政策会议声明称，目前将维持联邦基金利率区间在 0.25%—0.5% 不变，并“密切关注”全球经济和市场形势的发展。虽然股市和油价下跌，海外经济增长存在不确定性，但美国经济在稳步增长、创造就业，通胀率正逐步升至美联储的 2% 目标。

1 月 29 日，美国国务院认定民主党总统参选人希拉里曾使用私人服务器发送机密邮件。发言人表示，其中十几封邮件为绝密，如果遭到泄露将对国家安全造成“异常严重”的破坏。由于其中 37 页的电邮与“特别权限计划”（如空袭或监听行动）有关，所以美国务院不会对外公布内容。希拉里的竞选办公室则指出，电邮发送时没有被列为机密，所以美国务院应该公开电邮。该事件成为希拉里竞选对手和共和党攻击的把柄。

2 月

2 月 1 日，艾奥瓦州举行党团会议，正式拉开 2016 年总统选举帷幕。民主党方面，希拉里与佛蒙特州联邦参议员桑德斯选情胶着，最终结果是 49.9%∶49.6%，希拉里以微弱优势险胜桑德斯。共和党方面，得克萨斯州联邦参议员克鲁兹赢得艾奥瓦州四成极端保守选民和三成基督教福音派选民支持，从而夺魁，得票率为 27.7%，地产大亨特朗普和佛罗里达州联邦参议员鲁比奥名列第二和第三名，得票率分别为24.3%和23.1%。

2月1日，美联储副主席费舍尔表示，鉴于通胀仍过低，若近期金融市场震荡走势持续并出现全球经济放缓的信号，美国经济可能受损。随着油价下跌和强势美元带来的压力减退，“中期而言”仍预计通胀将触及美联储目标水平。

2月3日，奥巴马作为国家元首首次造访美国一座清真寺。他对穆斯林说，由于伊斯兰极端分子制造的与恐怖主义有关联的暴力事件日益增多，美国的穆斯林必须要忍受人们对他们“非常扭曲”的负面印象，尤其是2015年11月巴黎恐怖袭击和12月加州圣贝纳迪诺的恐怖袭击之后，人们太多时候把恐怖主义和整个宗教信仰联系在一起。他还抨击了一些共和党总统参选人的反穆斯林言论。

2月4日，美、日等12个成员国经贸部长在新西兰奥克兰共同签署“跨太平洋伙伴关系协定”（TPP）并公布文本。此后协定正式交由这些国家的立法机构批准。奥巴马称TPP将为美国带来每年1000亿美元收益。

2月9日，新罕布什尔州举行初选。结果显示，民主党方面，桑德斯以60%得票率领先希拉里（得票率38%）；共和党方面，特朗普、俄亥俄州州长卡西奇及克鲁兹位列前三，分别获得35.3%、15.8%及11.7%的选票。10日，克里斯蒂和菲奥里纳宣布退出总统竞选。

2月9日，奥巴马公布2017财年支出计划为4.1万亿美元，总额比2016财年增长了5%，其中包括为打击“伊斯兰国”增加开支、为资助“清洁”交通项目而对每桶原油加征税款10美元等。奥巴马希望得到75亿美元用于打击“伊斯兰国”，这比2016财年增加了50%，其中包括购买4.5万个GPS制导智能炸弹的资金。舆论认为，共和党把持的国会仅会部分满足该预算案中的要求。

2月9日，奥巴马宣布“网络安全国家行动计划”，称网络威胁是“美国经济和国家安全面临的最紧迫威胁”，将增加190亿美元政府机构网络安全预算，这比2015年增长了35%，其中包括一笔30亿美元资金，用于“启动联邦计算机系统的全面改革”。新计划还要求设立一个新的职位，负责协调各文职机构，并与军方和情报对口部门合作追踪网络黑客。

2月9日，美联邦最高法院采取史无前例行动，要求美国环保局暂停执行“清洁电力计划”（Clean Power Plan），等待哥伦比亚特区联邦巡回上诉法院做出裁决。该计划目标是在2030年前，美国发电厂碳排放量较2005年碳排放水平降低32%。但由西弗吉尼亚州带领的27个州和多个企业团体 2015 年 10 月提出诉讼，试图阻挡该计划；其他十多个州和代表 1.9 万个城市的“全国城市联盟”（National League of Cities）则支持该计划。最高法院在上诉法院尚未做出裁决时“提前介入”，在美国司法史上极为罕见。9 月 27 日，哥伦比亚特区联邦巡回上诉法院就该案听取了口头辩论。法院仍需数月才能做出最终判决。

2 月 10 日，美联储发布《半年度货币政策报告》。报告称美国经济正在向美联储就业最大化及 2% 的通胀目标迈进，美联储将密切关注中国经济放缓及其溢出效应。根据报告预测，2016 年美国经济增长将达到 2.4%，联邦基金利率中位数将达到 1.4%。

2 月 11 日，纽约一个陪审团裁定，纽约美籍华裔警察梁彼得因枪杀一名未携带武器的非洲裔男子而犯有过失杀人罪，可能面临 15 年监禁。2014 年 11 月，梁彼得和搭档在纽约布鲁克林的一个大楼内巡逻，里边漆黑一片，他因听到异常声音而紧张，无意中扣动扳机，子弹从墙壁反弹导致刚巧从楼梯下楼的 28 岁的非洲裔美国人格利死亡。据报道，梁彼得是纽约 10 多年来首位因致命枪击案被定罪的警察。20 日，纽约、芝加哥、洛杉矶、华盛顿哥伦比亚特区等全美各地超过 40 个城市和地区同步举行各种声援纽约警察梁彼得的抗议活动。

2 月 13 日，美国务院公布 551 封存储在希拉里私人服务器上的电子邮件，其中 84 封的部分或全部内容因涉密而被遮盖，3 封标有“机密”。希拉里自 2009—2013 年任国务卿期间收发的 3.3 万封电子邮件中，21 封被注为“机密”，22 封属“绝密”级别而完全不能对公众公开。2 月 24 日路透社报道称，中情局和国家地理空间情报局提交国会的两份报告称，希拉里担任国务卿期间，至少有 22 封应该被当作“绝密”对待的邮件通过其不安全的私人服务器发送，这些邮件的措辞与政府最机密的一些文件中的某些内容吻合，但并未发现通过私人服务器发送任何完整版的绝密文件。这是美国情报机构首次发布正式声明来详细说明希拉里电邮问题。

2 月 13 日，美联邦最高法院大法官安东宁·斯卡利亚在得克萨斯州去世，享年 79 岁。斯卡利亚自 1986 年起任大法官，是现任大法官中任职时间最长、第二年长者，被认为是最保守的大法官，以犀利深刻、才华横溢而闻名，堪称司法保守派的柱石。获悉斯卡利亚去世消息后，奥巴马表示，将行使宪法赋予的权力，提名大法官人选，并呼吁国会批准。但参院多数党（共和党）领袖麦康奈尔表示：美国人民应在大法官挑选中有发言权，空缺应在新总统上任后填补。对此，参院少数党（民主党）领袖里德回应称，参院一整年时间里不考虑大法官提名，不仅“史无前例”，也是对其宪法责任的“无耻”失职。

2 月 17 日，美联储公布 1 月 26—27 日政策会议纪要。与会官员认为，当前金融市场动荡对美国经济活动前景的总体影响尚不明朗，不确定性有所增加，经济面临的下行风险攀升。目前尚无充分证据表明中期展望的风险平衡已发生实质性改变。美联储重申了密切监测通胀走势以确认通胀保持在预期路径上的重要性。

2 月 20 日，内华达州和南卡罗来纳州分别举行民主党党团会议和共和党初选，选举党内总统候选人。在内华达州，希拉里以 52.7% 的得票率小胜桑德斯的 47.2%。在南卡罗来纳州，特朗普以 32.5% 的得票率拔得头筹，鲁比奥与克鲁兹分别以 22.5% 和 22.3% 的得票率位列第二和第三。由于该州实施“胜者全得”的计票方式，特朗普由此获得该州所有 50 个代表名额。杰布·布什因仅排第四，在结果揭晓后宣布退出初选。

2 月 20 日，密歇根州卡拉马祖县及周边晚间发生“随机枪击案”，死亡 7 人，另有数人受伤。事后调查发现，犯罪嫌疑人为 45 岁的贾森·多尔顿，他曾是一名保险理赔员，没有任何犯罪记录，取得“优步”公司司机资格还不到 1 个月，于 20 日开车接送乘客的途中向路人疯狂扫射。他已正式被控 6 项谋杀罪名。22 日，奥巴马再次呼吁，美国各州州长应采取行动，打击枪支暴力。

2 月 22 日，美总统经济顾问委员会发布《2016 年总统经济报告》。报告回顾美国经济 2015 年改善情况，列举了刺激经济长期可持续增长的措施。一方面，促进包容性增长，让增长惠及每个美国人，减少贫富差距，促进内需；另一方面，增强研发和基础设施的投资，提高生产率，尤其强调了美国基础设施对美国经济的重要性。

2 月 22 日，奥巴马向国会提交一份关闭关塔那摩监狱的计划，强调这座监狱多年来一直在“削弱”而非“提升”美国国家安全，必须被关闭。该计划将在美国境内建设一处设施，关押由关塔那摩监狱转来的被拘押者，预计需要最高 4.75 亿美元的建设成本，但每年能节约最多 1.8 亿美元的运营成本。共和党人反对该计划。目前在关塔那摩监狱有 91 名被拘押者，其中 35 人预计将于今年夏季前被转移至别处。

2 月 22—26 日，美欧在布鲁塞尔举行第 12 轮“跨大西洋贸易投资伙伴”（TTIP）谈判。此轮谈判亮点在于：一是加强监管合作。美欧将在汽车、工程、信息通讯、医疗设备、纺织、医药等部门加强监管合作，保持监管“兼容性”，增强双方政策制定的透明性，并承诺于下一轮开启文本谈判；二是探讨“关税过渡期安排”。在第 11 轮 TTIP 谈判中，双方已交换免除 97% 对方商品进口关税的方案。在此基础上，美欧本轮新增“关税过渡期安排”议题，探讨逐步削减关税方案；三是农产品谈判取得进展。美解禁自 20 世纪 90 年代牛绵状脑病爆发后对荷兰牛肉的禁运。

2 月 23 日，内华达州举行共和党党团会议，选举党内总统候选人。特朗普以 45.9% 的得票率高居榜首，鲁比奥与克鲁兹以 23.9% 和 21.4% 的得票率位列第二和第三。

2 月 27 日，南卡罗来纳州举行民主党初选。希拉里以 73.5%：26% 大胜桑德斯。有分析认为，桑德斯缺乏黑人等少数族裔支持是其失败主因。

2 月 27 日，美国财长雅各布·卢在 G20 财长会后的新闻发布会上称，G20 的成员国应该避免竞争性货币贬值。他强调各国应各自及共同使用所有政策工具，包括货币、财政和结构性改革政策，努力推动需求和经济增长。

3 月

3 月 1 日，这是美初选阶段两党投票州数量最多的一天，民主党在 11 个州以及美属萨摩亚群岛举行初选，希拉里在 7 个州和美属萨摩亚群岛（亚拉巴马州 77.8%、阿肯色州 66.3%、佐治亚州 71.3%、得克萨斯州 65.2%、田纳西州 66.1%、弗吉尼亚州 64.3%、马萨诸塞州 50.1%、美属萨摩亚群岛 73%）得票率领先，伯尔尼·桑德斯则在 4 个州（俄克拉荷马州 51.9%、明尼苏达州 61.6%、科罗拉多州 58.9%、佛蒙特州 86.1%）得票率领先。共和党在 11 个州举行初选，决出代表 595 个，约占赢得候选人提名所需 1237 个代表数的一半。特朗普赢得 7 个州（亚拉巴马州 43.4%、佐治亚州 38.8%、田纳西州 38.9%、弗吉尼亚州 34.7%、阿肯色州 32.8%、佛蒙特州 32.7%、马萨诸塞州 49.3%），克鲁兹赢得 3 个州（阿拉斯加州 36.4%、俄克拉荷马州 34.4%、得克萨斯州 43.8%）。明尼苏达州被鲁比奥以 36% 得票率拿下，克鲁兹和特朗普在该州得票率约为 29% 和 21%。

3 月 1 日，美众议院召开听证会，听取各方就美国联邦调查局（FBI）要求苹果公司配合解锁涉恐嫌犯的 iPhone 手机一事的意见。美国联邦调查局此前要求苹果公司协助解锁涉嫌在2015年12月参与加州恐袭嫌犯的iPhone 5s手机。在听证会上，苹果公司的法务部长兼高级副总裁布鲁斯·西韦尔表示，苹果公司不愿开发可供由政府支配的解码系统。若开发该系统，将具有普遍适用性，会违反保护用户隐私的承诺；且一旦解码系统落入罪犯或是敌对政府之手，将对美国家安全构成不可估量之威胁。3月28日，美司法部宣布，已在没有苹果公司协助的情况下，采取其他技术手段破解了嫌犯手机。

3月2日，美联储发布《褐皮书报告》。报告指出，受消费者支出增长、就业市场紧俏及住房市场强劲的支撑，大部分联储银行辖区经济活动出现扩张，就业市场环境温和改善，信贷标准维持不变。受到大宗商品价格低迷、海外经济放缓以及美元走强的不利影响，农业经济形势表现平稳或温和下降，农产品出口放缓。由于煤炭产量下降以及油气行业继续低迷，大部分辖区的能源行业进一步收缩，制造业面临显著阻力。

3月10日，共和党在维京群岛举行初选。该州共有9张代表票，特朗普拿到4张，鲁比奥和克鲁兹分别拿到2张和1张，另有2张未定。

3月14—15日，美联储召开议息会议并发布声明，决定将联邦基金利率仍维持在现有0.25%—0.5%水平。据此次议息会议美联储专家最新预测，2016年联邦基金利率中位数为0.875%，而当前实际联邦基金利率为0.36%。这意味着2016年美联储或仅有2次加息，远低于此前预测的4次，加息步伐明显放缓。联邦公开市场委员会（FOMC）再现分歧。以美联储主席耶伦为代表的9位委员持偏鸽派观点，认为外部风险依然严峻，通胀复苏尚不强劲，投票赞成暂缓加息。而堪萨斯城联储主席艾斯特·乔治持鹰派立场，投反对票，认为影响美通胀的低油价和货币因素正逐步减退，倾向于将联邦基金利率目标区间上调至0.5%—0.75%。这是自2015年10月议息会议以来，FOMC内部再次出现分歧。

3月15日，美两党在5个州举行初选，共和党还在北马里亚纳群岛选举。民主党方面，希拉里拿下全部5个州（佛罗里达州64.4%、俄亥俄州56.5%、伊利诺伊州50.5%、密苏里州49.6%、北卡罗来纳州54.6%）。共和党方面，特朗普拿下4州（佛罗里达州45.7%、伊利诺伊州38.8%、密苏里州40.9%、北卡罗来纳州40.2%）；俄亥俄州州长卡西奇以46.8%得票率拿下自己的家乡州。

3月16日，奥巴马正式提名哥伦比亚特区上诉法院法官梅里克·加兰担任美联邦最高法院大法官，填补斯卡利亚大法官去世后留下的空缺。

加兰是犹太裔，芝加哥出生，哈佛大学毕业。奥巴马称他“业界楷模”、“为人正派”、“具有最敏锐的法律头脑”。参院共和党领袖麦康奈尔当天回应称，不会对奥巴马提名的大法官人选进行听证或投票，新人选应该由下一任总统提名。特朗普与其立场一致。

3 月 22 日，特朗普公布竞选团队国际事务顾问名单。共有 5 人：退役陆军中将基思·凯洛格（Keith Kellogg）、全球能源资本公司创始人卡特·佩奇（Carter Page）、曾任卡森顾问的乔治·帕帕佐普洛斯（George Papadopoulos）、福克斯新闻网前分析师瓦利德·法勒斯（Walid Phares）、国防部前总检察长约瑟夫·施密茨（Joseph Schmitz）。

3 月 22 日，两党在犹他州举行初选，桑德斯（得票率 79.3%）和克鲁兹（得票率 69.2%）分别获胜；民主党还在爱达荷州举行初选，桑德斯胜（得票率 78%）；共和党方面，特朗普还拿到美属萨摩亚群岛全部 9 张代表票。

3 月 23 日，两党在亚利桑那州举行初选。特朗普（得票率 47.1%）和希拉里（得票率 57.6%）分别获胜。

3 月 26 日，民主党在 3 州进行初选，桑德斯全部领先。得票率为：华盛顿州 27.1%、阿拉斯加州 18.4%、夏威夷州 30%。

3 月 29 日，美联储主席耶伦在纽约经济俱乐部发表演讲称，美国经济表现喜忧参半。一方面，就业市场持续改善，居民消费温和增长，住房市场逐步复苏；另一方面，受全球经济增速放缓以及美元升值影响，美国制造业和出口仍步履维艰。美联储预计，伴随着就业市场的持续改善，美国经济仍将保持温和增长态势。美联储认为不会出现长期滞胀，认为货币政策没有获得财政政策的帮助，希望财政政策发挥更大作用。受全球经济风险上升影响，相比 2015 年 12 月，美联储要实现就业和通胀的预期目标，在加息路径选择上必须更趋谨慎。市场分析人士认为，耶伦的讲话偏向“鸽派”，美联储未来的加息节奏可能进一步放缓。

4 月

4 月 3 日，加利福尼亚州州长杰里·布朗签署法律，上调该州最低工资至 15 美元，该州成为美国第一个达到此标准的州。依据新法律，加州现行的每小时 10 美元最低工资明年将提高 50 美分，2018 年提高到 11 美元，以后每年一月提高 1 美元，直至 2022 年，除非州长因经济衰退推迟最低工资上调。而雇员 25 人以下的企业将被允许推迟一年实施该法律。

4 月 5 日，两党在威斯康星州举行初选。共和党方面，克鲁兹获得该州全部 42 张代表人票后，将此次胜选称为共和党初选的“转折点”，意指阻断了特朗普此前一路飙升的选举势头。民主党方面，桑德斯则以 56.6% 得票率战胜对手希拉里，赢得该州。

4 月 7 日，美联储公布 3 月议息会议纪要。纪要显示，美联储将采取比 2015 年 12 月会议更缓慢的加息路径。全球经济和金融形势仍继续对国内经济展望构成显著的下行风险。只有两位官员希望在 3 月会议上加息。其中一位是具有投票权的堪萨斯城联邦储备银行行长艾斯特·乔治，她在 9∶1 的投票中投了唯一的反对票。

4 月 9 日，民主党在怀俄明州举行初选。尽管桑德斯赢得 56% 的选票，而希拉里只赢得 40%，但根据该州计票规则，两人需平分选举人票，即各得 7 张选举人票。

4 月 11 日，上千名美国民众在国会大厦前举行“民主之春”示威活动。集会者手持反对金钱政治的巨幅标语，高喊“金钱滚出政治”等口号、反对“选民身份法”，要求美国国会立即采取行动，结束政治腐败并确保选举自由公正。警方则以“非法示威活动”为由逮捕了 400 多名抗议者。

4 月 12 日，奥巴马在“工资平等日”（Equal Pay Day）来到首都华盛顿哥伦比亚特区斯维尔—贝尔蒙特博物馆（Sewall-Belmont House & Museum），将该馆定为“贝尔蒙特—保罗妇女平等全国纪念地”（Belmont-Paul Women's Equality National Monument），并发表讲话呼吁推动男女同工同酬。尽管美国已于 1963 年通过了工资平等法，但根据联邦政府统计，目前美国全职妇女所得工资只有男性的 79%。美国“工资平等日”最初定于 1996 年，以提醒人们关注美国社会男女同工不同酬的现象。

4 月 12 日，国际货币基金组织（IMF）称，由于主要新兴经济体增长放缓、大宗商品价格走低、投资贸易不振，将 2016 年和 2017 年全球增长预期分别下调至 3.2% 和 3.5%。由于外部增长和需求放缓，油价下跌导致能源部门非住宅类投资下滑，美国净出口拖累经济增长，IMF 将美国 2016 年和 2017 年增长预期下调 0.2% 和 0.1%，至 2.4% 和 2.5%。

4 月 14 日，民主党总统参选人桑德斯和希拉里在纽约市布鲁克林进行初选辩论。辩论中，两人质疑对方的判断力。桑德斯指责希拉里曾支持美国出兵伊拉克及接受来自华尔街银行和公司的竞选资金，希拉里则指责桑德斯的竞选团队对她进行造谣，并指外交政策是桑德斯的弱项。但两人也存在共识，如拆解规模过大的银行、提高最低工资至每小时15美元等。

4月19日，纽约州举行两党初选。共和党总统参选人特朗普赢得该州95%的共和党代表人票；民主党总统参选人希拉里以58%：42%战胜桑德斯。

4月25日，共和党总统参选人克鲁兹和卡西奇联手遏制特朗普的竞选势头。为减少分流彼此选票及阻止特朗普赢得选票，两人达成协议，即卡西奇不到印第安纳州开展初选拉票活动，而克鲁兹则同意不在俄勒冈州和新墨西哥州进行拉票，从主观上彼此不分流对方的选票。

4月25日，国会83名参议员呼吁加强美国和以色列安全关系。参议员们发表公开信，称盟友以色列正面临众多激进分子威胁，包括黎巴嫩的“真主党”、加沙地区的“哈马斯”、叙利亚“基地”组织和“伊斯兰国”组织以及埃及西奈半岛上的伊斯兰激进组织等，呼吁美以达成新安全协议，包括增加美国对以色列目前每年31亿美元的军事援助。

4月25—29日，美欧在纽约举行第13轮“跨大西洋贸易投资伙伴”谈判。此次谈判在中小企业、海关、贸易便利化合竞争等规则制度实践等领域谈判取得进展，并在此基础上整合文本。此次谈判的主要障碍：一是剩余3%未取消关税部分均是敏感领域，难以推进；二是在投资者—国家争端解决机制、政府采购条款、金融服务业开放、监管合作及地理标识等方面，双方立场差距仍大。

4月26日，共和、民主两党均在康涅狄格、特拉华、马里兰、宾夕法尼亚和罗得岛州展开初选。共和党方面，特朗普均获胜，在各州得票率如下：宾夕法尼亚56.7%、特拉华60.8%、马里兰54.4%、康涅狄格57.9%、罗得岛63.8%。民主党方面，希拉里赢得除罗得岛以外的四州，得票率如下：宾夕法尼亚55.6%、特拉华59.8%、马里兰63%、康涅狄格51.8%、罗得岛43.3%。此轮初选结果，巩固了希拉里和特朗普在各自党内领跑的优势，两人获党内提名的可能性大增。当日，美国全国广播公司民意调查显示，特朗普首度赢得了50%以上的共和党选民以及持共和党倾向的选民支持。

4月27日，特朗普在智库美国国家利益中心发表演讲，抨击奥巴马政府的外交政策是一场“灾难”，总结了冷战后美国外交政策的诸多缺点。特朗普表示如果自己当选，将把美国和美国人民的利益放在首位，实施“美国优先”的政策，并在外交方面寻求与中国和俄罗斯之间发展关系。

4月27—28日，美联储议息会议决定将联邦基金利率维持在现有0—0.25%水平，暂不加息。议息声明撤销“全球经济和金融形势持续带来风险”措辞，新增“委员会将密切监测通胀指标以及全球经济和金融发展”表述。《金融时报》认为，美联储基调稍微乐观，说明美国面临外部环境有所好转，金融市场情绪稳定，对中国政策担忧缓解。

4月28日，特朗普在华盛顿五月花酒店发表外交政策演讲，猛烈抨击奥巴马和克林顿治下的外交政策“没有眼光、没有目的、没有方向、没有战略”，是“彻头彻尾的一场灾难”，呼吁对美国外交政策做出大幅改变，把美国利益置于首位。

5月

5月3日，两党分别在印第安纳州举行初选。民主党方面，桑德斯战胜希拉里。共和党方面，特朗普战胜党内对手。

5月4日，得克萨斯州联邦参议员克鲁兹和俄亥俄州州长卡西奇分别于3日和4日宣布退选，此举标志着特朗普成为共和党唯一的总统参选人，从而锁定共和党总统候选人提名。

5月4日，亚太裔美国国会研究所（Asian Pacific American Insititute for Congressional Studies，APAICS）举行第22届年度晚宴和招待会。奥巴马和民主党总统参选人希拉里出席活动并讲话，鼓励亚太裔积极参加投票。奥巴马曾先后任命了三名内阁级别的亚裔部长和两名亚裔副部长。

5月5日，奥巴马宣布为58名囚犯减刑。这些人因犯下与毒品有关的非暴力罪行而被判长期监禁，其中18名囚犯被判终身监禁。奥巴马表示，很多非暴力罪犯被迫为自己所犯的错误承受“过分严厉”的惩罚。自2009年就任总统以来，奥巴马已为308名联邦囚犯减刑，是自富兰克林·罗斯福总统以来为囚犯减刑最多的总统。

5月8日，共和党推定总统候选人特朗普表示反对《跨太平洋伙伴关系协定》。在华盛顿州的斯波坎一场集会上，特朗普表示：“我们将废弃TPP，《北美自由贸易协定》（NAFTA）已经是一场灾难，TPP会更糟。”民主党总统参选人希拉里和桑德斯均反对TPP。希拉里在回应劳工、环境和人权团体的问卷时写道：国会在今年11月大选前后不应当通过TPP。

5月10日，共和党在内布拉斯加州举行初选。特朗普赢得全部36张代表票。同日，两党分别在西弗吉尼亚州举行初选，桑德斯和特朗普分别获胜。

5 月 12 日，特朗普和众议院议长瑞安在共和党全国委员会总部会面。特朗普在会面后表示，相信双方最终会团结起来，共同对抗可能的民主党总统候选人希拉里。瑞安上周表示，他“还没有准备好”支持特朗普竞选总统，这次也没有完全接受他的候选人资格，但“双方正在埋下团结的种子”。

5 月 17 日，民主党在肯塔基州举行初选，希拉里战胜桑德斯。同日两党分别在俄勒冈州举行初选，桑德斯和特朗普获胜。

5 月 18 日，参众议院一致通过奥巴马提名的同性恋人士埃里克·范宁（Eric Fanning）出任美国陆军部长。范宁自 2009 年在美国国防部工作以来，担任过多个重要职位，其中包括代理空军部长、海军部副部长、陆军首席管理官员等。

5 月 18 日，纽约联储网站宣布将于 5 月 24 日出售 2—3 年期美国债，规模不超过 2. 5 亿美元；将于 5 月 25 日和 6 月 1 日出售所持有的住房抵押贷款支持债券，规模不超过 1. 5 亿美元。声明强调，此操作仅为试探性，并不代表货币政策改变，也不能被当作货币立场变更的时点。但市场普遍认为，这是美联储欲削减资产负债表的前奏，是进一步采取紧缩货币政策的试探性行动。

5 月 19 日，美联储公布的 4 月会议纪要，美联储官员下调了对全球经济以及金融状况构成风险的评估，并指出尽管美国经济活动明显放缓，但就业市场进一步改善。对经济前景的担忧表现在英国即将在 6 月 23 日举行的脱欧全民公投存在不确定性、中国如何管理人民币汇率的形势发展无法预期。

5 月 19 日，美国国际贸易委员会（USITC）正式发布《“跨太平洋伙伴关系协定”（TPP）：对美国经济及具体行业的可能影响》的全面评估报告，标志着 TPP 审批进入最关键的国会磋商程序。磋商虽不具备法律效力，但议员态度直接影响 TPP 最终能否在国会获批。若美国府会就草案内容达成初步一致，白宫将向国会正式提交 TPP 执行法案。提交国会 30 天内，两院开启最终表决程序。

5 月 19 日，美国通信巨头威讯（Verizon）公司上千名员工在华盛顿哥伦比亚特区该公司门口举行罢工示威。示威人群高喊“我们要公平的合同”口号，抗议公司将大量工作机会转移到墨西哥、菲律宾等国家，随后步行前往白宫。自4月13日起，该公司近4万名员工已在全美多个城市举行了长达一个月的罢工，是美国近五年来规模最大的罢工。劳工部长托马斯·佩雷斯此前与威讯公司及工会代表举行会谈，试图促成双方重开谈判并尽快达成协议。威讯公司是美国最大的无线通信服务供应商，拥有超过1亿用户。

5月20日，美国枪支游说团体——全国步枪协会（NAR）表态支持特朗普。在NAR于肯塔基州路易斯维尔举行的会议上，特朗普抨击希拉里赞成对枪支实施更大限制的计划，称此举将把守法公民置于刑事罪犯的危险之中。此前特朗普还指责希拉里希望废除美国宪法第二修正案。希拉里多次表示，她支持宪法第二修正案，但支持采取更多安全措施加强对枪支的管控。

5月20日，奥巴马签署华裔联邦众议员孟昭文提出的法案。该法案规定，今后联邦法律将不再使用带有歧视色彩的词语，“东方人”（Oriental）将改称“亚裔美国人”（Asian American）。被认为歧视黑人的“Negro”被“非洲裔美国人”取代，“印第安人”被“美国原住民”取代。来自纽约州的孟昭文2015年提出该法案，今年在国会两院获得通过。

5月23日，美国旧金山联邦储备银行行长约翰·威廉姆斯表示，美国经济不断改善在一定程度上支持加息，但欧洲和亚洲经济疲软产生的国际风险等不确定性，制约加息步伐。下次加息的决定主要基于对这两方面形势的综合、平衡地评估，与美国总统选举无关。

5月24日，共和党在华盛顿州举行初选，特朗普获胜。

5月25日，美国务院监察长办公室就希拉里担任国务卿期间使用私人服务器处理公务问题向国会递交报告。该报告长达83页，指出希拉里的行为存在过失，且没有全力配合调查，也没有交出全部公务电邮。这是美国官方首份关于希拉里“电邮门”的系统解析文件。

5月26日，据美联社公布的最新代表票统计结果，特朗普已获1238张代表票，超过共和党总统候选人提名所需的1237张票，正式锁定提名。共和党建制派逐渐向特朗普靠拢，参议院共和党领袖麦康奈尔等人表示将支持特朗普。美国福克斯新闻网调查也显示，82%的共和党人支持特朗普。同时，特朗普还积极拜访了共和党重量级外交战略家基辛格和贝克，向外界释放在外交上渐归共和党主流的信号。

5月28日，美国自由党（Libertarian Party）在佛罗里达州奥兰多市举行全国代表大会，选举前新墨西哥州州长加里·约翰逊为该党2016年总统候选人，前马萨诸塞州州长威廉·韦尔德为副总统候选人。美国最新民调显示，如果在希拉里、特朗普和约翰逊三人中展开大选决战的话，约翰逊能得到大约10%的选票。美国自由党创建于1971年，由支持小政府和广泛公民自由而著称的自由意志主义者组成。

6月

6月2日，美众议院议长瑞安在其故乡所在的威斯康星州表示，支持共和党推定总统候选人特朗普，这是向着在共和党内建立团结迈出的关键一步。瑞安上月曾说自己“尚未准备好”支持特朗普作为旗手。

6月2日，希拉里发表“重要国家安全演说”，严辞批评特朗普的国家安全政策，直言选民不应当冒险“将穿制服的年轻男女的生命置于特朗普的手中”。她说，特朗普的竞选宣言不过是“怪异的咆哮、公报私仇，以及彻头彻尾的谎言”。

6月2日，美联储发布《褐皮书报告》，报告指出，就业和工资增长速度温和，消费者支出整体呈温和上涨的态势。通胀仍较缓和，大部分辖区物价压力略有上升。制造业表现不一，银行贷款需求总体上升。农产品形势“乐观”，但低迷的大宗商品价格继续带来压力。能源行业仍较疲软，但克里夫兰和达拉斯联储辖区的调查对象对天然气和原油价格表示乐观，称能源价格可能已见底。

6月4日，希拉里在美属维尔京群岛民主党初选中拿下全部7张党代表票，有望在7日民主党六州初选中一举冲过提名门槛，但佛蒙特州参议员桑德斯坚持不退选。维尔京群岛的初选方式为党团会议，桑德斯因得票率仅有12.2%，未达到可拿到党代表票的15%得票率的最低门槛。

6月5日，在美国属地波多黎各民主党初选中，希拉里击败竞争对手桑德斯，再添36张代表票。据美联社统计，希拉里已累计拿下1812张承诺代表票与571张“超级代表”票，刚好达到可获得提名的2383张代表票。不过，桑德斯仍不轻言退出。他坚称，民主党7月召开全国党代表大会前，没有人确定赢得提名，因为超级代表届时才会投票。

6月7日，美国多个州举行初选。民主党方面，在加利福尼亚、新泽西、新墨西哥、蒙大拿、南达科他及北达科他州选举后，希拉里已获得2630张代表票，超过提名所需2383张，成为美历史上第一位锁定主要政党总统候选人提名的女性。9日，奥巴马表态支持希拉里。共和党方面，加利福尼亚、新泽西、新墨西哥、蒙大拿及南达科他是最后举行初选的5个州。特朗普共获1481张代表票，超出提名所需的1237张，锁定胜局。

6月12日，一名枪手凌晨冲进位于佛罗里达州奥兰多的“脉动”同性恋夜总会疯狂扫射，致49人死亡、53人伤，制造了美国历史上最严重枪击案。枪手奥马尔·马丁是出生于纽约的美国公民，有阿富汗血统，其在攻击过程中致电“911”，称自己效忠于“伊斯兰国”。

6月14日，首都华盛顿哥伦比亚特区举行民主党总统候选人初选，希拉里以79%的高得票率击败桑德斯。至此，美国50个州、首都及海外属地均结束总统初选。

6月14日，美国会参议员自发成立参议院网络安全议员团。该议员团由参议院外交关系委员会东亚、太平洋与国际网络安全政策小组委员会主席科里·加德纳（共和党人）及弗吉尼亚州联邦参议员马克·沃纳（民主党人）联合发起。两位议员称，成立该议员团的目的是：为议员及其助手提供网络新技术及网络安全背景知识；促进参议员跨越党派界限、超越自身所在委员会范畴，全面讨论网络安全立法问题；对外发声并提出立法提案，对抗网络犯罪对美国造成的威胁。

6月14—15日，美联储召开议息会议，10位委员一致投票赞成暂缓加息，决定将联邦基金利率维持在现有0.25%—0.5%水平，其中包括在3、4月议息会议上主张加息的堪萨斯城联储主席艾斯特·乔治。据此次议息会议17位美联储专家最新预测，2016年联邦基金利率中位数仍为0.875%，意味年内会两次加息；预计仅加息一次的美联储专家增至6人，而3月议息会议上预计加息一次的仅1人。2017年联邦基金利率中位数下降25个基点至1.625%，2018年降63个基点至2.375%；两年的预期加息次数都降至每年三次，加息步伐明显放缓。

6月20日，特朗普竞选团队宣布，解聘竞选经理科里·莱万多夫斯基。莱万多夫斯基坚持“特朗普就是特朗普”的竞选策略，被认为是特朗普赢得党内初选的首要功臣，但一直以来也颇具争议，如粗暴对待女记者等。

6月21日，美联储发表《半年度货币政策报告》。报告称，美国经济继续取得积极进展，向美联储充分就业和2%通胀目标迈进。一季度美国经济仅增长0.8%，预期二季度将明显好转，宽松货币政策、财政政策将支持增长。美联储将继续保持宽松货币政策，依据经济形势相机抉择。

6月22日，国际货币基金组织（IMF）再次下调美国2016年经济增长预期至 2.2%，低于 4 月的份 2.4%。这是 2016 年 IMF 连续第三次下调美国经济增长预期，美元过度升值、企业投资疲软以及全球经济风险被视为拖累因素。

6 月 22 日，奥巴马签署“21 世纪弗兰克·劳腾伯格化学品安全法”，赋予国家环境保护局对所有日用品的化工品进行评估和实施限制的权力。该法是 40 年来对联邦化工品安全法律进行的首次重大修订，5 月 24 日在众议院通过，6 月 7 日在参议院通过。在国会因总统选举而面临政党争斗之际，这一法案的通过是两党之间一次罕见的合作。

6 月 23 日，美联邦最高法院在裁定奥巴马移民改革行政命令相关诉讼时出现 4∶4 僵局表决结果，意味着奥巴马 2014 年行政命令继续被“冻结”。支持移民改革的希拉里表示此裁决“令人心碎且无法接受”，“将令 500 万人面临遣返和家庭分离的结果”。特朗普则表示，奥巴马移民改革行政令是“奥巴马做过的最严重的违宪行为”。

6 月 23 日，美联邦最高法院裁定支持得克萨斯州大学奥斯汀分校依据平权法案并以种族因素作为参考对学生进行选择性录取。轰动一时并引起美国学生家长广泛关注的“费雪案”，至此以白人学生阿比盖尔·费雪败诉而告终。“费雪案”是高等法院目前诉讼事件表中最老的案件之一，起因是费雪声称她因种族问题而受到得州大学奥斯汀分校的歧视、拒绝了她在 2008 年的入学申请。

6 月 23 日，宾夕法尼亚州联邦众议员查卡·法塔赫（Chaka Fattah）辞职。他被陪审团裁定受贿、洗钱、欺诈等多项罪名成立，其儿子小法塔赫已经因银行和税务欺诈被判刑 5 年。法塔赫今年 59 岁，过去 20 多年来一直在国会代表费城选区，曾在众议院拨款委员会任职。12 月 12 日，法院判决其刑期为 10 年。

6 月 27 日，美联邦最高法院以 5∶3 的表决结果推翻得克萨斯州在 2013 年通过的两项堕胎法规，维持了堕胎权利，裁定美国各州无权通过施加“不当负担”、禁止诊所堕胎来限制宪法所赋予妇女的可以终止妊娠的权利。这是 25 年以来联邦最高法院就堕胎权利做出的最重要判决。联邦最高法院的决定仅适用于得克萨斯州，但为其他州人工流产权益人士提供了非常有利的先例。

6 月 27 日，美国会由共和党人主导的班加西事件特别委员会公布 2012 年美国驻利比亚班加西领馆被袭事件的最后调查报告。这部长达 800 页的报告提供了事发当晚的更多细节，没有发现任何新证据显示希拉里在处理事件过程中有大错，但对奥巴马政府各相关部门在班加西事件发生前后的反应做出强烈批评。同日，这个调查小组的5名民主党人赶在共和党人之前发布报告称，为期两年的调查发现，在班加西袭击发生当晚，军方不可能采取比当时更好的措施来挽救被杀害的4名美国人的性命。

6月28日，特朗普在宾夕法尼亚州匹兹堡的一个废金属处理厂发表经济政策演讲，攻击对手希拉里过去在自由贸易协定上的立场，同时概述了他自己的将就业带回美国的计划。他再度大肆抨击全球化和自由贸易协定，主张退出《跨太平洋伙伴关系协定》，重新就《北美自由贸易协定》进行谈判，敦促美国“再一次宣布经济独立”。

6月30日，美防长阿什顿·卡特在新闻发布会上说，美国即将解除跨性别者参军禁令。根据新政策，从10月1日起，跨性别者可以开始在国防部人事系统中正式更改自己的性别记录；一年后，军队可以开始允许跨性别者报名参军，只要他们符合招募标准，并保持自己认定的性别超过18个月。卡特还说，事实上已经有一些跨性别者在军中服役，但很多人只能对自己的情况保密，其数量估计现役军人中有2500人到7000人。目前至少有18个国家已允许跨性别者参军，其中有英国、以色列和澳大利亚。

7月

7月2日，希拉里在美国联邦调查局总部大楼接受约3个小时的面谈。她的竞选团队在面谈结束后对外发布消息称，面谈系希拉里“自愿”。希拉里在面谈结束后接受微软—全国广播公司（MSNBC）采访时表示，自己乐于协助联邦调查局将调查收尾。5日联邦调查局局长科米发表电视声明称，并没有发现希拉里“明确地、肆意地”故意违反美国法律的证据。希拉里及其助手在处理机密信息时“极为粗心”、确已“违规”，但没有证据显示他们“存在主观故意”，或是“对美国不忠诚”，故缺乏适当的刑事指控依据。同日，希拉里乘坐奥巴马专机，与奥巴马一道飞赴北卡罗来纳州夏洛特市参加竞选集会。这是奥巴马今年首次为希拉里竞选活动“站台”。特朗普在当天接受福克斯新闻采访时表示，希拉里的私人服务器很可能已被外国黑客入侵，“骗子希拉里”把整个国家置于风险之中，而仅凭这一点，就不该允许她当上美国总统。

7月4日，维基揭秘网站通过推特发文曝光希拉里1258封电邮，内含英国卷入伊拉克战争的部分材料。

7 月 7 日，得克萨斯州达拉斯市民众抗议活动现场发生针对警察的枪击案，造成 5 名警察丧生，6 名警察受伤。由于 5 日路易斯安那州、6 日明尼苏达州分别发生白人警察枪杀黑人事件，大批民众走上街头，高举“黑人生命同样重要”的标牌，抗议警察暴力执法及非洲裔美国人遭遇不公正待遇。奥巴马 8 日对枪击案表示谴责。

7 月 7 日，美联储公布的 6 月议息会议纪要显示，部分官员认为 5 月疲弱的就业和持续低迷的企业投资预示着经济增速全面放缓，加息应慎重。部分官员认为随着就业市场形势和通胀率接近美联储设定的目标，美联储再次加息不应等待过长时间。会议纪要指出美联储应对通胀快速上升相比应对经济状况疲软的政策空间更加有限。

7 月 8 日，美国务院发言人约翰·柯比表示，在司法部的调查已经结束并且没有针对希拉里提出指控后，美国务院将启动内部调查，且不会人为规定期限。

7 月 14 日，美联储公布《褐皮书报告》。报告显示，英国脱欧公投在至少美联储三个辖区产生影响，芝加哥辖区金融市场波动性显著增加。十二个辖区中大部份经济温和增长，就业继续温和增加，技术劳工需求强劲，消费者支出走软，薪资以外的通胀压力仍较轻微。各辖区工厂活动表现不一，但总体情况有所改善。主要农作物价格上涨，种植情况与历史同期相比取得进展。

7 月 15 日，特朗普在“推特”上宣布选择印第安纳州州长迈克尔·彭斯为竞选搭档。特朗普直言，自己身为“圈外人”，选择彭斯的主要原因之一是为了促进党内团结。彭斯曾担任国会众院共和党会议主席，颇具领导才能，特朗普相信选择彭斯有助其避免党内分裂，团结对抗希拉里。

7 月 16 日，美欧结束第 14 轮“跨大西洋贸易和投资伙伴关系协定”（TTIP）谈判。本轮谈判重点在于完善、统一文本，加大监管合作与规则制定方面的共识。双方虽未就进一步减少关税商品目录达成一致，但有效缩短了一些商品的“过渡期”。尤其是，欧提交金融业市场准入出价，意义重大。

7 月 18 日，白宫将 2018 年后的长期增长预期从 2.3% 调低为 2.2%。白宫调低政府借款成本的预期，降低明年起的预算赤字预估。预计 2017 年和 2018 年的预算赤字将分别为 GDP 的 2.3% 和 1.7%，低于 2 月份预计的 2.6% 和 2.3%。

7月18—21日，共和党召开全国代表大会，公布党纲并正式提名特朗普和彭斯为该党总统和副总统候选人。特朗普演讲广获好评，支持率提升，但仍面临党内分歧等挑战。大会选举中，特朗普得到721张反对票，是40年来获反对票最多的总统候选人。多位共和党政要不愿直接表态支持特朗普。前总统小布什父子、前两届共和党总统候选人麦凯恩和罗姆尼等共和党精英拒绝到会；得克萨斯州联邦参议员克鲁兹到会号召选民“凭良心投票”，只字不提支持特朗普，凸显党内不和。瑞安以“选择分裂的共和党强于选择‘政治正确’的民主党”来动员选民，并不讳言共和党分裂的现实。大会公布被《纽约时报》称为“最极端的”党纲：倡导小政府，少监管，重修税法，实行利于经济增长的简便税收政策；反对同性婚姻、反对强化枪支管制、主张强化边境管制；反对应对气候变化；主张开放大批联邦公共土地和水域用于开采石油、天然气和煤。

7月20日，奥巴马签署《2016年全球食品安全法》。该法要求总统制定并执行保证全球食品安全与营养的战略。战略目标是：通过协调美国援助项目，引领食品不安全国家走上自足与经济自由的道路；促进包容性、以农业为先导的经济增长，从而降低全球贫困、饥饿及营养不良情况；提高小型生产商的生产率、收入与企业存活率；建立易感人群应对食品冲击的机制，降低其对紧急食品救援的依赖；改善妇女与儿童的营养状况；加强美国与外国大学之间的合作，以增强农业能力等。

7月22日，希拉里在“推特”上宣布弗吉尼亚州联邦参议员蒂姆·凯恩为其竞选搭档，称后者“毕生为他人而战”。美媒普遍认为此选“安全、稳健”，目的是赢得部分“摇摆州”和中间选民、白人男性的支持。凯恩现年58岁，历任里士满市议员、市长，弗吉尼亚州副州长、州长、民主党全国委员会主席等职。凯恩支持TPP和移民改革，坚决控枪、支持同性婚姻、尊重女性堕胎权。对华态度上，凯恩视中国为竞争对手，认为中国经济上对美“贸易不公”，安全上在南海咄咄逼人，与俄、朝等均是“集权国家”。

7月22日，“维基揭密”网站披露近2万份民主党全国委员会高层内部邮件和8000多份附件，显示民主党打压桑德斯、力捧希拉里。泄露的邮件时间为2015年1月至2016年5月，主要来自民主党全国委员会的7个高层，显示希拉里涉嫌勾结民主党高层，抹黑特朗普、打压桑德斯、内定党内候选人，勾结媒体、操纵舆情。27日，“维基揭密”网站又挂出29段相关音频文件，进一步提供了民主党高层打压桑德斯的证据。24日，民主党全国委员会主席黛比·舒尔茨宣布将在全国大会后辞职。桑德斯随后发布声明表示，民主党领导层在总统候选人提名程序中必须永远不偏不倚，但在 2016 年的竞选中没有做到这一点。

7 月 25—28 日，民主党召开全国代表大会，公布新党纲，正式提名希拉里和凯恩为该党总统和副总统候选人。大会在宾夕法尼亚州费城召开，奥巴马、副总统拜登、桑德斯、“左翼旗手”参议员沃伦等民主党重量级人物到场，对希拉里表达坚定支持。民主党人在会上猛烈抨击特朗普“满嘴谎言、轻率、自恋”，是“国家分裂者”，并突出其外交软肋，抨击其主张“抛弃盟友”，“恭维”萨达姆、普京等“极权者”，若当选将把美“引向灾难”。政纲推动自由主义议程，经济上“扶贫抑富”，提高联邦最低工资至每小时 15 美元，保障工会权利，确保女性“同工同酬”，推动企业与雇员“分享利润”；推动“美国制造”，壮大中产阶级；堵塞对富人的税收漏洞；未否定《跨太平洋伙伴关系协定》；政治上“还权于民”，将立法限制“权贵集团”、超级政治行动委员会等，防止其过度影响民主政治；推动竞选资金制度改革；社会问题上“促进公平”，致力于消灭“机制性和系统性的种族主义”，扩大社会保障覆盖范围，强调同性恋合法权利及女性“安全且合法”的堕胎权，推动“公立大学教育免费”；外交上主张强化北约以应对俄罗斯威胁，击败“伊斯兰国”，深化与澳大利亚、日本等盟友关系并强化美印关系等。

7 月 26—27 日，美联储召开议息会议并发表声明，决定将联邦基金利率维持在现有 0.25%—0.5% 水平。声明上调对当前经济形势评估，6 月议息会议声明中“经济增长似已复苏，劳动力市场改善步伐有所放缓”的措辞改为“劳动力市场表现强劲，经济以温和速度扩张”。美联储年内首次在议息会议声明中释放加息预期，新增“近期风险已减少”的表述。堪萨斯城联储主席艾斯特·乔治投票反对保持利率不变的决议，恢复了其在 3 月和 4 月会议上主张加息的立场，倾向于将联邦基金利率目标区间上调至 0.5%—0.75%。

7 月 29 日，奥巴马签署强制标识转基因食品的法案，结束了围绕该规定长达 5 年的曲折和博弈。该法要求食品生产商对含有转基因成分的食品必须进行标注，不过生产商可以选择用三种方式中的任意一种进行标识：文字、转基因成分图示、使用二维码标签，以让消费者扫描访问相关网站获得食品成分的更多信息。

8 月

8 月 2 日，特朗普在接受《华盛顿邮报》采访时称，他不太肯定会支持众议长瑞安及亚利桑那州联邦参议员麦凯恩连任，招致共和党高层的不满。11 日《时代》杂志报道，特朗普不支持瑞安的言论激怒了共和党全国委员会主席普里伯斯。普里伯斯向特朗普发出最后通牒，称共和党内部民调显示特朗普将会输掉大选，如果特朗普不改变对瑞安竞选的态度，委员会将把所有资源都拨给国会选举。特朗普否认上述报道属实，称“普里伯斯是个很棒的家伙，他从来没有说过那些话”。5 日，特朗普正式宣布支持瑞安和麦凯恩竞选连任，希望借此重新获得党内同仁的支持。

8 月 6 日，特朗普公布经济顾问团队，成员包括对冲基金经理约翰·保尔森、安迪·比尔，经济学家皮特·纳瓦罗和斯蒂芬·摩尔等。

8 月 8 日，前中情局官员伊万·麦克穆林宣布将以第三方保守派身份参选。虽然特朗普已经获得共和党提名，但鉴于党内不满特朗普的人数众多，麦克穆林宣布参选获得不少共和党人支持。麦克穆林表示，目前美国民众对两党的候选人都失去信心，是时候让新时代的领导人站出来了。麦克穆林出生在犹他州，在杨百翰大学获得国际法律和外交的学士学位，后在宾夕法尼亚大学沃顿商学院获得商业管理硕士学位。麦克穆林在中情局总部接受训练，后自愿前往中东、北非和南亚服役。2013 年成为众议院外交事务委员会国家安全高级顾问，后又担任众议院共和党协商会议政策主管。

8 月 8 日，特朗普在底特律经济俱乐部公布振兴美国经济的初步方案。主要内容包括：一是减税，将联邦个人收入所得税率由目前的七档简化为 12%、25% 和 33% 三档。这意味着最高联邦个人收入所得税率将由目前的 39.6% 降至 33%，最高联邦企业所得税率由目前的 35% 降至 15%。他还提议废除遗产税，取消房产税，更加注重对中低收入者减税，适度对富人加税，并对美国企业海外利润一次性征收 10% 的税，将所得税收用于投资密歇根州等存在经济困难的州。二是放松管制，主张暂停执行联邦政府机构新的监管规定，特别是要废除奥巴马医改和重振煤炭行业。三是贸易政策，重申反对《跨太平洋伙伴关系协定》，主张对《北美自由贸易协定》重新谈判；加强贸易执法，对进行不公平倾销和补贴的国家征收惩罚性关税。

8月9日，50名共和党外交政策精英联名反对特朗普。这批有影响的外交政策和国家安全专家联名致函《纽约时报》，谴责特朗普，并称不会在大选中投票给他。这些专家认为若特朗普当选，将成为美国历史上“最鲁莽的总统”。联署专家包括中央情报局和国家安全局前局长迈克尔·海登、前国家情报总监和副国务卿约翰·内格罗蓬特、前世界银行行长、美国贸易代表和副国务卿罗伯特·佐利克等。

8月10日，特朗普在佛罗里达州的造势集会上攻击奥巴马、希拉里为极端组织“伊斯兰国”的“创建者”。媒体解读称，这应该是指责奥巴马贸然从伊拉克撤军，导致“伊斯兰国”趁势坐大。

8月11日，据美国哥伦比亚广播公司（CBS）报道，在一封写给共和党全国委员会主席普里伯斯的联名公开信草稿中，超过70名共和党人警告称，特朗普的竞选活动会对其他参加今年国会选举的党内同仁造成“灾难性影响”，“我们认为特朗普离间党群、鲁莽无能，再加上破纪录的不受欢迎率，只会让民主党在这场选举中获得压倒性胜利。”公开信呼吁委员会即刻把所有资源用于参众两院选举，以避免共和党被这个“特朗普锚”套住脖颈溺水身亡。据8月7日《华盛顿邮报》和美国广播公司（ABC）联合发布的民调显示，希拉里支持率为50%，以8个百分点的优势领先特朗普（42%），比上月底民主党全国代表大会之后，希拉里领先特朗普4个百分点的优势又扩大一倍。

8月11日，民主党总统候选人希拉里称自己的经济计划更能使广泛的选民受益，包括扩大基建的公共投资，减免中产阶级大学学费等。她强调能在国会通过五年内斥资2750亿美元整修国内基础设施的提案。重申反对TPP，认为过去的贸易协定已带走太多的工作，将停止任何“减少工作或是压低工资”的贸易协定，并对打破规则的国家征收关税。她承诺设立贸易检察官并将现有的执法人员扩大至三倍，以回应特朗普关于墨西哥和中国对美国取得不公平优势的说法。

8月12日，白宫正式通知国会将向其提交TPP执行法案。奥巴马向国会发出最清晰的信号：即使遭到共和党领导人和多数议员反对，TPP也要在年底通过。在此前一周的新闻发布会上，奥巴马声称TPP是美国“重返亚太”的经济基石，愿意与国会领袖在选举后的“跛鸭期”坐下来谈，而不是把“政治足球”来回踢。

8月12日，希拉里竞选团队公布克林顿夫妇的纳税申报单。夫妇俩2015年总收入1060万美元，共缴税360万美元。他们收入的大部分（超过600万美元）来自演讲，主要是在希拉里2015年4月参选之前进行的。两人的慈善捐款超过100万美元。希拉里此举旨在通过质疑特朗普的纳税记录来破坏其形象，后者一直拒绝公开纳税申报单，并称正接受美国国税局的审计、只有在审计完成后才会公布于众。

8月13—14日，威斯康星州密尔沃基市连续两晚发生骚乱。当地民众举行示威活动，抗议警察开枪打死一名遭盘问时弃车逃跑的黑人男子，其间抗议演变为骚乱。密尔沃基市市长巴瑞特（Tom Barrett）15日宣布，该市从当天起对青少年实行宵禁，为期一周。他同时呼吁州政府官员公布13日晚上的开枪视频，以让民众相信警方射杀23岁的非裔男子史密斯（Sylville Smith）有正当性。警察针对非洲裔男子的暴力执法行为近年来在美国多次引发抗议示威活动，有时演变为暴力行为。

8月16日，希拉里竞选团队宣布成立白宫过渡团队。"总管"肯尼思·萨拉查为前科罗拉多州联邦参议员，曾在奥巴马政府担任内政部长。四名共同主席分别为奥巴马的前任国家安全事务助理汤姆·多尼伦，奥巴马的前助理、"美国进步中心"主任尼拉·坦登，前密歇根州州长珍妮弗·格兰霍姆和哈佛大学政治研究所所长玛吉·威廉姆斯。如果希拉里赢得总统选举，这一团队将负责处理总统职务交接事宜。

8月17日，特朗普再次重组其竞选团队最高领导层，聘用保守派新闻网站"布赖特巴特"（Breitbart）的高级执行官斯蒂芬·班农担任首席执行官，并提拔民意调查专家凯莉安妮·康韦担任竞选经理。此前负责竞选的马纳福特被《纽约时报》爆料称与乌克兰前总统亚努科维奇有联系。自从特朗普6月解雇竞选团队负责人科里·莱万多夫斯基后，马纳福特一直负责竞选活动。

8月17日，特朗普首次听取美国情报机构的国家安全情况汇报。8月27日希拉里成为民主党总统候选人后首次听取国家安全情况汇报。美国法律规定，主要政党的总统候选人与他们的重要助手依法要听取美国国家情报总监有关安全事务的机密情报汇报，以便他们当选后即做好了准备。

8月18日，美联储公布7月议息会议纪要。纪要显示，美联储官员在加息问题上分歧很大。数位官员表示，美国接近或是已处于充分就业状态，应尽快甚至立刻加息，否则将造成投资者投资错配、资产价格扭曲、金融泡沫产生。两位官员认为当通胀上行速度快于预期时，再加息也不迟。美联储官员普遍认为，英国脱欧后全球金融市场快速复苏，就业增加，使得经济前景的不确定性降低。

8 月 21 日，得克萨斯州联邦地区法院的一名法官下令，暂停执行奥巴马政府有关允许跨性别学生根据心理性别选择厕所的行政令。全美共有 13 个州提出诉讼，要求法院裁决新学年开始时禁止执行该行政令。

8 月 22 日，希拉里的“电邮门”继续发酵，并将克林顿基金会牵扯进来。联邦调查局又找到希拉里担任国务卿期间使用私人邮箱收发的近 1.5 万份电子邮件。联邦法官要求美国务院加快审阅以决定是否能将之公之于众。部分邮件显示，巨额捐款人曾通过克林顿基金会与希拉里的高级助理进行特别接触。特朗普要求立即由一名独立的特别检察官调查克林顿基金会，并称“它是美国政治历史上最腐败的机构”。前总统克林顿此前表示，如果他妻子当选总统，该基金会将停止接受外国和企业捐款，他本人也将从董事会辞职。

8 月 24 日，特朗普摒弃了大规模驱逐非法移民的说法。他在接受福克斯新闻采访时称，如果当选总统，不会授予非法移民公民身份，“不会赦免他们非法入境的行为，他们必须缴税”，并会把非法移民中的刑事罪犯遣返回国，但他摈弃了此前呼吁驱逐 1100 万非法移民的说法。不过，特朗普仍坚持在南部边境筑高墙，以阻挡从墨西哥和中美洲进入美国的移民流。

8 月 25—27 日，美联储主席耶伦参加杰克逊央行大会并发表《为未来设计有弹性的货币政策框架》讲话。她认为，美国经济正在接近美联储的两大目标：充分就业和物价稳定。考虑到持续稳健的劳动力市场，以及美联储对经济活动和通胀的展望，最近几个月的情形使得加息的可能性增加。未来若美国经济遭遇冲击，可能会重新采取资产购买的方式来压低长期利率，同时承诺低利率。调节美联储给银行准备金利息等其他工具将是长期采取的政策。

9 月

9 月 3 日，美国联邦调查局就希拉里“邮件门”事件公布调查文件，题为“联邦调查局公布希拉里·克林顿 2016 年 7 月 2 日接受该局就其任职期间使用私人电邮服务器不当存储或转发机密信息的问题所作询问的摘要”。所公布的文件包括在希拉里住家的地下室里如何设立电邮服务器的技术细节等。联邦调查局局长詹姆斯·科米表示，希拉里的做法“极不谨慎”，但调查局特工并未发现希拉里有犯罪行为的证据，因此不建议对希拉里提出刑事诉讼。

9月4日，共和党总统候选人特朗普在密歇根州底特律市发表讲话，积极争取约占该市83%人口的非洲裔选民。

9月6日，共和党候选人特朗普炮轰美联储及其主席耶伦，称其完全是由政治操纵，依奥巴马政府的要求坚持维持超低利率水平，粉饰奥巴马政绩，帮助希拉里胜选。9月26日，在美国总统大选首场辩论中，特朗普再次指责美联储玩弄政治，“比国务卿希拉里更具有政治色彩，耶伦将利率维持在如此低位是一个政治决定”。

9月7日，共和党总统候选人特朗普在宾夕法尼亚州费城就扩充美国军备发表演讲，宣布如果当选，他将要求国会全面停止国防预算减支，增加军费支出，重建美国军队，扩大陆、海、空军和海军陆战队规模，上涨的国防支出将由削减政府不当支出所冲抵。这是迄今为止特朗普发表的最详细军事战略计划。民主党总统候选人希拉里·克林顿多次指责特朗普总在喊竞选口号、缺乏具体政策细节。

9月10日，民主党总统候选人希拉里歧视性言论惹争议。希拉里在纽约的一个男女同性恋双性恋和跨性人的筹款会上说，共和党总统候选人特朗普的一半支持者属于“一批可悲的人”，“他们是种族主义者、性别歧视者、同性恋歧视者、排外分子和歧视伊斯兰的人，或对跟他们不一样的人怀有恐惧之心，不一而足”。此番言论招致特朗普支持者的强烈指责和批评，特朗普的高级公关新闻顾问米勒发表声明说，这些话“暴露出她多么鄙视美国勤奋工作的人”。11日，希拉里为自己的此番言论道歉，称这是“严重的以偏概全”。

9月11日，民主党总统候选人希拉里陷入“健康门”风波。希拉里在“9·11”事件15周年纪念仪式现场因身体不适提前离场。有视频显示，她走路摇晃不稳、双膝发软弯曲。美国有线电视新闻网称，“希拉里在‘9·11’纪念活动现场的表现，彻底将关于她身体状况的阴谋论变成了一个真正的竞选议题”。与此同时，舆论在猜测其病情的同时，也批评希拉里“隐瞒真相”，其“不诚信”形象被进一步放大。美国广播公司最新民调显示，仅35%的民众信任希拉里，而媒体普遍批评希拉里团队在信息公开方面缺乏透明度。

9月14日，美国人口普查局报告说，2015年美国家庭收入增长强劲，打破停滞的状态。2015年，美国家庭中位收入为5.65万美元，比前一年增长5.2%，是1967年以来年度增长最快的一年。家庭收入增加是美国经济从 2008 年经济衰退得以复苏的一个重要标志，显示近来出现的经济增长正在更广泛传导。但因经济复苏不够彻底，家庭收入中位数仍然比 2007 年低 1.6%，同时比 1990 年代后期经济繁荣的高峰时期低 2.4%。

9 月 15 日，奥巴马签署公告，宣布建立“东北水下深谷和海底山海洋国家保护区”。这是美国在大西洋建立的第一个国家海洋保护区，旨在保护美国东北的新英格兰沿海近 5000 平方千米水下深谷和山脉。该保护区内将禁止商业捕鱼、采矿和钻探。

9 月 15 日，共和党总统候选人特朗普在纽约参加商界与政界领袖论坛经济俱乐部并发表经济政策演讲，内容包括减税、取消政府监管以及对贸易谈判采取更强硬立场等一揽子措施，声称可以为美国在未来 10 年取得至少 3.5% 的年均增长率。在削减联邦政府开支方面，提出“一分钱计划”（Penny Plan），即在非国防的政府项目方面，每年削减 1% 的支出。但社保与医疗等方面的支出不会纳入该计划。希拉里谴责该计划有迎合富人忽视工人阶级之嫌，穆迪分析师则预期该方案会使 700 万个工作岗位流失，美股也会下跌 12%。甚至连支持特朗普的经济学家也表示需要依事态发展而具体分析。

9 月 15 日，纽约州对共和党总统候选人特朗普的家庭基金会展开调查。纽约州总检察长施奈德曼说：“因担心特朗普基金会涉及任何不当之事，而对其展开调查，以确保它遵守纽约州慈善机构的相关法律”。施奈德曼曾称特朗普在特朗普大学推广的房地产投资课程等同于“彻头彻尾的诈骗”。国会众议院民主党议员还要求司法部调查特朗普向佛罗里达州检察总长捐款 2.5 万美元的问题。特朗普则把施奈德曼发起的新调查称为“左派的另一起攻击”。

9 月 20 日，北卡罗来纳州夏洛特市一名警员奉命执行法庭授权令时，在一栋公寓外发现 43 岁的非洲裔男子斯科特手持枪械下车，在警告斯科特放下枪械无效后将其射杀。斯科特家人表示，他当时手上拿的只是一本书。21 日夜，当地居民的示威演变成警民暴力冲突。22 日，北卡罗来纳州州长帕特·麦克罗里宣布夏洛特市进入紧急状态。

9 月 21—22 日，美联储召开议息会议并发表声明，决定将联邦基金利率维持在现有 0.25%—0.5% 水平。此次议息会议，美联储专家将联邦基金利率的中位数从此前 0.875% 下调至 0.6%，意味着年内将仅有一次加息，远低于 2015 年预测的 4 次加息。美联储将美国长期经济增长的预期区间，从 1.8%—2.0% 下调至 1.7%—2.0%。三名委员投反对票，认为美国潜在通胀风险上升，美联储应立即加息。投反对票的委员人数创下2014年12月会议以来最多，分别是堪萨斯联储主席艾斯特·乔治、克里夫兰联储主席洛蕾塔·梅斯特、波士顿联储主席艾瑞克·罗森格伦。乔治一直是坚定的鹰派代表，梅斯特对将利率维持低位也一直持谨慎态度，但罗森格伦长期是最为鸽派的联储银行主席之一。

9月26日，总统选举首场电视辩论在纽约州霍夫斯特拉大学举行。辩论围绕经济、国家方向和国家安全三大议题展开。民主党总统候选人希拉里和共和党总统候选人特朗普除了阐述和辩论各自政策立场外，也彼此嘲讽、奚落。总体而言，希拉里展现“沉着老练形象”，逻辑清晰、语言流畅且咄咄逼人，特朗普则略显紧张，表现欠佳。对于两人的胜负得分，美媒呈现两极分化，美有线电视新闻网（CNN）、公共政策民调称希拉里赢得辩论，但美国消费者新闻与商业频道（CNBC）、《财富》、《时代》、推特等网站民调则显示特朗普获胜。此次辩论对两人当前选情并未产生实质性影响，表明两党选民的基本盘难以发生大的变动，而中间选民仍未拿定主意。

9月26日，联邦调查局公布的年度报告显示，2015年由于美国的几个主要大城市的枪支暴力案件都呈上升态势，美国暴力犯罪的总体数量比2014年上升了3.9%。报告还显示，美国2015年共发生15696起谋杀案，比2014年上升了10.8%，而在人口数在25万以上的城市中谋杀率翻番，2015年美国城市谋杀率比2014年上升了12.8%，其中70%的凶杀案涉及到枪支，但与财产相关的犯罪量下降了2.6%，是连续第13年下降。

9月28日，美国会通过一项临时拨款法案以避免政府关门。该法案将保证美国政府部门运转至今年12月9日，国会因此有了重新讨论2017财年拨款法案的时间。国会民主、共和两党之前在弗林特水污染事件、寨卡疫情等议题上存在分歧，但最终在临时拨款法案中达成一致，其中包括提供11亿美元用于应对寨卡疫情，向路易斯安那州等遭受洪灾的地区提供5亿美元援助，并向弗林特市提供资金解决水污染危机。

10月

10月1日，美国商务部下属机构国家电信和信息局把互联网域名管理权完全交给“互联网名称与数字地址分配机构”（ICANN）。这是在国际社会多年的压力下，美国政府正式把互联网域名管理权移交非营利性机构。ICANN 是一家成立于 1998 年的非营利性国际组织，总部位于美国加利福尼亚州。按照与美国国家电信和信息局的合同，该机构下属的“互联网数字分配机构”负责管理互联网域名管理系统，涉及域名、数字资源和协议分配三个部分，美国国家电信和信息局对这个机构如何运行具有最终话语权。目前，ICANN 已设立一家叫“公共技术标识符”的非营利性公益组织，作为该机构的附属机构接管“互联网数字分配机构”的职能。

10 月 3—7 日，美欧在纽约举行第 15 轮“跨大西洋贸易和投资伙伴关系协定”（TTIP）谈判，未获实质成果。此轮谈判主要聚焦合并谈判文本，减少已有建议文本的分歧，寻求在监管一致性、技术贸易壁垒、动植物卫生等领域加强监管合作。在汽车、制药、化学、化妆品、信息和计算机技术、农药、工程、医疗器械、纺织行业加强监管问题上，双方取得一些进展，但对于服务业市场准入、政府采购、投资争端解决机制等存根本分歧的敏感议题，美欧均有意搁置。

10 月 4 日，总统大选的唯一一场副总统候选人辩论在弗吉尼亚州朗沃德大学举行。民主党副总统候选人蒂姆·凯恩与共和党副总统候选人迈克·彭斯展开长约一个半小时的激辩，涉及经济、外交、安全、社会等议题。从现场表现看，彭斯较为沉稳、得体，反击时毫不手软，获得主要媒体好评；但凯恩语速语调占优，在辩论中多次打断彭斯，显得攻击性十足，很好发挥了为希拉里辩护的作用。

10 月 7 日，《华盛顿邮报》曝光特朗普 2005 年与《走进好莱坞》节目主持人比利·布什在一辆汽车上的谈话。在对话中，特朗普用下流言辞谈论女性，称“你是个名人，她们就任你为所欲为”。该谈话引起轩然大波。瑞安等共和党领导人予以严厉批评，并中止为其助选，多位原先支持特朗普的共和党议员和州长都表示不再支持他。其后，特朗普发表简短声明进行道歉，同时辩称自己“愚蠢”的言论与当年克林顿夫妇的言行大为不同。他指责克林顿凌辱妇女，指责希拉里“欺负、攻击、羞辱以及威胁恐吓受害者”。

10 月 7 日和 12 日，维基揭秘网公布了 7000 多封透露希拉里团队内幕的电子邮件。《华盛顿邮报》等媒体报道，据称这些邮件是从希拉里竞选团队主席约翰·波德斯塔的工作账号中盗取的，其中包括希拉里的演讲资料，暴露了她在工商界大腕和民主党基层面前截然不同的政策许诺，还披露了其幕后金主及对支持者的“许官卖爵”。希拉里竞选团队和波德斯塔拒绝确认这些邮件的真假，并指控俄罗斯和维基揭秘网合谋帮助特朗普。

10月9日，民主党总统候选人希拉里和共和党总统候选人特朗普在密苏里州的华盛顿大学圣路易斯分校举行第二场辩论会。本场辩论会全程由现场尚未确定立场的选民及网民提问，两位候选人轮流回应。主要聚集内政议题，外交议题涉及较少。在叙利亚问题上，希拉里重点批评俄罗斯与叙利亚政府在阿勒颇攻击平民，强调不会派出地面部队参战；特朗普则反复强调俄罗斯、叙利亚和伊朗都在打击“伊斯兰国”，而这同时也是美国的当务之急，并暗示如当选将与俄罗斯甚至叙利亚展开对话与合作。两位候选人猛烈“互黑”。希拉里就特朗普玩弄女性一事展开攻击，特朗普则猛批对手的“邮件门”等薄弱环节，并威胁如上台将起诉希拉里。美媒评论称该场辩论堪称“史上最丑陋辩论”。与第一场辩论后类似，主流媒体认为希拉里赢得辩论，但社交媒体称特朗普赢得辩论。

10月17日，美联储主席耶伦在波士顿联邦储备银行举行的会议上发表讲话。她指出如果经济严重衰退后出现了一定程度低迷增长现象，可通过暂时实行高压经济来扭转不良影响。高压经济是央行上调通胀目标，允许总需求持续增加，劳动力市场进一步紧俏；可在短期内提振增长，鼓励企业投资更多资本设备，会给经济带来持久的益处，并刺激未来增长。此举是为了确保低迷增长不会成为美国经济根深蒂固的特点。

10月19日，美联储公布《褐皮书报告》。报告称，美国总统大选带来一些不确定性，但直到2016年10月初美国经济仍在继续扩张；就业市场依旧紧俏，运输相关的制造业是一大亮点，房地产活动扩张，商业和工业贷款增加，美联储年底或加息。

10月19日，总统候选人最后一场辩论会在内华达州拉斯维加斯举行。辩论议题以内政为主，围绕联邦最高法院角色、移民、经济、国债、总统资质及外交热点等6大议题展开，涉及控枪、堕胎、贸易与就业、特朗普污辱女性丑闻与克林顿基金会等问题。双方在控枪、堕胎、对待非法移民、政府在经济中角色等方面分歧明显。《纽约时报》称，辩论由政策激辩走向人身攻击，堪称“史上最丑陋的辩论”，“无论谁当选，最大的输家都是美国”。辩论中特朗普再次强调“选举被操纵”，并拒绝明确表态是否接受最终选举结果，引发舆论哗然。

10月22日，特朗普在宾夕法尼亚州葛底斯堡的集会上公布如当选总统将采取的“百日新政”，主要包括创造2500万个就业机会和减税。他承诺就《北美自由贸易协定》重新谈判，并且让美国退出《跨太平洋伙伴关系协定》；恢复化石能源生产，收回美国付给联合国数十亿美元以应对气候变化的承诺。他希望“盯紧”边界，尤其是美墨边界。特朗普说：“变革应当来自于我们并不健全的体系之外。我们的竞选是变革的唯一机遇，因为人的一生只会经历一次。希拉里的竞选反对的不是我，而是变革。”

10 月 26 日，盖洛普公司民调显示，反对禁枪的美国人数量创下新高，76% 的受访者认为，不应存在禁止平民拥有手枪的法律，这比 2015 年增加 4 个百分点，是提出该问题 57 年以来的新高。与此同时，禁枪令的支持率创下历史新低。民调显示，仅有 27% 受访者支持禁止拥有手枪，比 2015 年下降 3 个百分点。

10 月 28 日，联邦调查局（FBI）局长科米致信国会高层，宣布重启对希拉里担任国务卿期间使用私人服务器处理公务邮件的调查。在对希拉里的亲密助手胡玛・阿贝丁的丈夫安东尼・韦纳发送色情短信骚扰他人一事开展调查时，联邦调查局发现部分希拉里宣称已删除的电子邮件。希拉里 29 日公开质疑科米的动机不纯，再议敦促其尽快公开邮件内容。此事冲击希拉里的选情，其民调支持率仅比特朗普高两个百分点（47% 对 45%），远低于一周前领先 12% 的优势。

11 月

11 月 1 日，美国移民研究中心公布的报告显示，2014 年共有 150 万移民以合法或非法的方式进入美国。这些最新进入美国的移民中 66% 至 75% 的人是持有居留许可、长期临时访客签证、临时工作签证或交换生签证的正规移民。这项研究是以美国人口普查局发布的《美国社区调查》中的数据为基础展开的。同日，皮尤研究中心也发布一份报告，称 2014 年美国非法移民劳工数量为 800 万，这一数字自 2009 年达到了最高的 830 万以来始终保持稳定。报告称，这 800 万人中 26% 的人在农业领域就业，15% 的人从事建筑业。

11 月 4 日，美国国务院公布 74 封 2009 年时任国务卿的希拉里的邮件，总页数达到 285 页。联邦调查局从希拉里私人服务器上新发现了这些电子邮件，随后将其提交给美国务院。其中一封邮件显示，希拉里曾给女儿转发被美国务院列为机密的材料。出于保密原因，这些邮件的详情并未公开。同日，路透社报道，克林顿基金会承认，在希拉里担任国务卿时，该基金会接受了来自卡塔尔的 100 万美元捐赠，而希拉里未将此事告知美国国务院。

11 月 6 日，联邦调查局局长詹姆斯·科米致信国会，表示对 10 月底发现的希拉里大量电子邮件进行调查后，认为不应该起诉希拉里。此时距离希拉里与特朗普的白宫决战仅剩 36 小时。

11 月 8 日，美国举行大选。特朗普以 306 张对 232 张选举人票的优势，击败希拉里当选第 45 任美国总统。希拉里虽败选，但比特朗普多赢 280 多万张普选票，两者普选票得票率分别为 48.5% 和 46.4%。国会选举后，共和党在参议院减少两席，在众议院减少 6 席，但继续控制两院。共和、民主两党在参议院的席位分别为 52 和 48（其中两名独立人士加入民主党党团），在众议院的席位分别为 241 和 194。此次共 12 个州举行州长选举，选后共和党从民主党手中夺下新罕布什尔、佛蒙特、密苏里三州州长宝座，共和党州长将达到 33 位，民主党州长将减至 16 位，而阿拉斯加州州长为独立人士。

11 月 9—13 日，纽约、洛杉矶、芝加哥等多地爆发抗议特朗普当选总统的示威活动。抗议人士对特朗普的环境、同性恋权利及移民政策等非常不满。一些人甚至质疑特朗普获胜的合法性，称尽管他赢得了选举人团的选票，但希拉里却赢得了民众的选票。12 日晚，波特兰和俄勒冈还发生暴力事件。警方称已有 71 人被捕，其中大部分人被指控犯有扰乱社会治安罪和妨碍公务罪。

11 月 9 日，美参议院多数党领袖米奇·麦康奈尔明确表示，国会不会在总统“跛鸭期”就 TPP 进行投票。同日，众议院筹款委员会主席凯文·布雷迪称，不打算“跛鸭期”考虑 TPP 问题，特朗普将决定 TPP 未来。11 月 11 日，白宫国家安全副顾问沃利·阿迪莫称 TPP 命运将由候任总统特朗普及国会领袖决定。此举暗示奥巴马政府已经放弃推动 TPP 在“跛鸭期”通关。

11 月 9 日，美国数个州在总统大选的同时就是否通过合法吸食大麻的法案举行公投。结果显示，加利福尼亚州、内华达州、马萨诸塞州投票使“休闲用”大麻合法化，也就是说这几个州未来可以合法种植大麻，21 岁以上的居民也可以合法吸食大麻。佛罗里达州和北达科他州的选民则投票支持药用大麻合法化。亚利桑那州的选民则未通过大麻合法化提案。

11 月 10 日，特朗普赴白宫与奥巴马进行了约 90 分钟的会晤，谈及外交、内政、经贸各项交接事宜。奥巴马说这是一场“非常成功的对话”。

11 月 11 日，特朗普宣布成立政权交接团队，当选副总统彭斯担任主席。交接团队执行委员会共有 16 名成员，特朗普长女伊万卡、女婿库什纳、长子小唐纳德和次子埃里克等均在其中；还包括共和党全国委员会主席普里伯斯、参议员塞申斯等共和党政要。

11 月 13 日，特朗普提名史蒂芬·班农为“首席战略师兼高级顾问”、共和党全国委员会主席赖因斯·普里伯斯任白宫办公厅主任。班农系右翼网站“布赖特巴特新闻网”联合创始人兼首席执行官，选举中担任特朗普团队竞选主席。普里伯斯来自威斯康星州，与众议院议长瑞安交情极好。他自 2011 年 1 月以来担任共和党全国委员会主席，是共和党历史上任职时间最长的党主席。

11 月 17 日，美联储主席耶伦在美国国会联合经济委员会作证，回应美国侯任总统特朗普有关废除 2010 年《多德—弗兰克金融改革法》的言论。她认为该法对降低再发生金融危机的几率起重要作用，不希望看到已实现的改善被废除。此前，特朗普在竞选期间声称该法降低了美国的竞争力，放缓了美国经济的增长速度，表示当选后将终止或限制该法。

11 月 18 日，明尼阿波利斯联邦储备银行行长尼尔·卡什卡利主张提高美国大银行的资本金，旨在解决“大而不倒”银行问题；提议美国财政部长对不构成系统风险的银行予以确认，建议财政部每年进行认证，得不到财政部这一认证的银行，普通股本占风险加权资产的比重要求将额外提高 5%，最高可能达到 38%，对大型影子银行征收至少 1.2% 的税；呼吁对社区银行放松监管规定，该提议将提交国会审批。卡什卡利认为尽管金融危机以来银行系统得到了更好的保护，但银行倒闭的风险依然较高。

11 月 18 日，“特朗普大学案”结案，特朗普摆脱了入主白宫前的一大麻烦。2005 年特朗普与人合伙创立短期商业培训机构“特朗普大学”。该机构 2010 年倒闭，但此后引发集体诉讼，被指控欺诈学员。初选期间，科鲁兹、鲁比奥等党内对手多次就此抨击特朗普。18 日特朗普与原告达成和解，同意支付 2500 万美元。纽约州总检察长发表声明称，“和解协议是遭特朗普大学欺诈的 6000 多名受害者的一项重大胜利”。

11 月 18 日，特朗普提名亚拉巴马州联邦参议员杰夫·塞申斯（Jeff Sessions）任司法部长、前国防情报局局长迈克尔·弗林（Michael Flynn）任国家安全顾问、堪萨斯州联邦众议员迈克·蓬佩奥（Mike Pompeo）任中央情报局局长。塞申斯1995—1997年任亚拉巴马州司法部长，1997年当选联邦参议员，他与特朗普有私交，是在总统选举期间早期表态支持特朗普的共和党人之一。弗林是民主党人，曾任国防情报局局长。特朗普称“弗林将军是这个国家军事、情报领域最重要的专家”、“是无价之宝”。蓬佩奥2010年当选堪萨斯州联邦众议员，是众议院情报委员会以及能源和商务委员会成员。

11月23日，特朗普提名美国儿童联合会主席贝齐·德沃斯任教育部长、南卡罗来纳州州长妮基·黑利任常驻联合国代表。德沃斯来自密歇根州，曾任密歇根州共和党主席。黑利是印度裔，是美国最年轻的在任州长，亦是特提名的首位少数族裔内阁成员。

11月24日，美联储公布11月份会议纪要。纪要认为，鉴于大选结果尘埃落定，就业和通胀水平均有上升，若数据继续显示经济状况改善，加息很快会变得适宜。特朗普胜选令股市、债券收益率和美元走高，提振了消费者信心。预计特朗普就职后将推出财政刺激政策，市场对于美联储12月加息的预期已急剧升温。从芝加哥商品交易所数据观察，12月加息的概率为93.5%。

11月25日，特朗普提名律师唐纳德·麦克加恩（Donald McGahn）为白宫首席法律顾问、凯瑟琳·麦克法兰为副国家安全顾问。麦克加恩曾在2008—2013年任联邦选举委员会委员，是资深律师，特朗普的选战律师。麦克法兰是福克斯新闻国家安全分析师，是牛津和麻省理工的双料高材生，曾在尼克松、福特和里根政府时期供职于国家安全委员会。

11月25日，威斯康星州决定受理绿党总统候选人吉尔·斯坦提出的申请，重新点算该州总统选举选票。斯坦已经支付了重算威斯康星州选票所需的超过100万美元的费用（网络众筹而来）。斯坦的团队以选举有“异常现象”为由，在特朗普拿下的威斯康星州、密歇根州和宾夕法尼亚州三个关键摇摆州申请重算选票。密歇根大学电脑安全和社会中心主任亚历克斯·霍尔德曼等计算机专家指出，这三个“摇摆州”的票数“有蹊跷”。他们认为，相较于用纸质选票和光学扫描器的选区，总统候选人希拉里在依靠电子投票器的选区普遍处于劣势，这令人生疑。希拉里竞选团队顾问、律师马克·埃利亚斯26日表示打算参与重新计票工作以确保过程公平。

11月29日，特朗普提名前劳工部长赵小兰为交通部长、佐治亚州—联邦众议员汤姆·普赖斯出任卫生与公众服务部部长。赵小兰是参院多数党领袖麦康奈尔之妻，生于台湾，曾在哈佛大学和麻省理工学院学习，1986 年里根时期任联邦航运署副署长，1988 年升任联邦航运委员会主席，1989 年受老布什任命出任交通部副部长，2001 年受小布什任命出任劳工部长。普赖斯曾是职业整形外科医生，任众议院预算委员会主席，反对奥巴马医改法。

11 月 30 日，特朗普通过推特发文宣布，为避免利益冲突，他将完全退出公司业务，专注履行治理国家的重任。特朗普称，虽然美国法律没有强制要求总统退出公司业务，但为了避免利益冲突，他做出了上述决定，因为总统职责远比公司业务重要。同日，特朗普还提名高盛集团合伙人史蒂文·姆努钦担任财政部长、亿万富豪威尔伯·罗斯出任商务部长。两人均无从政经历。

12 月

12 月 1 日，美国候任总统特朗普提名詹姆斯·马蒂斯将军为防长。马蒂斯曾作为海军陆战队指挥官参加海湾战争、阿富汗战争和伊拉克战争，先后出任联合部队司令部司令兼北约盟军转型司令部司令、中央司令部司令，2013 年卸任并退出现役。美国法律规定退役军人七年后才可担任防长，因此参议院若要批准对马蒂斯的任命，需要先通过一项特别法律。

12 月 5 日，特朗普提名共和党总统参选人、黑人名医本·卡森担任美国住房和城市发展部部长。卡森从小在底特律贫民区长大，最终成为约翰斯·霍普金斯医院神经外科总住院医师，是世界上首位成功给脑部连体婴儿实施分离手术的外科医生，可谓美国家喻户晓的“励志明星”。

12 月 7 日，特朗普赞扬开利公司为美国留住工作岗位。特朗普在“推特”中赞扬印第安纳州空调公司开利与政府达成协议，同意把 1100 个工作岗位留在印第安纳州而不是转移到墨西哥，政府方面则给这家公司提供 700 万美元的免税。特朗普还重申在竞选期间的承诺，要对那些把就业机会转移到其他国家的公司征收 35% 的关税。

12 月 9 日，美国会选举计票正式结束。路易斯安那州财长、共和党人约翰·肯尼迪击败该州公用事业监管员、民主党人福斯特·坎贝尔，赢得参议院最后一个议席，共和党人因此在参议院中得到了 52 席比 48 席的优势。肯尼迪反对奥巴马医保，支持宪法第二条修正案，并且反对堕胎。

12月12日，特朗普宣布提名美国石油巨头埃克森美孚的CEO雷克斯·蒂勒森为国务卿，提名美军前南方司令部司令约翰·凯利为国土安全部部长。蒂勒森在美孚工作41年，公司与俄罗斯有密切的商业联系。麦凯恩、格雷厄姆和鲁比奥等议员担忧蒂勒森牺牲美国国家利益改善与普京的关系，但麦康奈尔、克鲁兹等议员支持这项提名。对于凯利，特朗普称赞其拥有丰富的军事经验，长期致力于打击美国境内面临的恐怖主义威胁，是担任国土安全部部长的理想人选。

12月12日，俄罗斯通过黑客手段干预美国大选的议题持续发酵。美国会参众两院的情报委员会开始相关调查。参议院共和党领袖麦康奈尔、众议院议长瑞安等均支持调查。参议院民主党领袖里德接受CNN采访时，还指责联邦调查局局长科米此前无视调查俄罗斯网络袭击的呼声，却在大选两个星期前披露发现更多希拉里的电邮，这影响了希拉里的选情。特朗普接受福克斯新闻采访时称，中情局关于俄罗斯网上攻击行动“增加了我获胜机会的说法是‘可笑的’”，相关指责只是民主党输掉大选的另一借口。白宫发言人欧内斯特称，美国多个情报机构得出结论，认定俄罗斯为帮助特朗普当选，派黑客侵入民主党全国委员会和希拉里竞选班子负责人约翰·波德斯塔的电脑账户。15日，奥巴马在白宫接受全国公共广播电台（NPR）采访时称，美国必须对俄罗斯明显的行动做出回应。

12月13日，奥巴马签署资助抗癌研究的法案。这项《21世纪治疗法案》将拨款63亿美元，用于癌症研究、戒毒康复和精神健康服务等。签字仪式上，奥巴马特意强调了拜登副总统为此做出的努力。拜登的儿子2015年因脑癌病逝，拜登亲自领导了一个被白宫称为“抗癌登月计划”的行动。

12月13—14日，美联储召开议息会议并发表声明，将联邦基金利率上调25个基点至0.5%—0.75%的水平。这是金融危机后美第二次加息（上次为2015年12月），所有委员都投了赞成票，表明美联储委员对当前经济形势的肯定。美联储主席耶伦称，加息是对经济进展的肯定，是对未来经济继续改善的预测，是对经济投的“信心票”。据此次会议17位美联储专家最新预测，2017年联邦基金利率中位数将上升至1.4%，意味2017年会有三次加息，比9月预计的两次要多。2018年底联邦基金利率中位数将至2.1%，2019年达2.9%，意味这两年加息次数均为两次。

12月14日，特朗普在其纽约的办公室与美国主要科技公司高层主管举行会晤。参加会晤的包括脸书网站首席运营官谢里尔·桑德伯格、亚马逊首席执行官贝佐斯、特斯拉首席执行官马斯克等。这些高管大多在大选期间强烈批评特朗普。特朗普表示，聚集在这里的各位都是无可取代的，希望你们继续推动发明创造，任何有需要的时候我们一定提供帮助。他还承诺将制定“公平的贸易协定”，帮助这些高科技公司进行国际贸易。

12 月 14 日，特朗普决定提名前得克萨斯州州长里克·佩里担任能源部长。佩里曾两度参选总统，在 2016 年竞争共和党总统候选人提名期间抨击特朗普是“保守主义的癌症”，但在退选后转而支持特朗普。特朗普发表声明称，巨大的自然资源储备将使美国获得能源独立，作为领导人，佩里将在这一过程中做出杰出成绩。

12 月 16 日，奥巴马在白宫召开 2016 年最后一场记者会。奥巴马表示，任何外国政府试图影响美国总统大选的诚信度时，美国都必须采取行动；9 月访问中国参加杭州 20 国集团峰会时，他就黑客问题向普京表示了关切。

12 月 19 日，美国选举人团投票正式选举特朗普为第 45 任美国总统。特朗普随后发表声明，感谢“美国人民以压倒多数投票选举我为下一任美国总统”。选前有数千选民给共和党籍的 306 位选举人打电话，试图促使他们不要投特朗普的票。

12 月 21 日，候任总统特朗普宣布新组建白宫国家贸易委员会，与白宫国家安全委员会、国家经济委员会平行，由其经济顾问、对华持“鹰派”立场的彼得·纳瓦罗担任主席。特朗普过渡团队的声明表示，“国家贸易委员会的主要任务是就贸易谈判的创新战略向总统提供建议，并与其他机构协调，评估美国的制造能力和国防工业基础，帮助失业的美国劳工满足制造业部门需要的工作技能。”声明还称，该委员会将负责在基础设施、国防支出中实施“购美国货、雇美国人”计划，组建该委员会显示特朗普欲“振兴美制造业，让每名美国人都有机会获得体面工作和工资的决心”。

12 月 27 日，特朗普任命曾担任小布什总统国土安全副顾问的托马斯·波瑟特担任其国土安全与反恐助理，同时任命特朗普集团行政副总裁兼首席律师贾森·格林布拉特担任新政府的国际谈判特别代表。特朗普团队表示，波瑟特的职位将独立于国家安全事务助理，并且权力相当，主要负责打击本土和跨国恐怖主义。格林布拉特在特朗普集团工作了 20 年，在总统大选期间担任特朗普关于中东政策及美以关系的高级顾问之一。

2016 年美国外交安全大事记

1 月

1 月 4 日，白宫发言人欧内斯特呼吁沙特和伊朗等国展现克制，避免可能激化局势的举动，以缓解两国以及中东地区当前的紧张局势。沙特司法机关 2 日处决了 47 名犯有恐怖主义罪行的囚犯，其中包括知名什叶派教士奈米尔，引发沙特与伊朗的外交危机。欧内斯特在当天白宫例行记者会上称，中东地区许多动荡和不稳定的局势都与教派分歧有关，这不是偶然情况。他呼吁相关各方采取更多措施，以“促进地区各国利益的方式”弥合这些分歧。美国国务卿克里积极同伊朗和沙特方面联系，从中斡旋，避免事态升级。

1 月 5 日，美国海军作战部长约翰·理查森公布一份题为《维持海上优势构想》的计划，提出要建设更强大海军为未来作好准备，并将中俄视作潜在的全球竞争对手。这份长达 10 页的文件称：“展望未来，海军面临挑战的性质正发生变化，在孤立无援情况下越来越难以应对这些挑战，并且其变化速度正在加快。这要求我们从作战的每个角度重新检视我们的方法。”

1 月 11 日，美国、巴基斯坦、阿富汗、中国关于阿富汗问题的四方机制首次会议在伊斯兰堡召开。阿富汗首席执行官阿卜杜拉的发言人费萨尔称，根据四国达成的协议，此次对话着眼于如何为阿政府与塔利班建立直接和平对话机制。巴基斯坦总理国家安全和外交事务顾问阿齐兹表示，此次会谈旨在树立阿富汗和平进程的方向和目标，为阿富汗政府和塔利班直接对话创造有利环境。

1 月 13 日，俄罗斯总统普京应约同美国奥巴马通电话，就乌克兰冲突、中东局势以及朝鲜核试验等问题交换了意见。两人表示将共同推动叙利亚问题政治进程取得进展，呼吁缓解因沙特与伊朗双边关系危机导致的紧张局势。美国白宫当天在一份声明中说，奥巴马在电话交谈中强调了各方彻底执行新明斯克协议、寻求以外交方式解决危机的重要性，表示下一个关键步骤是各方尽快就顿巴斯地区（泛指乌克兰东部顿涅茨克州和卢甘斯克州）选举的形式达成协议。

1 月 16 日，在国际原子能机构确认伊朗履行伊核问题全面协议相关承诺后，奥巴马签署行政命令，解除对伊朗相关经济制裁。奥巴马在行政命令中表示，国际原子能机构证实伊朗执行全面协议相关规定，标志伊核问题相关情况发生根本性变化，因此他决定撤销或修正制裁伊朗命令，履行美方在全面协议中所作承诺。国际原子能机构总干事天野之弥 16 日宣布，国际原子能机构发布报告，证实伊朗完成开始执行伊核问题全面协议的必要准备步骤。这意味着全面协议自当天起开始正式执行，国际社会将解除针对伊朗的相关制裁。欧盟外交和安全政策高级代表莫盖里尼当天宣布欧盟解除对伊朗相关经济制裁。

1 月 17 日，美国财政部发布声明，将“支持伊朗弹道导弹计划”的 11 家企业和包括伊朗公民在内的数名个人加入制裁黑名单。声明称，对于协助伊朗开展其弹道导弹计划的人，美国政府向来予以打击，“本次行动与这一主张保持一致”。财政部恐怖主义和金融情报局副局长亚当·舒宾表示，美国将在伊核协议《共同全面行动计划》之外对伊朗实施制裁，原因是“伊朗支持恐怖主义、给地区带来不稳定和发展弹道导弹计划等”。奥巴马也在同日警告称，如果伊朗继续开展弹道导弹计划，美国将对其实施新制裁。

1 月 22 日，美军战略司令部司令塞西尔·黑尼在新美国安全中心发表演讲称，针对中国与俄罗斯的反卫星武器研发，美国应当采取如下反制措施：更深入、更广泛地了解美国的对手及潜在对手；将太空战能力作为关键领域加以资助，建设其侦测、指挥和控制系统；通盘考虑美军作战能力，充分整合国防力量、美国政府、盟国、友邦和商业实体的作用；增加战略能力——核、太空和网络方面的战备。

1 月 23—29 日，美日举行“利刃”指挥演习，演习地点包括东京附近的横田空军基地、日本多地以及夏威夷。美国太平洋司令部在一份声明中称，此次演习将利用计算机模拟，使用“战区联合作战电脑兵棋系统”，提供“模拟的真实环境，使指挥和操作人员通过对模拟情况的实时预测和反应来提高技能”，进行有效保卫日本或应对地区危机的训练。近

600名美军参演人员来自美军驻日指挥部、第五航空队，以及驻日本的海军、陆军和海军陆战队。

1月25日，美国国务卿克里对柬埔寨进行为期两天的访问。柬埔寨首相洪森在金边会见克里，双方就双边合作及地区问题交换了看法。洪森赞扬两国在反恐方面的合作，并强调推动两国贸易的重要性，“希望美国向柬埔寨产品提供免配额和免税待遇，以便提高两国贸易额”。克里表示，此次访柬不仅是为美国—东盟特别峰会做准备，还希望推动美柬合作。他表示，美国投资者视柬为潜在的投资目的地，并承诺考虑柬方的要求。在谈及南海问题时，洪森表示，有关争议各方应全面落实《南海各方行为宣言》，并推动制定“南海行为准则”。

1月26日，美国欧洲司令部发布新版战略文件，指明未来3年至5年的六大优先方向，即预防俄罗斯侵犯、与北约成员相互协作、维护美国的战略伙伴关系、评估和抵御跨境威胁、确保武装力量战备状态以及聚焦关键目标。北约欧洲盟军最高司令布里德洛夫将军表示：“我们将注意力同时集中在复仇主义的俄罗斯、大规模移民和恐怖分子身上。”2012年该战略中俄罗斯被视为潜在伙伴，美可以与俄“在关键领域构建关系”。

1月29日，奥巴马与巴西总统罗塞夫通电话，同意在寨卡疫苗研发等方面加强合作。白宫当天发表声明称，奥巴马与罗塞夫就共同关心的寨卡病毒在西半球的传播问题进行了讨论，一致认同加强合作的重要性，表示将深化对寨卡病毒的认识，推进相关研究，并加速研制更好的疫苗与其他技术，从而控制寨卡病毒的传播。声明还表示，双方同意将继续优先建设国家、地区和全球抗击更广泛的传染病威胁的能力。

2月

2月2日，美国防长卡特在华盛顿公布2017财年国防预算预览，勾勒出5827亿美元军费支出的优先方向。打击IS、增加在东欧的军事存在以对抗俄罗斯、采购并研发新武器以维持美国对中俄的军力优势都将成为支出重点。新国防预算反映出五角大楼面临威胁的双重特性——既要应对（军事技术）几乎与美国匹敌的中俄，又要应对现实的反恐问题。该预算案强调，美国会必须支持政府添购新一代远程轰炸机、核潜艇和可装备核武器的洲际弹道导弹，因为这是美军战略威慑的“铁三角”。

2月7日，美国国务卿克里发表声明，强烈谴责朝鲜于上午9时31

分从其西海岸向冲绳方向发射一颗导弹。声明说，平壤的行为是公然违反联合国安理会禁止朝鲜使用弹道导弹技术的有关决议；这是仅仅在一个多月的时间里，朝鲜选择第二次采取重大挑衅行动，不仅威胁朝鲜半岛安全，而且也威胁地区和美国安全；美国重申捍卫包括韩国和日本在内的盟国坚定不移的承诺。奥巴马分别与日本首相安倍晋三和韩国总统朴槿惠通电话，表示将采取一切必要措施来捍卫日、韩安全。

2 月 9 日，奥巴马公布 2016 年 10 月开始的新财年 4.1 万亿美元支出计划。2017 年财政预算比 2016 年度增长了 5%，其中 75 亿美元用于打击“伊斯兰国”，比 2016 年增加 50%，包括购买 4.5 万个 GPS 制导智能炸弹。用于外交和援助的预算为 501 亿，包括 352 亿美元基本要求，及 149 亿美元用于海外应急行动（对直接和重大的国家安全要求做出回应，如寨卡病毒等）。

2 月 9 日，奥巴马推出《网络安全国家行动计划》，将从加强网络基础设施建设、加强专业人才队伍建设、加强与企业的合作、加强民众网络安全意识宣传以及寻求长期解决方案五个方面入手，全面提高美国在数字空间的安全；同时，建立“国家网络安全促进委员会”，并设立联邦政府首席信息安全官一职。为支持这一行动计划，奥巴马在当天提交给国会的 2017 财政年度预算中提议拿出 190 亿美元用于加强网络安全，比 2016 财年增长 35%，其中 31 亿美元用于更新改造美国联邦政府落后的电脑系统。

2 月 9 日，据《华盛顿邮报》报道，美国国家情报总监克拉珀当日在国会作证，发布 2016 年美国全球威胁风险评估。克拉珀认为，网络与技术进步、恐怖主义、大规模杀伤性武器扩散、太空与空间对抗是美国面临的主要安全威胁。

2 月 15—16 日，美国—东盟领导人峰会在加利福尼亚州兰乔米拉的安纳伯格庄园召开。与会领导人就包括《跨太平洋伙伴关系协定》（TPP）在内的经贸议题、反恐、南海和气候变化等多项政治和安全议题展开磋商。美国与东盟在会后发表联合声明，强调致力于共同繁荣、可持续和包容性增长的重要性，承诺相互尊重主权和领土完整，恪守基于规则的地区和国际秩序，承诺诉诸和平途径解决争端，坚持“自由航行与飞行”权利、承诺促进网络安全与稳定。联合声明未提南海问题。

2 月 17 日，美国向韩国派遣 4 架 F－22“猛禽”隐形战斗机。这是自朝鲜近日进行核试验和发射远程火箭以来，美国展示武力的又一动作。

16日，美国“北卡罗来纳”号核动力潜艇已驶入韩国釜山港，下月美军将派遣“斯坦尼斯”号核动力航空母舰参加韩美联合演习。

2月18日，奥巴马签署《加强制裁朝鲜及政策法案》，扩大对朝鲜继续发展核武器项目的制裁。此前，美国参、众议院分别以96票对0票和408票对2票通过该法案。法案要求对在大规模杀伤性武器、军火、奢侈品、网络犯罪及侵犯人权等方面与朝鲜有往来的个人或实体实施制裁，手段包括冻结资产、禁止入境和终止政府合约等；法案还授权政府在今后5年里每年花费1000万美元用于针对朝鲜的媒体支出和难民援助。

2月22日，美国与俄罗斯发表联合声明，宣布就叙利亚冲突各方停火达成协议，停火将从2月27日开始执行。该停火协议是慕尼黑外长会议重要共识的延续和落实。声明强调，停火协议不包括打击“伊斯兰国”等由联合国安理会认定的恐怖组织的军事行动，美俄将继续对“伊斯兰国”等恐怖组织展开空袭等军事行动。美俄要求叙利亚政府和反对派在2月26日之前决定是否接受并履行停火协议。叙利亚外交部2月23日发表声明，宣布接受停火协议，但不会停止对极端组织“伊斯兰国”和“基地”组织在叙分支“支持阵线”的军事行动。总部在沙特阿拉伯利雅得的叙利亚反对派高级谈判委员会2月24日宣布，接受停火协议，停火时间为两周。

2月23日，奥巴马在白宫就关闭古巴关塔那摩湾军事拘留中心发表讲话，呼吁国会站在“历史的正确一方”，根据过去15年学到的经验教训做出国家行动。美国国防部向国会提交关闭该中心的报告，探讨了在美国境内13处地点安置该中心现有囚犯的可能。白宫未排除奥巴马利用行政令的手段关闭关塔纳摩湾监狱的可能性。

2月26日，联合国安理会一致通过决议，赞同美国和俄罗斯此前就叙利亚达成的协议，对叙利亚政府军和反对派愿接受停止敌对行动协议表示欢迎，敦促国际社会确保停火实施，并呼吁叙利亚冲突各方在联合国支持下尽快重启和谈。

3月

3月2日，美国国防部新闻秘书彼得·库克表示，国防部将从4月开始启动一个项目，邀请经过背景审查的电脑专家对美国国防部网站特定系统进行攻击（但关键系统不在测试范围），以测试存在的漏洞，提升美国国防部的网络安全。这是美联邦政府历史上第一次推出网络缺陷悬赏项目。

3月6日，美军动用战机及无人机对索马里首都摩加迪沙北部约193千米拉索（Raso）的一个“索马里青年党”（al-Shabaab）训练营发动空袭，炸死至少150名武装分子。美国国防部发言人戴维斯称，美军情报显示，这些武装分子当时正在接受训练，准备向美军和非洲联盟驻索马里特派团发动大规模袭击。

3月7日，白宫官员表示，以色列总理内塔尼亚胡拒绝会晤奥巴马，并取消当月访美计划。白宫表示，以色列本来提议3月17日或18日举行美以首脑会晤，奥巴马政府已表示同意。美国国家安全委员会发言人普莱斯说，美方期待举行这次会晤，内塔尼亚胡取消访美计划令人意外。

3月7日—4月30日，美韩开展“关键决断”和“鹞鹰”两场年度联合军演。前者从3月7日至18日，是指挥所演习；后者从3月7日至4月30日，是野战演习。这是2010年3月“天安舰”事件以来规模最大的美韩联合军演，由超过30万名韩军和1.7万名美军参加（比2015年增加约三分之一）。美国出动战斗航空旅团、海军陆战队机动旅团、“约翰·斯滕尼斯”号核动力航空母舰、核潜艇等，其投入的战斗力量在质与量两方面都创下1976年以来的纪录。此次“关键决断”将第一次演练“作战计划5015”，即一旦朝鲜半岛出现紧急状况，美韩将对朝主要核导设施实施先发制人式外科手术打击，特种部队将对朝领导层实施“斩首”。

3月10日，参议院军事委员会通过了埃里克·范宁（Eric Fanning）为新任陆军部长的提名。他成为美国首位担任美军要职的已公开性向同性恋者。

3月10日，加拿大总理贾斯汀·特鲁多与奥巴马举行会晤。这是加拿大领导人19年来首次正式访问美国。两位领导人承诺进一步减少甲烷排放，合作保护北冰洋，关注生物多样性和原住民，建立一个可持续的北冰洋经济。两国还承诺加速实施2015年巴黎气候会议签署的协议。

3月11日，美国国务院宣布，美国朝鲜政策特别代表金成（Sung Kim）在华盛顿与韩国朝鲜半岛和平与安全事务特别代表金弘筠（Kim Hong-kyun）举行双边会谈，就与朝鲜有关的问题广泛交换意见。

3月15日，美国陆军物资装备司令丹尼斯·维亚在美国陆军协会会议上表示，美国陆军将在欧洲、亚太、非洲及其他地区建立8个物资储备站，储备装甲车、大炮、工程车辆、后勤车辆、通信器材、情报监视侦察设备、补给设备等。在亚太，将在越南、柬埔寨、菲律宾等设立物资储备站，但计划存放用于执行人道主义任务的轻型装备，而非重型战斗装备。

3月15日，美国政府宣布放宽对古巴贸易和旅游限制的新行政措施。新措施允许古巴公民从美国公司领取薪水，允许美国人以游客身份前往古巴，还取消了美国境内银行与古巴交易及在交易中使用美元的限制。

3月17日，美国证实“伊斯兰国”正在实施屠杀基督徒、雅兹迪教派和什叶派穆斯林的罪行。美国国务卿克里称，据他判断，负责屠杀的“达伊沙”（Daesh）组织正在“伊斯兰国”控制地区对雅兹迪人、基督徒和什叶派穆斯林实施种族灭绝罪行。

3月18日，美菲两国依据最新生效的《美菲加强防务合作协议》签署协议，允许美军使用菲律宾五个军事基地；美军可在菲律宾以轮流方式修建军事设施、驻扎军舰、飞机和部队，以及执行人道主义援助和海上安全行动。菲律宾开放的五座军事基地分别为靠近南海“争议”岛礁的包蒂斯卡（Antonio Bautista）空军基地、菲律宾首都马尼拉南部的巴塞（Basa）空军基地、马尼拉北部的麦格塞塞堡（Fort Magsaysay）、棉兰老岛的伦比亚（Lumbia）空军基地中部宿务的艾布恩（Mactan-Benito Ebuen）空军基地。

3月20—22日，奥巴马访问古巴，成为88年来首访古巴的美国总统，推动美古关系达到“历史新高度”。双方达成经贸、医疗、教育、农业和执法等领域合作意向，并同意继续人权对话。

3月23日，奥巴马访问阿根廷，成为20年来首次正式访问阿根廷的美国总统。两国签署了涉及国家安全、司法合作、情报共享、促进投资与贸易、反洗黑钱和打击毒品及有组织犯罪等多项合作文件，还签订了在能源、基础设施投资、高科技、农业等领域进行合作的商业协议，总值超过25亿美元。

3月23—25日，美国国务卿克里访问俄罗斯，与俄总统普京及外长拉夫罗夫商讨叙利亚问题和双边关系。此访是克里在叙利亚停火机制生效、俄宣布从叙撤军后首次访俄。

4月

3月31日—4月1日，第四届核安全峰会在华盛顿举行，50多个国家和国际组织的领导人参加。奥巴马在讲话中称，同伊朗达成的核问题协议是“巨大成功”，世界应该采取切实步骤防止核恐怖主义出现。4 月 1 日美国与日本发表了核安全合作联合声明。印度、波兰、乌克兰、罗马尼亚以及加拿大多个国家的高级官员和国家领导人也通过举行新闻发布会形式，向媒体介绍各自国家在促进核安保方面所做的工作。

4 月 4—15 日，美国与菲律宾举行第 32 次“肩并肩”联合军演。此次军演约有 1 万名士兵参加，包括 4000 名菲兵和 5000 名美军。澳大利亚派 80 多人参加，日本以观察员身份参加。在 2012 年 4 月举行的“肩并肩”演习中，美菲便首次邀请部分东盟国家及日、韩、澳等美国的亚太盟国参与。

4 月 4 日，美国国务院助理国务卿拉塞尔在韩美研究所（the Institute for Korean-American Studies）举办的研讨会上表示，美国将通过外交和威慑等手段对朝鲜施压。他称，“我们联合世界其他国家对朝鲜进行史无前例的孤立。但同时将不断提醒朝鲜我们进行谈判改变局势的意愿。我们已获得北京支持，中国在朝核问题上扮演了建设性的角色”。

4 月 5 日，美国防长卡特在智库“战略与国际问题研究中心”发表题为《纪念〈戈德华特—尼科尔斯国防改组法案〉30 周年》的演讲，公布美军改革的总体方案。此前，卡特 3 月先后在硅谷、西点军校发表演讲，阐述相关观点。此次改革将是“美军的结构性变革”。主要涉及五大领域：一是突出参联会主席的战略规划和顾问监督功能；二是凸显网军建设重要性，强调网络空间将是美军行动的“第五大领域”，与陆地、海洋、天空和太空“同等重要”；三是整合指挥系统。加强参联会内部规划、情报和后勤机构的整合，削减“重复机构”；四是改革国防采购的决策评估体系；五是优化人力管理体系，全面推进“未来部队”计划，将提升人员素质作为确保美军力优势的首要任务，吸引尖端技术领域的优秀人才加入美军。

4 月 6 日，奥巴马与缅甸新总统廷觉通话，祝贺其当选。奥巴马欢迎“民主政权权力移交到反映民众愿望的政府手中”，强调美国会继续支持缅甸人民及其政府。奥巴马还致电缅甸国务资政兼外长昂山素季，对缅甸政权向历史性的民选政府交接表示祝贺，赞扬其为和平权力交接所做的努力，承诺帮助缅甸政府实现一个更包容、和平与繁荣的未来。

4 月 8 日，美国国务卿克里飞抵巴格达，会见伊拉克总理阿巴迪和库尔德地区政府总理巴尔扎尼。他表示，伊斯兰国极端分子正在伊拉克失去势力，其头目和战斗人员正在被铲除，美国领导的打击伊斯兰国联军未来

“将与伊拉克合作，进一步增大压力”。克里列举了近期在打击伊拉克极端分子上取得的进展，称伊斯兰国“武装分子数月都没有发动进攻”，已失去了他们曾经控制地区的40%以上。

4月8日，美国防长卡特在智库“对外关系委员会”就美国“亚太再平衡”战略及其亚太、中东之行发表演讲。卡特表示，美面临至少五大挑战，包括反击俄罗斯的侵略和强制行为；管控亚太地区的历史性变化，如南海；加强威慑和防御力量以应对朝鲜的核追求和挑衅行为；制衡伊朗在中东的侵略和恶性行为并保护美盟友和伙伴，特别是以色列；加速击败“伊斯兰国”并保护本土安全。对“亚太再平衡”，卡特表示，亚太地区是对美未来“唯一至关重要的地区”，美除了太平洋司令部所辖36.5万军力，还将部署最先进装备和能力，包括F－22、F－35战机、P－8“海神”反潜侦察机、B－2和B－52轰炸机；最新水面战舰USS“美利坚”号两栖攻击舰、3艘DDG－1000驱逐舰，并通过大量生产最先进的反舰艇SM－6导弹提升舰艇能力；为B－21远程轰炸机投资120亿美元，以确保空中优势和全球影响力；2017年美国还将投资80亿美元以确保拥有世界上最具杀伤力、最先进的海底和反潜力量，包括不同种类的水下无人机。此外，优化亚太军力态势，包括在更多地区轮驻部队（澳大利亚北部、菲律宾），美将优化在日韩的部署。

4月10—12日，据美国国防部、防务新闻等网站报道，美国防长卡特访印。访问期间，卡特不仅与印度防长帕里卡尔会谈，与印总理莫迪、国家安全顾问多瓦尔会面，还参观印“超日王”号航母、卡瓦尔海军基地。双方随后发表联合声明，“原则上同意”缔结《后勤保障协议》并确定签署时间表。协议允许两国军队利用对方陆、海、空基地进行补给、维修和休整，意味着美印将实现深度军事捆绑。该协议是印美正在谈判的3个“基础性协议”之一，双方就具体内容已磋商12年之久。

4月13日，美国太平洋司令部海军陆战队部队发言人称，美首批约1250名海军陆战队士兵抵达澳大利亚北部达尔文港，开始为期6个月的训练部署，与澳大利亚军队开展双边训练演习，也可能部署到其他国家以参加多边安全活动。目前尚不清楚何时实现在澳大利亚轮驻2500名海军陆战队的目标。

4月13日，奥巴马在中情局总部与国安会成员举行会议，随后就反“伊斯兰国”战略对媒体发表讲话。奥巴马表示，打击“伊斯兰国”仍是一个艰难、复杂的战斗，但空袭加上地面攻势导致“伊斯兰国”在叙利亚和伊拉克已处于守势，其在叙、伊的核心区不断萎缩，其武装分子数量已处于两年来的最低水平；美国对“伊斯兰国”的网络行动正在摧毁他们的指挥、通讯系统；美将继续针对“伊斯兰国”的金融设施，包括油井、炼油厂和补给线实施打击；叙利亚问题对话正在恢复，美国将采取一切措施来推进叙利亚内战的政治解决。

4 月 15 日，美国国防部表示，美正在土耳其部署 EA－6B“徘徊者”电子战飞机，以支援对“伊斯兰国”的空中打击，并截获或破坏“伊斯兰国”的通讯数据。

4 月 18 日奥巴马与俄罗斯总统普京通电话，表达对叙利亚政府军与反对派停战协议执行情况的担忧。奥巴马强调对叙政府施压并迫使其放弃进攻反对派的重要性。双方承诺加强合作，确保停战协议的执行，并确保各方停止进攻，确保救援通道的畅通。在乌克兰问题上，奥巴马敦促普京采取措施停止乌克兰东部急剧升级的战斗，并强调严格执行明斯克协定的重要性。美国国务院发言人柯比在 21 日的例行记者会上表示，美国与俄罗斯在乌克兰问题上的分歧仍十分明显，但美国会本着务实态度与俄展开合作。“美国与俄罗斯的关系十分重要，但也很复杂。在双方有着共同目标和共同利益的问题上，我们将继续与俄罗斯政府合作。”

4 月 19 日，美国国务院助理国务卿拉塞尔发表讲话称，如果朝鲜进行第五次核试验，将可能引发新的制裁，包括阻断其劳工在国外赚取硬通货的渠道。“这就像用药一样，效果没有达到要求的时候可以加大剂量。”拉塞尔明确表示，新的制裁可能来自于联合国安理会，也可能由美国单独实施，也可能由美国和同美国立场类似的欧盟和东南亚国家共同执行。美国、韩国和日本也可能采取目前并未声明的“防卫措施”。

4 月 19 日，美国副国务卿布林肯（Tony Blinken）抵达韩国，与韩日两国举行三方会谈。他除表示联合国安理会对朝鲜实施的制裁已产生效果之外，也表示将加强三方合作。布林肯称，为回应朝鲜威胁，美日韩三国将加深彼此间的军事情报分享。

4 月 20 日，奥巴马展开对沙特国事访问，同萨勒曼国王举行了会谈。会后白宫在声明中表示，双方同意以包容性方式方法，来降低区域间冲突。奥巴马和沙特国王讨论了伊朗的挑衅性行为给中东地区带来的挑战。美方欢迎也门最近停火，以及沙特国王对于为也门各地提供人道援助所作出的承诺。奥巴马还强调要加大打击“伊斯兰国”的力度，并欢迎沙特在打击“伊斯兰国”这一国际联盟当中所发挥的重要作用。美国在 21 日举行的海湾国家理事会（海湾国家理事会由沙特阿拉伯、科威特、阿拉伯联合酋长国、卡塔尔、巴林和阿曼6国组成）上，继续讨论打击ISIS以及应对中东地区冲突的策略。《华盛顿邮报》称，美国国会即将通过有关追究沙特政府在“9·11”恐怖袭击事件中责任的议案，奥巴马想通过此访缓和关系。

4月21—23日，奥巴马访问英国，并与英国首相卡梅伦会谈。奥巴马呼吁英国继续留在欧盟，以确保英国在欧洲和世界范围内的影响力（英国将于6月举行决定是否脱离欧盟的全民公投）。他还称，英国如脱离欧盟，需要重新与美达成贸易协议。卡梅伦表示，奥巴马作为朋友向英国提出了明智建议，英国作为欧盟成员国能够更加强大、繁荣与安全。24日，奥巴马开启对德国访问，并与默克尔总理讨论了全球经济、恐怖主义、跨大西洋安全问题等议题。白宫称，此次活动表明美德两国在包括商贸在内的诸多议题上合作的重要性。25日，奥巴马召集德、英、法、意四个盟国领导人举行小型峰会，呼吁欧洲几个大国领导人重视跨大西洋关系并警惕“应对多重危机能力的削弱”。

4月23日，在德国访问的奥巴马称朝鲜发射一枚潜射弹道导弹（KN-11，朝鲜称为“北极星-1”）是“挑衅行为”。“很明显，朝鲜仍在继续其长期不断的挑衅行为，积极推进核项目，争取掌握使用核武器的能力。”时隔一天，朝鲜外务相李洙墉通过美联社发表谈话，表示如果韩美停止每年在朝鲜半岛进行的联合军事演习，朝鲜愿以停止核试验作为回应。但奥巴马直接拒绝了朝鲜方面提议，表示不会停止军演。

4月28日，美国最高法院批准一项新的规则，允许联邦司法部门针对管辖权外的电脑实施网络攻击，获取证据，此举表明联邦执法机构的监控和网攻权力得到极大扩充。

5月

5月2日，美国对世界最大的无人军舰进行测试。这艘约40米长的舰艇名为“海上猎人”（Sea Hunter），可在海上巡航几千千米，无需水手操控。据报道，“海上猎人”由美国国防部下属的美国国防高级研究计划局（DARPA）同总部位于美国弗吉尼亚州的国家安全技术公司Leidos合作研发，DARPA计划与海军部一起在接下来的两年进行测试，测试地点为加利福尼亚海岸。

5 月 12 日，格鲁吉亚、美国和英国三方军队在格鲁吉亚瓦贾尼军事基地举行为期两周、代号为“高贵伙伴”的联合军事演习。本次演习参演兵力为 1300 人，包括 500 名格鲁吉亚士兵、650 名美国士兵和 150 名英国士兵。

5 月 12 日，美国启动位于罗马尼亚一个 8 亿美元的导弹防御系统。该防御系统能够击落来自外部的火箭。13 日美国开始在波兰建造第二个导弹防御系统，预定 2018 年完成并启用。

5 月 14—15 日，美国国务卿克里访问沙特，与萨勒曼国王举行会谈，重点商讨双方在叙利亚和反恐等问题上的合作。克里还与沙特王储兼内政大臣穆罕默德举行会见，商讨两国在打击极端组织“伊斯兰国”等反恐问题上展开进一步合作。

5 月 17 日，美国国务卿克里赴奥地利维也纳参加叙利亚国际支持小组第五次外长会。该会议为期一天，讨论了在叙实现全面停火、人道主义援助以及推动政治过渡进程等问题。克里在新闻发布会上说，各方同意加强叙利亚全境停火，使人道主义援助物资能运送到受困地区。但会议未就重启日内瓦和谈的日期达成一致。

5 月 17 日，参议院以口头表决方式通过《对支持恐怖主义者追责》法案，允许美国本土恐怖袭击受害者及其亲属通过美国法庭起诉涉嫌支持恐怖主义的外国政府。法案还需众议院审议，奥巴马政府当天重申反对该项法案。如生效，“9・11”事件受害者及其亲属将起诉沙特政府，为美沙关系带来不定因素。

5 月 17 日，美国财政部发表声明，宣布放松部分针对缅甸的制裁，以支持其政治改革和经济发展，促进两国间的贸易往来。声明称，美国将放松对缅甸金融机构的限制，允许居住在缅甸的美国人进行部分交易活动，并将 7 家缅甸国有企业和 3 家国有银行从制裁名单中去除。与此同时，美方宣布将 6 家由缅甸个人或企业控制的公司列入制裁名单，以保持对特定个人、实体等的压力。当天，奥巴马致信国会，表示决定将 1997 年开始实施的对缅甸的《国家应急法》延长一年。该法案禁止美国企业和个人对缅甸进行投资或开展业务往来。

5 月 17 日，美国与印度举行首次双边海上安全对话，讨论亚太海上挑战、海军合作、多边接触等议题。美国国防部主管亚太事务的助理部长施大伟（David Shear）、主管南亚与中亚事务的助理国务卿安南德（Manpreet Anand）和美国海军第七舰队司令欧柯因（Joseph Aucoin）中将参加此次对话。

5 月 21 日，美军对阿富汗塔利班武装领导人阿赫塔尔·穆罕默德·曼苏尔实施了定点清除行动，地点在阿富汗和巴基斯坦边境的偏远地区。

5 月 23 日，美国国务卿克里与俄罗斯外长拉夫罗夫通电话，讨论叙利亚局势。两人当天讨论了武装分子和武器穿越土耳其边境问题，以及俄罗斯提出的俄美两国对没有加入叙停火协议的非法武装以及恐怖组织采取联合行动的建议。

5 月 23—25 日，奥巴马访问越南，分别会见越南国家主席陈大光、国会主席阮氏金银、总理阮春福和越共中央总书记阮富仲，宣布美国将全面解除对越南武器销售禁令（但仍将“逐笔审议”），承诺将协助越南提高落实 TPP 协定的能力。双方发表联合声明，一致同意促进两国全面伙伴关系实质、深入和务实发展。

5 月 25—27 日，奥巴马访问日本，并出席“七国集团”（G7）领导人峰会。25 日晚，日美首脑会谈，日本首相安倍向奥巴马表达对美军冲绳暴力事件的“严正抗议”。26 日上午，七国领导人参观了伊势神宫，下午在伊势志摩市的主会场围绕全球经济贸易、难民与恐怖主义、气候变化与能源、亚洲稳定与繁荣等议题展开讨论。会后发表的《首脑宣言》和 6 个附属文件决定在世界经济、反恐、难民等问题上加强合作、共同应对，并提及海洋安保问题，对南海、东海情况表示关切。27 日首脑会议结束后，奥巴马访问日本广岛，成为首个访问被原子弹轰炸城市的在任美国总统。奥巴马在广岛和平纪念公园向核爆纪念碑献花，并发表演讲，强调战争的危害，呼吁构造一个没有核武器的世界。

5 月 28 日，美国海军与联邦检方一个联合调查小组正在调查涉及美国海军一项大型丑闻。主要嫌疑人是一名叫“李奥纳多·格兰·法兰西斯”的 51 岁马来西亚公民，涉嫌以奢侈品打入美国海军高层当中，严重破坏海军军纪。据了解，至少有超过 30 名海军军官涉案。

6 月

6 月 1 日，美国财政部宣布依据《爱国者法》第 311 条款将朝鲜列为“首要洗钱关注”对象，建议采取特别措施进一步隔绝朝鲜与国际金融体系的联系，禁止美国金融机构为朝鲜金融机构开设或持有代理账户，禁止通过代理账户为朝鲜金融机构实施交易。朝鲜适用第 311 条款的理由包括该国利用国有金融机构和幌子公司从事金融交易，以支持大规模杀伤性武器和弹道导弹技术的扩散与发展，不接受或很少接受关于反洗钱和打击恐怖主义融资方面的监管等。

6月7—10日，印度总理莫迪对美国进行访问。这是莫迪2014年执政以来第4次访美，也是两年来第7次与奥巴马会面。莫迪在美国会演讲主要内容集中在打击恐怖主义上，宣称美印将加强安全防务合作，孤立任何窝藏、支持或资助恐怖分子的人。此外，莫迪还认为更牢固的美印伙伴关系将“从亚洲到非洲、从印度洋到太平洋”促进和平和繁荣，有助于确保海上航道安全和海上航行自由。会议就《后勤保障协议》最终文本达成一致，并达成六个合作性民用核反应堆的建设协议。海上安全方面，美印强调通过和平方式解决领土争端的重要性。美印还同意加强应对气候变化、清洁能源领域的合作。奥巴马称，为促使尽早落实《巴黎气候变化协定》，美将为印度应对气候变化给予必要的资金支持，帮助印度实施发展太阳能和清洁能源的远大战略。

6月9日，奥巴马赋予美国军方更大的权力，允许更多地使用空中力量特别是近距空中支援，配合阿富汗部队与塔利班叛乱组织作战。此举是为了在战场上更加积极地支持阿富汗部队。美国军队此前仅被允许“在危急状态中”对塔利班采取行动。

6月12日，受“伊斯兰国”影响的阿富汗裔美国人奥马尔·马丁（Omar Mateen）对奥兰多一个名叫“脉动”（Pulse）的同性恋酒吧发动枪击，造成至少49人死亡、53人受伤的惨剧，酿成美国史上伤亡最大的枪击案件。“伊斯兰国”稍后宣称他们的“战士”发动这场袭击，但没有明确表示他们是直接参与策划，或是间接给予枪手灵感。

6月17日，美国国防部发布《增进阿富汗安全与稳定》报告，指出虽然阿富汗政府仍控制着所有主要的人口中心和关键交通线，但伴随战场伤亡人数继续上涨，民众的不安全感更加强烈。根据2016年3月的调查，只有20%的受访者对安全形势表示满意，一年前为39%；另有42%的受访者认为当前安全形势甚至比塔利班时期更严峻，这一数字创历史新高。

6月17日，美国防长卡特公布了4月18日至5月12日举行的首次“攻击国防部倡议”结果。此次测试仅花费约15万美元，针对国防部的5个公开网站进行。测试由硅谷一个名为Hackone的网络安全公司主持，共有1400多名黑客完成注册并受邀参加此次测试。有250多人至少提交了一条脆弱性建议，其中138条被认为非常有价值。

6月18日，美军“斯滕尼斯”号航母战斗群和“里根”号航母战斗群开始在菲律宾海开始防空、海上侦察和远程攻击演习。“斯滕尼斯”号航母战斗群指挥官希奇科克称，此次演习有1.2万名美军人员、140架飞机和除两艘航母之外的6艘较小型战舰参加。太平洋司令部称，演习旨在推动该地区海空域的航行及飞越自由，并称美海军数年来已在菲律宾海、南海和东海进行过多次两个航母战斗群的联合行动。

6月20—28日，美日韩三国海军在夏威夷海域举行首次三方导弹防御演习。韩军方表示，韩国与日本在演习期间并不直接交换信息，而是通过美国这一“中间人”交换信息。

6月21—23日，1.5轨的东北亚合作对话会在北京召开，与会方包括中国、美国、韩国、日本、俄罗斯、朝鲜。美国朝鲜政策特别代表金成(Sung Kim)、朝鲜外务省美大局副局长崔善姬参加。朝鲜表示，永远不会放弃核武器开发；美国国务院发言人柯比称，美国对于朝鲜半岛无核化的立场未变，希望重启六方会谈；但朝有这样的举动，六方会谈重启根本不可能。此前，朝鲜试射了两枚中程导弹，金正恩称朝鲜已获得了打击位于太平洋地区美军基地的能力。白宫发言人欧内斯特（Josh Earnest）表示，美国强烈谴责朝鲜政府的挑衅举动，会继续与国际社会尤其是韩国和日本合作，也会继续与中国和俄罗斯讨论应该采取何种额外的压力。

6月22日，美军网络司令部副司令詹姆斯·麦克劳克林在众议院军委会作证时详述了该司令部在构建网络部队的能力方面的努力。麦克劳克林表示，这支部队最终将由133个小组构成，将使国防部“有办法在网络空间大规模动用军事力量”。截至2016年6月，计划组建的共133个小组中已经有46个具备完全作战能力，有59个具备初步作战能力。这些小组目前共有4684人，等完成组建后将最终包含6187人。

6月24日，白宫就6月23日英国公投“脱欧”发表声明称，英国人民已经发出了自己的声音，我们尊重他们的选择。美国和英国之间的特殊关系是持久的，英国作为北约成员国仍是美国外交、安全和经济政策的重要基石。同样，欧盟在促进稳定、刺激经济增长、推进民主价值观在全世界的扩展做出了很多努力，英国与欧盟将仍是美国必不可少的伙伴。奥巴马当天在美国斯坦福大学发表谈话称，英美两国的特殊关系能够经得起英国脱离欧盟带来的冲击。此前奥巴马分别与英国首相卡梅伦和德国总理默克尔通话，讨论了英国离开欧盟的程序问题。奥巴马称，他感到有信心，英国将会实现有序过渡。美英之间有一点将不会改变，那就是

“特殊的关系”。

7 月

7 月 6—7 日，美国国务卿克里访问格鲁吉亚、乌克兰。克里会见格总理克维里卡什维利，双方签署关于深化国防和安全领域伙伴关系的备忘录。克里称，美国支持格鲁吉亚成为北约一员；支持格鲁吉亚进行改革。美国国务院同日发表声明称，美格双方希望在国防、安全、信息交流领域展开合作。克里会见乌总统波罗申科，敦促各方在年内前全面落实 2015 年 2 月签署的新明斯克停火协议。

7 月 6 日，奥巴马与俄罗斯总统普京通电话，商讨叙利亚、乌克兰东部地区及纳戈尔诺—卡拉巴赫（纳卡）地区局势。

7 月 6 日，美国财政部发表声明，宣布对一批“与践踏人权有关”的朝鲜官员和实体实施制裁，其中包括朝鲜最高领导人金正恩。声明说，美国将冻结受到制裁的个人和实体在美国境内的资产，并禁止美国公民与其有商业往来。

7 月 6 日，奥巴马宣布放缓美从阿富汗撤军，在其任期结束时保留 8400 名美军驻阿士兵，而非原计划的 5500 人。

7 月 7 日，美国达拉斯警方与杀警狙击手对峙几小时后，出动机器人载着炸弹将枪手炸死。这是美国警方首次以这样的自动装置在国内执法。

7 月 8 日，美韩军方在首尔发表联合声明称，由于“朝鲜的核武器及导弹威胁”，双方决定在驻韩美军基地部署末段高空区域防御系统即“萨德”系统。韩国国防部国防政策室室长柳济昇称，在韩部署“萨德”系统不针对任何第三国，只应对朝鲜的核与导弹威胁。

7 月 8—9 日，奥巴马和美国国务卿克里出席北约华沙峰会。本次峰会主要议题包括：北约在中东欧的军力部署、与伙伴国的安全合作、与欧盟的合作。北约成员国领导人做出加大在中东欧的军事存在和为打击“伊斯兰国”的国际联盟提供更多支持等多项决定。

7 月 9 日，洛克希德 · 马丁公司制造的“爱国者 -3”型导弹最新型号“爱国者 -3 MSE”在新墨西哥州的白沙导弹靶场完成测试，成功地拦截了目标。“爱国者 -3 MSE”使用了双脉冲固体火箭发动机以及更大的控制翼面，相对于原型号增加了近一倍的射程。

7 月 16 日，美国国务卿克里就土耳其日前发生的未遂政变与土外长通电话，称美国支持土民选政府和法治，支持土政府保卫平民人身财产，同时希望土政府保持克制，以恰当手段对待和调查参加政变者。美方认为，土称美在政变中发挥作用是错误的，有损双边关系。双方重申土作为北约盟友以及打击“伊斯兰国”重要伙伴的重要性。22日，奥巴马重申美未参与土政变，敦促土方不要做出过激反应，损害公民自由。美国国防部发言人和美中央司令部司令沃特尔均发表声明驳斥土方关于美军方(包括沃特尔本人)参与土政变的说法。

7月18日，美军向韩国国防部人士和媒体公开部署在太平洋关岛的“萨德”反导系统。美方称，从未向他国民间人士公开过“萨德”，但韩国内“萨德”落户候选地居民纷纷表示强烈反对，美方最终接受韩方要求。韩国国防部方面表示，国防部人士和媒体将确认关岛“萨德”系统运作情况、雷达电磁波是否危害人体、发电机噪音以及对环境影响等。

7月25—26日，美国国务卿克里访问老挝首都万象，参加东盟地区论坛、东亚峰会外长会、美国—东盟外长会以及“湄公河下游倡议”部长会。系列外长会重点议题包括：地区安全架构、美国—东盟经济合作、海洋安全、非法捕鱼、朝核及南海问题。关于临时仲裁法庭所做出的所谓南海仲裁裁决，美国认为具有法律约束力，但美国对主权声索不持立场，希望各方将注意力转向以和平和外交手段解决问题。

7月25日，第六届美日澳三边战略对话会在老挝万象举行。美国国务卿克里与日本外相岸田文雄、澳大利亚外长毕晓普会晤，重申支持亚太和印度洋地区基于规则的海洋秩序，呼吁各国遵守航行和飞越自由，依照包括仲裁方式在内的国际法和平解决争议；加强在地区机制中的合作等。

7月26—27日，美国国务卿克里访问菲律宾首都马尼拉，会晤菲律宾总统杜尔特尔及外长，强调美菲《强化防务合作协议》不仅将提升美菲协作维护地区和平与安全的能力，也有助于美向菲提供人道主义援助，促进菲军现代化。

7月30日，美国和马来西亚在马来西亚的柔佛州举行联合军事演习。美国陆军部长范宁表示，这项演习有助推动和平，促进彼此合作。这个代号叫“马来短剑攻击”的双边陆上军事演习，是马来西亚陆军和美国太平洋司令部的年度军演，演习内容包括野战联合训练和反恐技能等项目。

8月

8月2日，奥巴马在白宫为来访的新加坡总理举行国宴。自2009年就任美国总统以来，奥巴马一共主持过11次国宴，其中李显龙是首个出席美国国宴的东南亚国家领导人，也是继印度、中国、日本以及韩国领导人之后第五个参加过白宫国宴的亚洲国家领导人。李显龙访美期间，美新发表联合宣言，聚焦TPP和经贸问题，同时呼吁中国遵守南海仲裁结果。

8月3日，美国国务卿克里在华盛顿罕见一次性会见了哈萨克斯坦、吉尔吉斯斯坦、塔吉克斯坦、土库曼斯坦和乌兹别克斯坦五国外长，并讨论了包括安全、经济、环保、人权、人文等多个议题。此外，中亚五国外长还和美国智库代表共同探讨21世纪中亚的发展前景问题。

8月5日，美国媒体曝光奥巴马今年1月17日曾通过秘密专机向伊朗运送了约合4亿美元的现金。同一天，德黑兰释放了4名美国人质。

8月11日，以众议院军事委员会、情报委员会及国防拨款小组委员会成员组成的特别工作组发布报告称，2014—2015年期间美军中央司令部的官员篡改了美国的情报报告，以便美化美国打击“伊斯兰国”组织和“基地”组织的行动，相比最终上报成果，一线分析师根据现场收集的情报得出的结论要更悲观。

8月12日，美军太平洋司令部公布新版《任务指引》，宣称要强化美军在南海的布局和对区域盟友伙伴的承诺。《指引》指出，美军将致力于担任可信任的区域盟友及伙伴，并承诺维系安全、稳定、自由与繁荣；太平洋司令部将与其他战斗部队合作，达成这项任务。太平洋司令部四项任务包括：维系美军协同战力；与盟友及伙伴携手，构建原则性安全网络，强化以公法为基础的国际秩序；持续在国际公法允许的海域航行与飞航，并鼓励各方参与；回应恐怖主义与非法人口贩运等威胁与挑战。

8月15日，副总统拜登为民主党总统候选人希拉里竞选助阵，炮轰共和党总统候选人特朗普时，罕见公开表态称日本宪法是由美国起草的。原文系：“主张（日本）不能成为拥核国家的日本宪法是我们（美国）写的，他是不知道这一点吗?”同一日，共和党内多位大佬倒戈，支持希拉里。

8月16日，副总统拜登访问巴尔干地区，向在科索沃战争中美国领导的北约空袭遇难者致哀，并鼓励塞尔维亚和科索沃实现关系正常化。

8月23日，美国国务卿克里访问尼日利亚，警告军事当局要保护人权，呼吁南苏丹双方落实和平协议，否则将面临联合国的武器禁运和制裁。

8月24日，副总统拜登访问土耳其，旨在修补美土因7月土耳其未遂政变及此后遣返葛兰问题而紧张的两国关系，并讨论引渡居伦、库尔德人等问题。

8月25日，美国国务卿克里访问沙特，讨论也门冲突问题，并承诺向也门提供1.89亿美元的人道主义援助。

8月25日，白宫就美国大型企业的避税问题开始向欧盟施压称，如果布鲁塞尔继续按计划强制收取来自苹果等美国跨国企业上亿美元的避税罚款，美国将考虑采取报复性措施。

8月29日，美国国务卿克里访问印度，主持第二届美印战略与商业对话，并与印度总理莫迪等高官举行会晤，呼吁两国在安全和经济领域加强合作。克里总结了奥巴马时代的美印关系，称当前无疑是美印关系发展较好的时期，双方在空间技术、化学工业、制药以及维和等方面有广泛合作。同时，克里承认，奥巴马时代的美印关系也经历了“外交紧张”的时期。

8月29日，美印签署《后勤交换协议备忘录》（LEMOA），同意相互使用对方海陆空军事基地进行维修和补给活动。在签署协议后，美印发表联合声明说，美国同意把美印的国防技术交流与国防贸易提升到“亲密盟友与伙伴”等级。美国防长卡特在与印度国防部长帕里卡尔联合举行的记者会上说：“（协议的签署将）大幅降低联合行动的后勤难度并提高联合行动的效率。”帕里卡尔说，协议将方便印度和美国海军在联合行动和演习以及提供人道主义援助时进行相互支持。卡特和帕里卡尔都特意阐明了后勤协议并不允许在印度驻扎美军。LEMOA与美国和其他国家签署的《后勤保障协议》（LSA）不同，专门为印度量身定制，不会自动给予对方使用本国基地的权利。

9月

9月1日，美国财政部宣布对18家在克里米亚地区运营的建筑、运输和防务实体实施制裁。此外，包括11名克里米亚地区政府官员在内的17名乌克兰“分离分子”也同时受到制裁。美国将冻结这些实体和个人在美国境内的资产，并禁止美国公民与其有商业往来。

9月6日，奥巴马在老挝万象出席美国—东盟峰会及东亚峰会期间正式访问老挝，宣布建立“全面伙伴关系”。双方商定创建政治、外交、经贸等领域合作机制，美国在未来3年为老挝提供9000万美元清除越战未爆炸弹、与老挝合作寻找失踪美军遗骸。美老继续推进2月达成的《美老贸易与投资框架协定》，加强经济合作，并进一步强化社会、文化联系。老挝入选美国“千年挑战计划”及“青年东南亚领导人计划”，将得到美国在营养、卫生、教育等方面资助，官员可赴美培训。

9月8日，美国海军的一架P－8A侦察机在黑海地区遭遇一架俄罗斯苏－27军机拦截，双方最近距离仅有10英尺。美军试图与俄军战机通话，但未获得应答。美军发言人称，俄罗斯战机对美侦察机的拦截行为“危险而且不专业”，“这些举动可能不必要地加剧紧张关系，并可能导致误判或发生意外”。

9月9日，众议院通过法案，允许美国本土恐袭受害者及其亲属通过美国法庭起诉涉嫌支持恐怖主义的外国政府。法案已于5月在参议院获得通过。9月23日，奥巴马以损害美国安全利益为由，否决了该法案。9月28日，参众两院以97∶1、348∶77的投票结果推翻奥巴马的否决，强行通过法案。这是奥巴马担任总统以来首次出现其否决被推翻的情况。

9月9日，奥巴马“以最强烈的措辞”谴责朝鲜当天进行的核试验，称此举是对地区安全以及世界和平与稳定的“严重威胁”。奥巴马称，朝鲜进行的核试验“公然违背”了多项联合国安理会决议，显示朝鲜无视国际行为规范和准则，并无意成为国际社会负责任的成员，强调美国“不接受、也永远不会接受”朝鲜成为拥有核武器的国家，并将与国际社会一道共同应对朝鲜的挑衅行为。

9月10日，美国国务卿克里和俄罗斯外长拉夫罗夫在日内瓦就叙利亚冲突各方实施新的停火协议达成一致。联合国秘书长叙利亚问题特使德米斯图拉对美俄就叙利亚停火协议及联手打击叙境内恐怖组织等问题达成一致表示欢迎，敦促各方抓住难得机遇，推动叙利亚问题尽快回到政治轨道。

9月13日，美国国务院发表声明，称美国和以色列已就2019—2028财年的军事援助事宜达成协议。声明并未透露美国对以色列军事援助的数额和具体内容，但称这将是美国历史上最大数额的单笔双边军事援助。据美国媒体报道，以色列将每年获得大约38亿美元的援助。两国于9月14

日在华盛顿签署这一军事援助的备忘录。

9月14日，奥巴马在白宫会见来访的缅甸国务资政兼外长昂山素季后表示，美国将“很快”解除长期以来对缅甸实施的制裁，但并未给出解除制裁的范围和时间表。美缅发布的联合声明称，美国将终止实施针对缅甸的《国家应急法》，并将撤销总统行政命令框架下的制裁措施。当天，奥巴马致信国会，宣布恢复对缅甸的贸易优惠待遇，并把缅甸列入不征收高进口关税的国家名单。

9月14日，美国与以色列达成了最新的军援协议，根据新协议，美国将在未来10年援助以色列380亿美元，这是美国对他国军援的最大规模。

9月18日，美国纽约和新泽西发生爆炸袭击。纽约市爆炸地点在曼哈顿切尔西，新泽西发生在新泽西海滨。切尔西爆炸案导致29人受伤，新泽西爆炸案并无人员伤亡。一名阿富汗出生的男子遭到逮捕，美国联邦检察官以四项罪名将该名男子起诉，包括使用大规模杀伤性武器、以及用炸弹攻击公共场所。嫌疑人身上发现了一本手写日志，称赞“9·11”恐怖袭击事件的策动者本拉登，并指责美国政府屠杀阿富汗、伊拉克、叙利亚和巴勒斯坦的伊斯兰战士。

9月27日，白宫宣布，奥巴马已提名杰弗里·德劳伦蒂斯为美国50多年来首位驻古巴大使。奥巴马表示，任命驻古巴大使是推动美古两国建立一个“更正常和富有成效的关系”应该采取的正常步骤，将更易于维护美国的利益，促进美古之间的理解。德劳伦蒂斯自2014年开始担任美国驻古巴利益代表处主任。2015年7月美古恢复外交关系并重开使馆后，他一直担任美驻古巴使馆使团团长。

9月28日，美国防长卡特称，美军将向伊拉克增派超过600名士兵，协助伊拉克进攻极端组织“伊斯兰国”在伊境内的大本营摩苏尔。这是4月以来美军第三次向伊拉克增兵。增兵后，美军在伊拉克人数将达到5262人。

10月

10月1日，美商务部下属机构国家电信和信息局把互联网域名管理权完全交给位于加利福尼亚州的非营利性国际组织“互联网名称与数字地址分配机构”（ICANN），从而结束对互联网核心资源近20年的单边垄断，两者之间的授权管理合同在 10 月 1 日自然失效，不再续签。ICANN 在社交媒体推特上写道：“这一管理权移交将帮助保证互联网长期保持开放、可交互与稳定。”

10 月 3 日，白宫发言人欧内斯特表示，撤销或更改美国与菲律宾之间的防务合作协议必须经过“正式的程序”，到目前为止该程序没有启动。菲律宾总统杜特尔特 2 日曾发表讲话说，已下令审查 2014 年菲律宾与美国签署的《加强防务合作协议》，不排除要求美军全部撤出菲律宾的可能性。

10 月 3 日，美国国务院发言人柯比表示，由于俄罗斯未能信守在叙利亚停火协议中所做出的承诺，美国决定中断与俄罗斯的双边对话渠道。美国将撤出与俄罗斯进行对话的外交人员。美俄通过军方渠道所进行的对话将继续保持，以保护两国军事人员安全。

10 月 3 日，俄罗斯总统普京签署命令，暂停与美国达成的武器级钚处理协议。普京表示，俄罗斯不会把武器级钚用来制造核武器或者其他核爆炸装置，也不会把武器级钚用于核武器的研究、开发、设计或试验等其它军事目的。31 日，普京签署联邦法律，暂停俄美政府间《钚管理和处置协定》效力，当日起生效。

10 月 5 日，美国防长卡特会见到访的澳洲国防部长佩恩。之后，五角大楼发表一份声明，称双方就分担美军轮驻澳洲北部的费用达成了共识，但没有透露谈判结果的细节。

10 月 7 日，奥巴马发布行政命令，宣布终止实施针对缅甸的《国家应急法》，并由此解除针对缅甸的相关制裁措施。美国财政部当天发表声明说，美国终止实施针对缅甸的《国家应急法》后，美国财政部监管下的针对缅甸的经济和金融制裁措施将不再有效。

10 月 7 日，美国土安全部和国家情报总监办公室发表一份联合声明，“点名”俄罗斯政府与近期美国多个政治组织和个人电子邮件泄露有直接关系。这是美官方首次作出类似表态。俄罗斯外交部发言人扎哈罗娃 13 日则表示，俄愿意就网络威胁问题与美国对话，但美方现在保持沉默。她表示，希望美国有足够健全的理性不要发动与俄罗斯的全球网络冲突。

10 月 9 日，俄罗斯外长拉夫罗夫表示，俄美关系已发生根本性变化，美国对俄政策基础是“仇俄”，美国不仅发表“仇俄”言论，还采取直接触及俄国家利益、威胁俄安全的侵略性行动。俄长期对美国行动表现出“战略忍耐”，但从整体上看西方领导人开始“更消极地对待俄罗斯”。

10月12日，俄罗斯总统普京于“俄罗斯在召唤”年度国际投资论坛上表示，俄对俄美关系恶化感到担心，“这不是我们的选项”，俄从未追求这一点。普京承认与美国现政府对话非常困难。他说，美国政府表达它自己所需，然后坚持要求俄方照办，“这不是对话，而是某种强迫，几乎每个问题上都这样”。俄美要想建立关系需要彼此以伙伴相待，考虑彼此利益。

10月12日，美国国防部称，在也门附近海域的美军“梅森”号驱逐舰当天监测到一枚来自也门胡塞武装控制区的导弹射向该舰，但未击中。美国国防部发言人库克说，美军将在合适的时机采取合适的手段对这一威胁作出回应。美国一艘导弹驱逐舰随后向也门胡塞武装控制区内的雷达站发射巡航导弹，这是美国首次对也门胡塞武装直接进行军事打击。此次军事行动到得到了奥巴马的授权。

10月14日，美国财政部发布声明称，美国将从17日开始进一步放松对古巴在商业和贸易等领域的限制，采取一系列措施扩大两国间的商业和贸易机会，并增进双方的科技合作和人文交往。相关措施包括美古在科学研究领域开展双边合作项目；美从古巴进口药品；美农业部门将能够向古巴出口杀虫剂或拖拉机等产品，不再要求古巴提前用现金付款等。古巴外交部美国局局长何塞菲娜·维达尔表示，奥巴马颁布的进一步松动对古制裁的总统政策指令是迈向解除对古巴封锁、改善两国关系的重要一步，但文件并未掩饰美国试图在古巴推动经济、政治和社会体系变革的目的。

10月15日，美国、俄罗斯以及与叙利亚局势有关的中东地区主要国家外长在洛桑就如何解决叙目前严峻局势进行多边会谈，但会谈结束时并没有宣布任何成果。参会者有美国国务卿克里、俄外长拉夫罗夫、联合国秘书长叙利亚问题特使德米斯图拉以及土耳其、伊朗、约旦、埃及、沙特阿拉伯、卡塔尔、伊拉克的外长。在多边会谈正式开始前，美俄外长以及其他主要地区国家外长分别进行了多轮双边会谈。

10月15日，被称为美国海军史上“最昂贵、最先进、隐形能力最强、自动化水平最高”的驱逐舰“朱姆沃尔特”号（DDG－1000，USS Zumwalt），在当地时间10月15日正式服役，编入美国海军作战舰队，未来将部署在亚太地区。美国海军部长雷·马布斯（Ray Mabus）出席了“朱姆沃尔特”号的大型成军仪式，他声称“这艘船是维护美国战略优势的一个重大举措”。

10月14日，美国财政部发布声明称，美国将从17日开始进一步放松对古巴在商业和贸易等领域的限制，采取一系列措施扩大两国间的商业和贸易机会，并增进双方的科技合作和人文交往。相关措施包括美古在科学研究领域开展双边合作项目；美从古巴进口药品；美农业部门将能够向古巴出口杀虫剂或拖拉机等产品，不再要求古巴提前用现金付款等。古巴外交部美国局局长何塞菲娜·维达尔表示，奥巴马颁布的进一步松动对古制裁的总统政策指令是迈向解除对古巴封锁、改善两国关系的重要一步，但文件并未掩饰美国试图在古巴推动经济、政治和社会体系变革的目的。

10 月 16 日，美国国务卿克里表示或将对俄罗斯、叙利亚施加新制裁。克里称，俄罗斯需要明白叙利亚的冲突“不可能在没有政治解决方案的前提下结束。”当天，克里与英国外相约翰逊讨论了叙利亚局势。

10 月 18 日，伊朗政府对 4 名伊朗国民及有伊朗和美国双重国籍的 2 人判以间谍罪，6 人均被判处 10 年监禁。美国国务院要求伊朗“立即放人”。

10 月 21 日，为美国众多公司提供域名解析网络服务的 Dyn 公司遭 3 波“分布式拒绝服务”（DDoS）攻击。Dyn 公司确认，其位于美国东海岸的 DNS 基础设施所遭受的 DDoS 攻击来自全球范围，严重影响推特、BBC、华尔街日报、CNN、星巴克、纽约时报、金融时报等网站访问。Dyn 公司称此次 DDoS 攻击事件涉及 IP 数量达到千万量级，其中很大部分来自物联网和智能设备。

10 月 24 日，美国国防部称，美军网络司令部下属的 133 支“国家网络任务部队”已经全部具备初步作战能力。初步作战能力意味着这些网络部队能够“执行基本任务”，但“不代表做好了全面作战准备”。

10 月 26 日，北约在布鲁塞尔举行防长会议，计划从 2017 年年初开始建立四个战斗群，总兵力为 4000 人，一支 4 万人的快速反应部队将作为其后盾。这是自冷战结束以来，北约在与俄罗斯接壤的东欧国家集结的最大规模军力。

10 月 26 日，第 71 届联合国大会以压倒性多数通过决议，再次敦促美国立即结束对古巴长达半个多世纪的经济、贸易和金融封锁。美国自 1992 年以来首次对涉及这一问题的决议草案投了弃权票，而非反对票。联合国 193 个会员国全部参加投票，结果 191 票赞成，美国和以色列投了弃权票。

10 月 28 日，美国国防部官员当天说，俄罗斯 1 架战斗机和美国 1 架军机，在叙利亚东部上空险些擦撞。美国空军哈里根中将（Jeff Harri-

gian）表示，这起美俄军机险些擦撞事件发生在10月17日深夜，当时1架俄罗斯战机护送1架间谍机在1架美国军机附近操练。美国军官表示：这起空中遭遇事件似乎是俄国飞行员没看到美国军机，因为当时天色黑暗，飞机在没有灯光情况下飞行。

10月30日，美国海军的俄亥俄级核潜艇“宾夕法尼亚”号按计划前往美军在太平洋关岛的阿普拉海军基地，这是美国自1988年以来首次派这类具有战略意义的导弹潜艇到关岛。“宾夕法尼亚”号携带了24枚三叉戟Ⅱ型洲际导弹，每个导弹携带多个核弹头，可攻击不同目标。

10月31日，委内瑞拉总统马杜罗在总统府会见了来访的美国副国务卿香农，表示委内瑞拉愿意与美保持“长效对话机制”。在一个小时的会谈中，他与香农就能源问题、石油价格、双边关系以及委朝野两党对话交换了意见。他还向香农介绍了委政府为稳定国际油价所做的努力，并希望美作为产油大国也加入到稳定石油价格的谈判中来。

11月

11月3日，美国国务卿克里在任命美国新任菲律宾大使金成（Sung Kim）时表示，即便美菲之间存在不同，但两国历史性的联盟经得起任何考验。美国继续对两国紧密的关系予以高度重视，美对菲律宾有关主权、独立以及安全所做的承诺不会改变。同日，美国国务院负责亚太事务的助理国务卿拉塞尔在华盛顿表示，美国与菲律宾关系目前处于有些艰难的时期，正经历“成长中的阵痛”。不过，他坚信两国关系有着深厚的基础，不存在无法化解的矛盾。

11月7日，菲律宾国防部长洛仁萨那对媒体表示，杜特尔特总统虽批准继续菲美“肩并肩”联合军演，但演习项目将大幅减少。洛仁萨那说，参演美军依旧是1000人规模，《菲美增强防务合作协议》也将继续有效，但军演项目大幅减少，只剩下反恐等，不再进行两栖登陆演习、水上战备合作与训练等重要内容。

11月9日，美国军方宣布，已于10月底向欧洲再次运送一批弹药，数量为近20年来最多，目的重在“威慑”。尽管美方没有指明被威慑对象是谁，不过媒体在报道时普遍将其与俄罗斯联系起来。以美国为首的北约与俄罗斯之间的关系再次引发关注。

11月9日，法国总统奥朗德祝贺共和党候选人特朗普当选总统。他同时声称，特朗普当选开启了一段“不确定”时期。特朗普的某些主张与法美共同的价值观和利益存在冲突，因此他将以“谨慎、坦诚”的态度与特朗普进行对话。他同时呼吁欧洲保持团结一致，为捍卫欧洲价值观和利益统一政策，共同发声。英国首相特雷莎·梅发表声明，祝贺特朗普当选美国总统，她表示，英国和美国在自由、民主的共同价值观基础上保持着长久和特殊的关系，未来两国在经贸、安全、国防等领域将继续保持坚定而紧密的伙伴关系。德国总理默克尔在柏林祝贺特朗普当选新一届美国总统。默克尔表示，将在德国与美国共享的若干价值观基础上与特朗普“展开紧密合作”。俄罗斯总统普京向特朗普当选美国新一任总统表示祝贺，在贺电中表示，俄美关系已经恶化，但俄方愿意与特朗普共同努力，使两国关系走出危机，同时也希望与特朗普在解决国际问题和应对国际安全挑战方面进行合作。

11 月 9 日，副总统拜登在“犹太人世界大会”晚宴上发表公开评论称，特朗普政府执政之后美国与以色列同盟关系不会受到影响。拜登说：“我的许多犹太人朋友都感到焦虑，想要知道美国是否能继续履行对以色列的承诺。我站在这里告诉你们，毫无疑问，无论谁当选美国总统，美国都不会减少对以色列的支持。即使新政府倾向于减少承诺，国会和美国人民绝不会允许这样的事情发生。”特朗普赢得美国总统大选后，以色列总理本杰明·内塔尼亚胡（Benjamin Netanyahu）表示祝贺，并称他是“以色列的真正朋友”。

11 月 11 日，由于美国当选总统特朗普对《跨太平洋伙伴关系协定》（TPP）持反对立场，奥巴马政府已放弃寻求本届国会批准 TPP，未来美国贸易协定的前景将由新总统与新一届国会决定。外界广泛认为这意味着美国亚太“再平衡”战略受到重挫。美国贸易代表办公室在一份声明中指出，政府为推动 TPP 投票做了很多工作，但这是一项立法过程，最终要由国会领导人来决定是否继续推进、何时推进。国会主要领袖都已就 TPP 的命运表态。参议院多数党领袖米奇·麦康奈尔（Mitch McConnell Jr.）称，奥巴马任期内国会不会表决 TPP，新总统有权代表美国谈判“更好的协定”。众议院议长保罗·瑞安（Paul Ryan）称，众议院没有足够票数批准 TPP，他不打算将该协定交由全院表决。这意味着 TPP 在本届国会已“寿终正寝”。

11 月 10—12 日，美国国务卿克里访问南极洲，成为首位访问南极洲的美国国务卿。美国国务院发言人柯比向媒体表示，克里此行的目的是为了去第一线了解有关气候变化的科学研究，同时也是为了去实地视察刚建立不久的罗斯海保护区。

11 月 13 日，特朗普过渡团队成员表示，特朗普团队正想方设法制定退出《巴黎协定》时间表，或者特朗普以总统身份发布行政命令，推翻现任奥巴马批准《巴黎公约》的决定。美国国务卿克里当日表示，大多数美国人相信气候变化是事实并希望予以应对，奥巴马政府将在剩余任期内“竭尽全力”落实《巴黎协定》，希望特朗普不要退出《巴黎协定》。

11 月 15 日，奥巴马在访问希腊时称，美国坚定支持希腊克服债务危机的努力，并表示在希腊进行改革的同时应该结束紧缩措施并减免其债务。奥巴马赞扬希腊人民对难民的友善接待，表示美国将继续帮助希腊应对难民危机。

11 月 15 日，美国国务卿克里访问阿拉伯联合酋长国阿布扎比时称，在美方斡旋下，也门反政府武装胡塞武装与沙特领导的多国联军同意开始实施停火。阿曼方面随后证实，胡塞武装代表已经同意最新停火协议。也门政府回应称，美方促和之举并未与也门政府进行磋商，因此也门当局对美方“单方面”插手也门局势表达不满。

11 月 15 日，众议院投票通过把即将到期的《对伊朗制裁法案》有效期延长 10 年至 2026 年底。在延长制裁辩论中，419 名众议院议员投票赞成，反对票仅 1 票。该法案原名《对伊朗和利比亚制裁法案》，1996 年生效，2006 年改为现名。根据该法案，在美国设有机构的外国公司如在伊朗投资，尤其是投资伊朗石油、天然气领域将受到美国制裁。该法案还禁止美国与支持伊核计划的国家进行民用核合作。

11 月 15 日，美国电话电报公司（AT&T）宣布，要对美国境内的所有无人机进行监控，并计划与美国航空航天局（NASA）合作制定了一个无人飞行器系统交通管理解决方案，希望以此降低网络攻击的威胁。该方案将给有关协作代理机构提供高端的手段对美国领空内的无人机进行监管，让航班规划、导航、检测和追踪变得更为安全可靠。

11 月 17 日，奥巴马访问柏林并与德国总理默克尔会面。他表示，特朗普坚持“北约是一项不会改变的义务，我认为这是非常重要的。”

11 月 17 日，日本首相安倍晋三在纽约与美国当选总统特朗普进行了约 90 分钟的会晤，成为特朗普胜选以来会晤的首位外国领导人。安倍在会谈后接受媒体采访，称双方进行了坦率的谈话，他向特朗普阐述了日本在各种问题上的基本立场。安倍反复强调“信任”二字，不仅称特朗普是一位值得信任的领导人，还表示相信自己能与特朗普建立互信关系。同日，日本外相岸田文雄在秘鲁首都利马会晤美国国务卿克里，就继续致力于跨太平洋伙伴关系协定（TPP）早日生效达成了共识。双方还一致认为美国当选总统特朗普新政府上台后仍应强化日美同盟，确认合作阻止朝鲜核与导弹开发。

11月20日，在秘鲁首都利马出席亚太经合组织（APEC）峰会的奥巴马与俄罗斯总统普京进行了短暂交流。奥巴马鼓励普京执行明斯克协议的承诺，结束乌克兰冲突。交谈中，双方还讨论了极端组织“伊斯兰国”威胁以及叙利亚目前的紧张局势。日本首相安倍晋三在首脑会议间隙与美国奥巴马进行了短暂交谈。日媒报道称，两国首脑都称赞对方为实现亚太地区和平与繁荣而发挥“领导作用”，加强了日美同盟，并相互表示感谢。两位首脑一致认为，为解决国际社会所面临的课题，今后日美两国有必要继续携手合作。

11月22日，白宫发言人欧内斯特在例行记者会上称，奥巴马政府一直对伊朗试射弹道导弹等违反国际社会规定的行为进行严厉制裁，但将不会签署任何可能削弱2015年7月达成的伊朗核协议的法案。

11月23日，美国政府对日韩两国政府签署了《军事情报保护协定》（GSOMIA）表示欢迎，美国防长卡特在声明中强调，签署协定后可以“妥善共享信息”，“将增强针对朝鲜导弹发射和核试验的防卫态势”。美国国家安全委员会发言人普莱斯也在声明中予以肯定，称该协定“有助于加强为遏制朝鲜的日美韩合作”。普莱斯表示会切实履行联合国安理会的对朝制裁决议等，继续努力实现朝鲜半岛无核化。

11月26日，奥巴马发表声明，对古巴革命领袖卡斯特罗的逝世表示哀悼，表示即使卡斯特罗已不在人世，美国仍然会向古巴人民伸出“友谊之手”。对于美古关系，奥巴马坦言：“尽管在过去的60年中，美国与古巴在政治上存在各种冲突，不过我会在任期内致力将这些冲突一一抛开。”《华盛顿邮报》分析称，奥巴马发出这番友好表态，是因为美古关系正常化是奥巴马八年任期的重要遗产，不过，不少共和党人认为奥巴马的声明立场过软，其“虚弱”表态目的是极力维护他自己的外交遗产。与奥巴马不同，特朗普保持了一贯的强硬态度。在推特发布“菲德尔·卡斯特罗死了”这消息后，特朗普发表一篇长篇声明，充斥着对卡斯特罗的负面评价，感谢了古巴裔美国民众以及曾参与“猪湾事件”的2506突击旅的退伍老兵协会对他在竞选中的支持。

11月28日，美国防长卡特与法国国防部长让·伊夫·勒德里昂签署的联合意向声明中称，美法双方商定就两国军队在全球范围内存在地区的局势交换情报，“其中包括欧洲大西洋地区、黎凡特地区、印度洋和亚太地区。”

12月

12月1日，美国国务院和蒙古举行双边对话，以“重新审视两国双边关系、共同的利益和目标”。会后的对话讨论的主要议题包括加强蒙古国的经济、贸易发展以及商业关系、应对朝鲜威胁以及即将到来的美蒙建交30周年纪念。

12月1日，特朗普宣布提名詹姆斯·马蒂斯为防长人选。马蒂斯从军43年，先后参加海湾战争、阿富汗战争、伊拉克战争及2004年的两次费卢杰战役，曾任美军联合部队司令部司令、中央司令部司令，以战功卓著、爱好读书、言论大胆著称，外号“武僧”、“疯狗”，美国媒体称其为“巴顿转世”，被特朗普赞为“将军中的将军”和“最像巴顿将军的人”。其对外立场强硬，重视中东反恐，视中、俄、伊朗为威胁，力主美国主动作为并大力强化盟友关系。

12月3日，一个由美国奥巴马任命、由12位技术和电脑安全专家组成的“加强国家网络安全总统委员会”提交了一份报告，提出希望政府在今后两年到五年期间实施的16项建议。这些建议包括在特朗普政府内设立两个新职位，一个是总统网络安全助理，一个是网络安全大使，后者将与其他国家的官员一道加强国际网络安全。该委员会呼吁特朗普政府到2020年之前培训10万名新的网络安全工作人员，并且希望在2021年之前不再使用传统密码，以便终止身份盗用问题。

12月3日，美国防长卡特表示，在结束目前从摩苏尔驱逐“伊斯兰国”的战斗后，美国及其联盟伙伴不能停下来。在那之后还会有很多工作要做，从而确保“伊斯兰国”一旦被打败就不再有翻身的机会。在伊拉克，联军有必要提供持续援助，并从事培训、装备和支持当地警察、边界警卫和其他工作，以防止“伊斯兰国”卷土重来。

12月8日，在印度国防部长帕里卡尔同到访的美国防长卡特会谈后，美国指定印度为“主要防务伙伴”。这意味着美印将提升防务合作水平。12月12日，参议院通过了一项批准将印度确认为美国“主要防务伙伴”

的法案，这将有助于加速两国间的军事技术转让、促进武器互操作性、支持共同安全利益和推进情报共享。

12 月 9 日，白宫新闻发言人舒尔茨就韩国国会通过朴槿惠弹劾案发表看法，称美国正在密切关注韩国国内的发展，会继续是韩国坚定的盟友、朋友和搭档，期待同代总统黄教安密切合作。在谈及朴槿惠的命运是否会影响“萨德”系统的部署时，舒尔茨表示并没有听说任何有关弹劾案会改变朴槿惠政府同美国政府先前宣布的协议的内部谈话。

12 月 9 日，美国国土安全顾问莫纳科（Lisa Monaco）称，奥巴马下令情报机构全面审查 2016 年选举期间发生的网络袭击和外国干预问题，并在他 1 月 20 日离任之前递交报告。莫纳科称，网络袭击并不是新鲜事，但今年的严重性可能跨过了“新门槛”。奥巴马 21 日接受美国家公共电台（NPR）专访，称俄黑客搅局美大选并不意味着特朗普和俄罗斯的官员之间有合作，但需要在国际层面上制定一些网络准则，就像制定核武器的准则一样。此外，作为对俄罗斯吞并克里米亚以及在乌克兰持续的挑衅行为的回应，美国财政部 12 月 20 日宣布对俄追加制裁，并宣布将 7 名俄罗斯商人和 8 家俄罗斯公司和政府企业列入制裁名单。

12 月 14 日，作为美澳两国新签署一项协议的一部分，美国将于 2017 年加大在澳大利亚的军事部署。美军太平洋司令部司令哈里斯上将称，美国和澳大利亚面临一个“复仇主义的俄罗斯和一个日益果敢的中国”以及朝鲜和伊斯兰恐怖主义构成的“重大挑战”。美国将于 2017 年让其最为先进的战机从澳大利亚起飞，以传递关于美军在亚太地区所驻军事力量的强烈信号。

12 月 15 日，奥巴马未签署《对伊朗制裁法案》延长法案，此前参议院已于 1 日投票通过。白宫认为，由于美国政府保留其他对伊朗制裁，因此延长该法案没有必要。白宫还认为延长该法案可能会破坏伊核协议的执行。

12 月 22 日，特朗普在推特上发推文谈核武政策称，美国必须大力强化和扩大美国的核能力，直到全世界都在核问题上清醒过来。对于特朗普的推文，特朗普过渡团队发言人米勒（Jason Miller）解释称，“当选总统特朗普指的是核武器扩散的威胁以及阻止核武器落入恐怖组织和不稳定的流氓国家手里的必要性。”而特朗普 12 月 23 日接受美国 MSNBC 的电话采访时表示，“就让它成为一场核军备竞赛吧。我们将在每个关口打败他们，并将胜过他们所有人。”俄罗斯总统普京 22 日也发表类似言论，说俄罗斯必须“大大扩充核武库”。普京在谈到俄罗斯2016年采取的各种军事行动时称“我们需要加强战略核力量的军事潜力，特别是能够可靠地穿透任何现有和未来导弹防御系统的导弹系统。”

12月23日，联合国安理会通过决议，敦促以色列停止在被占巴勒斯坦领土上的定居点活动。奥巴马政府打破传统，没有投反对票，而是投了弃权票。这意味着相关提案在安理会获得了通过。这是八年来安理会首次通过有关中东问题的提案。《纽约时报》称，不投反对票的决定打破了美国当以色列的外交盾牌的传统，也回击了来自当选总统特朗普和以色列的压力。任期将满的奥巴马政府一直对以色列的定居点建设十分不满，认为这阻碍了巴以冲突中的两国解决方案；而特朗普则清楚地表明，他上台之后将会对以色列采取更为同情的立场。

12月26日，日本首相安倍访问夏威夷。27日，安倍和奥巴马在偷袭珍珠港事件的遗址为受害者祈祷，然后两人举行高峰会。这是二战后美日首脑首次共同凭吊珍珠港，安倍在美国海军亚利桑那号战列舰纪念馆献了花圈，他也是第一位到访这个纪念馆的日本领导人。美国外交关系委员会评论认为，特朗普带来的不确定性依然是日本面临的最大挑战，接下来就要看安倍如何紧紧地拥抱特朗普，让特朗普相信日本是好盟友。

12月29日，奥巴马对所谓俄干涉美大选进行报复，下令驱逐35名俄外交官，他们及其家人要在72小时内离美。美还制裁了5个实体和6名个人，包括俄对外情报局、军事情报局两大情报机构，为军事情报局提供帮助的3家公司、4名军事情报局官员，以及所谓使用网络手段滥用资金和个人信息的另外2人。此外，美将关闭俄位于马里兰和纽约的两处建筑，称其被俄情报人员占用。白宫声明称，俄网络活动目的是影响选举，侵蚀对美民主制度的信心，破坏对美政府机构的信心。“这些行动不能接受，也不能容忍。”克里姆林宫发言人佩斯科夫表示，俄罗斯将基于“互惠原则适当回应”。俄外交部已经向普京建议驱逐35名美国外交人员，但俄总统普京则决定，俄方不会驱逐美国外交人员。

2016年中美关系大事记

1月

1月6日，中国征用民航客机在永暑礁新建机场进行试飞并取得成功。7日，美国国防部发言人库克就此称，“我们对这些飞行感到担忧，对中国在争议岛礁实施的所有此类活动感到担忧。任何国家正在实施的加剧争议岛屿紧张的活动，以及在这些岛屿进行的军事化及填海造地活动都只会加剧南海地区的不稳定”。

1月6日，中国外交部针对朝鲜宣布“成功试爆第一枚氢弹”同时也是其第四次核试验发表声明，对朝鲜的行为表示坚决反对，强烈敦促朝方信守无核化承诺，停止采取任何恶化局势的行动。7日，美国白宫发言人欧内斯特就此表示，朝鲜将面临更多经济制裁，美方希望与中国密切合作，以决定最好的应对方式。中国外交部长王毅和美国国务卿克里就此通了电话。王毅表示，面对朝鲜核试后出现的新形势，中方坚持致力于推进半岛无核化的目标，坚持致力于维护半岛和平稳定。中方敦促朝方信守并回到无核化的承诺上来，停止采取任何恶化局势的行动，同时其他各方也要冷静行事，避免激化矛盾导致局势紧张升级。克里称，美中将就此密切合作以决定下一步要采取的措施。

1月13日，美国贸易代表弗罗曼在智库伍德罗·威尔逊国际学者中心发表演讲，称若《跨太平洋伙伴关系协定》（TPP）破局，那么亚太地区将会形成中国主导下的格局。虽然美国有必要与中国建立积极和建设性的关系，但中国通过和平并在经济上采取与国际标准一致的方式崛起对各方都有好处，这也是TPP战略价值所在。TPP不针对任何特定国家，但其重点是高标准的贸易协定；美中之间有许多重要经贸议题，如双边投资协定等，两国应先努力完成这类谈判。

1月14日，共和党在南卡罗来纳州北查尔斯顿举行第6场大选电视辩论。特朗普称若当选将对中国产品征收45%的关税，克鲁兹则称提高关税会引起中国报复，也会伤害美国。

1月16日，美国国务院就蔡英文赢得台湾地区领导人选举发表声明，向其表示“祝贺”，并“祝贺”台湾又一次实现权力和平交替，“展示了民主制度的力量”，称台海地区的和平与稳定符合美国的利益。美国希望与蔡英文和台湾所有党派领导人一起，促进共同利益和美台间非官方关系。美方还“感谢”马英九为推动美台强有力的伙伴关系和提升两岸关系付出的努力，希望马英九能与民进党通力合作，确保权力和平交接，维护地区和平与稳定。

1月18日，美国前常务副国务卿伯恩斯访台，会见台湾地区领导人马英九和新当选领导人蔡英文。中国外交部发言人称，已就此向美方表达关切，台湾是中国领土不可分割的一部分，台湾事务纯属中国内政；敦促美方恪守坚持一个中国政策、遵守中美三个联合公报原则、反对“台独”的承诺，谨言慎行，不以任何方式干涉中国内政，多做有助于中美关系稳定发展和两岸关系和平发展的事，而不是相反。

1月20日，美国外资投资审查委员会（CFIUS）开始对外国公司涉美大型并购交易进行审核，令飞利浦终止以28亿美元将旗下照明配件和汽车照明业务出售给由中国风投公司金沙江创业投资牵头的投资基金。该交易主要参与方均不是美公司，按理不应成为CFIUS出于美国国家安全担忧而审核的目标。但该照明业务在美国拥有大量发光二极管（LED）专利组合，并且其生产和研发设施位于加利福尼亚州圣何塞，因此该委员会严审这宗交易并投下了反对票。

1月20—21日，美国常务副国务卿布林肯访华并与外交部副部长张业遂共同主持中美战略安全对话会间会。双方同意继续利用好对话机制，为两国增进互信、管控分歧、拓展合作发挥更大作用。国台办主任张志军21日会见布林肯时表示，近8年来，两岸在坚持“九二共识”、反对“台独”的政治基础上开辟了两岸关系和平发展道路，保持了台海和平稳定。这一良好局面需倍加珍惜。中国政府对台大政方针是一贯的、明确的，不会因台湾地区选举结果而改变；将继续坚持“九二共识”，坚决反对任何形式的“台独”分裂活动，坚定维护国家主权和领土完整。当前岛内局势变化给两岸关系发展带来不确定性，台海和平稳定面临挑战。美方应继续恪守一个中国政策和中美三个联合公报原则，切实尊重中方重大关切，妥善处理涉台问题。

1 月 27 日，国家主席习近平、国务委员杨洁篪和外交部长王毅分别与来华访问的美国国务卿克里会谈。习近平指出，中美应该落实好两国领导人达成的共识，坚持不冲突不对抗，相互尊重、合作共赢的原则，推动中美关系得到新的更大发展。克里表示，美中有效沟通协调，为推动达成气候变化《巴黎协定》和伊朗核问题全面协议等发挥重要作用，美方对中国的努力表示感谢。杨洁篪在会见克里时指出，台湾问题是中美关系“最重要最敏感的问题”，希望美方慎重、妥善处理涉台问题。克里表示，美方充分认识到台湾问题的敏感性，愿重申坚持一个中国政策，不支持“台独”，支持海峡两岸对话。王毅在会见克里时指出，南海诸岛自古以来就是中国领土，中方必要的防卫设施完全出于防御目的，与所谓“军事化”无关。中国坚持半岛无核化，坚持半岛和平稳定，坚持通过对话协商解决问题。这三条相互关联，缺一不可。中方同意安理会就朝鲜核试验采取进一步措施，通过一份新决议，愿本着负责任的态度同美方及各方就此开展全面深入磋商。新决议不是为了刺激局势紧张，更不是要把半岛搞乱，而是旨在把半岛核问题重新拉回谈判的轨道。克里表示，制裁目的是把朝鲜拉回到谈判桌，但美国不会放弃其他选项；如果朝鲜“选择走另外一条路”，就可能获得“放松制裁、经济合作、能源和食品援助、人道主义救援”等。

1 月 30 日，美国国防部发表声明，称美海军“柯蒂斯·威尔伯”号驱逐舰当天驶入南海中建岛附近 12 海里海域，行动旨在挑战西沙群岛各声索方的过度声索，事先未向中国、越南等任何声索方通报。中国外交部发言人华春莹就此表示，根据《中华人民共和国领海及毗连区法》有关规定，外国军舰进入中国领海，须经中国政府批准。美国军舰违反相关中国法律，擅自进入中国领海，中方依法对其采取了监视、喊话等相关措施，敦促美方尊重、遵守中国相关法律，多做有利于中美互信和地区和平稳定的事。

2 月

2 月 3 日，国务院副总理汪洋应约与美国财政部长雅各布·卢通电话。汪洋介绍了中国的经济形势及进行结构性改革的有关情况，强调中国有能力继续保持人民币汇率在合理均衡水平上的基本稳定。双方围绕推动中美投资协定谈判和世界贸易组织环境产品谈判有关工作交换了意见。汪洋表示，愿与美方加强沟通与合作，共同推动今年二十国集团（G20）杭州峰会取得成功。雅各布·卢也介绍了美国经济走势，表示虽然中国经济进一步放缓可能拖累全球经济，但“若中国实施已确定的改革计划，其仍有支持国内需求和在这场经济转型中取得成功所需的必要工具”，相信中国能够成功实现经济转型，保持经济长期稳定增长，这对美国和世界经济都有利。美方愿与中方加强政策沟通协调，支持中方办好G20杭州峰会。

2月9日，美国国家情报总监克拉珀在国会发布2016年美国全球威胁风险评估。在分析中国时，克拉珀称中国将面临领土争端持续延烧、台海关系生变和“一带一路”倡议有待落实的局面，将继续采取积极的外交政策；但反腐行动或引发党内分歧，稳增长促就业的压力也依然较大。

2月12日，外交部长王毅在德国慕尼黑会见美国国务卿克里时表示，朝鲜再次核试验并使用弹道导弹技术发射卫星，连续违反联合国有关决议，严重冲击国际核不扩散体系。中美同意加快安理会磋商进程，尽快达成一份新决议，采取有力和有效措施阻遏朝鲜进一步发展核导的计划。同时，中方重申制裁不是目的，中美的共同目标还是一起想办法把半岛核问题重新拉回对话谈判的正确轨道。王毅还就美国可能在韩国部署“萨德”反导系统表明中方的反对立场，要求美方务必慎重行事，不要借机损害中国的安全利益，也不要给本地区和平稳定增加新的复杂因素。

2月16日，美国福克斯电视台播放了一些中国南海岛礁民用卫星图像，称在永兴岛上发现类似红旗—9防空系统的载具，表明中国正在“军事化”南海岛礁，“增加了该地区的紧张局势”。17日，美国国务卿克里就此称，“每天都有证据显示（南海）军事化以这样或那样的形式增加。我们已多次向中国表明，非军事化是一条应该对南海各国均适用的标准”。美军太平洋司令部司令哈里斯也称，中国战斗机已在西沙群岛附近飞行，因而“即使部署导弹也不令人吃惊”。18日，中国外交部发言人洪磊回应称，西沙群岛是中国固有领土，中国几十年来就一直在西沙群岛上部署各种国土防御设施，不是什么新鲜的事情，这与所谓南海“军事化”没有关系。希望有关国家不要进行无谓或别有用心的炒作，多做有利于地区和平稳定的事。

2月17日，美国国防部负责南亚和东南亚事务的助理部长帮办埃米·西赖特在智库战略与国际问题研究中心举办的研讨会上称，美国与欧盟、澳大利亚、日本、韩国等盟国必须准备阐明对于南海仲裁案的立场，即海牙常设仲裁法院的裁决必须具有约束力，“若中方败诉却不尊重裁决，它将为之付出代价。当然中国有名誉受损的风险，但我们也能想出其他有创意的方式来让中国付出代价”。18 日，中国外交部发言人洪磊表示，中国不接受菲律宾单方面提起的南海仲裁有充分的国际法依据。中国加入《联合国海洋法公约》后，在 2006 年根据《公约》第 298 条的规定，公开发表了在涉及领土主权和海洋权益问题上不接受仲裁的排除性声明，中方始终坚持这一立场。

2 月 19 日，美国外商投资委员会发布《2015 年度投资报告》。2015 年委员会对 147 起外商投资项目进行国家审查，对 52 起进行国家调查。中国有 24 起在美并购投资被审查，是接受审查最多的国家。

2 月 22 日，奥巴马在白宫对各州州长发表讲话，称中国承认出口驱动型经济增长模式不可能永远维持下去，但（做出改变）需要一段时期。在此情况下，通过向美国市场倾销大量国家补贴的产品来解决短期问题对中方具有吸引力。该问题与货币操纵类似，美国已就此向中方表明，中国需要发展以市场为基础的货币体系，而不能通过操纵汇率让中国公司获得相对于美国企业的优势。

2 月 23 日，美军太平洋司令部司令哈里斯在联邦参议院军事委员会作证时称，中国正在南海进行军事化，在南海岛礁部署导弹和雷达并建设飞机跑道，这些行为正改变该地区的军事环境，认为“中国正在寻求东亚地区的霸权。”该委员会主席麦凯恩称，奥巴马政府的避险策略未能阻止中国在南海争议地区的行为，美国应加大在南海的“航行自由”行动力度。美国国务卿克里在联邦参议院外交委员会作证时也称，美方鼓励南海相关各方和平解决海上争端，“但南海设施军事化显然无益于实现这一目标”。

2 月 23—25 日，中国外交部长王毅访问美国，与奥巴马、总统国家安全事务助理赖斯、国务卿克里、众院外委会主席罗伊斯、民主党首席成员恩格尔、参院外委会主席科克、民主党首席成员卡丁、前总统国家安全事务助理布热津斯基等会谈，并在智库战略与国际问题研究中心发表演讲。奥巴马请王毅转达对习近平主席的问候，积极评价双方在应对气候变化及解决有关地区热点问题上的合作，表示美中关系十分重要，双方应继续保持沟通协调。他期待习主席出席在华盛顿举行的第四届核安全峰会。王毅在战略与国际问题研究中心演讲时表示，安理会涉朝新决议磋商已取得重要进展，中方相信该决议一旦执行将有效遏阻朝鲜核导计划的进一步推进。但决议不能从根本上解决半岛核问题，各方最终还是要重新回到对话谈判的轨道上来。就南海问题，美方历史上曾支持中国对南沙岛礁的主权主张，现在至少应信守对南沙主权争议不持立场的承诺，为本地区和平稳定发挥建设性作用；希望美国不要只关注是否部署雷达，更应重视不时闯入南海的导弹驱逐舰和战略轰炸机。不要只关注中国是否部署了什么，还应了解那些非法占据中国岛礁的国家几十年来在南沙部署的各类雷达及种种军事设施。中美利益深度交融，相互依存，两国合则双赢、斗则双输。

2 月 24 日，《华尔街日报》刊登了对美国财政部长雅各布·卢的专访。卢称中国须阐明不会让人民币“大幅贬值”。中国越集中精力刺激消费者需求，将越有利于中国经济不断深化的变革。人民币并非牢牢盯住美元，过去一两年的情况显示人民币明显是在对美元和一篮子货币保持浮动稳定。当美元和一篮子货币方向不同时，中国会被迫就如何对两者保持大致平衡做出决定。这对任何货币机构都会是一个挑战。“如果我们看到任何迹象显示他们为获得不公正优势而加以干预，我们将不会保持沉默，而会尽力表明这必须改变”。

2 月 25 日，美国防长卡特在联邦众议院拨款委员会听证会上表示，中国在南海实施填海造岛并不断增强海军实力，这些努力正越来越多地刺激邻国起来“反抗”，“导致中国被孤立”，“先是日本、韩国、澳大利亚、菲律宾等老盟友，然后是越南、印度等新伙伴”，它们都在加强与美国的合作。

2 月 26 日，白宫国家安全委员会亚洲事务高级主任康达在智库战略与国际问题研究中心就美国与东盟关系发表演讲，称中国应将其不寻求对南沙群岛军事化的承诺扩展至整个南海地区。他还针对菲律宾就中菲南海争端提起的国际仲裁称，由于中菲都是《联合国海洋法公约》缔约方，因此“当仲裁结果对双方都具有约束力。届时将是一个该地区各方均应关注的重要时刻”。29 日，中国外交部发言人洪磊就所谓南海仲裁案表示，中国不接受、不参与菲律宾南海仲裁案具有充分的国际法依据，这一立场是明确、一贯的。中菲南海争议的本质是领土和海域划界争议。中菲之间早已在双边渠道和《南海各方行为宣言》中达成通过谈判协商解决南海有关争议的共识，中国也依据《联合国海洋法公约》第 298 条规定将涉及海域划界等争议排除在《公约》强制争端解决机制外。美方自己不愿加入《公约》，但有义务尊重缔约国依据《公约》享有的权利。敦促美方不要以“国际法官”自居，对中方指手画脚。

2 月 27 日，美国财长雅各布·卢在 G20 财长会后的新闻发布会上称，中国进行市场为基础的经济改革至关重要，有必要以货币和财政政策工具促进家庭需求。美方非常乐见中国对于改革的坚决。美元走强是美国经济复苏带来的结果，美国经济增长依然是全球经济的亮点。

2 月 29 日，2016“中美旅游年”在北京开幕，国家主席习近平向开幕式致贺词。习近平指出，共同举办 2016“中美旅游年”是中美在他 2015 年 9 月对美国事访问期间达成的一项重要成果，值此开幕之际，他谨代表中国政府和人民并以个人名义，对旅游年的开幕表示热烈祝贺，对远道而来的美国朋友表示热烈欢迎。习近平指出，中美建交 37 年来，两国关系取得历史性发展。近年来，双方共同努力推进中美新型大国关系建设，两国在诸多重要领域、重大国际和地区问题上开展了富有成效的协调与合作，不仅造福两国和两国人民，而且有力促进了世界和平、稳定、繁荣。习近平表示，中美都有灿烂的文化、优美的风光，两国人民都有加深了解、增进友谊的强烈愿望。希望双方以举办旅游年为契机，扩大人员往来，加强文化交流，为中美关系发展培育更为厚实的民意和社会基础。欢迎更多美国朋友来中国旅游。

3 月

3 月 2 日，国际信用评级机构穆迪投资者服务公司将中国政府债券评级展望从“稳定”降级为“负面”，仍保留 Aa3 评级。原因是中国财政状况弱化、资本外流导致外汇储备持续下降。穆迪认为由于债务抑制商业投资、人口红利优势削弱、有效可信的改革缺乏，中国经济增长还会显著放缓。

3 月 7 日，美国商务部宣布以所谓违反其对伊朗制裁为由，对中兴通讯设备公司、深圳市中兴通讯康讯电子有限公司、中兴通讯伊朗有限公司、北京八星有限公司实施出口管制，美国制造商将被禁止向中兴出售零部件，外国制造商也将被禁止向中兴出售含有美国产零部件的商品。8 日，中国外交部长王毅在全国“两会”专场记者会上称，“美国对中国企业进行贸易限制，不是一个处理经贸矛盾的正确做法，损人而且不利己。”9 日，中兴就此回应，称仍在“全面评估”美方措施对整体业务的影响，并重申一直积极配合美方调查并寻求解决方案。22日，美国商务部发布声明，称将向中兴通讯及其子公司中兴康讯发放临时许可，暂时解除对两家公司对美出口限制措施；临时许可有效期从3月24日起至6月30日。25日，中国商务部美大司负责人就此发表谈话，称希望美国商务部与中兴继续通过对话磋商，妥善处理此事。

3月13日，美国《大西洋月刊》刊发了对奥巴马的专访。奥巴马认为中国会在未来数十年内成为美国最大的挑战。奥巴马称，尽管许多美国人希望他们的总统有能力对抗中国，但“我们更应该惧怕一个衰落的、受威胁的中国，而非一个崛起的中国”。“在传统大国关系中，我相信美国和中国的双边关系将是最为重要的”。“如果正确行动，中国也坚持和平发展，那么美国就会有一个持续发展的伙伴，与我们一起承担维护国际秩序的重担和责任。反之，如果中国失败，中国的发展无法满足其人口需求进而滋生民族主义，中国感到不知所措而无法承担起构建国际秩序的责任……那么美国将不仅得考虑未来与中国发生冲突的可能性，而且也将因此面临更多的困难与挑战”。

3月16日，美军太平洋舰队司令斯威夫特在澳大利亚出席有关印度洋—太平洋地区海上安全的会议时称，通过在南海的“破坏性”活动，中国似乎正抛弃二战后形成的各方都接受的由规范、标准、规则和法律组成的国际秩序，“更令人不安的是该地区不可否认的军事化迹象，（这些活动）在范围和规模方面都前所未见”。他还称，若美国在中国声索主权的南海国际海域失去“航行自由”权利，那么所造成的影响将远超出军事领域，而且会关乎全球经济和国际法的实践。

3月17日，美国海军作战部长约翰·理查森称，美军看到中国在黄岩岛附近有活动，可能预示中国将在争议海域进行更多填海造地活动。他还称，担心南海仲裁结果可能引发中国在这一繁忙的贸易线路设立防空识别区。中国在南海的“军事化”已促使该地区其他国家，包括印度、日本和韩国更有意愿开展双边合作和多边合作。美国正在寻找更多地使用菲律宾和越南港口的机会，但考虑到中国经济在该地区的巨大影响力和重要性，美方需要谨慎行动而不是“迅猛地向前冲”。

3月17日，正在访华的美国能源部长莫尼兹表示，美中正在深化核安全领域的合作。他还称，极端组织“伊斯兰国”可能正在努力寻找可用于研发核武器的原材料，这对美中两国都构成非常严重的潜在威胁。美中在防范核材料全球走私方面有着共同利益，双方已采取实际措施合作应对这一威胁。

3 月 22 日，美国国务院负责军控和国际安全事务的副国务卿罗丝·戈特莫勒就可能在韩国部署“萨德”一事称，该系统本质上是防御性的，针对朝鲜而非中国，它并不具备中方认为的那种影响范围；希望有机会与中方坐下来讨论该系统的技术局限及其他相关事实。美陆军空间和导弹防御司令部司令戴维·曼称，“萨德”系统将“大幅提升”朝鲜半岛的导弹防御能力，但考虑到中方的关切，美方理解相关讨论的敏感性，一旦选址获批并准备就绪，“萨德”系统能在数周内完成部署。

3 月 22，日美国防长卡特在联邦众议院军事委员会听证会上称，正在重新评估中国参加 2016 年“环太平洋”军演的问题。中国已经收到参加该军演的邀请，不过“我们将继续对此进行审核”。“我们的亚太战略不是排斥任何一方，而是确保那里的安全架构持续运行，而且各方都参与进来。但是中国正在自我孤立……因此所有这些伙伴都站到我们这一边”。

3 月 30 日，中国外交部发言人洪磊在回答有关美国希望中方接受在韩部署“萨德”系统技术解释的问题时表示，中方已多次表明在有关问题上的立场，美国推动在韩部署“萨德”不是一个单纯的技术问题，而是关乎东北亚地区和平稳定的战略问题。部署该系统远超出朝鲜半岛实际防御需要，将直接损害中国战略安全利益，破坏地区战略平衡；当前半岛局势复杂敏感，希望有关国家以负责任态度慎重行事，多做有利于维护地区和平与安全的事情。

3 月 31 日，国务院总理李克强会见了由 18 名美国国会参众议员组成的访华团，就中美关系、中国外交政策、中国经济社会发展、改革开放和营商环境等谈了看法。李克强表示，中国正深入推进创新驱动发展战略，调整经济结构，促进转型升级；将继续深化改革、扩大开放，营造公平竞争的市场环境，更好地保护知识产权，欢迎包括美国在内的各国企业来华投资兴业。中方愿同美方积极推进中美双边投资协定谈判，中国的发展需要和平的国际环境和稳定的周边环境。

3 月 31 日，美国贸易代表办公室（USTR）发布《贸易障碍评估报告》。报告首次将中国互联网过滤和拦截系统“防火长城”列入贸易障碍年度清单，称中国彻底屏蔽某些网站现象有所恶化，全球 25 个人气最高的网站中 8 个在中国遭屏蔽。中国这些过滤机制属于贸易壁垒，损害美国小企业利益。

3 月 31 日，国家主席习近平出席了在华盛顿举行的第四次核安全峰会，期间会见了奥巴马。习近平指出，在当前世界经济增长乏力、国际金融市场动荡的大背景下，各国都不应采取货币竞争性贬值来刺激出口；希望美方继续支持中方举办二十国集团杭州峰会；气候变化问题是中美合作应对全球性挑战的典范，核安全是中美合作重要亮点。各方应完整、严格执行安理会涉朝决议；中方尊重和维护各国依据国际法享有的航行和飞越自由，同时不会接受任何以航行自由为借口损害中国国家主权和安全利益的行为。奥巴马表示，美方支持中国经济转型，包括供给侧改革的努力，希望同中方加强宏观经济政策协调；支持中方成功主办二十国集团杭州峰会。双方高度评价中美元首发表第三份气候变化联合声明并宣布于 4 月 22 日同时签署《巴黎协定》。两国元首同意发表中美核安全合作联合声明，共同推动第四届核安全峰会取得成功。

4 月

4 月 6 日，美军太平洋司令部司令哈里斯建议对中国在南海的建设活动做出强硬回应，包括向南海中国岛礁附近 12 海里内派出飞机、执行军事任务等，以作为阻止中国建设“沙土长城”努力的一部分。

4 月 7 日，美国贸易代表办公室在公布的 2015 年度国别贸易壁垒评估报告中，加入了有关中国网络控制的内容，称中国近 10 年来的网络控制措施“已给外国供应商造成沉重负担，对互联网网站自身以及靠网站进行业务活动的用户均造成伤害”。

4 月 8 日，据美国《华尔街日报》报道，在中美紧张关系因为南海争端有所加剧之际，美国防长卡特取消了原计划当月对中国的访问。报道援引一些美国官员的话说，美方“数周前”告知中方，卡特在本月亚洲行中将访问菲律宾和印度，而不会在北京停留，但同时表示卡特还有可能在 2016 年晚些时候访华。

4 月 8 日，美国防长卡特在智库“对外关系委员会”就美国亚太“再平衡”战略及其亚太、中东之行发表演讲。对南海问题，卡特宣称，中国在南海的行为导致了地区局势日益紧张，区内国家对中国在南海的军事化愈益担心，因此开始向美靠近，要求美为国际法和规则提供支持。对于“萨德”问题，卡特表示，美国在韩国部署“萨德”系统一事是“将要发生”、必要的事情，是美与韩国之间的问题，与中国无关。

4 月 11 日，美国财长雅各布·卢在智库外交关系委员会发表演讲，称亚投行的创建标志着中国在国际金融体系中发挥更大作用，美国已向中方及其他已经加入或考虑加入亚投行的国家明确表示，确保亚投行的政策和程序符合高标准、借鉴世界银行及其他地区开发银行数十年的经验非常重要，只有这样亚投行才能强化现有的全球金融架构。

4 月 12 日，荣鼎集团和美中关系全国委员会联合发布报告《新邻居：2015 年中资企业在美各国会选区的投资情况》。报告显示，2015 年中资公司在美破纪录地完成了 150 亿美元的投资，比 2014 年增长近 30%，交易数量达 171 笔，增加 13%。截止 2015 年底，在美中资公司突破 1900 家，覆盖 80% 以上的国会选区（435 个选区中的 362 个）。2016 年中资企业在美直接投资或再创新高，报告发布时已披露的待交割项目金额已突破 300 亿美元。

4 月 13 日，针对美国国务院在《2015 年度国别人权报告》再次对中国人权状况进行指责一事，中国外交部发言人陆慷回应称，改革开放 30 多年来，中国人权事业取得举世瞩目的巨大成就，这是任何真正关心中国人权事业的人都无法否认的事实。美方所谓年度人权报告借人权问题对其他国家内政说三道四，涉华内容罔顾中国人权事业成就的事实，把人权问题政治化。中国可以在平等和相互尊重基础上同其他国家就人权问题坦诚交流，共同提高，但任何国家都不要试图利用人权问题干涉其他国家的内政。

4 月 15 日，在美菲结束"肩并肩"年度军演之际，正对菲律宾访问的美国防长卡特与菲防长加斯明共同视察了美军航母"斯滕尼斯"号。卡特称，这次视察意在向本地区传递一个信息，即"美国意图继续在维护本地区和平与稳定方面扮演角色"。"美国在南海地区的存在之所以成为一个问题，是因为中国 2015 年以来的行为"，美国仍欢迎中国参加 6 月至 7 月在夏威夷附近举行的环太军演，但中国应"停止自我孤立和自我排挤"。外交部发言人陆慷就此指出，在美国提出所谓"亚太再平衡"战略之前，尽管南海有关争议已存在 40 多年，但本地区国家都保持着通过友好协商管控分歧、处理争端的态势。美方有些人如果真的希望和平解决这些问题，希望他们言行一致，采取的措施能够有助于真正解决争端。

4 月 15 日，美国财政部发布数据显示，中国 2 月增持 144 亿美元美债，系自 2015 年 11 月首次增持，总额为 1. 2523 万亿美元，仍居美国最大债主位置。截止 2016 年 2 月底，主要债权国持有美债 6. 2362 万亿美元，高于 3 月修正后的 6. 1833 万亿美元，创下一年来最高水平。这显示美债作为全球资本避风港的地位没有动摇。

4月19日，美国国防部发布《2015财年航行自由行动》报告，称美军2015年针对中国、印度、印尼等13个国家和地区采取了“航行自由”行动，对中国采取有关行动旨在“挑战中方对海上专属经济区上空的管辖权，以及中国试图在防空识别区限制飞行的做法”。25日，中国外交部发言人华春莹就此回应称，美方所谓“航行自由计划”实质是美方凭借强大海、空力量以武力和胁迫手段推进其单方面主张，希望美方尊重其他国家的主权和安全，多做真正有利于维护世界海洋秩序和地区和平稳定的事。

4月21日，正在越南访问的美国常务副国务卿布林肯称，中国在南海争议地区推进填海造地和军事化，正引发紧张以及对其意图的严重质疑，敦促中国在南海问题上遵守国际法。“美国将保卫自身国家利益，支持本地区的盟友和伙伴。美国不寻求建立基地，但将继续在国际法允许的任何地方航行、飞行、执行任务”。中国外交部发言人华春莹回应称，中国在南沙群岛有关岛礁上部署必要、适度的国土防御设施，是中国主权范围内的事情，是行使根据国际法享有的自保权，无可非议；中方一贯尊重和支持各国依国际法在南海享有的航行和飞越自由，但坚决反对有关国家打着“航行和飞越自由”的旗号威胁和损害沿海国的主权和安全。

4月22日，中国国家主席习近平特使、国务院副总理张高丽在纽约联合国总部出席了应对气候变化的《巴黎协定》高级别签署仪式，并代表中国签署该协定。

4月22日，美国负责东亚和太平洋事务的助理国务卿拉塞尔在南加州大学发表演讲，称在美中之间众多摩擦中，中国在东海和南海的行为最受关注。美国不要求中国放弃在东海和南海的领土要求，但要求中国停止那些损害其他声索方利益、改变现状和破坏稳定的“单方行为”，敦促中国以符合国际法的方式厘清其在南海的主权要求，承认其他国家也拥有中国所行使的权利。他还称，美国认为在《联合国海洋法公约》下提出的仲裁案可以澄清中菲海上权益，有助于缩小两国在有关海域的争议范围，希望这一决定能在南海问题上把各方引向降低紧张局势的妥协。

4月26日，奥巴马接受媒体采访称，他一直认为富有成效的、坦率的美中关系十分关键，不仅对中美两国是这样，对世界和平与安全来说也是如此。在南海问题上，中国不依据国际准则和规范行事，并不意味着美国会对抗中国，但如果中国违反国际规范和准则，美国将会让中国付出代价。

4 月 27 日，美国贸易代表办公室发布 2016 年“特别 301 报告”，中国再次被列入“重点观察名单”。该报告说，美国肯定中国在 2015 年持续为大规模改革知识产权法规所作的努力，以及在北京、上海和广州等 3 个城市试点研究如何设立知识产权法庭，但中国在知识产权保护方面仍面临一系列问题，敦促中国政府考虑制定一项有效的商业机密法，认真严肃地解决各项相关问题，彻查并严惩商业窃密活动。

4 月 27 日，美国常务副国务卿布林肯就中美关系在联邦参议院外委员会听证会上称，中美在有共同利益的领域扩大务实合作，尽可能地缩小分歧，并在问题难以解决时和平地进行管控。这些努力旨在“将两国关系从可能的对手转化为健康的竞争”，从而改变零和思维。28 日，布林肯在众议院外委会作证时又表示，美国对中国军力增长保持高度警惕，为此正确保其军力为其他国家所难以企及；朝鲜问题“最令人不安”，中国在安理会通过有关决议时发挥重要作用，对决议执行起着关键作用，期待中国严格执行对朝制裁决议，但现在判断中国是否在这样做“还为时过早”。

4 月 28 日，美国国会及行政当局中国委员会主席克里斯·史密斯和联合主席马尔科·鲁比奥就中国宗教问题发布声明，呼吁中国停止拆毁宗教建筑和“非法”拘留宗教领袖以及为其代理的律师。

4 月 29 日，白宫发言人欧内斯特称，美韩正就在韩部署“萨德”反导系统进行磋商，该事不应影响到中国对朝鲜施压，因为该部署只针对朝鲜，而约束朝鲜“符合中国的利益”；尽管中俄对此表示反对，但美将继续就部署“萨德”系统事宜与韩国进行磋商，是否部署“萨德”系统最终将由韩方决定。

4 月 30 日，美国财政部发布半年度《美国主要贸易伙伴汇率政策报告》。报告称，美国主要贸易伙伴均未操纵货币汇率，以获取不公平贸易优势，但首次设立量化指标和“监测名单”，以密切跟踪有关经济体的汇率和对外经济政策，评估其是否有不公平汇率操纵行为。财政部首次依照《2015 年贸易促进和贸易执行法案》，根据三方面标准来判定美国主要贸易伙伴是否有“不公平汇率行为”，即“对外贸易盈余”、“经常性项目顺差”、“持续单边干预外汇市场”。在此基础上，财政部新设量化监测他国汇率的“三大指标”：一是对美国全年贸易顺差超过 200 亿美元（约占美 GDP 的 0.1%）；二是该经济体经常性项目盈余超过其 GDP 的 3%；三是该经济体持续单边干预外汇市场，且12个月的净购买外汇总额超过其GDP的2%。如果满足上述标准中的两条，该经济体将被纳入“监测名单”。目前，中、德、日、韩、中国台湾地区等五个经济体被列入名单。

5月

5月2日，奥巴马在《华盛顿邮报》发文，再次力推《跨太平洋伙伴关系协定》（TPP），期望能在离任前使这一协议在国会得到批准。文章称，美国主导的TPP将使美国而非中国领导世界贸易；中国正在协商的贸易协议将会瓜分走一些全球成长最迅速的市场，让美国付出代价，使美国的就业机会、企业和商品面临风险。中国外交部对此回应称，美方口气较大，但格局较小，表示TPP应与《区域全面经济伙伴关系协定》（RCEP）相互促进，共同发展。

5月5日，中国外交部发言人洪磊针对美国国际宗教自由委员会在其2016年度报告中将中国列为“特别关注国”一事表示，坚决反对美国利用宗教问题干涉中国内政。“中国政府充分尊重并依法保障公民的宗教信仰自由，中国公民依法享有充分的宗教信仰自由权利。美方无视客观事实，年复一年发表此类报告，歪曲和攻击中国的宗教政策和状况，中方对此坚决反对，已向美方提出严正交涉。同时，美方应多反省自身存在的问题，不要总是对别国指手画脚”。

5月6日，美军第7舰队旗舰“蓝岭号”（USS Blue Ridge）驶抵上海吴淞军港，展开为期5天的敦睦访问。第7舰队司令欧柯因（Joseph Aucoin）表示，解放军海军将依计划参加6月在夏威夷举行的“环太平洋2016”联合军事演习。

5月9日，三位民主党参议员阿尔·弗兰肯（Al Franken）、艾米·克洛布沙尔（Amy Klobuchar）、塔米·鲍德温（Tammy Baldwin）分别发起针对中国市场经济地位问题的提案。提案要求调整美国现行法律：若商务部做出承认中国市场经济地位的行政决策，要提交国会供其在45天内做出是否批准的决定。此前，五位民主党众议员罗莎·德劳罗（Rosa DeLauro）、丹尼尔·利平斯基（Daniel Lipinski）、德里克·基尔默（Derek Kilmer）、阿尔·格林（Al Green）和罗伯特·布雷迪（Robert Brady）曾联名发起《中国市场经济地位国会审议法案》的提案。美国内反对承认中国市场经济地位声音日益增强。

5 月 10 日，美军“威廉·劳伦斯号”驱逐舰闯入永暑礁 12 海里之内，遭到中国两架战斗机和三艘船舶的监视和警告。美国国防部发言人称：“美军舰在中国控制的水域航行，以挑战其对南海一些过份的主权声索”。中国外交部发言人陆慷回应称，该美国军舰非法驶入中国领海，对该地区和平与稳定构成威胁。这也是美国军舰在不到一年时间里第三次在南海执行所谓的“自由航行任务”。

5 月 11 日，中美网络安全问题高级专家组级别会谈落幕，这是 2015 年 9 月中美签署网络安全协议后的首次会谈。双方相关部门代表与会，讨论了“国际准则和其他网络空间中有关国际安全的重要议题”，并同意在 6 个月内适时举行下次会议。

5 月 13 日，美国国防部向国会提交了 2016 年度《中国军事与安全发展态势报告》，称中国在南海有争议海域加紧开发和将岛屿军事化，并希望能在不诉诸军事冲突的情况下加强对该海域的控制权。报告称，尽管填海造岛未使中国对该海域拥有主权，但“人造岛礁上的机场、船运设施、侦察和武器装备显著提高了中国在南海的长期存在”。中国国防部发言人杨宇军 14 日就此表示，中方对美方发布该报告“强烈不满”，美方意在渲染“中国军事威胁”，歪曲中国在东海和南海的活动。“中国坚定奉行防御性国防政策。中国军队深化改革，加强武器装备建设，是为了维护国家主权、安全、领土完整，保障国家和平发展”。

5 月 16 日，众议院以无异议方式通过 88 号共同决议案，首度将 1982 年美国总统里根对台湾提出的口头“六项保证”诉诸文字，并以立法形式呈现出来。18 日，中国外交部发言人洪磊称中方对此坚决反对，要求美方立即撤销该决议案并采取有效措施消除其消极影响。洪磊称，台湾事务纯属中国内政，美国单方面制定《与台湾关系法》和“对台六项保证”严重违反一个中国政策和中美三个联合公报原则、干涉中国内政，中国政府对此一贯坚决反对。

5 月 17 日，美军太平洋司令部司令哈里斯在华盛顿表示，美中两军在反海盗、减灾和建立互信机制等方面合作良好，美军会在尽可能多的领域跟中国军队合作。但中国在南海等问题上采取挑衅和好斗行为，美军太平洋司令部必须以坚强的实力为后盾，为一切可能出现的结局做好准备。

5 月 17 日，美军一架 EP－3 型侦察机在海南岛附近抵近侦查时遇到中国两架歼－11 型战斗机的追踪监视。美国防部称，美军侦察机在南海上空国际空域执行例行巡逻任务，遭中国战斗机以“不安全”方式拦截。

中国外交部发言人洪磊19日就此回应，称美国防部说法与事实不符，中国军机“依照法律法规对美军飞机予以追踪和监视，并始终与美侦察机保持安全距离，未采取任何危险行动”。洪磊同时表示，拦截发生在中国海南省附近，美军行为对中国领空构成“严重威胁”。

5月18日，众议院通过《2017财年国防授权法》，其中的涉台条款包括：美国国防部应就美国对台军售计划提出报告、邀请台湾以观察员身份参与“环太平洋”军事演习、美台高级军事交流需提升至国防部助理部长级别以上官员、研究允许台湾海军人员和海军学校学员参与美国军舰停靠太平洋港口活动的可能性等等。

5月20日，“美国在台协会”发表声明，向台湾地区领导人蔡英文的就职表示祝贺，称“这次政权的和平转移是台湾活跃民主发展的又一里程碑”，为此也向台湾人民表达庆贺。声明还感谢马英九任内对美台关系的强化，称期待与台湾新当局及台湾所有政党与公民团体合作，进一步强化美台关系。

5月24日，特朗普在新泽西州筹款会上威胁对中国发起贸易战。特朗普表示，如当选总统，将对移往海外的公司返销美国的商品加征35%的税。他说，有些傻瓜认为“这就成了贸易战”，“什么贸易战？我们与中国的贸易损失5000亿美元，谁在乎有没有贸易战？”特朗普还称，中国将人民币贬值的做法极为不公，如果成为总统会让中国按规矩做事，成为美国的朋友。这次筹款会是为了帮助新泽西州州长克里斯蒂筹集资金，偿还他竞选时的债务。

5月26日，美国国际贸易委员会对美国钢铁公司指控中国竞争对手盗取商业机密并操控价格的控诉展开调查，认定40家中国钢铁厂商和分销机构为调查对象。美国钢铁公司自称是2011年网络攻击事件的受害者。中国商务部贸易救济调查局负责人当日表示，对美方发起调查的决定表示“坚决反对”和“强烈不满”，“带有明显的贸易保护主义色彩”。

5月28日，美国防长卡特在美国海军军官学校毕业典礼上发表演讲，称中国在南海的行为只会是“孤立于世界并筑起一道自我孤立的长城”，“区域内各国领导人对中国在南海扩张军力都表示担忧”。他还称，美军将派遣最先进的隐形驱逐舰和F-35隐形战机前往南海。中国外交部发言人华春莹对此回应称，卡特涉华言论是典型的美式思维，在全球化深入发展的今天，固守冷战思维没有任何出路，也不会有任何效果。希望美方与中方相向而行，加强对话沟通与合作，努力构建中美在亚太地区积极互动、包容合作的关系，与地区国家一道来促进亚太的和平稳定与发展。

6月

6月4日，美国防长卡特在新加坡香格里拉对话会上称，在整个地区走到一起并结成网络之时，中国在南海的行为“孤立了自己”，若继续下去将“树起一道自我孤立的长城”，美国把南海仲裁看作中国与相关国家通过外交缓和紧张局势的机会。中国外交部发言人华春莹回应称，美方罔顾基本事实，无端指责中方合理的岛礁建设活动，在地区安全问题上对中方倒打一耙，并蓄意挑拨中国与其他地区国家的关系。中方对此坚决反对，与会中方代表团也就此表明中方立场。

6月5日，中央军委联合参谋部副参谋长孙建国在香格里拉对话会上，就菲律宾提起的南海仲裁案称，该仲裁庭是建立在菲律宾违法行为和非法诉求基础上的，不具有管辖权，仲裁结果对中国没有约束力。中国政府已多次表明，不接受、不参与仲裁，不承认、不执行裁决结果，这不仅不是“违反国际法”，恰恰是依法行使国际法所赋予的权利，是遵守和维护国际法的体现。某些国家对国际法采取合则用、不合则弃的投机态度，一方面带头在南海实施所谓“航行自由计划”，公然炫耀武力，一方面拉帮结派，支持盟国对抗中国，压中方接受并执行仲裁结果。中方对此坚决反对。我们不惹事，也不怕事。中国不会吞下苦果恶果，不会允许自己的主权和安全利益受到侵犯，不会坐视少数国家将南海搞乱。

6月5日，参议院军事委员会主席麦凯恩率议员代表团访问台湾，会见了台湾地区领导人蔡英文。蔡英文表示，希望美国能持续给予台湾坚定支持，请议员们敦促美国行政部门持续向台湾出售防御所需武器，协助扩大台湾的国际参与，表达了台湾希望加入《跨太平洋伙伴协定》（TPP）的意愿，称不仅有助台提升国际贸易竞争力，也符合美国“亚太再平衡”政策。

6月5日，第六次中美战略安全对话在北京举行，对话由中国外交部副部长张业遂和美国常务副国务卿布林肯共同主持，两军有关人员参加，双方就战略安全议题进行了坦诚、建设性的讨论。

6月6—7日，第八轮中美战略与经济对话、第七轮中美人文交流高层磋商在北京举行，习近平主席特别代表刘延东副总理与美国国务卿克里共同主持人文交流高层磋商，习近平主席特别代表汪洋副总理、杨洁篪国务委员与奥巴马特别代表国务卿克里、财长雅各布·卢共同主持战略与经济对话。习近平主席在致辞中表示，中美两国应开展更多合作，应对各种挑战，努力培育两国共同而非排他的“朋友圈”，都做地区繁荣稳定的建设者和守护者。三个轨道的对话共达成300多项具体的成果。双方同意加快推进“双边投资协定”（BIT）谈判，将于6月中旬交换新的负面清单出价，力争早日达成一个互利共赢的高水平协定。美方重申支持中方办好G20杭州峰会。双方重申国际货币基金组织（IMF）份额分配应继续向具有活力的新兴市场和发展中国家转移。双方将加强人民币在美国交易与清算合作，各自指定一家符合条件的本国银行作为人民币清算行，中方同意给予美方2500亿元人民币合格境外机构投资者额度。

6月7日，美军称其一架RC－135侦察机在东海上空“国际空域”被一架中国歼－10战斗机以“不安全方式”拦截。中国外交部发言人洪磊8日就此称，美军又在蓄意炒作其军机对华抵近侦察问题。中国军队飞行员一贯依法依规进行操作，是负责的、专业的。有关问题根源在于美军机频繁抵近中国沿海实施侦察活动，严重威胁中国海空安全，中方有权对其采取防御性举措。美方应停止抵近侦察活动，避免此类事件再次发生。

6月13日，国家主席习近平致电奥巴马，就12日美、佛罗里达州奥兰多市发生枪击事件造成重大人员伤亡，代表中国政府和人民，向奥巴马、美国政府和人民表示深切的同情和诚挚的慰问，并向遇难者表示沉痛的哀悼。李克强总理也就此向美方表示慰问。中国外交部发言人表示，中方注意到美国政府和有关方面正在进一步核实有关情况，包括研判事件性质。但无论如何，中方一贯谴责任何针对无辜平民的暴力恐怖行径。

6月14日，第二次中美打击网络犯罪及相关事项高级别联合对话在北京举行。公安部部长郭声琨与美国国土安全部、司法部全权代表共同主持对话，双方就热线联系工作方案、网络安全保护合作、网络犯罪执法信息交流和能力提升、涉网案件调查与下步行动计划等议题进行了深入交流，达成广泛共识，通过了《中美打击网络犯罪及相关事项热线机制运作方案》，并联合发表成果清单。

6月14日，美军太平洋舰队司令斯威夫特接受日本《日经亚洲评论》杂志专访时称，美国海军将利用太平洋舰队所辖第七舰队和第三舰队的整体力量，应对中国在亚洲造成的诸多不确定性。他称，美中已建立相关机制以推动军方对话，但对话并未能增加透明度，双方在加强相互理解方面仍有更多工作要做。他还称：“我对（中方）相关言论以及对所谓‘九段线’以外地区的声索感到震惊，‘传统渔场’的新说法加剧了各方关切。”

6月14日，参议院外交关系委员会在国会山欢迎达赖喇嘛，之后举行会谈。15日，奥巴马在白宫与达赖见面。这是奥巴马担任总统以后第四次会见达赖，与前几次会见程序类似，两人的见面地点均安排在白宫地图室。白宫发言人乔希·欧内斯特强调此次会面是“私人会见”，“我要再次重申，美国在西藏问题上的立场没有改变。依据美国的政策，西藏是中华人民共和国的一部分。美国没有说过支持西藏独立”。白宫称，奥巴马会面时重申了上述政策，并且“鼓励达赖及其代表与中国政府进行有意义的直接对话，以缓和矛盾，解决分歧”。白宫和达赖方面没有披露更多见面细节，会面时也没有媒体在场。16日，中国外交部发言人陆慷就此表示，美国领导人会见达赖，无论采取什么形式，都违背了美方关于承认西藏是中国一部分、不支持“藏独”、不支持分裂中国活动的承诺，是对中国内政的干涉，也必将损害中美之间的互信与合作。

6月15日，美国“摩根士丹利资本国际”（MSCI）发布报告，未将中国A股纳入MSCI新兴市场指数，但表示年内仍有被纳入可能。MSCI声明指出，中国市场开放已取得显著进展，如果资本流动、配额限制等方面取得进步，不排除在2017年度评审前将中国A股提前纳入MSCI新兴市场指数。

6月16日，美国财长雅各布·卢在智库企业研究所发表演讲，称若中国回到过去的汇率政策，人为压低人民币相对于美元的汇率，将在中美间引发新一轮紧张。他又称，美中在汇率问题上已经取得长足进展，中国未通过干涉外汇市场推动人民币贬值，过去一年甚至动用本国外汇储备支撑人民币汇率。但为向由市场决定的汇率政策有序转型，中国还有许多工作要做。

6月17—21日，中美完成第25轮“双边投资协定”（BIT）谈判，中方重新出价负面清单。中国商务部称谈判取得实质进展，美国贸易代表迈克尔·弗罗曼称中方此轮出价的BIT负面清单取得很大进步。

6月20日，美国商务部长普里茨克接受媒体采访时表示，中国新提出的限制外国投资行业清单显示，需要做更多工作以使美中两国达成投资协定。“我们不会只为了达成一项协定而放低我们特有的双边投资协定的标准”，有关“中国作为一个非市场经济体，即由国家控制的经济体的贸易地位”的评估，将成为美国法律推动下进行的一项“正式程序”。

6月21日，美国副总统拜登在智库新美国安全中心年会上表示，奥巴马政府就中美关系做出了“务实的选择”，两国既提升了合作，又有着“负责任的”竞争，美中两国命运不可避免地交织在一起。下任美国总统也会面对与中国既有突破性合作又有激烈竞争的关系，与中国的竞争和合作是同时存在的，只顾任何一端将是短视的。

6月21日，内布拉斯加州参议员本·萨斯（Ben Sasse）和明尼苏达州阿尔·弗兰肯（Al Franken）发起“商务部、司法部、科技部和相关联邦机构拨款法案”（H. R. 2578）的修正案（SA. 4843），要求上述部门的财政拨款不能用于任何承认中国市场经济地位（MES）有关的行动。此举旨在使国会掌握是否给予中国MES的最终权力。修正案正在发起阶段，未在参议院通过。

6月24日，美国国际贸易委员会六名委员进行终裁投票，一致认定中国输美耐腐蚀板对美国国内产业构成了实质损害，将对其征收反倾销和反补贴关税。美国商务部此前对中国此类产品认定的反倾销税率为209.97%，反补贴税率为39.05%，继续采取替代国做法。中国对美钢铁产品出口200万吨，仅占其钢铁进口的6.5%。美方连续刻意打压中国输美大宗钢铁产品冷轧板和耐腐蚀板，裁定与市场实际情况完全不符，实质上是人为设置障碍、排斥中国产品。

6月24日，台湾地区领导人蔡英文赴巴拿马参加运河拓宽竣工仪式期间过境佛罗里达州迈阿密市。她在过境期间会见了美国联邦参议员、前共和党总统参选人卢比奥。卢比奥称，美台关系无论面临多大压力，美国将持续支持台湾。在蔡英文过境美国之前不久，联邦参议院外交委员才以口头表决、无异议通过共同决议案，重申《与台湾关系法》和对台“六项保证”。佛罗里达州可以在强化美台安全与经贸关系上扮演更重要的角色。

6月28日，共和党总统参选人特朗普在宾夕法尼亚州匹兹堡的一个废金属处理厂发表经济政策演讲，承诺要采取对华强硬的贸易政策，包括实施报复性关税、在世界贸易组织对中国提起贸易诉讼以及把中国定为货币操纵国。

7月

7月6日，中国外交部长王毅应约与美国国务卿克里通话讨论南海问题。王毅对克里表明了中国对仲裁案的立场，认为“这场闹剧该收场了”；这个所谓仲裁案在程序、法律、证据适用方面牵强附会，漏洞百出。因此，这一明显扩权和越权的仲裁庭根本就没有管辖权，罔顾法律和事实的裁决自然也就没有约束力。“中国不参与、不接受这一仲裁正是在维护国际法治和规则，维护《联合国海洋法公约》的严肃性和完整性。”不管仲裁案结果如何，中国都将坚定维护自身领土主权和正当海洋权益，坚定维护南海地区和平与稳定。希望美方恪守在有关领土争议问题上不持立场的承诺，谨言慎行，不采取任何损害中方主权和安全利益的行动。克里表示，理解中方将就仲裁案表明立场，同时期望各方都能保持克制，美中在维护南海和平稳定方面具有共同利益，美国支持各方继续通过外交途径和平解决有关争议。

7 月 7 日，美国国务卿克里在乌克兰基辅表示，中国参与解决朝鲜半岛问题至关重要，希望中美能像过去几个月那样继续合作，特别是像在达成联合国安理会决议所做的那样。

7 月 8 日，针对美韩在韩部署“萨德”系统的决定，中国外交部副部长张业遂分别召见美国驻华大使博卡斯、韩国驻华大使金章洙，就美韩宣布该决定提出严正交涉。张业遂强调，此举破坏地区战略平衡，严重损害中国战略安全利益，也不利于维护东北亚地区的和平与稳定，强烈敦促美韩停止有关进程。9 日，外交部长王毅在接受采访时表示，部署“萨德”系统远超半岛防卫需求，对此任何辩解都是苍白的。中国完全有理由、有权利质疑这一举动背后的真正图谋。有关方面务必慎重行事，避免铸成大错。

7 月 12 日，应菲律宾单方面请求建立的所谓南海仲裁案仲裁庭作出裁决。白宫发言人欧内斯特和美国务院发言人柯比就此称，裁决是“最终结果且具有约束力”，敦促各方不要为此采取升级或挑衅行动。中国外交部发言人陆慷就此表示，对美方有关声明表示强烈不满和坚决反对，并已向美方提出严正交涉。仲裁庭的行为及其裁决严重背离国际仲裁一般实践，有关裁决完全无效，没有法律拘束力。中国在南海的领土主权和海洋权益在任何情况下不受仲裁裁决影响，中国反对且不接受任何基于该裁决的主张和行动。中方将继续坚定维护领土主权和海洋权益，坚定维护南海和平稳定，坚持直接与有关当事国在尊重历史事实的基础上，根据国际法，通过谈判协商和平解决南海有关争议。美方所谓声明罔顾事实，为非法无效的仲裁裁决张目，本身就不符合法治精神，违背国际法和国际关系基本准则，违背美方自己关于在有关领土争议问题上不持立场的公开承诺，给各方妥善管控海上局势、和平解决争议制造严重障碍。

7月16日，美国副总统拜登在澳大利亚访问期间表示，美国期待中国与他国一样遵守规则，“敦促中国和菲律宾遵守仲裁结果”，称美国正与澳大利亚及区域内其他国家合作，致力维护贸易流通自由的国际秩序，即保持海上通道开放以及空中航行自由。

7月18日，美国海军作战部长约翰·理查森访华，与中国海军司令员吴胜利举行了会晤。理查森表示，此访目的是深化美中两军关系，双方没有避谈有争议的南海问题，只有通过完全坦诚的对话才能在这些议题上有所进展，一致认为美中关系是非常重要的双边关系。理查森访华期间还参观了位于青岛的海军潜艇学院和“辽宁号”航空母舰。

7月18日，美国共和党全国代表大会通过新党纲，称“中国的行为已否定了我们上一份党纲中有关未来对华关系的乐观语句”，中国最近几十年来实行的日益宽松的政策“突然逆转”，称将不允许中国继续操纵汇率、在政府采购中排除美国货等，妄称中国“压制异见”“宗教迫害”“强制堕胎和强制绝育”等，攻击中国“对整个南海提出的主权声索是荒谬的”，要求基于《与台湾关系法》发展美台关系，并恪守1982年里根提出的“对台六项保证”，支持台湾全面参与世界卫生组织、国际民航组织和其他多边组织等等。

7月22日，即将访华的美国国家安全事务助理苏珊·赖斯在接受媒体采访时称，中美关系是“我们拥有的最重要的关系”，美中需要做“细致的工作以管控分歧”；美军将继续在南海“航行、飞越和采取军事行动”；美国不会让世界其他地区，包括叙利亚、土耳其和乌克兰的危机，扰乱“亚洲再平衡”政策。

7月24—27日，美国国家安全事务助理赖斯访华。中国国家主席习近平、国务委员杨洁篪、军委副主席范长龙等会见了赖斯。习近平指出，中美共同利益远大于分歧，可以合作、需要合作的地方很多，期待在9月二十国集团领导人杭州峰会上与奥巴马再次会晤，为下阶段中美关系发展注入新动力，也为两国关系未来继续稳定发展明确方向、打下基础。杨洁篪强调中方反对菲律宾南海仲裁案的立场是明确、坚定的，将继续坚定维护在南海的领土主权和海洋权益，强烈敦促美方不在韩部署“萨德”系统。范长龙说，中国人民不会屈服于任何外来压力，中国军队坚决做维护国家领土主权和安全的坚强后盾。同时希望两军以建设性方式管控分歧和敏感问题。赖斯表示，奥巴马始终认为，美中关系是当今世界最重要的双边关系。中国的成功符合美国的利益。美中双方携手合作，可以为国际社会应对气候变化等一系列全球性挑战注入活力。美方赞同通过共同努力增进双方互信，加强务实合作并使之成为美中关系的压舱石，愿同中方密切沟通有效管控分歧。

7月25日，美国国务卿克里、日本外相岸田文雄和澳大利亚外交部长毕晓普发表声明，称菲律宾南海仲裁案仲裁庭所谓裁决是“最终且具有法律约束力的”，强烈反对任何可能改变现状并加剧紧张局势的胁迫性单边行为；对南海问题表示“严重关切”，“强烈敦促所有国家停止大规模填海造地、基地建设和军事利用”。

7月25—28日，民主党召开全国代表大会，公布新党纲，新党纲视“管控中国崛起”为未来所面临复杂挑战之一，称将在“不公平贸易、操纵汇率、网络审查、盗版和网络攻击”等问题上“毫不示弱”，使用一切贸易执法手段“向中国问责”；寻求中美在应对气候变化、防扩散领域合作；坚持“一个中国”政策和《与台湾关系法》；与盟友和伙伴“巩固地区制度体系和规范”，保护南海“海上自由”。

7月26日，美国国务卿克里与中国外长王毅在出席东盟地区论坛上会晤后表示，美国在中国与部分东南亚国家之间的南海主权争端问题上不持立场，支持菲律宾与中国就南海争端举行对话和谈判。任何声索方不应采取挑衅性行为，不应加剧局势紧张。美方认为中美共识在于都同意从公开的紧张转入外交接触。

7月26日，美国海军作战部长理查森表示，中国海军与美国舰队的互动总体来说是积极的，中国军队应邀参加了“环太平洋”军事演习。

7月26—27日，美国国务卿克里访问菲律宾首都马尼拉，会晤菲总统杜尔特尔及外长。克里重申美对南海问题立场，敦促各争议方保持克制，支持中国与东盟国家“翻过曾经对峙的一页”。

7月27日，美军太平洋司令部司令哈里斯在智库“日本再建基金会”主办的第三届日美军事政治家年度论坛上表示，美日应该扩展与“理念相仿”国家之间的防卫合作，以共同维护亚太地区“基于规则”的秩序。虽然中国在东亚做出“挑衅性举动”，对加剧地区紧张程度“负有责任”，但仍有理由希望中国会成为负责任的行动方。他还称中国是驱动美国国防计划和预算的五大战略性挑战之一，其他四个分别是朝鲜、俄罗斯、“伊斯兰国”及伊朗。

7月27日，美国民主党全国代表大会通过新党纲，将打击恐怖主义、应对全球气候变化、加强美国网络安全和“管控中国崛起”列为下届民主党政府要面临的挑战。该党纲称，中国须停止“倾销、补贴国企、货币贬值和歧视美国企业”等做法，民主党将使用一切贸易执法工具向中国和其他贸易伙伴问责；将与盟友和伙伴巩固地区制度体系和规范，以及保护南海的“海上自由”；将保卫美国及其盟友，敦促中国约束朝鲜，迫其抛弃非法的核与导弹项目；将促进对人权更大的尊重；信守一个中国政策和《与台湾关系法》，将继续支持“以符合台湾人民意愿及最佳利益的方式和平解决台海两岸议题”，“同时寻求在一些领域的合作，包括应对气候变化和防止核扩散等等”。

8月

8月4日，美国总统特别助理兼白宫网络安全协调员迈克尔·丹尼尔在美国商会主办的讨论会上表示，美国将继续推动在网络安全议题上与中国开展合作，“我们正试图继续在可以合作的领域做出努力，尤其是在执法领域以及计算机紧急反应小组问题上的合作。我们同意继续进行国土安全部和司法部与中国公安部之间的高级别对话”。

8月5日，外交部长王毅应约同美国国务卿克里通电话，就中美关系、朝鲜半岛局势等交换意见。王毅表示，习近平主席与奥巴马即将在杭州的会晤是下阶段中美关系最重要日程。中方愿同包括美方在内有关各方共同努力，办好二十国集团杭州峰会，为世界经济实现强劲、平衡、可持续发展开创新的动力，向国际社会发出二十国集团协调合作的积极信号。克里表示，两国元首杭州会晤非常重要，美愿与中方共同努力，确保会晤圆满成功，也愿同中方合作，确保二十国集团杭州峰会取得圆满成功。双方还就朝鲜半岛局势交换了意见。

8月11日，美国商会、欧洲工商业联合会、日本经济团体联合会以及代表澳大利亚、墨西哥和瑞士等国金融服务、科技和制造业的行业组织和商业游说团体，联合致函中国政府，呼吁修订网络安全法草案和保险业相关法规，称这些法律法规是“对经济增长构成的保护主义威胁”，将“进一步使中国孤立于全球数字经济之外”。

8月15日，美国财政部发布国际资本流动报告。报告显示，6月份美债的前五大持有者依次是中国、日本、爱尔兰、开曼群岛、巴西。中国减持32亿美元，总额为1.2408万亿美元，降至5个月以来最低水平；日本增持145亿美元，美债总规模增至1.15万亿美元。

8月16日，美国陆军参谋长马克·米利访华并与中国陆军司令员李作成会谈。米利称“美韩决定部署‘萨德’系统，是为保护韩国人和美国人不受朝鲜弹道导弹威胁而采取的一项防御性措施，对中国不构成任何威胁”，希望同中国军方保持开放的沟通渠道，以降低危机或误判风险，并坦率处理双方分歧。双方还讨论了如何深化美国陆军和中国军队在人道主义救援、救灾等领域的合作事宜。

8月24日，针对朝鲜发射潜射弹道导弹一事，白宫发言人欧内斯特说，朝鲜暂停并终止这类破坏稳定的行为也符合中国利益，美方相信中美能就此合作。同日正在东京参加中日韩第八次三国外长会议的外交部长王毅称，中方反对朝鲜核导开发进程，反对任何导致半岛局势紧张的言行，反对所有违反联合国安理会2270号决议的举措，同时也再次重申反对美军在韩部署“萨德”系统的立场。

8月31日，正在印度出访的美国国务卿克里称，近期公布的南海问题国际仲裁结果“是终裁性质的，对双方都具有法律拘束力”，美国继续呼吁中国和菲律宾接受这一结果。

9月

9月3日，奥巴马在访华并出席杭州二十国集团峰会前夕接受专访，表示美国拥有的大国地位部分是由于自我克制的结果。他认为随着中国全球影响力的增强，中国应该成为一个更负责任的大国，避免在南海等问题上或者在与一些小国争端中炫耀武力。中国应遵守国际法。中国已成为一个更加富裕的中等收入国家，不应再继续推行仅为自己谋利的重商主义政策，应与他国进行公平贸易而不仅仅是自由贸易。

9月3日，国家主席习近平在杭州西湖国宾馆会见了前来出席二十国集团领导人杭州峰会的奥巴马总统。习近平主席表示，应对气候变化合作已成为中美关系的一大亮点。中美率先批准《巴黎协定》并共同向联合国秘书长交存批准文书，率先完成二十国集团框架下化石燃料补贴同行审议报告，再次为国际社会共同应对这一全球性挑战作出重要贡献。中国将继续坚定维护自身在南海的领土主权和海洋权益，同时坚持通过与直接当事方协商谈判和平解决争议，同东盟国家一道维护南海和平稳定。希望美方为维护南海地区和平稳定发挥建设性作用。中方反对美国在韩部署

“萨德”反导系统，要求美方切实尊重中方战略安全利益。奥巴马表示，美中率先批准和接受《巴黎协定》，再次展示了两国合作的影响力。美方对两国能源、科学、教育等方面交流取得稳步进展感到高兴，愿同中方开展打击跨国犯罪等执法合作，探讨在经贸和投资方面同中方建立更强有力的关系，并在推进区域和全球安全等更广泛领域加强同中方合作。美方奉行一个中国政策没有改变，承认西藏是中国的一部分。美中关系应该确保两国能够在利益一致的领域开展富有成果的合作，同时在有分歧的领域管控好有关问题，避免影响两国关系。双方还公布了成果清单。

9月4日，白宫网站公布中美“双边投资协定”（BIT）谈判的第4次负面清单出价，称取得“实质性进展”。但美国商会主席称，此次出价没有什么进步。美国在BIT谈判中对华最关切的问题并非简单的负面清单问题，包括数据限制、中国政府角色、中国遵守WTO和其他法律情况、有效的高标准、国有企业问题、互惠投资环境、对外直接投资审查机制等。《解密美国贸易》（Inside Trade）称，年内达成BIT越来越渺茫，更不必说进入国会表决。

9月6日，奥巴马在访问老挝并出席在万象举行的东亚峰会期间，称美国的“亚太再平衡”政策不会因他离任而结束，“我们会留在这里。无论时局好坏，美国都靠得住”，美国欢迎中国和平、稳定、繁荣崛起，成为国际事务中负责任的成员。美国或会继续在包括东海和南海的亚太地区和所有国际法允许和支持的地方飞行、航行和作业。8日，奥巴马又称，“国际仲裁法庭那项具有里程碑意义的裁决具有拘束力，有助于澄清地区海洋权问题。这会导致一些紧张，但美国仍期待各方能就南海问题进行磋商，讨论如何共同建设性地减少紧张、推动外交解决和地区稳定”。

9月9日，正在挪威首都奥斯陆访问的美国防长卡特称，朝鲜最新实施的核试验将坚定美国提升在韩国防御能力的决心，包括在韩部署“萨德”系统。他还称中国负有对朝鲜施加压力以终止朝鲜核计划的“重要责任”，中国应利用自身位置、历史和影响力，进一步推动朝鲜半岛的无核化进程。

9月15日，美国防长卡特与访美的日本防卫大臣稻田朋美会谈，双方确认“尖阁群岛”（即我钓鱼岛及其附属岛屿）“处于日本管辖权之下”，“属美日安保条约适用对象”，认为中国应尊重就南海仲裁结果，并称会携手帮助南海沿岸国家构筑相关应对能力。

9月19日，国务院总理李克强在纽约出席第71届联合国大会系列高级别会议期间会见了奥巴马。李克强表示，经贸合作是两国关系的“压舱石”和“推进器”。双方要共同推动中美投资协定谈判早日完成，相互扩大市场准入，为彼此企业提供更好的营商环境与合作预期。中方赞同安理会对朝方最近一轮核试验做出进一步反应，同时希望各方避免采取导致局势紧张升级的行动，反对美方在韩部署“萨德”系统。奥巴马称，经济关系是美中关系的稳定因素。美方支持中国改革进程，希望推动双边投资协定谈判等取得积极进展。白宫在一份声明中称，“两位领导人谴责了朝鲜9月9日的核试验，决定在实现朝鲜半岛无核化方面加强协作，包括在联合国安理会和一些关于朝鲜问题的执法渠道中增进合作。”双方还承诺继续朝尽早落实《巴黎协定》的方向努力，并为削减国际航空领域的碳排放最终找到一种以市场为基础的解决办法。李克强还同美国经济、金融、智库、媒体等各界人士座谈，就中美关系及经贸合作等共同关心的问题交流互动。

9月22日，美国贸易代表迈克尔·弗罗德曼在莱斯大学发表重要演讲《跨太平洋伙伴协定（TPP）：美国亚太信誉的试金石》，敦促美国国内尽快批准TPP，以免失去信誉，将领导权拱手让给中国。与以往从经济角度分析问题不同，这是美国从事贸易问题的官员首次大谈战略利益。

9月26日，美国财政部以协助朝鲜发展大规模杀伤性武器项目为由，将中国丹东鸿祥实业发展有限公司以及4名公司管理人员列入黑名单，查封该公司及上述4人在美国的所有资产。同时，美国司法部还对该公司及其管理人员提起刑事诉讼，理由是他们“蓄谋违反美国经济制裁，违反美国对防止大规模杀伤性武器扩散的制裁规定，以及蓄谋洗钱”。美国财政部负责反恐与金融情报工作的代理副部长舒宾表示，“将采取强制行动对朝鲜的扩散网络施压，并保护美国的金融系统不被滥用”。

9月26日，美国国务院副发言人声称，美国将继续支持台湾对国际民航组织等机构进行“有意义的”参与。

9月29日，美国财政部长雅各布·卢称，尽管人民币已被国际货币基金组织纳入货币篮子，但距离成为全球储备货币还有“相当远”的路程，为实现人民币成为全球储备货币的目标，中国还需要进一步改革。

9月29日，美国国际贸易委员会（USITC）举行“影响美国铝行业的竞争环境”听证会，邀请28个国家驻美大使就此问题发表意见，讨论全球铝贸易的情况。中国商务部及中国有色金属工业协会（CNIA）部分铝材生产商业参与此次听证会。USITC认为当前主要问题是中国铝业产能过剩，导致全球铝价格走低，影响美国铝行业的生产和经营。美国铝业协会已重申希望中美达成一个双边约束性协议，让中国减少过剩产能，同时保持进一步采取反倾销、反补贴的权利和措施手段。USITC 将于 2017 年 6 月向国会税收委员会提交《全球铝贸易及产能过剩对美国行业影响报告》。

9 月 29 日，美国防长卡特在加州圣迭戈港口停靠的美军“卡尔·文森”号航母上称，美国将继续强化在亚太地区的军力优势，以继续在这个受到中国军力增强影响的地区保持主导地位。他倡导在该地区构建“一个有原则且具有包容性的安全网络”，该网络并非正式同盟，也非遏制或孤立某个国家，而是便于美国及其在地区盟友和伙伴进行联络、合作、为地区安全助力和维护共同准则的一种途径。美国希望中国不要将自己排除在该网络之外。

10 月

10 月 6 日，美国国会及行政当局中国委员会在其 2016 年度涉华报告中指责中国“进一步限制公民基本权利”，“人权状况恶化”，批评中国对互联网等的管理方式，指责香港的“基本自由”正进一步受到侵蚀等等。

10 月 7 日，“美国在台协会”正式宣布前美国资深外交官、前美国驻孟加拉国及驻尼泊尔大使莫健（James Moriarty）出任理事主席，称莫健将“参与对台政策层级的讨论，并代表美国政府定期访问台湾，以及与台湾在美国的代表举行会谈”。

10 月 14 日，美国财政部在向国会提交的主要贸易竞争对手货币汇率情况半年报告中，再次确定中国为非汇率操纵国，认为中国没有通过操纵汇率贬值获得贸易优势。人民币在过去一年持续贬值，原因是市场压力，如果中国未采取措施，人民币贬值幅度会更高。“中国政府对外汇市场的干预目的是为了防止人民币过快贬值对中国以及全球经济带来负面冲击。”但同时又表示，中国需要继续放松汇率政策，进一步增加市场透明度。

10 月 17 日，美国防长卡特在《外交》杂志撰文谈“亚太再平衡”战略和中国。卡特在文中称，中国崛起对亚太地区具有深远影响。美国欢迎一个和平、稳定和繁荣而且在该地区的安全网络中扮演负责任角色并作出贡献的中国。与此同时，他批评中国以区域摩擦为代价追求自我利益，尽管中国从美国等国家努力建立和维持的区域原则和体系中获益，但在海上、网络空间、全球经济以及其他地方只按自己规则行事，损害了区域原则。他还称，中国模式与亚太国家目标不合拍，只反映了这个地区遥远的过去，而非美国和很多其他国家所希望看到的有原则性的未来，认为中国的行动正筑起“一道自我孤立的长城”。卡特称美国仍坚定地致力于与中国发展关系，肯定了中美两军就海上行为准则和危机沟通渠道达成的共识，称这是建立军事互信的重要举措。

10月18日，美国财政部负责国际事务的副部长南森·席茨（Nathan Sheets）在智库战略与国际研究中心发表演讲，给予亚投行积极评价，否认中亚投行是对美国影响力“威胁”的说法，认为亚洲有很大的基础设施需求，亚投行是满足该需求的建设性步骤，有利于全球增长。

10月19日，中国外交部发言人华春莹回应美国防长卡特公开撰文批评中国，称“有关内容老调重弹，不值一驳。”她说“德不孤，必有邻”，中国始终是国际法治和规则秩序的坚定维护者和积极贡献者。这一点是有目共睹的。规则应是由各国共同商定、各方普遍接受的规则，而不是个别国家出于一己之私，偷换概念，把自己的意志强加于人的所谓“规则”。她表示：“正如大家看到的，前段时间南海不平静，美方一些人在其中发挥了不好的作用。当前，在中国与东盟有关国家的共同努力下，南海形势正朝着积极方向发展。希望美方个别人不要总是停留在过去的世界里，而要真正为维护中美关系和地区和平稳定发挥建设性作用。

10月20日，国务院总理李克强在钓鱼台养源斋会见了美国前财政部长保尔森。李克强积极评价保尔森基金会为推动中美关系发展，促进两国务实合作方面所做工作，希望基金会继续发挥中美友好的纽带作用，为促进中美关系健康稳定发展作出不懈努力。中方高度重视中美双边投资协定谈判，首次将准入前国民待遇加负面清单模式用于同外国商谈双边投资协定。在当前世界经济复苏乏力、贸易增长低迷、保护主义和逆全球化思潮抬头的背景下，中美加强这方面合作，向世界发出了促进贸易投资自由化、便利化的积极信号。希望双方继续努力，灵活务实推动谈判取得积极成果，早日达成高水平的投资协定，更好实现互利共赢。保尔森表示，李总理上个月在纽约出席联合国系列高级别会议期间，同美方各界人士接触交流取得积极成效，有助于推动美中关系发展。保尔森基金会愿同中方加强交往与合作，坚持“知行合一”，为推进美中关系与合作作出新的努力。

10月21日，美国海军“迪凯特”号驱逐舰擅自进入中国西沙领海，中国海军“广州”号导弹驱逐舰和“洛阳”号导弹护卫舰对美舰进行识别查证，并予以警告驱离。中国国防部发言人就此回应称：“美派军舰擅自进入中国领海，就是唯恐天下不乱，试图通过此举搞乱局势，从中渔利。这恰恰证明，美方是南海局势稳定的麻烦制造者。中方将同广大地区国家一道，坚定捍卫南海地区的和平与稳定。一段时间以来，中美两军关系稳定发展，双方在互信机制建设和风险管控方面迈出新步伐。然而，美方上述违法挑衅行为严重损害双方互信，与中美双方构建新型大国关系和两军关系的努力背道而驰。强烈敦促美方切实尊重中国的国家主权和安全关切，不要一错再错。中国军队将根据需要加大海空巡逻力度，强化各项防卫能力建设，坚定捍卫国家的主权和安全。”中国外交部发言人也称，“美舰在未经中方批准情况下擅自进入中国领海，严重侵犯中国主权和安全利益，严重违反中国相关法律和国际法，破坏有关海域的和平、安全和良好秩序，中方对此坚决反对并予以强烈谴责。中国海军舰机在现场第一时间采取了应对行动，对美军舰予以警告驱离。美方不尊重沿海国主权、安全和海洋权益，在别国领海实施所谓‘航行自由’，严重违反国际法，是极不负责任的挑衅行径。同时，美方刻意制造和渲染紧张，也与地区国家求和平、促合作、谋发展的共同愿望格格不入。我们正告美方认真反思有关政策，敦促美方尊重、遵守中国法律和相关国际法，停止损害中方主权、安全和海洋权益的挑衅行为，多做有利于促进中美互信和地区和平稳定的事。中方将继续严密监控有关海空情况，并根据需要采取一切必要措施捍卫中国的领土主权和海洋权益。”白宫发言人欧内斯特则称，美舰此举目的是维护所有国家在海洋法公约下所享有的权利和自由，彰显了沿海国家不能非法限制美国和其他所有国家根据国际法行使的海洋航行权。“在国际水域的自由航行准则不仅是我们代表美国、美国军方所维护的准则，还是我们代表世界所有国家，包括中国（维护的准则）”。

10月23日，中国国务院副总理汪洋应约与美国财政部长雅各布·卢通话，就中美经济关系有关问题交换了意见。

10月24日，中国外交部发言人就美国驻印度大使访问中印边界争议地区一事称，中方坚决反对美国高级外交官到中印边界争议地区活动。中国对中印边界东段地区的立场是一贯和明确的。中印正在通过谈判协商解决领土争议，任何负责任的第三方都应尊重中印双方寻求和平、安定与和解的努力，而不是相反。美方做法与中印双方的努力背道而驰，只会使争议进一步复杂化，破坏中印边境地区来之不易的和平与安宁，危害本地区和平与安宁。中方敦促美方停止介入中印领土争议，多做有利于本地区和平稳定的事。中印边界问题非常复杂敏感，第三方介入只会挑起和激化矛盾，最终受害的还是中印两国人民。中印作为两个大国，能够拿出足够的政治智慧，确保两国边境地区的和平与安宁，维护好两国人民的切身利益。

10 月 23—29 日，“美国在台协会”主席莫健访问了台湾，期间会见了蔡英文，并与台当局有关部门就台美间各项议题交换意见。这是他首度以该协会主席身份访台。

11 月

11 月 1 日，美国国会“台湾连线”发表声明，称“台湾对国际刑警组织的参与受到限制，台湾无法获取国际刑警组织执法工作的有关数据库资源”，“缺乏相关信息让台湾和世界其他地方都受到犯罪活动的威胁”。同日，参议院外交关系委员会亚太小组主席科里・加德纳发表声明，称台湾被排除在国际刑警组织之外增加了恐怖主义的风险。3 日，美国国务院发言人约翰・柯比称，美国“仍然支持台湾在国际刑警组织和第 22 届联合国气候变化大会的有意义的参与。”

11 月 1 日，国务委员杨洁篪在纽约会见了美国国家安全事务助理苏珊・赖斯。赖斯表示，美中在朝鲜问题上总体意见一致。白宫发表声明称，双方回顾了在创建持久、稳固和有建设性的双边关系方面取得的进展，承诺有效管控分歧，在地区和全球问题上扩展务实合作。

11 月 1 日，美国务院发言人柯比在记者会上表示，马来西亚总理纳吉布访华达成涉及国防、经济多项合作协议，有利于亚太安全和稳定，美方对此持欢迎态度。他表示，亚太地区国家与中国发展建设性、有意义的双边关系符合美国的利益。谈及美国的“亚太再平衡”战略时，柯比表示，这一战略并不针对中国，而是关乎整个亚太地区。这一地区至少在未来 20 年将对整个世界产生重大影响，“亚太再平衡”战略既是美国自身的外交目标，同时也对美国的地区盟友和伙伴国的安全与繁荣有着重要意义。

11 月 2 日，美国商务部长普利茨克在智库战略与国际问题研究中心的研讨会上，警告中国应该遵守半导体市场竞争规则，认为中国政府利用自身资源人为降低芯片价格，正在伤害国际竞争，呼吁中国公平竞赛，遵守国际贸易规则，而非通过国家投资来扭曲国际市场。普利茨克还称，美方将在各个场合向中方明确表示，不接受这些目的在于占有整个半导体行业 1500 亿美元的行业政策，并称中国收购美国企业和获取技术不是出于商业目的，而是基于政府利益。

11 月 2 日，2 名美国资深国会参议员联名致信奥巴马和财政部长雅克布·卢，呼吁他们阻止中国铝业巨头忠旺集团旗下忠旺美国有限公司对美国铝业公司 Aleris 的收购行为，理由是这起收购案牵涉美国国家安全。Aleris 是全球第二大铝压延产品生产商，也是美国重要的国防供应商。在联名信中，他们称该交易会直接损害美国国家安全，“国有企业和国有控股企业在内的中国企业都可能与中国军方有关系，这增加了风险，可能让美国技术落入不该拥有的人的手中。”

11 月 4 日，白宫表示，若国会不能在未来几周通过《跨太平洋伙伴关系协定》（TPP），全球贸易格局或被重组，中国将挤占美国企业对日本的出口。农牧、医疗设备等美国出口型产业将与 TPP 所能带来的实惠失之交臂，并丧失更多市场份额。

11 月 9 日，国家主席习近平向美国当选总统特朗普致贺电。习近平在贺电中指出，作为最大的发展中国家、最大的发达国家、世界前两大经济体，中美两国在维护世界和平稳定、促进全球发展繁荣方面肩负着特殊的重要责任，拥有广泛的共同利益。发展长期健康稳定的中美关系，符合两国人民根本利益，也是国际社会普遍期待。我高度重视中美关系，期待着同你一道努力，秉持不冲突不对抗、相互尊重、合作共赢的原则，拓展两国在双边、地区、全球层面各领域合作，以建设性方式管控分歧，推动中美关系在新的起点上取得更大进展，更好造福两国人民和各国人民。国家副主席李源潮致电迈克·彭斯，祝贺他当选美国副总统。

11 月 14 日，国家主席习近平与美国当选总统特朗普通了电话，祝贺特朗普当选美国总统。习近平表示，中美建交 37 年来，两国关系不断向前发展，给两国人民带来了实实在在的利益，也促进了世界和地区和平、稳定、繁荣。事实证明，合作是中美两国唯一的正确选择。当前，中美合作拥有重要机遇和巨大潜力，双方要加强协调，推动两国经济发展和全球经济增长，拓展各领域交流合作，让两国人民获得更多实惠，推动中美关系更好向前发展。习近平指出，作为最大的发展中国家、最大的发达国家、世界前两大经济体，中美需要合作和可以合作的事情很多。我高度重视中美关系，愿同美方共同努力推进两国关系，更好造福两国人民和其他各国人民。特朗普表示，感谢习主席祝贺我当选美国总统。我赞同习主席对美中关系的看法。中国是伟大和重要的国家，中国发展的良好前景令世人瞩目。美中两国可以实现互利共赢。我愿意同你一道，加强美中两国合作。我相信美中关系一定能取得更好发展。习近平和特朗普同意保持密切联系，建立良好工作关系，并早日会面，就两国关系发展和双方共同关心的问题及时交换看法。

11月15日，美军太平洋司令部司令哈里斯称美军保卫亚太的决心不会因为美政府换届而改变。他称亚太地区对美国的繁荣与安全至关重要，在亚太安全事务上美国不存在“跛脚鸭”总统。美国将致力于亚太地区盟友和伙伴的安全，不应怀疑美军保卫国家安全和利益的决心。他说，如有必要，美军会采取军事行动并赢得战争，而朝鲜核威胁与中国在周边地区的强硬姿态令他担忧，但美国与日本、韩国和澳大利亚等盟国关系稳固使他感到鼓舞。哈里斯还称对中国在南海的填海造岛、建立军事基地和在东海单独设立防空识别区的行为深感不安，这表明中国正寻求东亚霸权地位；另一方面，他认为美中两军关系正进展良好，美军会设法与中国合作，但必要时做好对抗准备。

11月15日，美国国务院发言人就香港高院裁决取消两名“港独”议员资格发表评论称，“中国方面和香港特别行政区政府以及香港所有当选的政治人物都应该避免任何加剧担心或破坏对‘一国两制’原则信心的行为”，并称香港立法会和独立司法对推动和保护香港特区在基本法和“一国两制”框架下的高度自治至关重要，高度自治下的开放社会是香港稳定和繁荣的关键。

11月16日，“香港众志”秘书长黄之锋接受美国国会及行政当局中国委员会邀请，在美国国会发表演说，他称美国政府和国际社会应关注香港的人权与民主自由问题，诬称香港的“一国两制”已经失败。黄之锋还会见了美国国会及行政当局中国委员会公共主席、参议员鲁比奥。当日，鲁比奥与另一名参议员汤姆·科顿共同推出一项名为“香港人权与民主法案”（Hong Kong Human Rights and Democracy Act）法案，要求美国政府对那些压制香港基本自由的中国或香港官员采取惩罚性措施。

11月16日，美国国会经济与安全审查委员会发布年度涉华报告，包括美中经济与贸易关系、美中安全关系、中国与世界以及中国与美国的亚洲“再平衡”战略四大部分，在香港问题、南海问题、中国军力等问题上对中国进行攻击。

11 月 17 日，中国驻美国大使崔天凯在华盛顿五月花饭店出席美中政策基金会成立 21 周年晚宴并发表演讲。崔天凯称，过去 40 多年来，在中国历届领导人和美国两党共 8 位总统的领导下，中美关系历经世界形势风云变幻，不断向前发展。如今，双边关系的广度和深度是 40 多年前无人能够想象的。关于中美关系的未来，崔大使表示，作为联合国安理会常任理事国和世界最大的两个经济体，中美两国的选择将对两国人民的福祉和世界的未来产生深远影响。为此，崔大使建议双方在以下方面共同努力：首先，以两国人民长远利益为优先重点；第二，谋求共赢的结果；第三，进一步加强合作。为此，两国需要坚持在各层级开展坦诚深入的对话与沟通，这将有助于进一步强化双边关系基础，为两国关系的未来发展注入更多动力。崔大使强调，建设不冲突不对抗、相互尊重、合作共赢的中美关系既是一个奋斗目标，也是一个持续的进程。不仅需要有“不到长城非好汉”的决心和信念，也要有“摸着石头过河”的耐心和智慧，相信中美关系将在新的起点上取得更大发展，更好地造福两国人民和各国人民。

11 月 20 日，据美国《华尔街日报》报道，美国外资投资委员会将再次阻挠中国企业对德国技术企业爱思强公司的收购。爱思强公司日前发表声明说，美国外资投资委员会通知该公司，“有关拟议交易存在尚未解决的美国国家安全担忧”，建议相关各方“完全放弃这宗交易”。美国外资投资委员会还计划建议奥巴马阻止这一交易。

11 月 21—23 日，第 27 届中美商贸联委会在华盛顿举行，这是中美间 2016 年和奥巴马任内最后一次高级别经贸对话。中国副总理汪洋与美国商务部长普里茨克和美国贸易代表弗罗曼共同主持会议，美国农业部长维尔萨克参加了对话。会议期间，中美就出口管制、贸易救济、境外取证和境外执行、农产品检验检疫、民航服务、赴美投资、农业生物技术、创新政策、产能过剩、药品和医疗器械、《标准化法》和集成电路等重点关注议题深入交换意见，在多个领域增进理解、加强沟通、取得共识。

11 月 21—22 日，中美执法合作联合联络小组（JLG）第十四次全会在北京举行。会议回顾了一年来的执法合作情况，并就双方关注的执法合作问题交换意见，包括反腐败追逃追赃合作、打击网络犯罪、禁毒等诸多热点问题，并规划了下一步合作方向。

12月

12月2日，台湾地区领导人蔡英文在晚上11时（美东时间2日上午10时）与美国当选总统特朗普电话交谈。两人在通话中互称“总统”，双方就未来施政重点分享看法与理念以及亚洲形势等议题交换了意见。3日，外交部长王毅就此表示，这是台湾方面搞的一个小动作，根本不可能改变国际社会已经形成的一个中国格局，也不会改变美国政府多年来坚持的一个中国政策。他强调一个中国原则是中美关系健康发展的基石，不希望这一政治基础受到任何干扰和破坏。国台办发言人也明确表示，外交部负责人已就此表明了中方立场。台湾方面的小动作不可能改变台湾是中国一部分的地位，也不可能改变国际社会普遍承认一个中国的格局。我们坚持一个中国原则、反对“台独”的立场坚定不移，我们有坚定的意志、充分的信心、足够的能力遏制任何形式的“台独”，持续推进国家统一进程。5日，外交部发言人就此继续表态，称中方在北京和华盛顿已经向美国有关方面提出严正交涉。中方在台湾问题上的严正立场全世界都非常清楚。美方包括特朗普当选总统及其团队也很清楚中方在这一问题上的严正态度。同日，美国白宫发言人欧内斯特就此表示，奥巴马政府正与中国政府就此事进行接触，同时强调美国政府将继续坚持已经实行了40年的一个中国政策。

12月2日，根据美国外资投资委员会的建议，奥巴马颁布行政令，叫停中国福建宏芯投资基金收购德国半导体企业爱思强（Aixtron），理由是这笔7亿多美元的收购案被认为可能会对美国的国防安全造成影响。

12月4日，特朗普在推特上再次抨击中国汇率政策，此举表明他就职后将中国列为汇率操纵国的可能性增加。若中国被贴上汇率操纵国的标签，美国财政部需与中国启动双边谈判，敦促中国说明低估本币价值的原因，并且就美国总统针对此事采取行动的能力提醒中国。若一年后中国继续实施汇率“操纵”，那么惩罚程序将启动。美国会将上述争议提交至国际货币基金组织（IMF），同时要求美国的海外私人投资公司（OPIC）不予受理中国的任何项目。自1989年开始，国会已禁止OPIC经手任何在中国的业务，因此被列为利率操纵国并不会对中国产生实质性影响。

12月4日，美国当选副总统彭斯为特朗普与蔡英文通电话辩解，称此次通话只是“礼貌性的电话谈话”，通话要求由台湾方面提出，并非意味着美国政策的变化。

12 月 7 日，特朗普提名艾奥瓦州州长布兰斯塔德为新任驻华大使。布兰斯塔德 6 日与特朗普在纽约会晤并接受提名。布兰斯塔德今年 70 岁，是艾奥瓦政坛的“常青树”，也是美国历史上累计任职时间最长的州长，拥有逾 30 年与中国打交道的经验。1985 年，当时在河北正定县工作的习近平首次访问艾奥瓦州时与布兰斯塔德见面，此后两人在不同场合多次会面。美国媒体评论认为，委派“知华派”布兰斯塔德任驻华大使是一个聪明的战略性选择，表明新一届政府认可美中关系的重要性。中国外交部发言人陆慷就此称，布兰斯塔德先生是中国人民的老朋友，我们欢迎他为促进中美关系发挥更大作用。

12 月 7 日，中美在华盛顿举行第三次打击网络犯罪及相关事项高级别联合对话。国务委员、公安部部长郭声琨与美国司法部部长林奇、国土安全部部长约翰逊共同主持对话。双方回顾了首次对话以来取得的成果，充分肯定对话机制的重要性、必要性，就继续深化中美网络安全各领域合作达成诸多新共识。双方就推进打击网络犯罪、网络安全合作、完善热线联络机制、网络反恐合作、情报信息共享等达成广泛共识，取得积极成果，在落实两国元首达成的共识方面取得重要进展。双方提议 2017 年在中国举行第四次对话。8 日，郭声琨在美期间还会见了美国国家安全事务助理苏珊·赖斯等美方官员。

12 月 8 日，美国国会通过《2017 财年国防授权法案》。该法案首度把美国与台湾之间的高级军事将领与资深官员交流纳入其中。根据该法案规定，美台互动交流计划地点包括美国与台湾两地，高级军事将领指现役将官与挂阶人员，资深官员指任职于五角大厦的助理部长及更高阶官员。

12 月 8 日，当选总统特朗普在艾奥瓦州“答谢之旅”活动上，称中国必须从现在就开始遵守贸易规则，指责中国不是市场经济，美国近一半贸易逆差由中国导致，还指责中国盗窃知识产权，向美国公司不公平地征税，没有帮助遏制朝鲜，任意降低货币币值以及倾销产品。他介绍了新提名的驻华大使、艾奥瓦州州长特里．布兰斯塔德，称赞他将会是一个优秀的大使，能把就业带回美国。布兰斯塔德说他将自豪地接受这个新职务。

12 月 9 日，美中经济与安全审查委员会主席丹尼斯·谢伊（Dennis Shea）与副主席卡罗琳·巴塞洛缪在该报联合撰文，呼吁美国禁止中国国有企业在美收购。文章称，在美国国家安全和经济安全面临风险的情况下，美国必须限制外国在美投资。中国企业在关键领域的投资威胁到美国家安全和经济安全。中国政府引导下的一些企业希望获得美方的半导体、计算机云技术和航空等敏感技术，希望以此降低美国公司的竞争力，同时提高中国军队的能力。中国政府使用补贴等激励手段影响企业决定，从而达到政府的目标。

12 月 10 日，奥巴马政府宣布不承认中国市场经济地位。根据世界贸易组织（WTO）相关规定，WTO 其他成员国需要在中国入世 15 年过渡期满（即 2016 年 12 月）承认中国市场经济地位。12 月 9 日，当选总统特朗普在艾奥瓦州妄称，中国占美贸易赤字的一半、从不遵守贸易规则、获得太多“不公平”利益，将继续认定中国为非市场经济地位国家。

12 月 11 日，当选总统特朗普在接受美国福克斯电视台采访时称，美国不应被一个中国政策束缚手脚，尽管这项协议在过去 44 年里一直是美国与其最大对手外交关系的基础。他表示，明白包含台湾的一个中国原则，但不明白为何“必须受到一个中国政策的束缚”，“除非与中国达成一个必须涉及其他方面的协议，包括贸易”。他指责中国降低汇率，收取巨额关税，在南海的活动以及没有帮助美国遏制朝鲜。他称不会容许中国政府决定他能否接台湾领导人的电话。重申并不是他打的电话，那是“非常简短的通话，是为表示‘先生，恭喜你获胜’”。“为什么其他国家可以说我不能接一个电话？”“老实讲，我觉得不接那个电话真的会非常无礼。”

12 月 12 日，中国外交部和白宫就特朗普关于一个中国政策的说法做出回应。中国外交部发言人称，台湾问题事关中国的主权和领土完整，涉及中方核心利益。坚持一个中国原则是发展中美关系的政治基础。如果这一基础受到了干扰和破坏，中美关系的健康稳定发展以及两国在重要领域的合作就无从谈起。我们敦促美国新一届政府和领导人充分认识台湾问题的高度敏感性，继续坚持一个中国政策和中美三个联合公报的原则，慎重稳妥地处理台湾问题，以免中美关系的大局受到严重的干扰和损害。正在瑞士的中国外长王毅也表示，中方高度关注事态的发展。不管是蔡英文当局，还是世界上什么人、什么势力，如果试图破坏一个中国原则，损害中国核心利益，最终只能是搬起石头砸自己的脚。白宫和美国国务院同日也重申，美国政府坚定奉行一个中国政策，美国未把台湾和美台关系视为谈判筹码。台湾是美国的伙伴，奥巴马政府仍坚定信守一个中国政策，这也是美国历任两党政府都追求的政策，破坏这一政策可能对在中美拥有共同利益的领域进行合作带来破坏性后果。

12 月 12 日，奥巴马政府决定不承认中国的市场经济地位，称中国的市场经济地位不能自动取得，因为《议定书》中的其他反倾销条款仍然有效。美国商务部就此发表声明，称“美国对中国国家主导的经济中存在的严重不平衡仍然感到担忧，比如在钢铁和铝等产业中广泛存在的产能过剩，以及许多产业和部门中的国家所有制。”声明还称，中国还未按市场原则进行足够改革，因此美国将继续采用“另外”办法来计算倾销幅度。同日，中国对美国和欧盟在对中国产品的反倾销调查中使用“替代国”比对价格的做法，提出世界贸易组织争端解决机制下的磋商请求，正式启动世界贸易组织争端解决程序。

12 月 14 日，美军太平洋司令部司令哈里斯在澳大利亚智库“洛伊国际政策研究所”发表演讲，称如果中国在南海过分声索，那么美国会准备对抗中国。他还称，特朗普反对中国在南海的“扩张”，上任后美国对印度洋和亚太地区的安全承诺会继续下去，这一地区是“攸关美国未来的最为重要的地区”。中国外交部发言人耿爽就此回应称：“中国在南海问题上的立场非常明确，没有改变。当前，在中国和南海有关国家的共同努力下，南海局势正趋于稳定，向好的方向发展。我们希望美方能够恪守在南海主权争议问题上不持立场的承诺，尊重地区国家维护南海地区和平稳定的努力，多做有助于促进南海地区和平稳定的事情。”

12 月 15 日，美国国防部发表声明，要求中国立即归还美国无人潜航器。该声明称，美国海军“鲍迪奇”号海洋测量船的无人潜航器在菲律宾苏比克湾西北大约 93 公里处根据国际法进行例行测量活动并欲收回时，中国海军打捞救生船将其“非法劫走”。声明称，该水下潜航器属于一个收集海洋勘测数据的非保密项目，这些数据包括含盐度、温度和水中能见度等。该无人潜航器是“享有主权豁免权的美国政府财产”，要求“中国立即归还，根据国际法履行其一切义务”。美国政府已通过外交途径要求中方归还无人潜航器并保证这类行为不再发生。

12 月 16 日，奥巴马在白宫召开记者会，首次谈及特朗普与蔡英文通电话以及特朗普质疑一个中国政策后的影响。奥巴马表示，“美国、中国以及某种程度上与台湾之间有长期的协议”，即“不改变现状”，“这包括台湾人同意，只要他们能继续发挥某种程度的自主权，就不会宣布独立”。奥巴马警告特朗普不要在台湾议题上刺激中国，台湾问题对中国而言，与任何其他的核心议题一样重要，若颠覆一个中国政策，中国可能采取不同于南海这一美中间已高度紧张的议题的处理方式，特朗普需要清楚由此带来的后果。

12 月 19 日，美国防部发表声明，称中国已将无人潜航器归还美方。美国海军“马斯廷”号导弹驱逐舰接收了该无人潜航器。接受地点位于苏比克湾西北大约 50 海里的国际水域。美方称将继续调查围绕这起事件的相关事情，并且作为两国持续外交对话以及海上军事安全措施机制的一部分，将把发现的任何新结果和中方交涉。未来美方将继续在南中国海国际法所允许的任何地方展开飞行、航行和行动。中国外交部表示，美国经常派遣船只进入中国海域进行它所说的“侦查和军事监控”，这种行动是对中国主权和安全的一个威胁。中国国防部表示，中美双方进行“友好协商”之后，已顺利完成了无人潜航器转交工作。

12 月 21 日，特朗普任命彼得·纳瓦罗为新设立的白宫国家贸易委员会主任。纳瓦罗为美国加州大学尔湾分校保罗·梅拉吉商学院的经济学教授，对中国态度强硬。他认为中国是造成美国制造业就业岗位大规模流失的主因，并认定中国操控货币；中国发展军力的目的是把美国赶出亚太，台湾、朝核等问题可能触发中美冲突。2015 年出版《卧虎：中国的军国主义对于世界意味着什么》、2011 年和安一鸣（Greg Autry）共同出版《致命中国：号召全球行动对抗“中国龙”》、2006 年出版《即将到来的对中国的战争：战争会在何处爆发及如何打赢》。

12 月 23 日，奥巴马签署《波特曼—墨菲反宣传法案》（Portman-Murphy Counter-Propaganda Bill）。根据该法，美国国防部将在 2017 年获得额外预算，专门建立一个反宣传中心，对抗外国对美国的宣传。参议员波特曼和墨菲（Chris Murphy）称该《反宣传法》的目的是帮助美国和盟国反制来自如俄罗斯和中国等外国政府的政治宣传。

12 月 24 日，奥巴马签署《2017 财政年度国防授权法》。为美国 2017 财年国防事业拨款 6187 亿美元。该法多项修正案涉及中国，其中第 1284 节提到：国会认为，五角大楼应推动美、台间高阶军事将领及资深国防官员交流，以改进双方的军事关系与防务合作。其他修正案还包括：要求国防部在年度中国军力报告中增加中国反舰弹道导弹、战区弹道导弹和陆基巡航导弹的数量，中国在南中国海的军事和非军事活动等内容。该法案中还包括“反虚假情报和宣传”的内容，每年将有 8000 万美元预算用于成立一个基金，以培训记者并为非政府组织、公民社会组织、智库和专门揭露其他国家虚假情报散播活动的私人企业提供合约与拨款。观察人士说，该条款将有可能成为对抗中国的工具。中国外交部发言人华春莹表示，美方上述法案涉台内容尽管不具法律约束力，但严重违反中美三个联合公报原则，干涉中国内政，中方完全不能接受。

第三编

中美关系重要文献

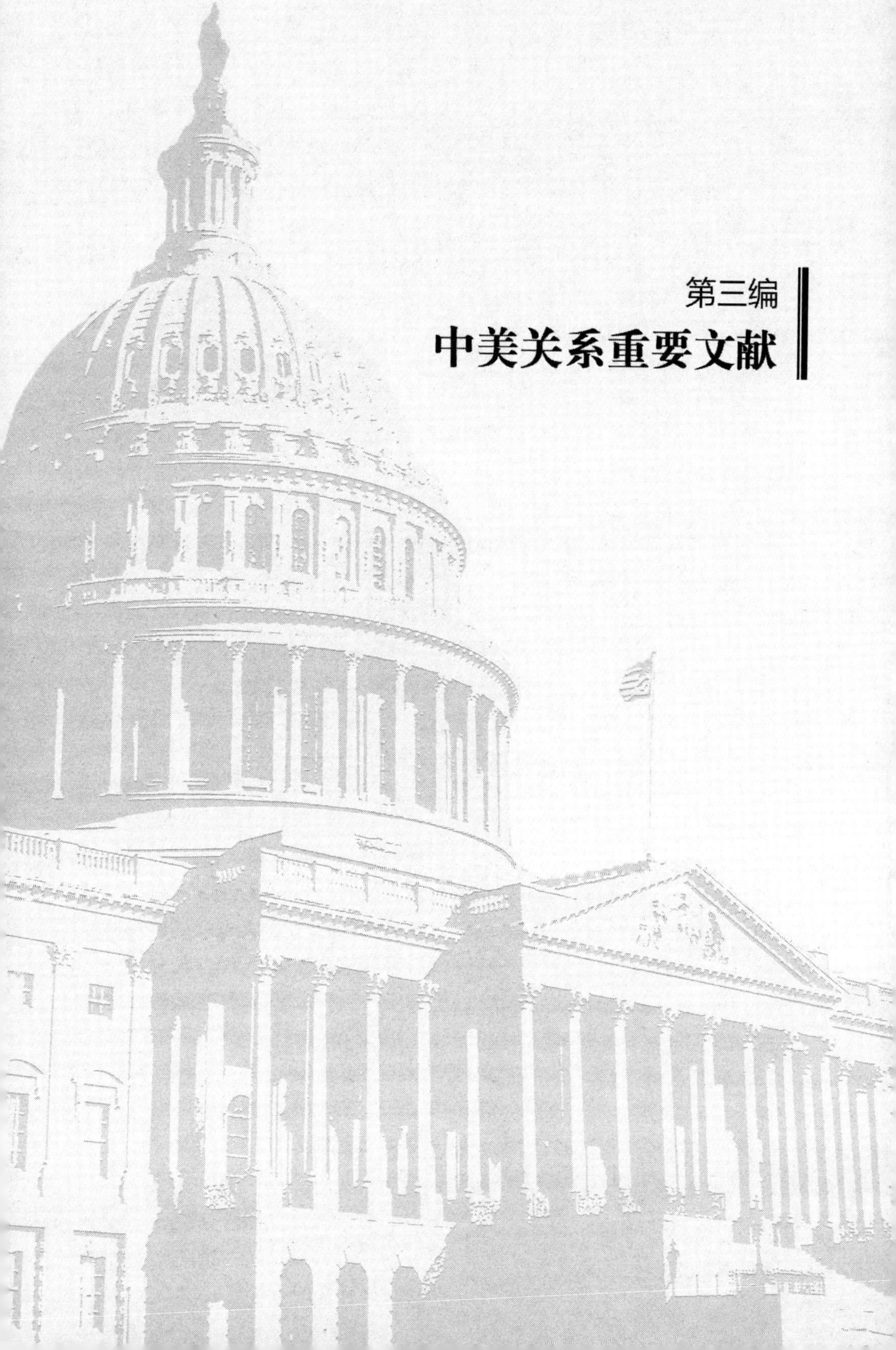

中美元首杭州会晤中方成果清单

《人民日报》2016.09.05 第21版

2016年9月3日，国家主席习近平与来华出席二十国集团（G20）领导人杭州峰会的美国总统贝拉克·奥巴马举行会晤。双方围绕中美关系以及共同关心的重大国际地区和全球性问题进行了深入、坦诚和建设性交流，达成了一系列重要共识。据外交部官员介绍，双方在会晤中达成的主要共识和成果如下：

1. 中美新型大国关系：双方积极评价自2013年6月两国元首安纳伯格庄园会晤以来中美新型大国关系建设取得的重要进展，同意按照两国元首达成的共识继续共同努力构建这一关系。双方将保持密切高层沟通和机制性对话，不断增进战略互信，深化在双边、地区、全球层面的协调与合作，同时以建设性方式管控分歧和敏感问题，推动中美关系持续健康稳定发展。

2. 宏观经济：中美双方认识到，中美两国经济紧密交融，本国的经济发展与对方国家的繁荣高度相关。为两国经济奠定强劲和可持续增长基础的政策对提高中美两国人民的生活水平至关重要，对世界也有着积极影响。为此：

（1）中美双方承诺采取包括货币、财政和结构性政策在内的所有政策工具提振信心和促进增长。货币政策将继续支持经济活动和确保价格稳定，并与央行的授权相一致，但仅靠货币政策无法实现平衡增长。应灵活运用财政政策以促进增长、创造就业和提高居民需求，并支持结构性改革的实施。

（2）中美双方共同重申在G20达成的关于汇率的承诺，包括将避免竞争性贬值和不以竞争性的目的来盯住汇率。中方将继续有序向市场化汇率转型，强化汇率双向浮动弹性。中方强调人民币不存在持续贬值的基础。双方认识到清晰地进行政策沟通的重要性。

(3) 美方欢迎中方在经济改革特别是供给侧结构性改革方面做出的承诺和已经取得的进展，包括增强消费拉动经济增长的基础性作用。中方致力于坚定不移地推进供给侧结构性改革，重点推动去产能、去库存、去杠杆、降成本和补短板，使中国经济发展更加可持续。中方将兼顾经济稳定增长和结构调整，通过增加居民消费、提高服务业占 GDP 的比例、确保高质量并由私人部门驱动的投资以扩大国内需求。中方将继续简政放权和转变政府职能，继续推进金融领域改革，使市场在信贷配置过程中进一步发挥决定性作用，进一步放开服务业竞争，强化社会安全保障网。

(4) 美方致力于继续推动以更高的国内投资特别是基础设施投资和国民储蓄为特点的强劲、可持续和平衡增长。同时，美国政府继续将扩大受教育机会、改革移民制度以及提高劳动参与率和生产率等相关政策作为工作重点。

(5) 中国的财政政策在扩大内需和支持结构性改革方面发挥了作用，相关措施包括降税清费，设立专项资金为下岗职工提供支持，阶段性降低社保缴费率，加强地方政府债务管理防范风险，大力支持扶贫、生态环保等经济社会领域薄弱环节发展等。在上述措施的基础上，中方将继续实施积极财政政策，支持结构性改革并适度扩大总需求。

(6) 美方认识到预算程序可预见性的重要性，以及财政预算不确定性可能对美国及全球经济产生的影响。美方致力于在中期内实现政府财政的可持续性。

(7) 中方认识到，供给侧结构性改革的目的之一是企业去杠杆以及应对相关的银行业挑战。在现有进展的基础上，中方将根据一个全面的战略，深化供给侧结构性改革包括国企改革，充分发挥市场和法律机制的作用，化解企业债务问题，包括国有企业债务。

(8) 鉴于相关改革将对中国乃至全球经济产生的巨大影响，中方重申相关承诺，将进一步改善经济和金融政策的透明度以及经济活动数据的可获得性，从而使世界范围的监管者、政策制定者、企业和投资者更好地进行理解。

3. 工业领域结构性改革：中美双方认识到全球经济复苏缓慢和市场需求低迷使得包括一些行业产能过剩在内的结构性问题更加严重，这些问题对贸易和工人产生了负面影响。中美双方认识到，钢铁和其他行业产能过剩是一个全球性问题，需要集体应对。双方也认识到，政府或政府支持的机构提供的补贴和其他类型的支持可能导致市场扭曲和造成全球产能过剩问题，因此需要予以关注。中美双方承诺加强沟通与合作，致力于采取有效措施应对有关挑战，以加强市场功能和鼓励调整。为此目的，中美双方对可能建立的一个全球论坛表示欢迎。该论坛由 G20 成员和感兴趣的经合组织（OECD）成员积极参加，将其作为交流和分享全球产能动态、政府政策与支持措施信息的合作平台，由 OECD 秘书处提供协助。

美方欢迎中方推进以去产能为目标之一的供给侧结构性改革。中美双方认识到，由于全球经济复苏缓慢和市场需求低迷，电解铝行业产能过剩增加，成为全球性问题，需要集体应对。中美双方将共同努力，应对全球电解铝产能过剩问题。

中美双方认识到建立和完善公正的破产制度和机制的重要性。中方高度重视运用兼并重组和破产重整、破产和解、破产清算制度和机制依法解决产能过剩问题。在解决产能过剩问题过程中，中方将通过继续建立专门的破产审判庭、不断完善破产管理人制度以及运用信息化手段等方式推进破产法的实施。中美双方承诺最早从 2016 年开始，以论坛或互访等方式定期和不定期地就双方各自破产法的实施进行沟通和交流。

4. 全球经济治理：中美双方继续致力于支持能够与全球的现实、挑战和机遇共同演进的、包容和有弹性的国际经济体系，包括推动现有和新的国际金融机构开展全方位合作。与 2015 年 9 月份双方达成的承诺相一致，中美双方还共同承诺支持和进一步完善现有的、新的和未来的国际金融机构在治理、环保和社会领域的高标准。为此：

（1）双方支持以强劲的、以份额为基础的、资源充足的国际货币基金组织（IMF）为核心的全球金融安全网。双方支持维护 IMF 的现有贷款能力。双方欢迎 2010 年 IMF 份额和治理改革的落实并致力于在 2017 年年会前完成第十五次份额总检查。双方重申，份额调整应提高有活力的经济体的份额占比，以反映其在世界经济中的相对地位，因此可能的结果是新兴市场和发展中国家的份额占比整体提高。

（2）美方支持 IMF 将人民币在 10 月 1 日纳入 SDR 货币篮子的决定。双方支持对扩大 SDR 的使用进行研究及探索相关举措，包括更广泛地发布以 SDR 作为报告货币的财务和统计数据，以及发行 SDR 计价债券。

（3）中美双方重申按照世界银行理事会同意的路线图和时间表就世界银行股权审议进行合作的重要性。美方赞赏中方在亚洲发展基金第十二轮增资中增加捐资。美方欢迎中方有意义地增加对国际开发协会和非洲发展基金2016年捐资的意愿。

（4）中美双方将在国际金融组织的协助下共同支持发展中国家的经济发展。

（5）中美双方重申巴黎俱乐部作为官方双边债务重组主要国际平台的作用和讨论一系列主权债务问题，并认为巴黎俱乐部应适应官方融资的发展趋势，包括将其成员范围扩大到新兴债权人。中方将继续常态性参与巴黎俱乐部，发挥更具建设性的作用，包括进一步讨论潜在的成员身份问题。

（6）中美双方支持将加强的合同条款纳入主权债券中的努力。

（7）我们欢迎中美双方完成G20框架下化石燃料补贴同行审议报告，并赞赏已完成的和将进行的关于有效使用化石燃料和减少导致气候变化的温室气体排放的改革的积极作用。

5. 创新政策：中美双方认为，创新是发展经济、创造就业及共享繁荣的关键动力，创新在制定解决国内、国际和社会挑战方案方面发挥着至关重要的作用。双方进一步认识到，中美开展贸易、营商及合力创新的能力，有助于促进两国人民的福祉并推动全球经济增长。

作为追求上述共同目标的伙伴，并考虑到中美合作对双边关系日益重要，中美双方认识到，制定和支持适当法律、法规和政策框架对培育健康的创新生态体系非常重要。相关创新体系的特征应包括对基础科学和研发的强力投资、企业的深度参与和各自政策制定和执行的透明度。中美双方承诺其各自的创新政策将与非歧视原则保持一致。中美双方确认发展和保护包括商业秘密在内的知识产权的重要性，并承诺不推进将转让知识产权或技术作为在各自市场开展业务的前提条件的一般适用政策或实践。

（1）中美双方认识到，政府对促进国内外企业之间公平竞争有重要作用，产品和服务定价等领域的开放和竞争性的市场对促进创新发挥着重要作用。

（2）中美双方认识到对知识产权的有效和平衡保护将有益于促进创新。双方将继续就相关政策进行沟通和交流，包括保护创新者不受恶意诉讼。

（3）双方确认，获取广泛的全球产品、服务和技术解决方案通常将促进商业企业的创新能力和竞争力。

（4）鉴于相互连接的全球数字基础设施的重要性、创新型技术的价值以及技术用户的安全关切，双方承诺，与世界贸易组织（WTO）协定相一致，各自国家在商业领域的通用信息通信技术安全相关的措施：应以非歧视方式对待技术；将不会不必要地限制或阻止外国信息通信技术产品或服务供应商的商业销售机会；应仅用于小范围，考虑国际规范，非歧视，且不对商业机构在购买、销售或使用相关产品方面设置不必要的基于国别的条件或限制。

6. 双边投资协定：中美双方确认双边投资协定谈判取得重大成果。谈判旨在达成一项高水平的协定，实现双方创建非歧视、透明、开放的投资体制的共同目标。双方于近期交换的第三次负面清单改进出价体现了重大进展，并在谈判各方面取得了新的成果。中美双方承诺将进一步推进谈判，以达成一项互利共赢、高水平的协定。

7. 中美商贸联委会：双方高度重视中美商贸联委会对促进中美双边经贸关系、扩大双边互利合作和高层政策对话所发挥的重要作用，并承诺继续在中美商贸联委会框架下就两国政府和利益相关者共同关注的问题保持沟通与对话，努力寻求符合双方利益的解决方案，共同致力于第二十七届中美商贸联委会成功举行。

8. 地方经贸合作：中美双方认识到中美省州和城市间经贸合作对促进双边贸易和投资的重要作用，将进一步落实两国政府在第二十六届中美商贸联委会期间签署的《中华人民共和国商务部和美利坚合众国商务部关于建立促进中美地方贸易投资合作框架的谅解备忘录》，通过中国商务部、中国驻美使领馆和美国商务部、美国驻华使领馆，以及其他利益相关方，加强双方信息沟通和协调，以适当的方式，共同支持谅解备忘录框架下的贸易和投资团组互访和相关促进活动。

9. 政府和社会资本合作（PPP）：中美双方承诺向各自的地方政府宣传推广政府和社会资本合作（PPP）模式的最佳实践，并进一步加强在公共服务设施投资和运营领域的交流与信息共享。

10. 出口管制：美方重申，继续促进和便利商用高技术产品对华民用最终用户和民用最终用途出口。双方重申，继续通过中美高技术与战略贸易工作组深入并详细讨论共同关心的出口管制问题。

11. 多边贸易体制：中美双方重申 WTO 在当今全球经济的中心地位，并承诺在 WTO 事务中加强沟通与协调。双方继续致力于优先推动多哈发展议程剩余议题的谈判，并坚定地共同维护和加强多边贸易体制。双方还注意到，各个区域贸易协定中涉及的和 G20 工商界提出的一系列议题，也许对当前全球经济具有共同利益和重要性，因此可成为 WTO 讨论的合理议题，但不对各自在未来谈判中的可能立场进行预判。

12. 航空合作：认识到一个高效的航空系统对安全运输人员与货物的重要性，以及航空运输在整体经济发展中所扮演的战略角色，中美双方承诺采取各自和联合的步骤来应对航空运输系统的挑战。中美航空合作应基于互惠互利和2016年6月中美战略与经济对话所确立的全政府方式。双方承诺在以下领域加强交流与合作：

（1）双方认识到安全监管和经济监管在航空运输发展方面的重要性，并承诺通过民航当局采取行动，在上述领域开拓和强化合作。

（2）在现有中美两国民航合作基础上，双方承诺在美国贸发署提供的技术援助下，重点就包括提高民航效率、通用航空发展等双方感兴趣的议题进行沟通并探讨合作。

13. 两军关系：双方重申共同致力于落实两国两军领导人共识，加强战略对话，深化务实合作，强化风险管控，避免意外事件，推动中美军事关系持续顺利发展。双方强调两军务实合作对提升两军互信、扩大共同利益具有积极意义，同意在人道主义救援减灾、反海盗、搜救、军事医学、联合国维和等领域继续深化交流和合作。双方将继续办好两军人道主义救援减灾联合实兵演练和研讨交流，并就建立联合参谋部门对话机制开展磋商。双方同意就国际反恐问题进一步交换意见。两军卫勤部门将于2017年首次在中国举办中美军医针灸专家交流，并于2018年在中国联合举办亚太军事医学会议。中方将应美方邀请派员赴美参加潜艇救援领域双边研讨会。

双方重申积极严格落实两国国防部签署的两个互信机制备忘录，即“重大军事行动相互通报机制”和“海空相遇安全行为准则”。双方同意在中国海军军舰2016年内访美时举行以熟练运用海空相遇安全行为准则为主题的联合演练和研讨活动。

14. 网络安全：双方均认为，中美在网络领域拥有共同利益和责任。双方重申2015年9月习近平主席访美期间两国元首达成的共识，同意继续加强两国在这一领域的合作，携手应对挑战。双方高度评价2016年6月第二次中美打击网络犯罪及相关事项高级别联合对话的成果，决定于12月在华盛顿举行第三次中美打击网络犯罪及相关事项高级别联合对话。双方充分肯定2016年8月举行的网络安全保护研讨会成果，决定如期于10月举行针对不正当使用技术和通讯帮助暴力恐怖活动研讨会。双方肯定中美网络空间国际规则高级别专家组首次会议的价值，决定在2016年内举行第二次高级别专家组会议。

15. 执法合作：双方积极评价两国近年来在执法领域的合作成果，同意继续发挥好中美执法合作联合联络小组（JLG）作为两国执法合作主渠道的作用，进一步深化并加强在遣返逃犯、追缴犯罪资产等方面的执法合作。双方将就承认与执行没收判决事宜举行磋商，争取达成适当安排。双方同意于2016年秋天在中国举行中美JLG第十四次全体会议。中国公安部与美国国土安全部将于2016年12月在华盛顿举行部级会晤。双方决定深化并加强禁毒领域执法合作，同意定期交换合成毒品及其类似物列管清单，共同应对新型毒品挑战。

16. 反腐败与追逃追赃：双方积极评价近年来两国反腐败和追逃追赃领域务实合作取得的重要成果，决定加强两国反腐败和执法部门间的信息交流和个案合作，深化务实合作；重申将发挥JLG反腐败工作组的主渠道作用，积极探索提升合作效率、扩大合作效应的方式方法。中方赞赏美方在重点案件上给予的协助与配合。双方将继续就包机遣返逃犯和非法移民开展合作。双方同意进一步加大反洗钱和返还腐败资产合作，共同落实好《关于反洗钱和反恐怖融资信息交流合作谅解备忘录》等文件，商谈相互承认和执行没收事宜以及资产分享协议。双方同意商谈制定劝返程序。

双方支持G20领导人峰会通过《反腐追逃追赃高级原则》并决定在中国设立追逃追赃研究中心，承诺将共同推动落实《二十国集团2017—2018年反腐败行动计划》。双方将进一步加强《联合国反腐败公约》、G20和亚太经合组织（APEC）等多边框架下的反腐败合作，不为腐败分子和腐败资金提供“避风港”，包括继续落实APEC《北京反腐败宣言》，支持APEC反腐败执法合作网络的工作。双方决定于2016年年底前举行中美JLG反腐败工作组第十一次会议。

17. 反恐合作：双方均认为，恐怖主义对国际和地区稳定与安全的威胁进一步上升，中美加强反恐领域合作的必要性、紧迫性增强。双方重申反对一切形式的恐怖主义，呼吁国际社会按照《联合国宪章》和国际关系基本准则，积极开展反恐国际合作，有力打击恐怖主义。双方同意本着相互尊重、平等合作原则，加强在反恐情报信息交流、打击网络恐怖主义、防范外国恐怖作战分子跨境流窜、反恐怖融资、去极端化等具体领域务实合作。美方根据美13224号行政令将“东伊运”列为恐怖组织并支持将该组织列入联合国1267委员会综合制裁清单，中方对此表示赞赏。

双方决定于2016年晚些时候在华盛顿举行中美第三轮副外长级反恐磋商及第二次中美打击简易爆炸装置问题研讨会。

18. 海警合作：双方强调加强中美海警部门在人员往来、舰船互访、情报信息交换及共同打击海上违法犯罪等方面开展合作的重要性，同意共同努力，以便早日签署《中美海警海上执法合作备忘录》。双方还积极评价《中美海警海上相遇安全行为准则》第二轮专家磋商取得的进展，确认在改善舰舰相遇安全、有效履行海上执法职责、维护海洋秩序等方面拥有共同利益和目标，同意继续推进有关磋商，争取尽早达成《准则》。

19. 人文交流：双方充分肯定加强两国人文交流对增进彼此相互了解和友谊的重要作用，同意继续推动和落实好有关交流合作项目。中国国家旅游局和美国商务部将继续共同推进中美旅游高层对话、中美旅游年闭幕式暨5000名中国游客访美大型交流活动等中美旅游年各项活动。双方重申对中美共建中国园项目的支持，拟于2016年10月30日前在华盛顿举行开工建设仪式。双方商定将于2016年9月至10月在美国加利福尼亚州和华盛顿州多个城市举办第三届“跨越太平洋—中国艺术节”系列活动。2017年3月至7月，中国国家文物局和纽约大都会艺术博物馆将在纽约合作举办《秦汉文明展》。

20. 地方合作：双方积极评价近年来中美地方交流与合作取得的重要进展，支持双方有关部门和地方省州进一步扩大合作。中国人民对外友好协会、中国国家卫生计生委和美国国际姐妹城协会将于2016年11月18日至19日在中国江西省南昌市共同举办第三届中美友城大会。届时，中美两国地方政府领导和各界代表将围绕建设健康城市交流经验、规划未来。中国人民对外友好协会和美国全国州长协会将于2017年在中国四川省成都市共同举办第四届中美省州长论坛。中国人民对外友好协会和美国州立法领袖基金会将于2017年在中国湖北省武汉市举办第二届中美省州立法机关合作论坛。

中美确认两国对地方政府间合作的承诺，并宣布启动一项促进城市治理的新项目。该项目将由中国人民对外友好协会和美国全国城市联盟牵头，美国国务院、美国住房和城市发展部以及中美两国其他相关机构予以支持。该项目计划举行涉及环境可持续的城市规划、发展健康社区、政府信息公开、公共参与等相关治理议题的交流活动和研讨会。首次交流活动计划于2017年初在美国举办。

21. 中美在亚太互动：双方强调，中美两国都是亚太地区的重要国家，对维护本地区的和平、稳定和繁荣拥有广泛共同利益，负有共同责任。双方将继续坚持包容合作，妥善管控分歧。双方决定协调推进区域经济一体化，同意加强在亚太经合组织、东亚峰会和东盟地区论坛等地区多边机制框架内的沟通与协调，并开展好同第三方的合作项目。

22. 阿富汗问题：双方认识到一个和平、稳定、发展的阿富汗符合中美两国的共同利益。双方赞赏阿富汗和平重建与发展取得的积极进展，将继续为阿富汗提供力所能及的帮助，并通过各自渠道帮助阿富汗加强反恐能力建设。双方同意在阿巴中美四方协调组等机制下，为推进“阿人主导、阿人所有”的和解进程做出切实努力。双方将继续举办联合培训阿富汗人员项目，并同阿政府密切协商，将现有的联合加强阿富汗政府能力建设合作拓展到防灾减灾领域。双方宣布将参加 2016 年 10 月举行的阿富汗问题布鲁塞尔会议，并预祝会议取得成功。

23. 叙利亚问题：双方重申致力于通过政治和外交途径解决叙利亚问题，强调应严格落实联合国安理会相关决议要求，支持联合国发挥斡旋主渠道作用，支持通过“叙人主导、叙人所有”的政治进程尽快恢复叙利亚和平与稳定。

24. 南苏丹问题：双方积极评价近年来两国在南苏丹问题上的良好沟通和协调，对南苏丹当前局势表示关切，呼吁南苏丹各方立即停火止暴，重新回到落实《解决南苏丹冲突协议》正确轨道上来。双方强调继续支持东非政府间发展组织（伊加特）在南苏丹和平进程中发挥的主导作用。双方一致认为国际合作伙伴在南苏丹的合法权益应当受到尊重和保护，呼吁国际社会继续向南苏丹人民提供人道援助。

25. 伊拉克问题：中美两国重申，维护伊拉克的稳定符合彼此的共同利益，双方支持伊拉克政府为推进改革、打击恐怖主义所作努力。中美双方对伊人道主义状况表示担忧，愿向伊方提供更多援助并加强协调。

26. 联合国事务：双方重申支持联合国作为最具普遍性的多边国际组织在国际事务中发挥重要作用，同意加强在联合国及相关机构内的沟通与协调，维护和加强联合国在维护和平与安全、促进发展方面的有效性。

27. 二十国集团领导人峰会：美方重申支持中方作为主席国主办一届成功的 G20 领导人杭州峰会，支持 G20 作为国际经济合作主要论坛地位。双方同意继续密切合作，与有关各方积极落实杭州峰会的成果，推动世界经济强劲、可持续、平衡和包容增长。

28. 气候变化：习近平主席和奥巴马总统推动中美在引领全球应对气

候变化方面建立了历史性的伙伴关系。气候变化合作已经成为中美双边关系的一大支柱。中美两国向联合国秘书长潘基文交存各自参加《巴黎协定》的法律文书，为推动《巴黎协定》尽早生效作出了重大贡献。双方将共同努力并与其他各方一道推动《巴黎协定》后续谈判，并在相关多边场合推动于今年取得积极成果。双方致力于落实关于气候变化问题的三份元首气候变化联合声明，继续采取有力度的国内行动，以进一步推动国内和国际两个层面向绿色、低碳和气候适应型经济转型，并将不断深化和拓展中美双边气候变化合作。双方另行发布了题为《中美气候变化合作成果》的文件。

29. 发展合作：2016 年，中美在受援国提出、受援国同意、受援国主导的合作原则下，自 2015 年签署一份旨在为帮助实现我们包括消除贫穷与饥饿、推动可持续发展及实施 2030 年可持续发展议程在内的共同发展目标提供便于沟通和合作框架的谅解备忘录之后，加强了发展合作。2016 年 4 月，中美举行了首次中美发展合作年度会议。

非洲疾病预防控制中心（非洲疾控中心）：中美重申一项与非盟及其成员国推动非洲疾控中心和持续支持非洲疾控中心的承诺。双方承诺相关政府部门合作伙伴在 2016 年底前完成一份谅解备忘录，进一步推动中美合作支持非洲疾控中心取得成功。双方也愿与非盟合作，支持非洲疾控中心的规划和运营，与非洲疾控中心协作规划活动的实施，加强技术能力，共同开展公共卫生培训和提高非洲公共卫生专家能力。双方承诺加强中国、非洲和美国卫生专家在疾病预防控制领域的交流和合作，分享各自经验。

全球卫生和全球卫生安全：中美重申他们加强公共卫生和全球卫生安全具体合作的决定。双方决定向全球抗击艾滋病、结核病和疟疾基金继续作出贡献并加强支持，参加 2016 年 9 月 16 日召开的第五次增资会议。双方重申他们对推动实施“世界卫生组织国际卫生条例”的支持。双方也鼓励自愿参与世界卫生组织联合外部评估。双方重申他们在“世界卫生组织国际卫生条例”框架下支持全球卫生安全议程目标的承诺。两国愿加强抗菌素耐药性和其他关切的合作。两国决定加强非洲国家公共卫生能力，包括通过现场流行病学和实验室系统等领域的培训在塞拉利昂和利比里亚继续开展后埃博拉合作，应对如黄热病暴发等卫生紧急状况。

粮食安全和营养：中美重申他们对非盟“非洲农业综合发展计划”的支持，以实现该计划在整个非洲大陆推动粮食安全的目标。两国也决定在非洲探讨气候智慧型农业合作。

人道主义救援和灾害应对：中美重申他们支持受厄尔尼诺和拉尼娜相关气候灾害影响国家的承诺。双方决定向包括通过世界粮食计划署在内的支持非洲之角干旱受灾国家的机制增加资源贡献。双方重申他们继续通过“联合国国际搜索和救援咨询团”开展搜救能力建设合作的承诺。

多边机构：中美愿继续他们与国际机构的合作，以应对关键性的全球发展挑战。

清洁能源合作：双方愿在中国商务部与美国国际发展署发展合作年度会议框架下探讨在一个第三国开展清洁能源合作的可能性。

30. 维和合作：双方重申加强联合国维和行动的重要性，共同承诺就非洲第三国出兵、出警能力建设开展协调。双方期待继续就这一问题交换意见。中方宣布，愿结合8000人维和待命部队建设进展，使其中部分部队达到60天快速部署等级。

31. 难民问题：两国对全球范围内日益增长的难民数量表示严重关切。中方赞赏美方举办难民峰会，并将为保护和帮助难民宣布新的捐助。美方欢迎中方将为支持联合国应对难民问题的努力宣布新的捐助。

32. 外空安全：双方认识到，空间碎片对卫星和载人航天器可能产生灾难性后果，由于各国日益依赖基于外空的能力，产生空间碎片将对所有国家造成严重影响。中美作为联合国安理会常任理事国和外空大国，致力于通过加强合作，应对共同面临的空间碎片威胁，并促进国际社会就此开展合作。双方同意在2016年5月举行的首次外空安全对话基础上，进一步努力，以不断扩大共识，于2016年年底前举行第二次中美外空安全对话。

33. 打击野生动植物非法交易：双方同意加强打击野生动植物非法交易合作，重申2015年习近平主席访美期间和第八轮中美战略与经济对话关于打击野生动植物非法交易做出的承诺，加强象牙贸易管控，开展执法交流与合作，打击非法野生动植物网上交易，鼓励在国际公约准则下加强与其他国家合作，综合施策，全面打击野生动植物非法交易。

34. 海洋合作：双方承诺与其他有关各方一道，朝着于2016年年底前出台一项旨在防止在北冰洋公海海域进行不受监管的商业捕捞活动的文书而努力。为进一步推进中美在极地与海洋事务上的合作，双方决定签署谅解备忘录，推进两国在南北极开展科技等相关领域的互利合作。双方计划于2017年在美国举行第八轮海洋法和极地事务对话。

35. 民用核安全合作：双方致力于深化两国核安全合作，共同为提高全球核安全水平和促进核不扩散做出贡献。双方已就核安全问题举行了首次年度双边对话，并在核安全峰会期间发表了《核安全合作联合声明》。双方满意地注意到，核安保示范中心已投入运行、加纳微型中子源反应堆改造取得重要进展，将努力尽快完成加纳微堆改造，并继续与国际原子能机构合作，尽早启动尼日利亚微堆改造。双方满意地注意到 2015 年举行的中美核责任问题研讨会，愿继续加强在核责任领域的沟通和交流。

第八轮中美战略与经济对话框架下战略对话具体成果清单

（北京，2016 年 6 月 7 日）

2016 年 6 月 6 日至 7 日在北京举行的第八轮中美战略与经济对话期间，中国国家主席习近平的特别代表国务委员杨洁篪与美国总统贝拉克·奥巴马的特别代表国务卿约翰·克里共同主持了战略对话，两国政府有关部门负责人参加。双方就重大双边、地区和全球性问题深入交换意见，并就以下各项成果达成一致。中美双方：

一、双边合作

1. 高层交往：积极评价近年来中美关系取得的进展。双方决定继续按照两国元首达成的共识，拓展合作，缩小分歧，推进中美新型大国关系建设。双方积极评价中美元首在第四届核安全峰会期间会晤取得的成果。两国元首期待在二十国集团杭州峰会期间会晤，重申希望杭州峰会取得成功。双方将保持高层交往，继续用好中美战略与经济对话、中美人文交流高层磋商、中美商贸联委会、中美打击网络犯罪及相关事项高级别联合对话等富有成效的机制。双方将就双边、地区和全球性问题保持密切沟通，推动取得新的务实成果，造福两国和世界人民。

2. 两军关系：重申共同致力于落实两国两军领导人共识，加强风险管控措施和共同感兴趣领域的务实合作，推进两国国防部门就发展两军关系达成的成果。双方将就国际恐怖组织对和平与安全造成的威胁交换意见。两国海军决定致力于就结合海军军舰互访开展实质性演习达成一致，提升双方在应对自然灾害或反海盗行动中的合作。深化两军在人道主义救援减灾、联合国维和、反海盗、军事医学、军事档案等领域的合作。中方欢迎美国国防部长卡特年内访华，卡特部长期待此次访华之行。2016 年在华举行两军人道主义救援减灾联合实兵演练和研讨交流，中方赴美参加“环太平洋 – 2016”联合演习。

3. 互信机制：重申积极落实两国国防部于 2014 年签署的两个互信机制备忘录，即重大军事行动相互通报机制和海空相遇安全行为准则。2015 年，双方在此基础上充实完善，增加了空空相遇安全行为准则和军事危机通报两个附件。上述备忘录和附件充分展现中美双方致力于通过持续、实质性接触降低风险、提升行动安全和管控分歧。2016 年，双方将继续完善两军互信机制建设，结合两国海军军舰互访举行熟练运用《海空相遇安全行为准则》联合演练，并就在重大军事行动相互通报机制框架下讨论新增附件保持协调，包括弹道导弹发射相互通报附件。

4. 战略安全对话：于 2016 年 6 月 5 日举行了第六次中美战略安全对话，就战略安全议题进行了坦诚、建设性讨论。此次对话由中国外交部副部长张业遂和美国常务副国务卿布林肯共同主持。中央军委联合参谋部参谋长助理马宜明、美国助理国防部长施大伟以及两国军队和其他文职高级官员参加。双方认为对话有助于增进彼此在战略安全议题上的相互理解和信任，决定继续保持深入、持久和开放的沟通，以进一步巩固中美稳定、合作的战略安全关系。双方决定在 2017 年 1 月之前举行战略安全对话会间会，并在下一轮中美战略与经济对话前夕举行下一次中美战略安全对话。

5. 网络安全：欢迎去年 9 月习近平主席访美期间两国元首就网络问题达成的共识。欢迎去年 12 月中美首次打击网络犯罪及相关事项高级别联合对话的成果，决定在此基础上继续实施打击网络犯罪及相关事项的指导原则，合作打击包括黑客攻击在内的恶意网络行为。两国重申不得从事或者在知情情况下支持网络窃取知识产权，包括贸易秘密以及其他机密商业信息，以使其企业或商业行业在竞争中处于有利地位。肯定中美网络空间国际规则高级别专家组首次会议的价值，双方在会议上就网络空间国际规则及相关事项开展了建设性、深入、富有成果的讨论，决定继续就相关问题开展讨论，寻求共识。双方决定在半年内举行下次高级别专家组会议。期待计划于 6 月 14 日在北京举行的第二次中美打击网络犯罪及相关事项高级别联合对话取得成功。

6. 防扩散合作：欢迎 5 月 16 日在北京举行的中美防扩散联合工作组第二次会议，会上双方就一系列防扩散问题交换了意见，评估了国际防扩散形势，认识到加强双边合作的重要性并决定继续就事关彼此关切的问题保持沟通。双方决定通过在这一问题上坦诚、经常性的沟通来努力建立互信。决定通过务实方式来管控分歧并采取措施以维护国际防扩散体系。双方决定明年适时在华盛顿举行中美防扩散联合工作组第三次会议。

7. 反腐败和打击跨国贿赂：重申通过中美执法合作联合联络小组反腐败工作组这一主渠道开展双边反腐败合作，决定共同筹备好将于2016年秋季召开的工作组第11次会议。双方决定深化在预防公共腐败和打击跨国贿赂、查找腐败公款、拒绝成为犯罪分子及其资产的避风港、资产返还等领域的合作。双方重申公开各自关于打击跨国贿赂的法规和起诉跨国贿赂案件的重要性。中方承诺考虑在不远的将来加入经济合作与发展组织反贿赂工作组，并将与该工作组于2016年下半年联合举办关于《反贿赂公约》和打击跨国贿赂的圆桌会议，美方对此表示欢迎。

8. 二十国集团和亚太经合组织框架下的反腐败合作：中方赞赏美方对2016年中方担任二十国集团反腐败工作组主席的支持。中美决定与其他代表团共同推动二十国集团反腐败行动计划的通过，安排工作组今后两年的工作方向。两国还决定，与其他二十国集团合作方共同推动通过《二十国集团反腐败追逃追赃高级原则》，以及在北京设立该领域的研究中心。双方重申二十国集团关于打击跨国贿赂的承诺，包括落实二十国集团在该领域的原则。双方将强化在亚太经合组织框架下的反腐败合作，包括落实2014年《北京反腐败宣言》。

9. 执法合作：决定继续共同努力，深化并加强执法合作，解决双方共同关心的问题，发挥好中美执法合作联合联络小组（JLG）作为两国执法合作主渠道的作用。双方决定共同落实JLG第十三次会议有关共识，包括就承认与执行没收判决事宜举行磋商。双方将落实2016年世界毒品问题特别联大相关成果。双方决定通过JLG及其相关工作组，继续就新精神活性物质等毒品案件和枪支及其他非法物品走私案件的管控措施和刑事调查加强合作。双方同意2016年年内在华举行中美JLG第十四次全体会议。中国公安部和美国国土安全部在2015年举行了两次部长级会晤。双方期待继续举行部长级会晤。

10. 法律顾问磋商：重申就共同关心的法律问题开展交流的重要性。计划由中国外交部条法司司长和美国国务院法律顾问于2016年第四季度在华盛顿举行第三次年度法律顾问磋商。

11. 残疾人权利：决定继续就残疾人权利议题开展富有成效的接触，

并于2017年4月召开第三届中美残疾人事务协调会。双方决定根据《残疾人权利公约》内容，拓展有关残疾人权利的对话和交流，并将重点继续放在残疾人融合教育、就业、无障碍和康复领域。双方认识到专业机构及非政府组织在促进残疾人权利方面的重要贡献，决定与这些机构共同努力，探讨通过技术研讨、互访等方式，分享经验并确认相关领域的有效做法。

12. 核安全合作：认识到双方在加强核安全方面具有共同利益和责任，为此于2016年2月举行了首次核安全对话，为奥巴马总统主持、习近平主席出席的2016年核安全峰会成功举行作出了贡献。双方重申2016年3月31日发表的《中美核安全合作联合声明》，承诺深化核安全领域协作，并决定在下一轮中美战略与经济对话前举行第二次核安全对话。中美欢迎中国国家核安全示范中心于2016年3月18日在北京正式投入运营，这是两国核安全合作的重要里程碑，也是核安全峰会进程的重要成果，将为核安全的发展作出贡献。双方期待继续在该示范中心开展培训和技术交流合作。双方欢迎对位于中国原子能科学研究院的首座微型中子源反应堆（微堆）实施了成功改造，并重申将根据《中美核安全合作联合声明》，致力于对其他微堆实施低浓化改造。中美还计划就核走私威胁交换意见，并考虑就应对这一威胁扩大合作。

13. 中国海关与美国能源部关于防扩散出口管制商品识别培训：2016年3月，中国海关总署与美国能源部签署了《关于开展防扩散出口管制商品识别培训合作的意向声明》。该《意向声明》有助于继续合作开发中方商品识别培训课程，旨在通过熟悉和识别核及两用商品，打击与大规模杀伤性武器相关的材料、设备和技术的非法贩运。

14. 中国海关与美国能源部关于打击核材料走私：中国海关总署与美国能源部国家核安全署决定继续通过技术合作，完善、扩大和支持中国海关的核探测能力建设，打击国际核走私。中国海关总署与美国能源部国家核安全署决定继续开展技术交流合作，支持中国海关在洋山港进境通道安装设备、拟在天津港安装辐射探测设备，以及开发用于海关内部培训和演练的流程。

15. 核法证学分析：中国国家原子能机构与美国能源部/美国国家核安全署自2014年1月起在和平利用核技术第二工作组框架下开展了核法证学分析相关活动。2015年8月，中国国家原子能机构与美国国家核安全署介绍了铀年龄测定项目合作成果，正就该项研究共同制作经同行评议的出版物。双方计划继续在铀年龄测定方面通过审查额外的父子体来更好地解释双方铀年龄测定结果不一致（例如父子体年龄不同）的现象。

16. 中美海关供应链安全与便利合作：中国海关总署和美国国土安全部决定2016年内签署《关于全球供应链安全与便利的联合声明》，加强双方在维护供应链安全和促进贸易便利领域的机制化合作。

17. 中美海关执法合作：中国海关总署和美国国土安全部移民与海关执法局、美国司法部禁毒局等执法部门决定继续开展在打击枪支弹药、毒品、濒危野生动植物及其制品、固体废物走私和商业瞒骗等方面的常态化合作，建立长效合作机制，积极开展情报交流、案件协查和联合行动。

18. 中美海关“集装箱安全倡议”合作：中国海关总署和美国国土安全部海关与边境保护局决定继续加强“集装箱安全倡议”合作，双方有意2016年第二季度签署《关于在有关港口加强海关双边合作促进安全的原则声明基本实施程序》。双方有意将“集装箱安全倡议”扩大至应对双方商定的违反海关规定的行为，提高项目查验数量，推动中国海关总署向美国加利福利亚长滩港派驻关员工作。

19. 中美海关联合验证与“经认证的经营者”互认合作：中国海关总署和美国国土安全部海关与边境保护局签署了《关于执行〈中国海关总署与美国国土安全部海关与边境保护局关于供应链安全与便利合作的谅解备忘录〉的行动计划附录》。中国海关总署和美国国土安全部海关与边境保护局已在中国联合验证了437家企业，并寻求在2016年开展更多“海关与商界反恐伙伴计划”联合验证。双方计划于2016年内完成“经认证的经营者”互认安排谈判，并寻求合适时机签署互认安排。

20. 应急管理：中国地震局中国地震应急搜救中心与美国国土安全部联邦应急管理局在美国国际开发署美国国际灾害援助办公室和亚洲基金会的不断支持下进行合作，于2015年8月在中国成都成功举办了有针对性的社区应急响应团队培训课程。中美双方还决定深化合作，进一步为国际搜救与救援咨询团提供支持。2016年度有关地震应急演练活动将于7月25日至29日在印度尼西亚日惹举行。双方愿加强《2015—2030年仙台减轻灾害风险框架》下相关活动方面的协作，包括支持其地区及全球平台。

21. 中国园：重申对中国园项目的支持，并决定努力保证在2016年10月30日前开工建设中国园。为实现这一目标，中方宣布其意向，负责地上地下工程整体筹资、整体施工建设，美方决定努力确保在开工前完成各项报批程序。

22. 子对话、对口磋商及双边会见：在第八轮中美战略与经济对话期间举行了有关对口磋商，就联合国和多边事务、苏丹和南苏丹、打击野生动植物走私、航空、海洋保护、电力行业政策等议题进行了讨论。两国有关部门负责人并就中美关系中的广泛议题举行了一系列双边会见。决定适时举行下轮非洲、拉美、中亚、南亚等子对话，以加强在国际和地区问题上的协调并探索合作领域。

二、应对地区和全球性挑战

23. 朝鲜半岛：谴责2016年1月6日朝鲜核试及之后利用弹道导弹技术进行发射，促朝停止采取违反联合国安理会决议义务及2005年“9・19共同声明”承诺的行动。双方重申致力于全面执行联合国安理会第2270号决议及安理会其他相关决议。双方强调致力于以和平方式可核查地实现朝鲜半岛无核化，一致认为维护朝鲜半岛和平与稳定十分重要。双方呼吁有关各方共同努力，采取必要行动，为早日重启六方会谈创造条件。双方决定继续就相关问题密切沟通协调。

24. 阿富汗问题：决定继续扩大合作，支持一个和平、稳定和统一的阿富汗，这符合中美两国的共同利益。双方回顾了自第七轮对话以来取得的实质性进展，包括2015年9月中国外交部长王毅、美国国务卿克里、阿富汗首席执行官阿卜杜拉共同主持的阿富汗和平发展与区域合作高级别会议。双方致力于就推进和支持阿富汗和解进程保持密切的沟通与合作。双方将继续共同努力，包括通过四方协调组机制与阿富汗和巴基斯坦一道，为推进“阿人主导、阿人所有”的和解进程采取切实步骤。中美联合培训阿富汗外交官项目已进入第五年，双方决定继续举办上述项目以及联合培训阿医护人员和农业人员项目。双方决定同阿富汗政府密切协商，在阿探索发展合作的新领域。

25. 苏丹南苏丹问题：呼吁《解决南苏丹冲突协议》各方抓紧落实协议，确保民族团结过渡政府有效运作。双方认为，确保协议成功落实需要得到国际支持，决定探讨如何在南苏丹冲突后解除武装、复员和重返社会方面开展合作。双方一致认为民族团结过渡政府应履行《解决南苏丹冲突协议》。联合监督与评估委员会（JMEC）伙伴小组成员应继续支持JMEC及其主席和协议落实。国际社会应继续支持联合国南苏丹特派团履行保护平民、调查侵犯人权行为以及为人道援助投放创造有利条件等授权；支持停火与过渡安全安排监督机制的努力。双方呼吁南苏丹领导人为人道援助提供准入，呼吁国际社会继续向南苏丹人民提供人道援助。双方强调国际伙伴在南苏丹的合法权益应当受到尊重和保护。双方重申应鼓励南北苏丹和平解决分歧。双方计划继续就南北苏丹相关问题保持磋商，支持南北苏丹和平，支持两苏关系和平发展。

26. 伊朗核问题：欢迎《联合全面行动计划》（下称“全面协议”）的全面执行，以确保伊核项目目前和将来保持和平性质。“全面协议”的全面执行是对地区和国际安全以及国际核不扩散体系的积极贡献。双方作为阿拉克重水堆改造工作组双组长，计划就重水堆的再设计和重建继续合作。双方重申国际原子能机构在确保持续核查和监督全面协议核领域承诺方面发挥重要作用。双方重申了在“全面协议”中各自的承诺，并呼吁六国、欧盟与伊朗继续根据“全面协议”全面履行各自承诺。

27. 叙利亚问题：就叙利亚当前局势详细交换意见，并重申共同致力于在联合国安理会第2254号决议及《日内瓦公约》基础上通过政治手段解决叙利亚问题。双方表示支持叙利亚国际支持小组的努力，以推动在叙利亚停止敌对行动。双方对联合国安理会通过第2118号决议后，仍存在有毒化学品在叙利亚被用作武器的情况表示关切，重申反对扩散和使用任何化学武器，表示支持禁化武组织在叙利亚的工作。双方对叙利亚人道主义状况深表关切，注意到联合国面临资金缺口和行动挑战，决定通过联合国、国际红十字会/红新月会及相关执行伙伴，如叙利亚阿拉伯红新月会，继续加大对叙利亚难民和国内流离失所者的重要支持。双方呼吁国际社会根据联合国人道救援指导原则加大人道援助。

28. 伊拉克问题：一个稳定的伊拉克符合中美的共同利益。为此，中美双方决定对伊拉克提供经济重建方面的支持并呼吁国际社会采取行动。中美重申支持伊拉克政府实施改革和打击恐怖主义的努力。中美将同伊拉克探讨潜在能源合作领域。双方对伊拉克人道主义局势深表关切，愿继续向伊难民和国内流离失所者提供有力的人道主义援助。

29. 反恐合作：谴责一切形式的恐怖主义，决定继续合作应对恐怖组织构成的全球性威胁。双方决定落实联合国安理会2199号和2253号决议，扩大打击恐怖融资合作；并将加强信息分享和航空安全合作，落实联合国安理会2178号决议，以阻止外国恐怖作战分子跨境流动。第三次中美副外长级反恐磋商计划于今年晚些时候在华盛顿举行。

30. 亚太合作：决定加强在亚太事务上的对话，并加强在亚太经合组织、东亚峰会、东盟地区论坛等地区多边机制框架下的合作。双方尊重并支持东盟在亚太地区架构中的中心地位及东盟主导机制的发展，同意继续与地区国家一道打造开放型亚太经济格局，促进对包括《联合国宪章》在内的国际法的尊重，共同应对海盗、自然灾害、传染性疾病等各类非传统安全挑战，继续推动地震应急响应、海上搜救等务实合作。双方重申致力于通过和平方式处理争端，与地区各国共同努力，促进亚太和平、稳定与繁荣。

31. 维和：通过战略与经济对话对口磋商就联合国维和行动交换了意见，欢迎 2015 年 11 月在北京召开的首轮维和专家磋商期间的建设性交流。双方重申致力于加强在这些问题上的对话，进一步讨论了下一轮维和专家磋商中关于加强第三国警察及维和部队派遣国能力的具体建议，该磋商将于 9 月联合国大会之前举行。双方认识到维护国际和平与安全通常取决于联合国在世界战乱地区有效部署维和人员的能力。双方谴责 5 月 31 日发生的对联合国驻马里维和人员的恐怖袭击事件，事件造成一名中国维和人员遇难和数人受伤。美方对受害者家属表示深切慰问。双方表示支持立即展开调查，将凶手绳之以法。双方赞扬了联合国安理会对妇女、和平和安全的支持，重申了支持安理会关于为妇女、和平和安全议程的实施与监督提供框架的决议，并决定在中美战略与经济对话对口磋商期间讨论妇女、和平和安全事宜。双方还决定讨论联合国维和警察以及支持维和警察派遣国的问题。

32. 联合国：举行了第二轮联合国和多边事务磋商。表示支持联合国作为最具普遍性的多边国际组织在国际事务中发挥重要作用，探讨通过多边主义维护国际和平与安全的有效方式。双方就发展、减灾、维和行动等广泛领域交换看法。重申发展是解决各种全球性挑战的根本出路，决定就落实 2030 年可持续发展议程加强协调，推动制定二十国集团落实 2030 年可持续发展议程行动计划，促进全球发展合作。双方决定加强灾害管理合作，包括法律政策经验交流、减灾科研合作、重特大自然灾害应对演练、推动落实《2015—2030 年仙台减轻灾害风险框架》等文件。双方讨论了增长的难民需求及联合国人道主义系统面临的压力。中国注意到 2016 年联合国大会期间美国拟召开的难民峰会和联合国难移民流动问题高级别会议有助于应对增长的难民需求。

33. 人道主义援助和灾害应对：参加了 2016 年 5 月在伊斯坦布尔举行的世界人道主义峰会。双方决定深化其就“联合国国际搜寻和救援咨询团”（INSARAG）的合作及对其的支持，并推动《2015—2030 年仙台减轻灾害风险框架》的落实。双方决定根据受援国政府要求，包括通过世界粮食计划署，向受厄尔尼诺不利影响的国家，特别是非洲之角国家增加资源支持。长期来看，双方愿在减轻气候有关灾害的影响方面分享信息，探讨合作。

34. 全球发展：基于习近平主席 2015 年 9 月对美国进行国事访问期间签署的《谅解备忘录》，中国商务部与美国国际发展署于 2016 年 4 月 28 日在北京召开了首次副部级年度发展会议。双方重申，在受援国提出、受援国同意、受援国主导的合作原则下，双方通过加强协作与沟通，在消除贫困及推动全球发展方面有着共同目标。中美愿扩大与国际机构的合作，以应对关键性的全球发展挑战。双方愿在未来有关发展会议上继续扩大就发展问题的讨论，例如发展援助合作与应对气候变化的关系。

35. 2030 年可持续发展议程：重申通过在消除贫困与饥饿，推动包容性经济增长，保护环境方面扩大合作，推动可持续和包容性发展，落实 2030 年可持续发展议程的重要性，包括可持续发展目标和亚的斯亚贝巴行动议程。双方重申致力于帮助发展中国家实现其发展目标和落实重点工作。双方计划继续就全球发展事务及共同发展挑战分享知识、最佳实践和经验，讨论发展合作新机会。

36. 负责任的矿产供应链：认识到负责任的矿产供应链实践对促进非洲大湖地区稳定和繁荣的作用，并欢迎彼此在这一领域所作的努力。双方希望鼓励两国企业交流和分享最佳实践。中国商务部和国家质检总局与美国国务院等美国相关机构愿按照联合国安理会第 1952 号决议在履行尽职调查、相关标准和倡议方面开展合作。

37. 打击野生动植物非法贸易：确认双方致力于落实 2015 年 9 月中美元首会晤关于打击野生动植物非法贸易的成果。中方和美方强调打击野生动植物非法贸易的重要性和紧迫性，决定加强包括采用技术创新手段的合作。美方于 2016 年 6 月落实有关象牙进出口与国内商业性贸易的承诺，中方已于 2016 年 3 月发布禁止象牙及其制品进口的措施，并将在 2016 年底之前发布停止国内象牙商业性贸易的时间表。为降低野生动植物非法贸易包括对石首鱼和海龟等海洋物种的影响，双方将加强已达成共识的交流项目和执法合作，包括通过国际和多国合作，有效侦察、阻止、瓦解野生动植物非法贸易网络。不断加大各自国内执法力度，将野生动植物非法贸易视为严重犯罪，努力消除引发野生动植物盗猎和非法贸易的市场驱动因素；强化双方合作交流，推动可成功运用于司法程序的野生动植物鉴定技术，并鼓励相关各方采取自愿行动，打击非法野生动植物网上交易；双方将进一步开展打击野生动植物非法贸易的联合培训、信息共享和公众宣传，并与政府、国际政府组织、民间团体、私营部门和当地社区一道，全面开展打击非法野生动植物贸易工作。双方决定加强工作层沟通与合作，推动上述共同措施，有关进展纳入今后的战略与经济对话成果。

38. 二十国集团：美方支持中方作为主席国于2016年主办一届成功的G20杭州峰会，期待同中方紧密合作，致力于实现世界经济的强劲、可持续和平衡增长。双方支持G20作为国际经济合作主要论坛，承诺同其他G20成员一道，（1）加强宏观经济政策合作；（2）使用所有政策工具，促进信心和增长，灵活使用财政政策推动增长，根据中央银行授权，使用货币政策继续支持经济活动和保障价格稳定，使用结构性改革在中期提升增长潜力；（3）探索创新带来的机遇；（4）完善全球经济、金融和能源治理；（5）解决气候变化问题，发展清洁能源；（6）通过在国内及国际范围内落实2030年可持续发展议程、及时落实亚的斯亚贝巴行动议程，为包容和可持续全球发展作出贡献。双方承诺同其他G20成员一道，推进G20上述及其他议程继续取得进展，推动杭州峰会在诸多领域取得积极成果：包括在一个确定时间取消低效化石燃料补贴；在气候和能效领域继续开展讨论和合作，包括提高重型卡车排放效率和逐步削减甲烷排放；在世界卫生组织联合外部评估工具基础上开展传染病防控、检测和应对，以及应对抗生素耐药性。双方鼓励所有G20成员全面落实历次峰会承诺。

39. 国际经济事务磋商：中国外交部与美国国务院就国际经济事务举行了第二轮磋商，讨论了世界经济、二十国集团、亚太经合组织和2030年可持续发展议程等问题。双方决定2017年在华举行第三轮磋商，以加强沟通与协调。

三、气候变化和能源合作

40. 承诺推动《巴黎协定》的全面实施：基于2016年3月中美元首气候变化联合声明，重申双方致力于共同努力，并与其他缔约方一道推动《巴黎协定》全面实施，包括通过有关的工作计划。双方决定通过强化政策对话保持并加强关于国际气候谈判有关问题的定期高级别对话。中美继续鼓励《联合国气候变化框架公约》其他缔约方各自采取参加协定的国内步骤，以使《巴黎协定》尽早生效。

41. 气候变化工作组：祝贺气候变化工作组（以下简称“工作组”）在前三年取得的进展，工作组是促进应对气候变化领域建设性对话与合作的一个持久的、多年的框架。中美战略与经济对话联合主席发布了记录工作组最新进展和各领域未来目标的年度报告，包括工作组九个行动倡议正在进行的工作，定期举行强化国内政策对话，以及在氢氟碳化物方面开展的对话合作。双方欢迎通过建立新的“电力系统倡议”进一步拓展工作组工作，该倡议包括已有的智能电网领域的合作和在电力消费、需求和竞争领域开展的新合作。各倡议和对话全年保持接触，下一次工作组年度会间会计划于 2017 年初在中国举行。

42. 在《蒙特利尔议定书》下就氢氟碳化物（HFCs）达成积极成果：承诺共同并与《蒙特利尔议定书》其他缔约方一道，今年在《蒙特利尔议定书》下达成符合“迪拜路径规划”的全面、有力度的氢氟碳化物修正案。上述承诺基于双方在近期双边谈判会议、2015 年《蒙特利尔议定书》缔约方会议和 2016 年 4 月日内瓦不限名额工作组会议期间开展的密切合作。双方还强调国内减少氢氟碳化物使用和排放的重要性。中方计划到 2020 年底前继续对 HCFC－22 生产设施的 HFC－23 副产品实施管控，并开始制定减少主动使用氢氟碳化物的政策。美方在 2015 年完成了禁止某些特定用途高全球升温潜势氢氟碳化物的法规，据估算这一规定 2025 年可避免 5400 万吨到 6400 万吨二氧化碳当量的氢氟碳化物排放；扩大了气候友好型替代品认证清单；在 2016 年 4 月对进一步限制使用某些氢氟碳化物提出建议。

43. 加强国际民航组织下的合作：支持作为应对国际航空二氧化碳排放的一揽子措施之一，今年 10 月在国际民航组织形成大会决议以反映全球市场机制措施。与双方此前对解决全球气候变化有关问题的贡献一致，两国在帮助就未决问题形成共识方面扮演重要角色。双方决定共同并与国际民航组织其他成员国一道努力在今年达成积极成果。

44. 中美气候变化工作组——载重汽车和其他汽车：在中美继续推进各自国内重大政策和规划进展的同时，双方一如既往地保持在载重汽车和其他汽车倡议下三个子领域的密切合作。在尾气排放和油品质量标准方面，中国将发布轻型和载重汽车国六标准草案的时间提前至 2016 年年中，并计划到 2020 年在全国范围内实施。中国同时计划加强重型车辆的合规项目。在燃油消耗和温室气体排放标准方面，双方决定于 2016 年秋季举办政策制定者、企业和其他利益相关方参加的经验分享研讨会，讨论重型车辆的排放和油耗标准。在绿色货运方面，中方与美方合作举办了 2015 年绿色货运行动倡议年度会议，聚焦绿色货主这一具体行动。中方计划 2016 年末举办下一届年会，包括绿色货运企业培训、货主——承运人合作研讨会和一个绿色货运技术研讨会。在通过“零排放竞赛”（R2ZE）项目鼓励地方政府部署零排放公交车方面，双方已在 2016 年中美交通论坛上正式启动了 R2ZE 项目以及零排放竞赛官网（https：//www. transportation. gov/R2ZE）以推广项目、吸引更多参与者，并发布零排放公交车相关新闻。双方在 2016 年 6 月的中美气候智慧型/低碳城市峰会上共同举办了零排放公交车分论坛，并决定结合 2017 年中美交通论坛举办“零排放竞赛”会议。最后，中美决定共同并与其它国家一道努力，通过今年的 G20 峰会确保在提高载重汽车油品质量、能效和排放表现方面取得强有力成果。

45. 中美气候变化工作组——智能电网：延续多年来在四个试点项目中开展的智能电网技术示范和评估方面的合作，于 2015 年 11 月中国智能电网技术反向贸易代表团访问期间，完成了超过 40 专家日的技术支持交流。双方还于 2015 年 10 月在北京举办研讨会，参会者报告了示范项目成果，包括：（1）加州尔湾对不同电路的配电电压控制节能和（2）中国天津生态城开发终端用户能源管理系统的高级功能、多省能源协作和管控、以及大数据监控平台。此外，2015 年 10 月效益评估小组发布了第一版中美智能电网效益分析和评价白皮书。结果显示关键智能电网技术的预计成本收益率在 3—7 之间。双方决定最迟在 2016 年 12 月发布最终版智能电网效益分析白皮书。下一步，中美决定加强在智能电网和其他技术上的合作，并决定将中美气候工作组——智能电网倡议更名为电力系统倡议。工作组框架下的下一阶段合作将聚焦测试智能电网设备、装置和系统，使之符合两国各自国家测试机构要求的国家/产业/企业标准。

46. 清洁高效和有保障的电力生产和运输：决定通过中国国家发展改革委、国家能源局和美国联邦能源监管委员会，在可能的时候，举行智能电网领域的研讨会，开展智能电网技术应用试点项目，开展人员交流和培训，评估中美智能电网商品和服务情况。双方鼓励地方政府在项目落地、举办国际交流会和开展智能电网发展合作方面发挥更加积极的作用。同时，中美双方决定在中方电价机制市场化过程中加强合作，争取每年安排互访，就具体议题定期举行视频会议，例如输配电价，在中国组织开展输配电价监管和管理方面的培训，进一步交流双方在电价管理方面的政策、经验和改革方案等。

47. 中美气候变化工作组——碳捕集、利用与封存（简称 CCUS）：通过六对 CCUS 示范项目持续推动进展并分享经验。在中国国家发展改革委和美国能源部的支持下，技术交流会、实地考察、研究人员交流等合作活动持续开展。目前，项目最显著的成果包括延长石油宣布每年 100 万吨二氧化碳的提高石油采收率/封存项目，该项目在 2015 年 9 月中美元首气候变化联合声明中已获认可；以及广东近海二氧化碳项目详细工程设计的持续进展。双方于 2015 年 11 月在新疆乌鲁木齐举办了碳捕集、利用和封存研讨会，并于 2016 年 6 月在中国西安举办第三次研讨会。

48. 中美气候变化工作组——建筑和工业能效：承诺继续推进合同能源管理（EPC）倡议，加大节能改造力度。2015 年 10 月于美国华盛顿召开的中美能效论坛上，双方评选出北京、天津和深圳的三个试点项目，各项目均由中美共同开发。项目年节能率约 25%—51%，节能投资达到上百万美元规模。2016 年中美能效论坛将于中国召开，双方计划评估试点取得的经验，继续在技术和政策问题上开展合作并确定新的试点项目。中美双方将与国际能效合作伙伴关系（IPEEC）有关成员国一道，遴选和发布“双十佳”最佳节能技术和最佳节能实践清单。中美双方将继续合作，开展本国“双十佳”节能技术和实践清单的遴选工作。

49. 中美气候变化工作组——温室气体（GHG）数据收集和管理：继续就温室气体报告方法学、数据核查和电子登记簿开发在中国开展成功的能力建设活动。为进一步支持此倡议，中国国家发展改革委和美国环保局制定了新的联合实施计划，在该计划项下双方于 2015 年秋季成功举办石油和天然气的甲烷排放联合研讨会，在 2016 年 3 月启动石油和天然气行业温室气体测量、报告和核查（MRV）试点，2016 年 4 月又举行了两次能力建设活动：一是报告软件开发的设计会议；二是电力行业温室气体 MRV 研讨会。双方计划在 2016 年举行更多活动，包括 7 月再举行一次报告软件开发会议，以及主要关于甲烷的能力建设研讨会。

50. 中美气候变化工作组——气候变化和森林：为减少排放并加强森林在固碳方面的积极作用，中美加强了就气候变化和森林相关问题的合作。双方就《联合国气候变化框架公约》气候变化谈判项下的林业相关问题举行了政策对话，促使 2015 年 12 月在巴黎举行的第 21 次缔约方大会取得积极成果。双方还在2015年9月在北京成功举办了关于林业温室气体测量、监测和报告技术合作的研讨会，技术专家和来自两国政府的政策制定者，以及来自民间团体和学术界的代表都参与其中。本次初步讨论后，两国专家于2016年5月在华盛顿举行了一次研讨会，主要讨论温室气体清单、林业清单和监管的机制和技术问题。2015年10月，中美各自选定两个试点，以供政策制定者和相关从业人员深入研究林业气候变化减缓和适应协同的政策和实践，这项工作将以2016年秋季在中国举办研讨会为开端。2016年4月，双方在上海举办了关于森林、气候、融资和投资的研讨会，与会人员包括两国政府、私营部门和民间团体代表。双方将继续在商品、森林和温室气体排放方面推动开展工作。

51. 中美气候变化工作组——锅炉效率和燃料转换：2015年10月，中国国家发展改革委与美国国务院发布了政策实施路线图，并在宁波和西安两个试点城市继续识别和推广工业锅炉能效解决方案。2016年1月，两国组织美国锅炉技术供应商和融资机构代表赴试点城市调研，与对改造或淘汰小型锅炉感兴趣的政府官员进行交流。中国国家发展改革委提议开展示范项目，综合运用多种降低污染、提高效率和提升燃烧效率的美国技术。中国国家发展改革委正在制定这类试点示范项目的相关细节，以供2017年初的工作组会议讨论。为加强试点城市的实施计划，双方计划识别锅炉改造机会，开发锅炉效率和社区级应用的解决方案的商业模式，分享锅炉运行监管经验，并组织中国的利益相关方赴美调研。

52. 工业锅炉能效：中国工业和信息化部与美国能源部支持两国工业锅炉行业组织、技术研发中心以及制造企业进行交流。双方鼓励美方企业和研发机构与中方联合设立研发中心，开展工业锅炉节能环保技术的研发和推广，并共同组织中国工业锅炉用户企业赴美进行节能环保培训。

53. 中美气候变化工作组——气候智慧型/低碳城市：中美欢迎在省州市层面不断扩大气候合作。2015年9月，首届中美气候智慧型/低碳城市峰会在洛杉矶举行，29个省州市县签署了第一份中美气候领导宣言，包括中国省市发起的率先达峰倡议和美国州、郡、市提出的中长期温室气体减排目标。第二届气候智慧型/低碳城市峰会于2016年6月在北京举行，17个美国州、郡、市和49个中国省市参加会议。两国的这66个省州市郡签署了中美气候领导宣言，包括参加率先达峰倡议的中国省市增加，美国州、郡、市也提出了新的目标和行动。本届峰会有超过1000人参加，举办了讨论低碳和气候适应型发展议题的17个分论坛。两届峰会上，州、市、企业、研究机构、民间团体签署了几十项谅解备忘录、合作安排和合作协议。下一届中美气候智慧型/低碳城市峰会计划于2017年在美国波士顿举行。

54. 中美气候变化工作组——电力消费、需求与竞争：为解决风能和太阳能不稳定性给电网和当地电力消费带来的挑战，在气候变化工作组电力系统合作倡议下启动了新的合作——电力消费、需求和竞争，并于2016年中美战略与经济对话期间召开第一次会议。双方分享了各自优化电力系统以支持低碳、气候适应型和可持续发展方面的制度创新和政策行动。双方决定最迟于2016年秋季共同制定相关工作的实施计划；在2016年秋季组织在中国选定试点项目的调研，包括整合风能和太阳能供当地消纳的项目；并计划在2017年中美战略与经济对话前再举行一系列会议和视频会议。

55. 绿色港口和船舶合作：启动了在中美能源和环境十年合作和中美气候变化工作组框架下的联合倡议——绿色港口和船舶倡议（GPVI）。在中国环保部与美国环保局牵头和中国交通运输部参与下，绿色港口和船舶倡议工作组通过了工作方案，确定了工作优先领域和活动内容，并期望在减少大气污染物和黑碳排放方面取得成效，实现气候协同效应。双方将于2016年在中国和美国分别召开一次能力建设技术研讨会，重点就港口和船舶大气污染物及黑碳排放清单制定方法的示范试点项目，排污控制政策、法规、实践和技术，以及排放控制区方案设计、实施及执行开展讨论。这些活动也是响应中国新的港口和船舶排污控制要求，推进珠三角、长三角和渤海部分地区排放控制区的实施。

56. 中美清洁能源联合研究中心：认识到双方都致力于延续中美清洁能源联合研究中心（CERC）卓有成效的工作，双方决定今年7月举办中美清洁能源联合研究中心第八次指导委员会会议。中国科技部部长万钢和美国能源部部长莫尼兹计划共同主持会议。双方决定继续加强中美清洁能源联合研究中心的产学研联盟合作，推进清洁煤、清洁汽车、建筑节能、能源与水四个优先领域的合作，并筹备在中型和重型卡车能效新领域的合作。

57. 可再生能源伙伴关系：决定继续在可再生能源伙伴关系（USCREP）框架下开展合作。USCREP为双方在太阳能光伏、太阳能热发电、风电利用、生产和并网等领域的研究和商业伙伴提供了加强政策和实践合作的平台。USCREP决定继续开展太阳能热发电关键设备检测方法和性能对比研究。双方正在合作开展中美可再生能源并网技术要求与标准对比研究，从而减少弃风弃光和其他并网问题。正在开展的工作还包括在检测认证工作组下开发统一的光伏组件质量评价标准，该工作组有来自中国产业界 59 家机构的 156 个成员参加，包括技术供应商、研究机构、高校、测试和认证机构等。在 USCREP 框架下组织召开的可再生能源产业论坛将汇聚 150 多位政府、产业界和学术界代表，就政策、市场前景和商业机遇等问题进行探讨。中国计划在 2017 年主办第五届中美可再生能源论坛。

58. 战略石油储备：在 2014 年签署的《战略石油储备合作谅解备忘录》框架下，举行了多次双边会议、技术研讨和实地考察。中国国家能源局和美国能源部将继续这方面的努力。为了加强在全球石油市场分析和相应的应急准备等战略石油储备政策方面的坦诚对话，中美两国计划派遣高级代表参加相关活动。中国致力于在双边论坛中更加频繁地发布更完整、可靠和详细的能源数据信息，包括战略石油储备信息。

59. 能源安全：认识到双方在保证全球能源安全方面的共同利益和责任，同时认识到运用国内和国际能源政策以可持续的方式满足需求和保证经济可持续增长的重要性。双方决定通过有针对性的讨论来加强合作和增进对话，议题包括国内国际能源市场的透明和顺畅运行、多元化能源供应、应急响应、可再生能源以及能源的可持续和高效利用。

60. 民用核能研发：在中国国家能源局和美国能源部建立的双边民用核能合作行动计划框架下，决定继续在先进反应堆和燃料循环技术领域开展合作。第八次联合行动计划技术工作组会议于 2015 年 10 月在中国举行。下一次行动计划会议计划于 2016 年 9 月在美国爱达荷国家实验室举行。中美还决定在中国科学院与美国能源部签署的谅解备忘录框架下继续开展核能科技合作，在两国科学家、实验室、研究机构和大学之间促进先进核能概念方面的合作。第三届中国科学院——美国能源部核能科技执行委员会会议于 2016 年 5 月在上海召开。

61. 核安全合作：中国国家核安全局与美国核管会继续开展核安全合作，在 AP1000 核反应堆开发方面保持监管和技术交流。中国国家核安全局和美国核管会的监督员在中国 AP1000 核电厂现场开展了监督交流，对美国 AP1000 供货商进行了联合监督，并完成了双方之间的监督员交流。双方将继续共享关于 AP1000 建造和调试方面的技术经验，并继续开展人员交流。中国国家核安全局和美国核管会将继续拓展双方之间的合作，在公众沟通、应急准备和响应、放射性废物安全及放射源安全等方面分享经验。

62. 和平利用核技术：决定继续通过中美和平利用核技术合作（PUNT）框架下的核能技术工作组开展下列合作：在核电站运行安全方面开展合作；在概率安全分析领域继续组织相关主题研讨会并在运行核电站实施试点项目；在核电站延寿和材料老化降级研发方面交换信息；在小堆方面加强信息交流；在核责任方面分享信息。双方还决定在关于公共宣传的良好实践和核能战略规划方面交流信息。第 11 次 PUNT 联委会会议于 2016 年 5 月 10 至 11 日在美国萨凡纳河国家实验室举行。

63. 和平核能合作：满意地注意到中美和平利用核能合作协定（123 协定）续约协定于 2015 年 10 月生效，决定在此基础上进一步加强民用核能合作。去年，双方启动了 123 协定行政安排和联合培训计划磋商，并寻求尽快达成一致。双方认同建立全球核责任体系的重要性，强调中国、美国、相关亚太国家以及《核损害赔偿补充公约》缔约方的条约关系。双方期待在今年晚些时候在北京举行研讨班继续就《核损害赔偿补充公约》进行交流。

64. 页岩气培训项目二期：决定通过在 2016 年举办两次研讨会以继续开展在页岩气开发领域的合作。目前，双方已经在中国开展了由美国贸易发展署资助的第二期中美页岩气培训项目，以及关于环境政策和技术、基础设施效率的两次研讨会。在这两次研讨会上，两国政府、产业界专家就页岩气开发的商业、技术、监管和环境问题进行了讨论。研讨会议由中国国家能源局、美国贸易发展署和美国能源部、国务院及商务部合办。

65. 能源监管合作：根据中国国家能源局与美国联邦能源监管委员会签署的《关于加强能源监管合作的谅解备忘录》，双方决定在电力市场发展和能源监管领域加强交流与合作，重点关注的议题包括：（1）电力价格；（2）双边合同和不平衡市场；（3）可再生能源并网；（4）智能电网政策和监管。

66. 能源合作项目：为了支持中美能源合作项目和中方为减轻燃煤发电对环境影响的努力，美国贸易发展署决定与中国实体和能源合作项目成员公司合作开展两个试点项目，展示有关分布式能源热电、沼气和高级能源管理系统的技术。去年，中国国家发展与改革委和美国贸易发展署与能源合作项目合作支持了合同能源管理研讨会，在京津冀地区引进新的能源资源。

四、环保合作

67. 打击非法采伐及相关贸易：重申支持区域和全球打击非法采伐及相关贸易的努力，并决定继续通过中美战略与经济对话、中美商贸联委会、中美打击非法采伐及相关贸易论坛等双边机制加强打击非法采伐及相关贸易的合作。双方决定继续就《雷斯法案修正案》的实施、木材合法性认定、私营部门对话、海关数据交换等议题进行交流，以增进相互理解，推动务实合作。双方还决定继续采取政府全方位参与的方式，协调相关部委和部门参与合作，并与民间团体和私营部门伙伴共同努力。双方将共同努力，于2016年下半年在美国召开中美打击非法采伐及相关贸易论坛第七次会议，开展政策对话、信息共享和项目合作。双方重申了在亚太经合组织打击非法采伐及相关贸易专家组等多边和区域论坛下加强双边对话与交流的意愿。

68. 森林健康经营：决定将《中国国家林业局与美利坚合众国农业部关于林业合作的谅解备忘录》延长至2020年4月。双方决定继续合作，在中国四个示范点和美国若干个示范点之间开展森林健康经营务实合作。双方将共同努力，于2017年上半年在中国召开中美森林健康经营合作研讨会，加强人员交流和技术合作。双方计划推动生物防治、入侵物种监测和虫害监测方面的中美科学家和从业人员进行结对。双方重申对联合国粮农组织亚太森林入侵物种网络（APFISN）的支持，并愿意开展合作，缓解入侵病虫害的负面影响。中美决定通过亚太森林组织相关活动以及其他相关组织，继续在区域内开展其他合作，推动促进森林保护、恢复和可持续经营的高层承诺与合作，促进亚太经合组织悉尼目标评估工作。

69. 空气质量：中国环保部和美国环保局深化了空气质量改善方面的合作。美国贸易发展署与美国环保局共同支持中国环保部在中国江苏省制定了区域空气质量管理规划，美国贸易发展署为此举办了美国空气污染控制技术展示会。双方计划召开第十届区域空气质量管理研讨会，加强区域空气污染及多污染物协同控制的政策、法规、许可证及技术能力方面的合作，深化机动车、港口和船舶污染减排合作，推进污染排放监测，提升实验室及非道路机动车检测能力和数据评价水平，并继续促进改善污染控制技术。

70. 水质量：中国环保部和美国环保局召开了中美清洁水行动计划第

九届政策研讨会和中美水环境政策交流会，完成了地下水采样试点示范一期项目，继续分享了地表水及地下水保护及修复的法律框架、专业技能以及融资机制方面的经验。中国环保部和美国环保局举办了有关水经济政策、水环境安全和绿色投资的高层交流会。双方计划继续推进水环境管理合作，包括国家、省、市级管理机制，在经济手段、公私合作伙伴关系、排污许可证等领域的政策研究，污染防治战略及创新技术，扩展地下水采样试点示范项目，以及技术交流培训。

71. 化学品管理：中国环保部和美国环保局继续就化学品环境管理开展合作并在持久性有机污染物和汞污染防控领域进行了经验交流。双方决定继续针对化学物质风险评估及风险管理交流经验，推动中美在持久性有机污染物、全氟化合物和溴代阻燃剂的使用削减、排放控制及安全替代品领域的合作，继续推进在履行《关于汞的水俣公约》方面的交流合作，并拓展中美在亚太经合组织化工对话会、全球全氟化合物工作组等国际化学品合作机制内的合作。

72. 危险品安全储运：继续在运输安全与灾难管理方面开展双边合作。作为中美交通论坛的组成部分，中国交通运输部、美国贸易与发展署及美国交通部共同资助了2016年4月及5月的危险品安全运输研讨会。

73. 固体废弃物及污染场地管理：鉴于中国正准备发布全国土壤污染防治行动计划，中国环保部和美国环保局加强了在污染场地预防和修复领域的合作。双方分享了污染场地责任追溯、基于风险的评估和修复方法选择、监测方法以及利益相关方参与等方面的经验。此外，美国贸易发展署和美国国家标准和技术研究所主办了研讨会，相关产品及服务供应商、业界专家、标准制定者、中国环保部专家以及中国企业家和学术界人士在会上就棕地修复交换了信息。中国环保部和美国环保局还分享了危险废物认定、许可证项目及处置技术方面的经验，并决定探索电子废物越境转移控制及各类废物回收及减量化最佳实践方面的合作。

74. 环境执法：美国环保局拜访了中国环保部及其他中方部门，与国家和省、市级官员探讨了环境守法和执法的最佳实践。双方决定在“下一代执法和守法”工具和技术方面开展合作，分享推进环境守法以及实施环境违法处罚条例的经验，推进守法监测及信息化。中国环保部和美国环保局计划由中国环保部派员赴美进行人员培训或人员交流，并计划于2016年和2017年分别在美国和中国举办工作组会议，讨论并计划守法及执法相关活动。

75. 环境法律与制度：中国环保部和美国环保局分享了环境立法经验，支持中方开展环境立法体系的研究和创新，为中方环境法律法规的修改提供支持。中国环保部参加了由美国环保局举办的有关环境法律的圆桌会，并共同参加了由非政府组织召开的圆桌会议，讨论了国家与地方的关系及跨省界环境问题。未来双方将召开 2016 环境立法研讨会。

76. 公园管理：重申致力于在国家公园管理领域开展合作。中国国家发展改革委与美国内政部国家公园管理局签署了关于开展国家公园体制建设合作的谅解备忘录。

77. 自然保护：中国国家林业局和美国内政部鱼类及野生动物管理局、国家公园管理局将继续落实《中美自然保护议定书》附件 12 暨 2014 至 2016 年度合作计划，实施 2016 年交流合作项目，进一步加强在自然保护区管理、国家公园建设、湿地保护与可持续利用、环境教育与公众服务、《濒危野生动植物种国际贸易公约》履约和渔业等领域的合作。双方将在 2015 年合作基础上，继续鼓励两国自然保护区、国家公园和野生动物保护区之间建立友好关系，并推动两国高校、研究机构和民间组织加强联络。

78. 绿色基础设施反向贸易代表团：在与中国商务部的合作关系下，美国贸易发展署资助两个反向贸易代表团，向中国成员介绍美国与绿色基础设施、环境友好设计与工程、绿色建筑、建筑能效、智能城市、绿色建设、垃圾处理和循环等相关的货物和服务。绿色基础设施和智能城市反向贸易代表团安排中国代表团参加了 2015 年 9 月在洛杉矶举行的中美气候智慧型/低碳城市峰会。2016 年 5 月，绿色机场基础设施反向贸易代表团安排中国建筑和航空业界代表访问芝加哥、西雅图和洛杉矶，了解美国关于绿色机场建设、垃圾处理和循环、机场枢纽中心的能效等的相关技术。双方决定将在 2016 年再次组织一个反向贸易代表团。

五、海洋合作

79. 全球海洋：重申进一步保护和养护世界海洋的承诺。双方计划派高级别官员参加 2016“我们的海洋”会议，决定共同推动会议议程中关于可持续渔业、主要海洋保护区、减少海洋酸化和海洋污染等全球性挑战的讨论。中美重申支持 2015 年修订的关于在南极罗斯海设立保护区的提议。双方愿在 2016 年 10 月举行的南极海洋生物资源养护委员会（CCAM-

LR）会议上共同努力，并与其他相关方共同协商，推动设立海洋保护区。双方愿通过多边和双边渠道加强在蓝色经济方面的合作，实现亚太经合组织的共同目标，即：蓝色经济是推动海洋和沿海资源、生态系统及可持续发展方面管理和养护的手段，旨在促进经济增长。

80. 可持续渔业及打击非法、不报告和无管制捕捞：正式建立了中美渔业对话，并于2016年4月召开了中美渔业对话第一次会议，就相关议题进行了讨论。基于上述讨论，双方再次承诺共同打击非法、不报告和无管制捕捞，加强双边以及区域性渔业管理组织和国际组织框架下的合作，推动区域渔业管理组织制定有效措施以打击非法、不报告和无管制捕捞。双方决定就海洋渔业资源养护、海洋捕捞、水产养殖以及休闲渔业等方面加强交流。中方欢迎美国批准《港口国措施协定》，并计划对该协定的批准和实施进行可行性研究，双方决定通过年度双边渔业对话就各自进程交换信息。中美双方就美国家海洋理事委员会在打击非法、不报告和无管制捕鱼与海产品欺诈方面的相关工作进行了讨论，并决定将继续就此交换意见。中美两国决定共同努力，与其他国家政府一起，完成关于预防在北冰洋中部公海进行无管制商业捕捞协议的谈判。中美双方决定建立渔业执法联络点，并在各层级形成联络机制以交流水产品贸易的信息。

81. 预防和减少海洋垃圾：在上一轮中美战略与经济对话取得的合作成果基础上，中美选取厦门、威海、旧金山和纽约作为首批姊妹城市，分享其在垃圾管理方面的最佳实践，以减少和防止海洋垃圾。双方决定以组织访问的形式开始合作，来自厦门、威海以及中国政府其他部门的官员将访问旧金山及纽约。双方决定共同合作提升在减少、回收和管理垃圾方面的能力，减轻对环境的整体影响，减少陆源污染，推动不同渠道的贷款方形成合力，为减少垃圾、提高政府管理能力、推动中国和亚太地区城市有关项目提供更多融资机会。中美计划与世界银行和其他多边贷款方合作，为厦门和威海制定一套垃圾管理综合方案，打造成减少海洋环境陆源污染方面的样板。

82. 海洋保护区：重申有意共同提升海洋保护区的有效性。双方决定就海洋保护区所做的努力加强相互了解和信息共享，就海洋保护区科学调查、发展和管理等具体问题交流信息和专业知识。双方决定努力加强未来合作，包括可能在海南三亚珊瑚礁国家级海洋自然保护区、盘锦鸳鸯沟国家级海洋公园和美属萨摩亚国家级海洋保护区、旧金山湾（圣迭戈湾）国家级野生动物保护区之间建立姐妹海洋保护区，双方将进一步讨论相关事宜。

83. 海洋观测：表示有兴趣加强在印度洋、南大洋和太平洋的海洋观测方面的合作，促进对气候和地球系统变化的理解和监测，包括海洋酸化、海平面上升、生态系统敏感性、极端天气和气候等。双方计划首先在“印度洋——南大洋气候观测、再分析和预测”（ISOCORE）项目以及“热带太平洋监测系统”项目的合作建议草案框架下寻找合作机会。双方还决定依照全球海洋酸化观测网和北极太平洋扇区工作组的要求，加强在海洋酸化（尤其在北极地区）方面的合作。双方决定在《中美海洋与渔业科技合作议定书》的框架下继续探讨下一步合作。

84. 海洋执法合作：重申对提高海上专业精神与规范海上行为的承诺。双方根据习近平主席 2015 年对美国国事访问的成果，将继续制订两国海警的海上相遇行为准则，并将原则上支持制订中国海警局与美国海岸警卫队之间的合作文件。

85. 海事安全：重申支持推进两国相关海事安全机构的双边交流。中国海事局和美国海岸警卫队将继续开展高层和舰艇互访，以及海上无线电导航和卫星导航领域的交流合作。中国海事局和美国海岸警备队将继续探讨在国际危险货物管理方面的联合执法，推进在船员管理、航行安全、助航设施、有毒有害物质事故应急和搜救等领域的人员及专业交流项目，并制定中长期的海事安全双边行动计划。

86. 海洋法与极地事务：于 2016 年 4 月 21 日至 22 日在中国厦门举行了第七轮中美海洋法和极地事务对话。来自中美两国外交及海事机构的专家就有关海洋、海洋法和极地事务的广泛议题交换了意见。美国计划于 2017 年主办下一轮对话。

六、交通合作

87. 航空合作项目：决定加强双边航空合作。双方将继续开展第 12 期中美航空合作项目（ACP）。该项目是由中国民用航空局、美国贸易发展署和美国联邦航空局支持的政府和企业伙伴合作项目，旨在促进两国民航政府部门和企业进行高层对话。双方计划于 2016 年 6 月 19 至 21 日举行由中国民用航空局、美国贸易发展署和联邦航空局合办的航空研讨会。研讨会将聚集包括 ACP 成员在内的中美政府和企业代表，共商航空安全、效率、安保等优先议题，包括空中交通管理、机场发展和新技术应用。为利用美国贸易发展署资助的支持中国航空发展的技术项目，中国民用航空局和美国贸易发展署决定在中国东北地区哈尔滨国际机场开展冬季运行技术试验项目。

88. 民航技术支持研讨会：决定继续就航空业最佳做法、标准和政策制定开展合作。通过美国贸易发展署资助的一系列航空技术支持研讨会，中国民用航空局和中美航空合作项目（ACP）就管理、技术、安全、效率、容量和航空运营事宜举办了研讨会。2015 年 6 月举办的中美航空生物燃油和新燃料研讨会汇集了航空公司、发动机和飞机制造企业、燃料供应商、监管机构和学术界代表，共同讨论航空生物燃油的技术、商业和监管发展情况。2016 年 1 月举行的供应链管理和适航管理对话汇集了中美公共和私营航空代表，就适航认证过程和企业管理分享经验和最佳做法。为拓展此类合作，美国贸易发展署宣布将在未来两年再支持举办另外 8 个航空研讨会。

89. 航空安保：为了建立更加有效和安全的航空系统，并认识到中美旅游年倡议，决定加强双方在航空安保方面的合作。双方决定加强合作，共同制定下一年度的中美年度航空安保实地技术考察/评估计划。此类计划内容包括：对最后离境点机场（LPD）的考察评估、国家航空货运安保方案（NCSP）框架下的考察评估，以及其他可能领域内符合双方共同利益的考察评估。同时，双方决定协同合作，以便理解和遵守中国和美国 NCSP 中的条款。中国民用航空局和美国国土安全部运输安保局（DHS/TSA）计划在双方商定的时间间隔内，对 LPD 以及对方境内上游机场开展评估和检查。中国民用航空局和美国国土安全部运输安保局将共同努力，改进流程和使用合格的安全检查方法，以便识别和改善对非金属威胁（IED）的检测。中国民用航空局和美国国土安全部运输安保局将继续努力，为中美航空运营企业确定新的最后离境点机场。

90. 交通论坛：中国交通运输部和美国运输部继续深化合作，以保证并促进安全、有效和可持续的客货运发展。中国交通运输部 2015 年 11 月 5 日在苏州主办了交通论坛第 7 次会议，美国运输部 2016 年 6 月 1 日至 3 日在加利福尼亚州洛杉矶市主办了交通论坛第八次会议。双方通过以下五个工作组进一步密切合作：（1）铁路新技术工作组决定通过在安全监管以及事故调查技术与分析方面的合作加强铁路安全；（2）危险品工作组决定在国际贸易和危险品安全运输标准方面进行协作；（3）内河与港口倡议工作组决定在港口和船舶温室气体排放方面加强交流合作，探索液化天然气在内河航运中的应用，并解决水路危险品的安全有效运输问题；（4）安全与灾难救援协调工作组决定加强运输安全和应急管理，利用美国运输研究会（TRB）平台开展技术合作；（5）城市拥堵工作组决定推进更广泛的合作，优先发展城市公共交通，包括推进零排放公交车项目。

91. 铁路货运反向贸易代表团：中国国家铁路局和美国贸易发展署决定在未来两年支持两个来自中国国家铁路局的反向贸易代表团，帮助中国铁路官员和企业熟悉美国货运铁路产能扩张的最佳实践、装备和科技。代表团将同公私部门的专家在货运铁路领域就高科技、服务和可操作的最佳实践进行实地视察、召开会议。

七、科技、卫生和农业合作

92. 外空安全：欢迎在中美副部级战略安全与多边军控磋商框架下，于 2016 年 5 月 10 日在华盛顿举行首次中美外空安全对话。对话中，双方就包括空间碎片在内的外空安全双多边问题广泛深入地交换了看法。双方认为，中美作为外空大国和联合国安理会常任理事国，在维护外空安全和稳定方面有着共同利益、目标和责任。双方致力于相向而行，加强双多边合作，促进外空安全，不断扩大共识并探索建立信任等相关措施，以增进互信。双方决定于 2016 年年底前举行第二次中美外空安全对话。

93. 民用航天：重申了推进民用航天合作的承诺。双方于 2015 年 9 月举行了首轮民用航天对话；交换了关于地球和空间科学活动的优先项目清单；计划召开旨在确保安全和可持续外空活动的在轨空间碎片减缓和卫星碰撞规避专家研讨会；并决定 2016 年 10 月底前在美国举行第二轮民用航天对话。此外，中国气象局和美国国家海洋与大气管理局在 2015 年 8 月召开的第 19 次联合工作组会议上决定，为应对空间天气事件，双方将开展空间天气监测计划、预报和服务合作。

94. 非洲公共卫生能力建设：决定加快与非盟及非盟成员国的合作，以启动非洲疾病预防与控制中心（ACDC）。双方计划在基础设施和能力建设方面提供支持，促进非洲疾控中心及其相关的区域协作中心的成功及可持续运作。双方计划继续合作建设包括塞拉利昂和利比里亚在内的西非国家公共卫生能力建设，支持他们的国家计划。这包括与塞拉利昂政府探讨共同合作，在中方援建的热带病研究中心的基础上，建设一个国家公共卫生机构。双方愿就推动非洲国家公共卫生能力优先事项如免疫、抗击疟疾、推进人力资源能力发展等探讨合作。双方愿制订并实施一项行动和沟通方案，以落实4月28日发展会议确定的合作项目。双方计划继续支持全球抗击艾滋病、肺结核和疟疾基金，并继续为该基金作出贡献。

95. 全球卫生安全：将致力于加强合作以提升全球卫生安全。双方积极评价对方为帮助受影响的非洲国家抗击埃博拉疫情所作出的重大贡献。双方将进一步加强在传染病预防、发现和响应能力建设方面的合作伙伴关系，包括但不局限于流感、疟疾、实验室能力和抗菌素耐药性。双方将加强在非洲地区卫生领域的交流和合作，共同支持非洲国家改进公共卫生系统，推动实施世界卫生组织《国际卫生条例》和全球卫生安全议程。中国国家卫生和计划生育委员会同美国卫生与公众服务部计划共同支持在非洲国家开展实验室系统的开发、科学研究，并共同开展现场流行病学和培训项目。中美两国还将加强沟通和协调机制，加强双方在新发和再发传染病方面的合作。双方将视情在二十国集团峰会上推动实现上述目标。

96. 医疗卫生体制改革：将继续加强在医疗卫生体制改革领域的对话和交流。拟于2016年9月在中国西安举办第六届中美健康峰会，中国国家卫生和计划生育委员会、美国卫生与公众服务部将提供支持。中国国家卫生计生委卫生人才交流服务中心将在中美卫生合作项目下继续与美国贸易发展署合作，开展研讨会和交流考察等活动。

97. 无烟工作场所：将继续通过公私合作伙伴关系推动无烟工作场所和无烟环境。双方将进一步支持和实施中美无烟工作场所伙伴关系项目二期，开展项目评估，并在北京、上海和深圳开展系列培训。

98. 卫生科技合作：中国科技部、美国卫生与公众服务部及美国国立卫生研究院共同探讨了进一步加强卫生和生物医学研究领域科技合作的方式，对重大慢性非传染性疾病领域（如癌症、心血管疾病、神经系统疾病和呼吸系统疾病）的科技合作达成了共识，并探讨了通过建立研究平台、联盟和网络等方式来支持中美卫生科技创新的可行性。

99. 气候科学和温室气体监测：中国气象局和美国国家海洋与大气管理局深化了在气候科学和温室气体监测方面的合作。双方决定合作建立集合数值模式用于预测中国东部季风区季节内动力天气过程。中国气象局将应邀参加美国国家海洋与大气管理局组织的2016—2017年北美多模式集合次季节预报实验。中国气象局和美国国家海洋与大气管理局干旱气象研究所决定开展干旱监测合作研究；开展预测和影响研究；以及在中国和美国试点研究区建立近实时干旱监测预报系统。中国气象局专家将应邀参加美国国家海洋与大气管理局全球监测会议，探讨大气温室气体采样技术合作。美国国家海洋与大气管理局专家计划访问中国气象局，就技术融合与改进、质量控制方法以及将温室气体资料纳入数值模式等方面开展联合研究。

100. 灾害性天气监测：中国气象局和美国国家海洋与大气管理局重申了对扩大天气监测和预报合作的承诺。双方决定继续开展联合研究，以提高与热带气旋登陆有关的降雨数值预报能力。

101. 粮食安全：重申通过取得长期、可持续结果的联合项目，包括探讨气候智慧型农业合作的机会，共同支持发展中国家实现其粮食安全和发展目标的重要性。双方决定在东帝汶探讨水产养殖合作，推动东帝汶关于降低营养不良、实现小农户生产活动多样化及增加农户收入的粮食安全战略。双方愿探讨非洲粮食安全三方合作，共同支持“非洲农业综合发展计划”的目标。

102. 农业与食品合作项目：为支持中美农业与食品合作项目（AFP），中国肉类协会与美国贸易发展署在 2015 年 9 月 19 日联合举办了中美肉类食品安全研讨会。研讨会协助介绍了食品全链质量保证的最佳做法，以促进肉类产业的生产和安全食品的正确使用。美国贸易发展署还宣布有意在 2016 年在冷链和其他先进农业技术领域召开更多研讨会，以支持中美农业与食品合作项目。

103. 农业科技战略合作：根据 2012 年签署的《中美农业战略合作规划》和 2015 年续签的《中华人民共和国农业部与美国农业部农业及相关领域合作谅解备忘录》，本着创新、协调、绿色、开放、共享的合作理念，于 2016 年 6 月 2 日举行中美农业科技战略合作执行工作组首次会议。双方确定将在植物育种、种质资源公平交换、动物疫病防控、农产品加工、农产品质量安全、农业环境可持续和数据公开等领域开展科技研究合作。

104. 精准农业科技合作：决定鼓励业界就精准农业技术探讨互利的科技研发合作。

105. 计量和标准合作：认识到加强在标准、计量、认证认可和检验检测等国家质量技术基础领域合作的重要性。双方决定继续推动标准领域的互利合作，落实国家计量机构间的计量合作协议。

八、地方合作

106. 绿色合作伙伴计划：第八轮中美战略与经济对话期间，在杨洁篪国务委员和约翰·克里国务卿的见证下，举行了中美绿色合作伙伴计划签字仪式并宣布新增六对绿色合作伙伴。签字仪式前，举行了绿色合作伙伴计划的小型展览及研讨会，分享绿色合作伙伴的成功经验和最佳实践，推动中美在可持续和低碳发展方面的合作。双方肯定了绿色合作伙伴计划在中美能源环境十年合作框架下为推动地方层面在气候变化、能源和环境领域创新合作所发挥的作用。中美重申在中央和地方层面鼓励可持续和低碳发展的意愿，肯定双方企业、高校、研究机构、非政府组织在绿色合作伙伴计划下在寻找解决方案以应对挑战方面的重要作用。

107. 首届中美省州立法机关合作论坛：中国人民对外友好协会和美国立法领袖基金会决定于 2016 年 6 月 24 日至 26 日在美国夏威夷州檀香山市共同主办首届中美省州立法机关合作论坛。两国省州立法机关领导人和各界代表拟就旅游立法与合作等议题展开深入研讨。

108. 中美友城大会：中国人民对外友好协会和美国国际姐妹城协会决定于 2016 年 11 月 19 日至 20 日在中国南昌市共同主办第三届中美友城大会。会上，两国地方政府领导人和各界代表拟就友城交往交流经验，并规划未来合作。

九、双边能源、环境、科技对话

109. 中美能源环境十年合作框架：决定继续推进能源环境十年合作框架下各项行动计划不断取得进展，包括清洁的水、清洁的大气、清洁和高效电力、自然保护区和湿地、绿色港口和船舶以及能效，并继续实施中美绿色合作伙伴计划项目。双方于 2016 年 4 月 20 日召开了十年合作框架联合工作组第十一次会议，探讨了大数据分析应用在环境领域的最佳实践。参会代表认识到十年合作框架下的成功合作，取得了符合中美两国乃至全球利益的成果。这些成果包括召开关于智能电网的论坛、提升工业锅炉能效标准、促进数据中心提高能效，并在华召开第七届年度能效论坛。双方决定于 2017 年初召开十年合作框架联合工作组第十二次会议。

110. 中美环境研究联合工作组：中国科技部与美国环保局计划于2016年秋天共同举办第三次中美环境研究联合工作组会议。双方计划回顾项目进展，拟定工作方案，并敲定进展报告。双方正在实施炉灶测试试验、比较测试结果，以便评估关于清洁炉灶排放和能效的国际质量标准体系测试协议。双方提出共同开展炉灶研究的倡议；研究水资源的可持续发展；在常熟共同举办2016年生态学国际协会会议。双方计划在美国举办一场智能水研讨会，探索可能在中美两国社区进行示范的新的研究方法和模式。

111. 中美环境合作联合委员会：中国环保部与美国环保局于2015年11月19日在美国华盛顿召开了中美环境合作联合委员会第五次会议。双方回顾了大气、水、化学品、土壤、固体废物、汞、绿色港口和船舶以及环境法律、制度、守法与执法等领域的合作进展，并批准了未来工作计划。双方拓展了在土壤污染防治领域的合作，并探讨了进一步开展环境监测能力、环境大数据、绿色金融和科学决策方面的合作。

112. 海洋和渔业科技合作议定书联合工作组：决定于2016年在美国华盛顿召开下一届中美海洋和渔业科技合作议定书联合工作组会议。双方讨论了制定一份新的五年框架的重要性。此框架计划增加对生态系统服务的关注，以及扩大中美双方机构的参与程度。双方欢迎在中国开展实质性交流的机会，包括即将举办的海洋生物资源议定书专家组会议、CLIVAR气候与海洋研究开放科学大会等。双方决定寻求成立科学专家联合工作组，在生态科学、服务和管理以及气候变化对海洋的影响等方面提供科学建议。

113. 中美科技合作联委会：决定于2016年在北京召开第十六届中美科技合作联委会。中国科技部部长万钢和美国白宫科技政策办公室主任、总统科技助理霍尔德伦共同主持会议。中美两国跨部门代表团将对卫生科学、基础研究、温室气体测量标准、海洋和渔业、地震科学及气象科学等领域相关议题进行讨论，并商讨两国科技合作的优先领域。双方还将分享最佳实践并探索合作模式。双方决定，中美科技合作联委会将继续引领两国的科学技术和创新政策讨论，以解决跨领域、多学科的科学优先问题，如能源与水的关系或生态观测。

114. 中美能效论坛：将于2016年择期在中国举行第七届中美能效论坛。与会代表将就建筑和工业能效、能效融资和节能标准开展政策交流，回顾合作进展，并将就两国政府和企业的潜在合作机会进行讨论。中国工业和信息化部与美国能源部将召开中美能效论坛工业能效分论坛，围绕数据中心效率、电机和锅炉系统能效提升、节能技术的采用等主题开展交流。双方将邀请两国相关技术研发机构、评价中心以及清洁能源生产企业与会。

115. 中国科学院—美国能源部联合协调委员会会议：决定于 2016 年 6 月召开中国科学院与美国能源部第五届能源科学联合协调委员会会议。双方回顾了在高能物理、核聚变、核物理、基础能源科学以及其他相关领域的合作进展，并就如何完善合作机制、拓展合作领域进行了探讨。

116. 油气工业论坛：2015 年 9 月中国国家能源局和美国能源部召开了年度例行的中美油气工业论坛。论坛鼓励在常规和非常规油气的技术、环境和监管等领域开展合作和对话。两国代表延续了在页岩气领域的合作，以帮助中国高效开发国内页岩气资源，并强调了中美两国在油气贸易和投资方面的机遇。中美两国期望于 2016 年在美国举办的中美油气工业论坛期间继续开展这些方面的努力。2017 年的中美油气工业论坛将在中国举行。

117. 煤炭清洁发展论坛：2015 年，中国国家能源局和美国能源部在蒙大拿州比林斯市召开年度中美煤炭清洁发展论坛。与会代表围绕煤炭清洁利用的政策和法规、煤炭转化技术、清洁煤炭高效发电及减排技术、碳捕集、利用和封存技术等问题进行了广泛交流。双方约定下一届煤炭清洁发展论坛将在中国举行。

118. 化石能议定书：中国科技部与美国能源部决定 2016 年继续在中美化石能技术开发与利用合作议定书框架下开展工作。双方重申将于 2016 年秋天在美召开化石能议定书协调人年度会议。中国科技部与美国能源部将共同主持会议，回顾去年的活动，确认面向未来合作的优先领域、任务与活动，包括更加注重碳捕集、利用和封存，二氧化碳运输以及提高石油采收率。从上一次化石能议定书协调人年度会议以来，美国化石能办公室决定继续加强该议定书下的研发合作。

119. 数据安全与用户个人信息保护政策对话：认识到网络数据安全和用户个人信息保护的重要意义。中国工业和信息化部（MIIT）与美国联邦贸易委员会（FTC）决定通过在 2017 年举行会议继续保持政策对话，讨论关于两国数据安全与用户个人信息保护的方法。

120. 中美农业科技合作联合工作组：决定于 2016 年 8 月中旬在中国

珠海举办中美农业科技合作联合工作组第 14 次会议。中国科技部与美国农业部农业科技合作议定书下优先合作领域的中美两国专家计划出席会议，汇报合作进展，讨论未来合作。

第八轮中美战略与经济对话框架下经济对话联合成果情况说明

（北京，2016 年 6 月 8 日）

习近平主席特别代表、中国国务院副总理汪洋与贝拉克·奥巴马总统特别代表、美国财政部部长雅各布·卢于 2016 年 6 月 6—7 日在北京共同主持了第八轮中美战略与经济对话框架下的经济对话。来自两国政府的高级官员出席了本轮对话。

作为全球两个最大的经济体，中美两国的经济繁荣符合双方的共同利益，双方在战略与经济框架下就广泛议题加强合作对全球经济的健康十分重要。本轮对话期间，中美双方承诺全面落实历次中美战略与经济对话包括前七轮对话中达成的成果。双方表明将采取进一步具体措施支持强劲的国内和全球经济增长，促进开放的贸易与投资，强化和支持金融市场稳定与改革。双方还讨论了国际经济问题包括 G20 财金议程，各自国内和全球经济面临的持续风险和应对政策工具，以及全球经济治理。

双方承诺继续就两国关系发展中的关键经济事务保持坦诚和开放的对话。

一、加强经济政策

中美双方共同重申在 2016 年上海和华盛顿 G20 财长和央行行长会议期间达成的关于汇率的承诺，包括将避免竞争性贬值和不以竞争性目的来盯住汇率。与十八届三中全会所确定的改革相一致，中方将继续推动汇率市场化改革，允许汇率双向浮动弹性。中方强调人民币不存在持续贬值的基础。

与其法定职责相一致，美国联邦公开市场委员会将促进就业最大化和价格稳定。与这些目标相一致，联邦公开市场委员会将推动货币政策常规化，特别是通过提高联邦基金利率，并以透明和尽可能可预期的方式实施货币政策。联邦储备委员会将对其政策对国际金融体系的影响保持敏感，并将保持美国国内和国际金融稳定作为自身关键目标之一。

中方将继续深化改革，促进经济结构调整，通过增加居民消费、提高服务业占 GDP 的比例、确保高质量并由私人部门驱动的投资以扩大本国需求。美方认同中国在经济结构调整方面做出的重大承诺和已经取得的进展。在“十三五”时期（2016—2020 年），中方将推进下述结构性改革：

（1）通过为下岗工人再就业提供中央支持，并完善地方税体系，建立与地方支出责任相匹配的收入体系，使地方政府的激励措施更好地支持居民消费。

（2）基于精算平衡和可行的筹资机制，建立一个更加公平和可持续的社会保障体系。适当降低社会保险费率。适应流动性要求，实现基本养老保险关系在全国范围转移接续。提高基本公共服务水平，并且完善覆盖所有城乡居民的全国基本医疗保险体系。

（3）放开包括电力、石油、天然气、交通运输、邮政电信和市政公用等领域的竞争性环节的商品和服务价格。

（4）将更多的国有企业纳入国有资本经营预算实施范围。根据预算法和政府信息公开的有关规定，公开国有资本经营预算的相关信息，包括按资金使用方向划分的支出信息。中国将建立覆盖包括国家、省级和地方各层级的全部国有企业、公开透明的国有资本经营预算体系。

（5）在短期，中方随时准备对这些改革作出补充，实施更为有力的积极财政政策扩大国内需求。中方将落实好全面推开营改增试点等政策措施，清理相关基金，以减轻企业和消费者负担，促进服务业发展。

美方继续致力于推动以更高的国内投资和国民储蓄为特点的强劲、可持续和更平衡的增长模式。为此，2017 财年联邦政府预算包括多项促进更高的劳动参与率和生产率的倡议。认识到基础设施资产供给和需求之间的缺口以及增加基础设施投资对提高潜在经济增长和竞争力的重要作用，美方承诺研究和完善公共事业监管框架。美方认识到预算进程可预测性的重要性，以及预算不确定性可能对美国以及全球经济造成的影响，并致力于到中期使美国联邦政府财政达到可持续状态。在 2017—2026 财年期间，美国本届行政当局提出的预算将带来 3.4 万亿美元新增税收，在满足 2000 亿支出提案的同时，还将实现支出的净削减。

鉴于中美双方对全球经济的影响力和融合度，双方承诺对各自的经济政策进行充分的沟通。为了帮助评价转向消费和服务经济再平衡的程度，中方承诺：（1）继续完善分季度 GDP 支出法核算，待时机成熟时正式对外公布；（2）争取公布一个更具包容性的月度服务业活动指标，在不久的将来正式对外公布。中方将继续完善季度财政统计，以满足 G20 数据缺口倡议（DGI）的要求。

中美双方支持 G20 对监测和分析资本流动的努力，包括识别风险。我们欢迎 IMF 持续工作，审查各国应对资本流动和识别新问题的经验和政策。认识到中国在对国际社会公开能源数据和统计方面所取得的进展，包括最近的与国际能源署进行的加强数据交换的讨论，中方承诺继续提高向国际能源论坛联合组织数据倡议提交报告的范围、准确性和及时性，加强数据能力建设以持续提高能源数据的完整性和可靠性，探索建立一个能源信息交换技术工作组。中方致力于在双边论坛中更加频繁地发布更加完整、可靠和详细的能源数据信息，包括战略石油储备信息。

美方欢迎中方开始向国际清算银行提供国际银行业统计数据。中方正继续努力，解决按国际清算银行公布要求全面收集国际银行业统计数据所面临的技术问题。

中美双方认识到，监管程序的透明度以及监管行为的全面和可靠信息的可获得性，对于促进良好高效的金融市场具有核心的重要意义。鉴此，双方确认，在监管措施包括规范性文件的制定和发布中，透明度对于提高市场参与者的可预见性的重要性。除了特殊例外情况，中国金融监管部门将继续提前公布影响到外国金融机构权利和义务的行政法规和部门规章，并提供自公布之日起通常不少于 30 天的公众评议期。

二、促进开放的贸易与投资

中美双方认识到全球经济复苏缓慢和市场需求低迷使得包括一些行业产能过剩在内的结构性问题更加严重，这些问题对贸易和工人产生了负面影响。中美双方认识到，政府或政府支持的机构提供的补贴和其他类型的支持可能导致市场扭曲和造成全球产能过剩问题，因此需要予以关注。中美双方承诺加强沟通与合作，致力于采取有效措施应对上述挑战，以加强市场功能和鼓励调整。

中美双方认识到，钢铁和其他行业的产能过剩是一个全球性问题，需要集体应对。中美支持现行的旨在识别解决全球产能过剩和结构调整问题的有效政府政策，以及实现产业发展方面的更大透明度以促进市场主导应对措施的国际努力。

美方认同和支持中方为化解过剩产能所做的持续努力，支持中方进一步改革以培育让市场在资源配置中发挥决定性作用的环境。中美双方认识到，就控制过剩产能采取果断行动将有助于减少温室气体排放和履行应对气候变化的承诺。

美方认同中国国务院最近公布的在今后 5 年压减约 1—1.5 亿吨钢铁产能、严禁新增粗钢产能的计划。

与中国供给侧结构性改革议程相一致，中方正采取更多的措施确保市场力量不受限制，以更强的市场导向促进钢铁行业的发展，提高生产效率，并在此过程中逐步削减过剩产能。中方将充分发挥市场机制作用，采取恰当政策措施，用法治化和市场导向手段解决钢铁等困难行业的过剩产能。

中美双方将确保没有针对钢产能净扩张的中央政府计划、政策、指令、指导、贷款或者补贴。为解决去产能引起的失业问题，中国政府已决定设立 1000 亿元人民币专项资金，主要通过支持下岗工人安置和福利的方式，向地方政府和中央企业进行工业企业结构调整提供激励和奖补。美方欢迎中方正在进行的以确保中央政府对地方政府的财政激励与削减钢铁过剩产能的目标相一致的行动和计划。

中方将采取措施，严格控制新增钢铁产能，减少钢铁净产能，淘汰落后钢铁产能，敦促环保、能耗、质量、安全达不到标准的产能依法依规退出。中方将通过采取重组、债务重组和破产清算的方式，积极稳妥处置“僵尸企业”。

中美双方将参与国际社会应对全球产能过剩问题的行动，包括参与定于 2016 年 9 月 8—9 日召开的 OECD 钢铁委员会会议，并讨论成立一个全球钢铁论坛的可能性，将其作为交流和分享全球产能动态、政府政策与支持措施信息的合作平台。

美方将通过中美商贸联委会下钢铁对话，与中方分享那些曾在产能过剩情况下面临经济结构调整的美国城市和地区转型的历史经验和教训。

中美双方将就产能过剩相关问题保持沟通与信息分享。

就正在推进中的双边投资协定谈判，中美双方承诺将于 6 月中旬交换负面清单改进出价，以反映双方的共同目标，即致力于实现非歧视、透明、开放、自由的投资体制。中美双方将加快推进双边投资协定谈判，以期达成一个能有效促进并确保市场准入和运营的互利共赢的高水平协定。

美方重申，继续促进和便利商用高技术产品对华民用最终用户和民用最终用途出口。双方重申，继续通过中美高技术与战略贸易工作组深入并详细讨论共同关心的出口管制问题。

双方承诺，用以在商业领域加强信息通信技术网络安全（信息通信技术网络安全法规）的一般适用措施，应符合世贸组织协定，仅用于小范围，考虑国际规范，非歧视，且不应对商业机构在相关产品的购买、销售或使用方面不必要地设置基于国别的条件或限制。双方承诺，普遍适用于商业领域的信息通信技术（ICT）网络安全措施，不会不必要地限制或阻碍信息通信技术（ICT）产品或服务外国供应商的商业销售机会。双方肯定，使用全球范围内的技术解决方案，通常能够增强商业机构的网络安全。

中美双方承诺将进一步改善农业生物技术产品的审批程序。中方将对《农业转基因生物安全管理评价办法》（农业部令第 8 号）及相关措施进行修订。中方所做修订将符合 2015 年 9 月中美两国元首会晤中就有关农业生物技术管理达成的成果。中方将及时、持续、科学地对农业生物技术产品申请进行审批，在国家农业转基因生物安全委员会完成相关评价后依法完成最终审批进程。美方将针对非同步审批对可持续性、贸易和创新的全球影响开展一项研究，并在 2016 年 10 月之前提交中方。中美双方将于 2016 年底之前召开会议，全面讨论农业生物技术相关政策事宜。

美方承诺落实中美双方在往届战略与经济对话中达成的共识，并已启动中国禽肉输美的国内法规程序，以期尽快实现中国自产原料熟制禽肉输美。

中美双方欢迎两国政府在农业科技研究领域探讨互利合作，并在根据两国政府事先达成的共识和合适的条件下，讨论与企业和学术机构的合作。

中美双方承诺在原则上鼓励业界就互利共赢的科技研究进行探讨，开展精准农业科技的技术交流，分享精准农业发展方面的经验，以促进双方现代农业的发展。

中美双方承诺在原则上通过两国农业部资助的科技合作交流项目等机制，加强农产品加工合作。

中美双方认识到基础设施投资对促进经济增长的重要作用，双方承诺进一步加强基础设施开发方面的沟通合作。

中美双方支持促进基础设施投资的努力，包括通过政府和社会资本合作方式（PPP）与国内外投资者一起增加在基础设施领域的商业投资。

双方鼓励关于基础设施投资领域最佳做法的宣传，这将激励两国企业探讨可行项目和商业合作模式。

美方重申其在2015年第26届中美商贸联委会就特别301报告和恶名市场报告作出的有关承诺。

中美双方认同在监管措施的制定和发布中，透明度对于提高可预见性和市场参与的重要性。中方承诺其产业发展相关文件平等对待所有企业。中方承诺对于《中国制造2025》等产业发展政策中具有法律约束力的政策和措施，将按照中国相关法律规定的程序、时限等要求公开征求意见，并提高政策透明度。中国的产业发展基金——包括国家级、省级和市级的基金——都将以市场为基础的概念运作，中方将依据国务院相关规定和措施公布政府出资的产业投资基金相关文件草案。中美双方承诺建立公平、公开和透明的法律和监管环境。

中国工业和信息化部与美国商务部就中美先进制造业交换了意见，就公共与私营部门合作的作用、"美国国家制造业创新网络"及《中国制造2025》等议题进行了讨论。双方认同利用现有对话机制探讨两国先进制造业发展等议题的价值。

为支持中方提高企业透明度和问责性的努力，中方承诺提高企业所有制和治理信息的透明度。为此，中方承诺在省级工商主管部门进一步建设数据库，向有兴趣者公开提供免费或合理收费的、容易搜索的信息，包括在全国各地方工商主管部门注册的企业工商登记、备案信息，以更好地为商业从业者提供指导。

认识到一个高效的航空系统对安全运输人员与货物的重要性，以及航空运输在总体经济发展中所扮演的战略角色，中国和美国在2016战略与经济对话中举行了航空边会。双方在平等互利的基础上，就以下五个领域交换了意见：（1）如何构造一个整合的、一致的和可持续的全国航空系统，包括航空安全监督、航空保安、空中交通管理和机场准入；（2）如何推进国家航空系统的管理更新，以满足对运输能力不断增加的要求；（3）如何建立能够协调、有效和透明地履行职责和义务的体制机制；（4）如何支持正在推进的双边适航活动取得成功；以及（5）在现有中美两国合作的基础上制定长期、跨部门协作的下一步工作计划。双方计划通过适当的双边机制加强航空合作，以应对 21 世纪航空系统的挑战，并认识到，以战略性的、跨政府部门协作的方式应对挑战至关重要。双方将利用现有双边合作机制，如中美航空合作项目（ACP）合作解决这些挑战。作为第一步，双方高级代表计划于本月晚些时候在华盛顿举行会议，商讨边会期间讨论过的计划的实施方式。双方将向 2017 年中美战略与经济对话报告进展。

中国民用航空局（CAAC）与美国联邦航空局（FAA）继续加强合作，进一步对话和沟通，增进相互了解与信任，为互利中美两国，努力达成运输类飞机双边适航互认。

中美双方认识到中美省州和城市间经贸合作联合工作组在促进贸易和投资方面发挥了重要作用。双方将积极落实两国政府在第 26 届中美商贸联委会期间签署的《中华人民共和国商务部和美利坚合众国商务部关于建立促进中美地方贸易投资合作框架的谅解备忘录》，并继续推动中美两国省州和城市间贸易和投资双边合作。中美两国商务部对谅解备忘录框架下的贸易和投资团组互访和相关促进活动提供适当支持。

三、促进金融稳定与改革

中美双方欢迎按照适用法律进一步发展在美人民币交易与清算能力，在深化中国金融市场的同时，改善美国机构投资者参与中国资本市场的渠道。双方强调保持中国和外国金融机构公平参与人民币交易和提供清算服务的重要性。

（1）中方承诺在美指定人民币清算行，作为人民币代理行清算之外的 个机制。

（2）美方欢迎中方初步给予美方 2500 亿元人民币合格境外机构投资者（RQFII）额度，并期待 2016 年底前美国机构获得牌照。中国将根据市场发展和需求提高美国的 RQFII 额度。

（3）美财政部和中国人民银行至少每年对在美人民币交易和清算机制联合评估一次。

认识到培育机构投资者基础以支持股票市场的深度和流动性的重要意义，中方承诺采取措施支持资本市场的发展，包括：

（1）中方认识到在证券基金行业引入境外机构有助于提升行业竞争力和国际影响力，承诺将逐步提高符合条件的外资金融机构参股证券公司和基金管理公司的持股比例上限。

（2）中方欢迎符合条件的外商独资和合资企业申请登记成为私募证券基金管理机构，按规定开展包括二级市场证券交易在内的私募证券基金管理业务。中方将颁布外资机构参与此项业务的监管和资质要求。

（3）美方欢迎中方出台实施细则，允许合格境外投资者直接投资银行间债券市场，包括利率掉期和用于对冲目的的债券远期交易。为支持外资参与中国银行间债券市场，美方也欢迎中方宣布给予合格美国金融机构结算代理人资格和债券承销许可证。中方承诺通过明确启动破产案件的标准，确定明确且具体的破产门槛，提供自申请之日起的自动冻结程序等，加强国内外投资者的债权人权利。中方承诺简化 QFII 和 RQFII 的法规和审批程序，以便利跨境投资。

（4）中美双方欢迎由二十国集团（G20）领导人认可的更新的 G20/OECD 公司治理原则。双方承诺支持实施该原则并参加金融稳定委员会（FSB）对其进行的同行审议。中国证监会将会同有关方，在坚持对所有上市公司实施一致的信息披露和公司监管标准的同时，完善中国的公司治理准则。中方承诺加强措施确保执行公司治理规则，并保护少数股东的权利，包括对关联方交易增加信息披露要求以及协助允许股东向欺诈公司提出合法索赔的努力。为帮助股东能够分享公司的利润，中方还承诺进一步推动上市公司披露其分红政策。

中方宣布，作为国务院《关于实施银行卡清算机构准入管理的决定》的后续工作，中方发布了《银行卡清算机构管理办法》。《办法》规定了向境内支付卡交易提供电子支付服务的国内外机构发放牌照的程序。

为支持资本市场的发展和金融稳定，中美双方承诺实现如下成果：

（1）在逐渐融合的全球金融市场中，中美双方认识到与市场保持有效沟通和金融监管部门之间分享信息的重要性。

（2）双方对自去年中美战略与经济对话以来，为推进公众公司审计监管跨境合作所作的共同努力和大量工作表示赞赏。双方将在去年对话成果的基础上，努力于近期启动检查工作，并将继续探索长期合作的有效方式，以保护投资者和增强公众对两国资本市场的信心。

（3）中国证监会和美国证监会已建立促进跨境执法合作和其他信息分享安排的工作层定期电话会议机制。根据 2015 年中美战略与经济对话相关成果，美国证监会建立了通报中国证监会中国概念公司在美国证监会注册和在美国上市情况的机制，美国证监会已开始定期向中国证监会提供此类报告。此外，中国证监会和美国证监会过去一年中在专业技术交流会上讨论了关于市场成长与发展等问题，中国证监会和美国证监会期待继续开展专业技术交流项目以及工作层面的对话，以促进包括在美上市中国概念公司的执法监管事务合作与信息交流。

（4）中美双方支持中国证监会和美国商品期货交易委员会在就双方各自管辖范围内的期货市场监管进行更直接和频繁的对话与合作方面的努力。双方监管机构认识到这些衍生品市场在本质上是全球化的，认同此类合作的重要性和双方在市场运行概况、法律法规允许范围内的市场和风险监控事务、监管改革与技术发展（如日益增多的程序化交易）等领域及时分享信息具有的重要价值。中国证监会和美国商品期货交易委员会期待通过正式或非正式的渠道加强合作，包括电话、会面和联合研讨会等。

（5）中美双方承诺继续推进场外交易衍生工具市场改革，包括如下方面：对标准化场外交易衍生工具合同实行中央清算；对非中央清算的场外衍生工具交易规定较高的保证金和资本要求；在适当情况下，通过交易所或电子平台交易标准化的场外交易衍生工具合同；以及向交易资料库报告场外衍生工具交易。中美双方欢迎对适当的场外交易衍生品合同实行中央清算，将根据其 G20 承诺，分享有关实施清算和其他金融领域改革的更多消息。美方也欢迎中方承诺全面实施结算体系委员会（CPMI）和国际证监会组织（IOSCO）建立的金融市场基础设施原则（PFMI），以及接受 PFMI 对实施情况的评估。在针对中央对手（CCP）给予适当监管豁免方面，中方欢迎美国商品期货交易委员会宣布给予上海清算所无行动豁免。此外，中美双方承诺进行更直接和更频繁的监管合作，并在完成信息分享细则安排方面取得进展，以管理有关清算机构监管信息的分享。在此背景下，中美双方将采取具体步骤以取得双方监管同行之间公开和对等的对话。

（6）关于在美外资银行执行《对银行控股公司和外国银行机构的强化审慎标准》，中美双方承诺继续就中资银行执行该标准进行沟通与对话。

（7）美方欢迎中方迄今为止在简化证券市场行政规定方面取得的进展，中方承诺将进一步简化金融产品和服务的行政审核程序，同时加强市场监管和投资者保护。

（8）中方将修订相关监管规则，允许境外期货交易所在中国设立代表处。美方允许位于中国的交易所作为境外交易所在美国注册后，根据相关法律法规在美国开展业务。

(9) 美方通过监管规定实施沃尔克规则。当遇到有关规则的解释问题，包括涉及外国基金的解释问题时，美方将寻求在不违反立法本意的前提下解决有关问题。美方愿与包括中国实体在内的利益相关方会面，讨论沃尔克规则的实施。

中美双方承诺按各自过渡期达到金融稳定理事会（FSB）为全球系统重要性银行制定的总损失吸收能力（TLAC）要求。中方已建立存款保险制度，并承诺将继续强化落实此制度以确保及时处理问题银行的相关事宜，将对金融系统造成的负面影响最小化。中方将按照金融稳定理事会颁布的《金融机构有效处置框架的关键属性》，加快完善商业银行处置法规和实施细则，确保商业银行能够以有序的方式进行处置。

中美双方欢迎交易平台之间的持续合作，以便在与双方各自的法律和要求相一致的条件下加强双方金融市场和产品的互联互通。

四、加强全球合作与经济治理

美方支持中方作为主席国于 2016 年主办一届成功的 G20 杭州峰会，期待同中方紧密合作，致力于实现世界经济的强劲、可持续和平衡增长。双方支持 G20 作为国际经济合作主要论坛，承诺同其他 G20 成员一道，（i）加强宏观经济政策合作；（ii）使用所有政策工具，促进信心和增长，灵活使用财政政策推动增长，根据中央银行授权，使用货币政策继续支持经济活动和保障价格稳定，使用结构性改革在中期提升增长潜力；（iii）探索创新带来的机遇；（iv）完善全球经济、金融和能源治理；（v）解决气候变化问题，发展清洁能源；（vi）通过在国内及国际范围内落实 2030 年可持续发展议程、及时落实亚的斯亚贝巴行动议程，为包容和可持续全球发展做出贡献。双方承诺同其他 G20 成员一道，推进在 G20 上述及其他议程上继续取得进展，推动杭州峰会在诸多领域取得积极成果：包括在一个确定时间取消低效化石燃料补贴；在气候和能效领域继续开展讨论和合作，包括提高重型卡车排放效率和逐步削减甲烷排放；在世界卫生组织联合外部评估工具基础上开展传染病防控、检测和应对，以及应对抗生素耐药性。双方鼓励所有 G20 成员全面落实历次峰会承诺。

中美双方支持提高主权债务重组有序性和可预测性的相关努力，包括进一步推动在新发行的主权债券合约和存量主权债券合约中纳入加强的集体行动条款（CACs）和同权条款，以及鼓励主权债务重组中债权人和债务人的合作。

中美双方支持 G20 绿色金融研究组报告及其实质性研究结果，以识别在全球金融系统中不断增加的绿色活动的挑战和机遇。双方欢迎两国金融机构和企业将其金融活动从对环境有害的投资或实践转向更加环境友好型的自愿行动。

中美双方认可出口信贷国际工作组在官方支持出口信贷新的国际指导原则谈判中取得的进展，并期待在今年 7 月举行的第十一次全体会议中继续对一般规则有关问题进行讨论。中美双方将继续通过电话、邮件等方式保持双边沟通和技术性交流以加强合作，研究探讨改进国际工作组工作机制的方式，包括在第十二次会议上和之前寻求国际工作组对设立秘书长的支持，并继续保留轮值主席。中美双方也确认国际工作组具有包容性，对发达国家和发展中国家意见给予相同的关注，推动国际工作组在研究制定新的官方支持出口信贷国际指导原则方面取得更大进展。中美双方将致力于在国际工作组第十二次会议上就现有的一般规则文本草案发表意见；或者提出其他的适用于政府或代表政府提供的官方出口信贷支持的一般规则文本建议。双方重申，新的国际指导原则应该考虑和尊重各国不同利益及发展情况，与国际最佳实践相一致，并有助于确保政府对商业出口融资的补充，为全球贸易与广泛的经济增长做出贡献。

中美双方重申巴黎俱乐部作为官方双边债务重组主要国际平台的地位，并认为巴黎俱乐部应适应官方融资的发展趋势，包括将其成员范围扩大到新兴债权人。双方欢迎巴黎俱乐部讨论一系列主权债务问题。中方愿与巴黎俱乐部保持进一步沟通，并发挥更具建设性作用，包括进一步讨论潜在的成员身份问题。

中美双方将寻求通过世行、亚行及其他国际金融组织在第三国开展发展融资领域的合作。双方已经在能源、农业和卫生领域确定了潜在合作机会。

中美双方承诺采取具体步骤落实 2015 年 9 月和 2016 年 3 月气候变化联合声明关于运用公共资源优先资助并鼓励逐步采用低碳技术的承诺。双方将建设性地参与关于公共资金在支持低碳技术和气候适应以及减少高温室气体排放方面作用的讨论。除在最贫穷的国家以外，美方已终止向新建传统燃煤电厂提供公共融资。中方将继续加强绿色低碳政策规定以期严格控制公共投资流向国内外高污染、高排放项目。中美双方承诺在某一具体日期之前规范和逐步取消鼓励浪费的低效化石燃料补贴，同时为最贫困人群提供特定帮助。

我们注意到，中美两国的非政府组织、私人和公共机构正就绿色金融展开合作，体现了建筑、能源、银行、证券、基金管理以及其他行业的共同利益。各方参加了2015年召开的圆桌会，在这个圆桌会上启动了绿色建筑能效基金的建立工作。

中美双方欢迎国际货币基金组织（IMF）2010年份额和治理改革方案正式生效。两国号召IMF执董会抓紧工作，以按时在2017年年会前完成第15次份额总审查，包括一个新的份额公式，以进一步完善IMF的治理。中美双方重申，份额的分配应继续向具有活力的新兴市场和发展中国家转移，以更好地反映IMF成员在世界经济中的相对权重。

美方支持国际货币基金组织（IMF）将人民币纳入特别提款权（SDR）货币篮子的决定。中美两国支持IMF研究扩大SDR使用的可能性。

中美双方欢迎双方金融机构在自愿的基础上采用赤道原则。

附录

中美双方承诺继续通过一系列其他对话和机制开展经济合作，加强双边关系，促进全球经济发展。双方合作领域包括：

1. 智库就经济问题的讨论
2. 宏观经济政策交流合作
3. 化石燃料补贴同行审议
4. 保险业合作
5. 国际审慎保险事宜
6. 中美银行业监管磋商
7. 保护金融系统不受非法金融活动威胁
8. 反洗钱监督（AML）和反恐怖主义融资（CFT）合作
9. 反假货币合作与交流
10. 中华人民共和国人力资源和社会保障部和美利坚合众国劳工部之间的合作
11. 中美安全生产与职业健康对话
12. 中国煤炭工业协会与美国劳工部之间的合作
13. 标准趋同方面的技术合作
14. 贸易统计技术交流与合作

15. 原产地规则合作
16. 反向贸易代表团计划
17. 中小企业合作
18. 中国食品药品监督管理总局考察团
19. 继续知识产权合作
20. 第七次中美创新对话
21. 打击商业电子邮件侵害诈骗
22. 海关知识产权执法合作
23. 检验检疫领域的合作
24. 中医药领域合作

第七轮中美人文交流高层磋商成果清单

（北京，2016 年 6 月 7 日）

一、教育领域

（一）巩固中美两国政府间的教育政策交流

1. 继续执行中美教育部合作执行计划。

2. 举办 2016 年中美教育部际磋商，规划本年度两国教育合作交流项目和活动。

3. 继续举办中美省州教育厅长对话，推动中美省州层面的教育政策与实践交流。

（二）设计实施新的引领示范性项目

4. 美方将实施“百万强”计划，争取到 2020 年实现 100 万名美国学生学习中文的目标。

5. 设计并执行好“知行中国—中美学术影响力计划”。

6. 设计并执行好“知行中国—中美高校学生领袖研习营”项目。

7. 举办中美应用技术教育合作研讨会并签署“双百”合作框架协议，启动中美应用技术教育“双百”合作计划，目标是 5 年内实现中美 100 对应用技术大学、学院的深入合作，中美 100 对校企深度融合，联合培养具有国际标准、国际视野的高等应用技术人才。

8. 启动实施“中小学名校长领航班”项目，组织中小学名校长赴美研修访问，就美国基础教育动态等重点专题学习交流。

9. 执行好“中美人才培养计划”项目。

（三）继续实施好中美教育交流的重要合作项目

10. 继续实施“百千万”计划，2016年至2020年，邀请100名美国青年领袖访华游学；促成双方各1000名优秀大学生到对方一流高校研学；每年公派1万人赴美学习研修。

11. 继续实施中方“公派万名学生赴美攻读博士学位”项目。

12. 继续实施中方“万名中美人文交流专项奖学金”项目。

13. 继续实施中方“汉语桥万人来华研修”项目，邀请美国中小学校长和师生来华参加校长团、夏令营、孔子学院奖学金、来华师资培训等项目。

14. 继续实施美方“十万人留学中国计划”。

15. 继续执行好中美富布赖特项目。

16. 继续执行好美中友好志愿者项目。

17. 继续邀请美国优秀高中毕业生访华团来华参加创新夏令营。

18. 继续执行“千校携手”项目。

19. 继续执行“知行中国”青年学者项目。2016年将邀请第二批美国青年学者来华研修，促进中美青年学者交流。

20. 继续执行400名非洲裔美国大、中学生来华游学项目。

21. 继续执行向传统非洲裔大学联盟的学生来华学习提供1000个奖学金项目。

（四）支持中美在多个领域开展形式多样的教育交流活动

22. 继续支持举办中美青年创客大赛。

23. 教育部将与德州仪器公司签署《关丁支持大学生创新创业的谅解备忘录》。

24. 教育部将与谷歌公司签署《教育合作备忘录》。

25. 支持中美公司合作制作影片《我们诞生在中国》。

26. 支持海通证券联合中国出版集团公司、中国华录集团有限公司、中国文化产业发展集团公司、四川新华发行集团公司和美国尼尔·布什中国公司联合发起成立的“中美文化产业发展投资基金”。

27. 举办“汉语桥”美国学生千人夏令营。

28. 继续推动孔子学院和课堂在美发展。

29. 继续推动与美国大学理事会和亚洲协会合作的汉语教师和志愿者、全美中文大会以及其他项目的开展。

30. 继续推动新汉学计划实施。

31. 国家留学基金委将于 2016 年第七轮中美人文交流高层磋商期间举办中美大学天文合作高峰论坛。

32. 国家留学基金管理委员会与中美有关大学签署中美大学天文领域人才合作培养协议，共同设立“中美大学天文领域人员交流项目奖学金”，每年共同资助中国优秀学生学者赴美开展天文领域相关合作科研。

33. 中国教育国际交流协会将与美国社区学院协会于 2016 年继续举办“中美高职院校/社区学院校长对话”。

34. 中国教育国际交流协会将继续执行“中美高端技能型、应用型人才联合培养百千万交流计划”。

35. 中国教育国际交流协会将于 2016 年举办第二届“中美未来职业之星联合研习营”。

36. 中国教育国际交流协会将于 2016 年邀请美国耶鲁大学 Spizzwinks 阿卡贝拉男生清唱团来华进行访演活动。

37. 中国教育国际交流协会将于 2016 年举办“中美高校领导力发展论坛”。

38. 中国教育国际交流协会将继续执行好“中美人才培养计划”项目。

39. 中国大体协将在第七轮中美人文交流高层磋商期间举办中美学校体育战略对话。

40. 中国大体协将邀请杜克大学女足队于第七轮中美人文交流高层磋商期间来华，与北京师范大学举行中美大学女足友谊赛。

41. 中国大体协将与 NIKE（中国）签署合作协议，共同推动中美大学生女子足球队伍交流。

42. 中国大体协将于 2016 年 6 月底和 11 月初分别在长沙和上海各举办一期“2016FUSC/CSSF-NBA 校园篮球教练员培训班”。

43. 中国大体协将于 2016 年 7 月选派 41 名全国优秀的高校体育管理人员赴美国圣母大学进行为期 1 个月的留学。

44. 中国大体协将于 2016 年 8 月组织中国大学生女子足球联赛的全明星队赴美访问，期间将与南加州大学、加州大学洛杉矶分校、亚利桑那州立大学和犹他大学的女足队进行友谊比赛、研讨交流、训练互动等丰富多样的活动。

45. 中国大体协和国家留学基金委将于2016年9月至12月选派209名学校体育教练员前往美国亚利桑那州立大学和犹他大学进行为期三个月的留学，项目涉及篮球、田径、游泳和拉拉操。

46. 中国大体协将于2016年11月在上海举办第五届中美大学生体育文艺周系列活动，期间包括NCAA男篮常规赛（哈佛大学和斯坦福大学比赛）、中美大学生男篮友谊赛、中美大学体育教育峰会、教育展等多姿多彩的交流比赛和艺术联欢活动。

47. 中国大体协将于2016年12月上旬在美国举办中美高校体育论坛，届时由国内省市教育厅/教委、高校领导、教练员等近40人组成的代表团将赴美交流研讨。

48. 中国大体协将与教育部国际司于2016年共同举办“留动中国”来华留学生体育活动，邀请美国等国家来华留学生参加体育比赛、歌舞及演讲等才艺展示活动，进一步增进中美青年间的理解和友谊。

（五）支持两国教育机构高水平战略合作，推动人才培养和合作办学项目

49. 继续支持中美大学开展智库合作。2016年，北京大学将与斯坦福大学合作举办中美大学智库论坛；复旦大学将与加州大学圣地亚哥分校合作举办首届中美大学智库对话。

50. 继续支持清华大学与黑石集团开展“苏世民学者项目”，培养具备卓越领导能力、了解中国社会文化的未来领袖。

51. 支持北京大学燕京学堂开设中国学硕士研究生项目，为世界范围内的学生搭建沟通中国和世界的桥梁。

52. 支持中国人民大学附属中学与创新人才教育研究会成立“中美人文交流与教育合作平台”。

二、科技领域

1. 举办“中美+”清洁炉灶国际发展论坛：2016年第七轮中美人文交流高层磋商期间，科技部拟举办“中美+”清洁炉灶国际发展论坛，加强中美双方清洁炉灶科研交流与合作，通过共同研发适合发展中国家需要的清洁炉灶，节约能源降低污染排放，减少疾病。

2. 中美科技合作协定续签：《中美科技合作协定》由邓小平同志与美国总统卡特于1979年1月在美签署，实现了两国建交后双方官方合作零的突破，后历经多次续签，继承和发扬了双边科技合作的良好传统。科技部万钢部长与美国白宫科技政策办公室主任霍尔德伦代表两国政府于2016年4月如期签署《中美科技合作协定延期议定书》。

3. 中美卫生领域谅解备忘录续签：《科技部与美国卫生与公众服务部卫生健康医药科学合作谅解备忘录》于2016年5月10日到期，科技部与美国卫生与公众服务部拟于2016年择期续签谅解备忘录，促进中美医药卫生领域科技合作。

4. 中美化石能议定书续签：科技部与美国能源部拟就《中美化石能技术开发与利用合作议定书》续签事宜进行磋商，并积极推动于2016年完成议定书续签，促进中美化石能领域科技合作。

5. 建设上海张江波士顿企业园：上海张江波士顿企业园建设将积极推动中国融入全球创新体系，发挥中美科技合作的辐射带动作用。2016年2月，科技部、上海市、美国马萨诸塞州等高级别代表共同出席了上海张江波士顿企业园项目启动仪式，共同推动省州园区科技创新合作，为中美人文交流和科技合作增添新内涵。双方拟于6月6日或7日本轮磋商期间，在华举办上海张江波士顿企业园揭牌仪式暨“中美科技园区合作创新论坛”（暂定名）。

6. “中美+”科技行动计划：科技部与美国国务院拟在两国及第三国共同感兴趣且有合作基础、有助于共同应对全球挑战的领域开展合作，推动“中美+科技行动计划”，双方拟将清洁炉灶作为行动计划首个优先领域，并将根据双方共识增加新的合作领域。

7. 创建部州科技创新合作机制：科技部拟与美国马萨诸塞州政府探讨共同举办研发产业化合作论坛，邀请产学研等各界代表参加，在交流研讨中促成实质性合作。

8. 大科学工程和研究计划的交流与合作：科技部拟与美国国务院等部门加强在国际大科学工程和研究计划方面的信息交流和政策协调，包括探讨共同发起国际大科学工程和研究计划的可能性；探讨互相开放国内大科学工程并加强合作的可能性；举办中美大科学工程和研究计划管理研讨会等。

9. 建立中美科技政策与管理实践领域的交流与合作：科技部鼓励中国科研机构（中国计量院等）与美国国家标准与技术研究院在《中美科

技合作协定》框架下开展合作研发项目，并提供相关支持。

10. 推进无锡市与麻省理工学院（MIT）合作：科技部支持无锡市锡山区与麻省理工学院产业联盟办公室（MIT-ILP）共建无锡锡山 MIT-ILP 国际技术转移中心，共建创新创业合作平台，推进锡山企业与 MIT 开展技术合作研发，数据库共享，加快科技成果转化。双方人员定期交流互访，共同举办高层技术论坛。

11. 四川大学华西医院与赛默飞世尔科技公司的合作：科技部支持四川大学华西医院加强与赛默飞世尔科技公司的合作，包括建立“现代临床病理联合实验室”，在组织样本库、蛋白组学及分子诊断等学科建设领域联手打造院企合作平台等。

12. 中美清洁能源合作：科技部万钢部长与美国能源部莫尼兹部长拟于 2016 年 7 月在北京共同主持中美清洁能源联合研究中心（CERC）第八次指导委员会会议。双方拟就清洁煤、清洁汽车、建筑节能、能源与水、中重载卡车能效等领域的合作交换意见，并就二期合作进行探讨。

13. 签署中美清洁能源联合研究中心（CERC）合作议定书补充协议：科技部、能源局与美国能源部拟于 2016 年择期签署 CERC 议定书的补充协议，正式确认中重载卡车能效合作作为 CERC 二期新增领域。

14. 举办中美化石能议定书协调人会：科技部与美国能源部拟于 2016 年下半年在美举办 2016 年度中美化石能议定书协调人会。双方拟回顾议定书框架下电力系统、清洁燃料、能源与环境技术等 6 个附件的合作进展，推进优先领域的务实合作。

15. 举办第 3 次中美环境研究联合工作组会：科技部与美国环保署拟于 2016 年在美举办第 3 次中美环境研究联合工作组会，共同商讨环境科技领域合作，拓展合作领域并不断丰富合作机制。

16. 中美卫生科技领域研讨会：科技部与美国卫生与公众服务部、国立卫生研究院拟于 2016 年择期在华召开中美卫生科技领域研讨会，双方拟就卫生科技领域相关议题进行深入探讨，并就未来合作提出进一步建议。

17. 科技部与美国心脏协会合作：在科技部与美国心脏协会合作谅解备忘录的基础上，科技部拟于 2016 年推动美国心脏协会与中国的合作伙伴建立良好关系，进一步在医疗学术交流和在华推广实施心肺急救培训两方面开展合作，造福人民。

18. 中美科技人员交流计划：科技部与美国国家科学基金会拟于 2016

年 6 月至 8 月继续在华举办 2016 年度中美科技人员交流计划，接收美方优秀博士研究生约 40 名，在中方导师指导下开展研究，为两国青年科研人员未来研发合作搭建平台。

19. 中美青年科技论坛：科技部与美国国务院拟于 2016 年下半年共同在华举办第十届中美青年科技论坛，在美举办第十一届中美青年科技论坛。论坛将为两国青年科研人员提供交流平台、建立科研合作联系。

20. 中国青年科学家访美计划：科技部与美国国务院拟于 2016 年下半年共同执行第五批中国青年科学家访美计划，选派 10 名中国科技工作者赴美访问美政府、大学和科研机构，与美方科研人员开展交流。

21. 科技主题工作组会议：高层磋商期间，科技部与美国国务院将共同举办科技主题工作组会议，就在人文交流方面拟共同开展的科技领域活动进行讨论。

22. 举办中美农业科技合作联合工作组第 14 次会议：科技部与美国农业部拟于 2016 年 8 月在华共同举办中美农业科技合作联合工作组第 14 次会议。双方拟回顾中美农业旗舰项目下农业生物技术等优先领域以及拟新增优先领域合作进展，并就未来合作进行探讨。

23. 举办中美技术转移与创新协作大会：科技部拟于 2016 年支持建立中美国际技术转移协作网络，并支持举办首届中美技术转移与创新协作大会及相关专题活动。

24. 国际技术转移合作：科技部拟会同国家外专局等中方单位与北美技术经理人协会共同建立国际技术转移标准化培训课程体系，组织示范培训，并依托地方政府建立中美国际技术转移合作培训基地。

25. 举办中美合作创新高端论坛：科技部拟择期举办中美合作创新高端论坛，邀请美国前政要、智库、学者，共同探讨气候变化、环境污染、粮食安全等全球性重大挑战，通过科技创新来应对挑战。

26. 共建中美创新创业孵化平台：科技部支持中国科技产业化促进会、绿圃（北京）科技控股有限公司联合美国斯坦福大学亚太中心、美国 KRW 投资公司，在广东省科技厅和东莞市人民政府支持下，开展系列旨在促进中美创新孵化联动的活动。拟于 2016 年 5 月正式启动“东莞常平国际创新港”建设，建立“中美创新孵化信息共享平台”，举办“中美创新孵化论坛”“中美创业训练营”，发起设立“中美创客家园基金”，建设中美创客路演平台。

27. 北京航空材料研究院与美国加州大学欧文分校合作：科技部支持

北京航空材料研究院与美国加州大学欧文分校于2016年4月在增材制造领域签署科技合作协议，北京航空材料研究院将选派1—2名青年专家赴欧文分校开展技术交流与联合研究。

28. 哈尔滨工程大学与德州农工大学合作：科技部支持哈尔滨工程大学与德州农工大学深化在核安全与核能和平利用领域科学研究、科技人才培训合作，支持双方联合制定哈工程德州农工联合学院战略方案。

29. 哈尔滨工程大学与田纳西大学合作：科技部支持哈尔滨工程大学与田纳西大学在核安全与核能和平利用领域开展联合科学研究和学术交流，双方积极参与核安全国际联合研究中心的研究工作。

三、文化领域

1. 2016年下半年，中国对外文化交流协会拟与华盛顿州政府签署《中国对外文化交流协会与美国华盛顿州政府关于支持建立文化交流伙伴关系的谅解备忘录》。

2. 2016年下半年，文化部拟组派学者、专家、艺术家赴美举办“中国文化创新领袖巡回演讲”活动。

3. 2016年下半年，中国儿童艺术剧院将与美国蒙大拿州米苏拉儿童剧院互派艺术团到对方国家演出。

4. 2016年7月，中国现代舞作品《生长》将应邀参加美国舞蹈节演出。

5. 2016年8月，根据《中国对外文化交流协会和美国史密森学会关于开展文化合作的谅解备忘录》，文化部将邀请美国史密森学会代表团访华。

6. 2016年8月底至9月初，四川乐山歌舞团现代舞《断层线》将赴洛杉矶演出。

7. 2016年9月，洛杉矶亨廷顿图书馆将举办《中国木刻水印展》。

8. 2016年9月，文化部将组派中国艺术团组参加芝加哥“世界音乐节”。

9. 2016年9月，文化部将组派多家演艺机构代表赴美国参加美国中西部艺术联盟年会及演出交易会。

10. 2016年9月，“聆听中国”民乐团将赴美国巡演。

11. 2016年10月，上海京剧院《王子复仇记》将赴芝加哥哈里斯剧院演出。

12. 2016年9月至10月，多个中国艺术团组将应邀参加在北加州、华盛顿州举办的第三届“跨越太平洋—中国艺术节”系列活动。

13. 2016年9月至10月，“中美作曲家项目”将在纽约举办“中美作曲家音乐节”。

14. 2016年10月，文化部拟邀请美国中大西洋艺术基金会代表团访华。

15. 2016年11月，第三届“中美影视产业博览会”、第十二届“中美电影节”和“中美电影高峰论坛”将在洛杉矶举行。

16. 2016年11月底12月初，中国艺术团组将参加好莱坞圣诞大游行。

17. 2016年11月至2017年1月，中美合作推出的第六届“天下华灯”嘉年华大型灯会将在萨克拉门托举行。

18. 2017年1月，中国文化传媒集团和上海国家对外文化贸易基地将组派中国团组参加洛杉矶艺术博览会。

19. 2017年初，美国托马斯·杰斐逊基金会将与中国国家图书馆合作，在中国国家图书馆举办《托马斯·杰斐逊—创建美国》展览。

20. 2017年2月至5月，南京博物院和旧金山亚洲艺术博物馆将合作举办“汉代考古发现展”。

21. 2017年3—7月，纽约大都会艺术博物馆将和中国国家文物局共同举办《秦汉文明展》。

22. 2017年上半年，“陕西文化周”将在旧金山和圣荷西等地举办。

四、卫生领域

1. 中美卫生对话

双方决定在中美人文交流高层磋商期间，举办中美卫生对话，突出中美间与人文交流相关的卫生合作和伙伴关系，探索其他潜在合作。

2. “中美百名医院院长互访计划”

双方决定继续实施“中美百名医院院长互访计划”，进一步促进交流与合作。

3. “青年卫生骨干千人交流计划”

双方决定继续实施和扩大“青年卫生骨干千人交流计划”，加强卫生人员交流、培训和合作研究。

4. 第六届中美健康峰会

在中国国家卫生和计划生育委员会和美国卫生与公众服务部的支持下，中美健康峰会组织将于2016年9月在中国西安举办第六届中美健康峰会。

5. 第三届中美医院管理研讨会

国家卫生计生委人才交流服务中心与美中医疗卫生合作项目将共同在华举办第三届中美医院管理研讨会。

6. 中美健康城市论坛

2016年11月19日至20日，中国国家卫生计生委、全国友协、美国卫生与公众服务部、姊妹城市国际组织将共同在江西南昌举办中美健康城市论坛。论坛将重点关注健康城市与非传染性疾病问题。

7. 美中医疗卫生合作项目

美国贸易发展署将同国家卫生计生委人才交流服务中心开展卫生合作项目，资助2期赴美培训班，并在华举办6次研讨会，研讨议题重点为医疗技术、最佳实践和政策制定。上述活动中，美方公立和私营部门医疗卫生专家将与中国各地专家共同讨论医疗卫生面临的机遇和挑战。

8. 非传染性疾病——以国际访问者领袖项目为重点

2016年9月，实施美国国务院国际访问者领袖项目，重点关注非传染性疾病。

9. 乳腺癌

在中国国家卫生计生委和美国卫生与公众服务部的共同支持下，全国妇联与美国高盛集团公司等今年将继续合作提高对乳腺癌和宫颈癌的认识，提升省级层面相关能力。

10. 心血管疾病

中国心血管病联盟与美国心脏病协会将在第七轮中美人文交流高层磋商期间签署合作备忘录，合作开展心肺复苏培训和心肌梗塞病人入院前管理。

11. 协和住院医师培训国际论坛

中华医学基金会与北京协和医院将于2016年9月合作举办第二届住院医师培训国际论坛，培训下一代中国临床教育领军人物。

12. 第三届西湖青年论坛

2016年6月，美国中华医学基金会与四川大学公共卫生学院将共同在成都举办第三届西湖青年论坛，对青年学者进行研究方法学与最佳实践等内容的培训。

13. 中国住院医师培训精英教学医院联盟师资开发研讨会

2016 年 9 月，美国中华医学基金会与中国住院医师培训精英教学医院联盟将联合举办关于临床师资发展的研讨会。

14. 研究合作

中国医学科学院与美国国立卫生研究院将拓展合作领域，特别是就共同支持建立中国国家临床中心开展合作。

五、体育领域

机制化交流

1. 围绕“身体运动功能与表现”主题，在华举办第三届“中美体育研讨会”（2016 年 6 月）。

篮球

2. 美国职业篮球协会（NBA）与宋庆龄基金会合作，邀请北京私立汇佳学校的学生于 2016 年 1 月 28 日至 2 月 4 日赴美国休斯敦和洛杉矶访问，观摩 NBA 比赛，与当地的青少年篮球俱乐部队进行练习赛，并参加青少年篮球讲习班。

3. 中国篮球协会派国家青年女篮队赴美参加国际邀请赛并训练（2016 年 5 月）。

4. NBA 派教练员赴中国大连参加中国篮球协会举办的中高级教练员培训班，为中国教练员授课（2016 年 5—6 月）。

5. NBA 将派裁判员赴中国苏州，为中国篮球协会举办的裁判员培训班授课（2016 年 6 月）。

6. 中国篮球协会派国家青年篮球队赴美进行里约奥运会赛前训练并与当地俱乐部队进行友谊赛（2016 年 6 月）。

7. 美国职业篮球协会（NBA）将邀请中国篮球协会的联赛官员和裁判员赴美国拉斯维加斯参加为期 7 天的全球裁判员培训班（2016 年 7 月）。

8. 中国篮球协会派国家男子篮球队赴美进行里约奥运会赛前训练并与美国国家男子篮球队进行友谊赛（2016 年 7—8 月）。

9. 中国篮球协会派国家女子篮球队赴美进行里约奥运会赛前训练并

与美国国家女子篮球队进行友谊赛（2016 年 7—8 月）。

10. NBA 将与中国篮球协会东莞篮球学校合作，在中国 7 个城市举办面向 12—16 岁青少年的篮球训练营（2016 年 7—8 月）。

11. NBA 将派教练员赴中国沈阳和成都，为中国篮球协会举办的 U－13 篮球夏令营授课（2016 年 7—8 月）。

12. 中国篮球协会派国家青少年男女篮球队赴美参加中美篮球对抗赛（2016 年 10—12 月间）。

13. 中国篮球协会派教练员赴美进行培训交流（2016 年下半年）。

14. NBA 与北京市体育局和广州市体育局合作，在北京男女高中生和广州男女小学生中举办 Jr. NBA 篮球联赛。同时在天津、杭州、南京等城市也有系列活动。

排球

15. 中国排球协会派沙滩排球队赴美参加沙滩排球巡回赛并训练（2016 年 1—2 月）。

羽毛球

16. 应美国羽毛球协会邀请，中国羽毛球协会将派国家羽毛球队赴美参加 2016 年美国羽毛球公开赛（2016 年 6 月）。

足球

17. 体育使者项目：2016 年 5 月 15—28 日，为庆祝美国女子足球队获得第一次女足世界杯冠军 25 周年，前 1991 年国家队成员琳达·汉密尔顿和前助理教练劳伦·格雷格赴成都、上海、广州访问两周。此访是体育使者项目之一，旨在帮助年轻女性、少数群体和移民群体等提高在性别平等、女性成长、价值观多样化方面的权益。

18. 体育访问者项目：2016 年 7 月，美国国务院将邀请来自成都、广州、上海的女子足球教练团组赴美访问 10 天。此项目将围绕美国教育法第九篇修正案（注：针对不同性别受教育的平等权利），向来访者介绍该法案如何改变了美国的体育、教育和社会。该活动是与美国足球协会和华盛顿足球联队合作的。

棒球

19. 美国职棒大联盟发展中心赞助支持中国运动员学生在国内外大学就读，并参加中国棒球联赛和美职棒比赛，以及在包括教练、管理、选材等棒球职位进行全职工作。

冬季运动和冬奥会合作

20. 北京2022年冬奥组委与美国滑雪协会分别于2015年10月和2016年5月一同访问了美国犹他州帕克城，就筹办北京2022年冬奥会合作事宜进行了探讨。

21. 2016年5月27日，中美第一个滑雪度假村合作项目对外公布，美国斯阔谷高山草甸度假村与中国北京云顶花园宣布建立宽领域的战略联盟。云顶花园是北京2022年冬奥会的自由式滑雪和单板滑雪比赛场地。

22. 美国滑雪协会将与中国滑雪协会官员会晤，就签订两协会之间的合作谅解备忘录进行探讨（2016年6月）。

美式足球

23. 历时7个月的美国美式足球社交媒体展示，通过25条发布内容和9部视频共吸引了超过一百万的访客。该活动不仅宣传了美国文化、分享了历史传承，在社交媒体上的互动也拉近了美方与美式橄榄球联盟中国分部以及数百名中国美式橄榄球联赛运动员的联系。

武术

24. 中国武术协会与亚利桑那大学合作，派团赴美进行武术宣传推广，并举办武术段位制培训（2016年5月）。

健身气功

25. 中国健身气功协会先后派专家赴美进行健身气功宣传推广，并进行教学培训（2016年6月、2016年10—11月间）

国际象棋

26. 中国国际象棋协会邀请美国国际象棋队来华参加中美国际象棋对抗赛（2016年5月）。

27. 中国国际象棋协会派中国国际象棋队赴美参加中美国际象棋对抗赛（2016年下半年）。

围棋

28. 中国围棋协会派员赴美参加美国围棋大会，并与美方进行技术交流（2016年7—8月间）。

航空运动

29. 中国航空运动协会邀请美国模拟飞行队来华参加中美模拟飞行对抗赛（2016年11月）。

特奥交流

30. 2016年3月，国际特奥会与中国34所学校（包括特殊教育学校和普通学校）签订了谅解备忘录。

31. 作为今年的重点交流项目，国际特奥会将从中国的融合学校选派20名青年（包括智力残疾和非智力残疾）于2016年11月赴美国北卡罗来纳州访问。目前负责团队正在制定当地访问日程和活动。

六、妇女领域

1. 提高反家庭暴力意识：美国国务院全球妇女事务办公室将与全国妇联合作，在美国驻华企业中开展中国《反家庭暴力法》的宣传倡导，提升他们对该法的认知程度。

2. 中国妇女领导者交流对话会：全国妇联与美国国务院全球妇女事务办公室合作，于2017年第八轮中美人文交流高层磋商期间联合举行第九届中美妇女领导者交流对话会。

3. 第三国合作：美国国务院全球妇女事务办公室和全国妇联将在一个太平洋国家就促进妇女创业进行实质性磋商，设计合作项目。

七、青年领域

（一）中美青年政治家交流项目

1. 2016年下半年，邀请美国青年政治家代表团访华，增进中美青年精英的了解、信任和友谊。在华期间，继续举办中美青年思想者圆桌会议，加强中美青年领袖之间的思想碰撞。

2. 2016年下半年，派遣中国青年代表团访美，促进中国青年精英与美国政治、经济、社会各界人士进行深入交流与对话。

（二）中美学生领袖交流项目

3. 2016年下半年，邀请美国常青藤联盟学生理事会代表团访华，举办中美学生领袖对话。

4. 中国青年政治学院与美国哈佛大学、福特汉姆大学开展赴美访学和学生学分学位项目。

（三）中美青年职业人士研修交流项目

5. 继续开展“中国—耶鲁青年领导者对话”赴美培训项目，通过学习、借鉴、交流中美创新理念和实践，提高优秀中国青年的创新意识和创新能力。

6. 继续开展以中国青年公务员、青年教师和青年工作者为主要对象的培训项目，包括邀请美方专家来华培训、组织中国青年公务员和团干部赴美开展培训等。

（四）“中美旅游年——人文交流故事汇”活动

7. 2016 年为中美旅游年，为进一步促进中美两国人民的友好交流，中国青旅集团、中青旅控股股份有限公司和中国青年报社联合开展“中美旅游年——人文交流故事汇”主题征文活动，全年在中青报开设专栏，面向全社会征集并刊发中美人文交流中的好故事，并拟在第七轮 CPE 期间配套举办征文作者座谈会。（截至 2016 年 4 月 10 日，已刊发征文 74 篇）

中美元首气候变化联合声明

（华盛顿，2016 年 3 月 31 日）

一、过去三年来，气候变化已经成为中美双边关系的支柱。两国已在国内采取了有力措施建立绿色低碳和气候适应型经济，助推全球应对气候变化行动，并最终于去年 12 月达成了《巴黎协定》。习近平主席和贝拉克·奥巴马总统 2014 年 11 月一起宣布了富有雄心的气候行动，志在率先垂范，至一年后巴黎会议开幕时已有 186 个国家提出了气候行动。2015 年 9 月，习近平主席对华盛顿进行国事访问期间，两国元首提出了关于巴黎会议成果的共同愿景，并宣布了应对气候变化的主要国内政策措施和合作倡议以及在气候资金方面的重要进展。在巴黎，中美两国共同并与其他各方一道，为达成具有历史意义的、富有雄心的气候变化全球协议发挥了关键作用。

二、今天，两国元首在共同努力应对气候变化方面又宣布了一项重要举措。中美两国将于 4 月 22 日签署《巴黎协定》，并采取各自国内步骤以便今年尽早参加《巴黎协定》。他们还鼓励《联合国气候变化框架公约》其他缔约方采取同样行动，以使《巴黎协定》尽早生效。两国元首进一步承诺，将共同并与其他各方一道推动《巴黎协定》的全面实施，战胜气候威胁。

三、两国元首认识到，《巴黎协定》标志着应对气候变化的全球性承诺，也发出了需要迅速向低碳和气候适应型经济转型的强有力信号。为此，两国元首也承诺今年双方共同并与其他国家一道努力在相关多边场合取得积极成果，包括《蒙特利尔议定书》下符合“迪拜路径规划”的氢氟碳化物修正案和国际民航组织大会应对国际航空温室气体排放的全球市场措施。为加快清洁能源创新和应用，双方将共同努力落实巴黎会议上宣布的“创新使命”倡议各项目标，并推进清洁能源部长级会议工作。两国元首支持今年在杭州举行的二十国集团峰会取得成功，包括在气候和清洁能源方面取得强有力成果，并号召二十国集团成员国建设性开展能源和气候变化国际合作。双方将通过中美气候变化工作组、中美清洁能源研究中心以及其他努力继续深化和拓展双边合作。

四、最后，两国元首承诺采取具体步骤落实2015年9月联合声明关于运用公共资源优先资助并鼓励逐步采用低碳技术的承诺。自联合声明发表以来，美国在经济合作与发展组织框架下成功推动制订了第一套利用出口信贷支持燃煤电厂的多边标准，中方也一直在加强绿色低碳政策规定以严格控制公共投资流向国内外高污染、高排放项目。

五、中美气候变化方面的共同努力将成为两国合作伙伴关系的长久遗产。

中美气候变化合作成果

（杭州，2016 年 9 月 3 日）

新华社杭州 9 月 3 日电中美气候变化合作成果

一、习近平主席和贝拉克·奥巴马总统推动中美在引领全球应对气候变化方面建立了历史性的伙伴关系。从 2013 年两国元首安纳伯格庄园会晤到 2014 年 11 月发表里程碑式的气候变化联合声明、2015 年 9 月和 2016 年 3 月发表元首气候变化联合声明，中美两国的领导力已经激励全球采取行动构建绿色、低碳、气候适应型世界，并对达成历史性的《巴黎协定》做出了重要贡献。气候变化已经成为中美双边关系的一大支柱。双方致力于落实关于气候变化问题的三份元首联合声明，并将在迄今已取得的实际进展和丰硕成果基础上，不断深化和拓展中美双边气候变化合作。

二、今天，中美两国向联合国秘书长潘基文交存了各自参加《巴黎协定》的法律文书，为推动《巴黎协定》尽早生效做出了重大贡献。两国元首呼吁其他《联合国气候变化框架公约》缔约方尽早加入《巴黎协定》以期协定于今年生效。两国元首进一步表示，将延续以往承诺共同努力并与其他各方一道推动《巴黎协定》全面实施。中美两国将编制并发布各自本世纪中期温室气体低排放发展战略。美方将于 2016 年发布其战略，中方将尽早发布。两国同意从今年开始开展一系列关于编制上述战略的技术性交流。

三、中美承诺，双方将共同努力并与其他各方一道推动《巴黎协定》后续谈判，并在相关多边场合推动于今年取得积极成果。中美承诺将共同努力并与其他各方一道，于今年达成有力度且全面的关于氢氟碳化物的《蒙特利尔议定书》修正案，包括分别为《蒙特利尔议定书》第二条缔约方确定早期首次削减行动、为第五条缔约方确定早期冻结年，以及制定有力度的削减时间表，通过来自第二条缔约方增加的且足额的资金支持以帮助第五条缔约方实施。中美还将共同努力就安全使用易燃替代品这一关键问题开展研究，同时承诺将就削减氢氟碳化物使用的强化国内行动开展合作、改进效率标准、支持推动空调市场转型的政策，继续积极参与清洁能源部长级会议发起的“先进制冷挑战”。

四、双方欢迎国际民航组织理事会向国际民航组织大会提交的关于国际航空排放全球市场措施方案决议草案的决定。认识到国际航空在应对气候变化中的重要作用，中美两国支持国际民航组织大会在今年 10 月就全球市场措施方案达成协商一致，并期待成为该措施的早期参与方。

五、两国元首祝贺中美气候变化工作组和中美清洁能源研究中心近年来取得的成就，承诺在这些及其他框架下进一步加强气候变化双边合作。他们欢迎 2015 年、2016 年成功举行的中美气候智慧型/低碳城市峰会，期待将于 2017 年在美国波士顿举行的下届峰会，以及 2017 年由中方主办的下一届清洁能源部长级会议。

六、中美承诺将继续采取有力度的国内行动，以进一步推动国内国际两个层面向绿色、低碳和气候适应型经济转型。

七、在美国的电力行业，对风能和太阳能生产和投资的税收抵免政策延期五年相当于在未来五年部署约一亿千瓦可再生能源，美方还暂停了联邦土地上的煤炭开采租赁，同时对占全美煤炭供应量约 40% 的联邦煤炭项目开展全面评审。在交通领域，美方已经完成载重汽车的能效标准制定，在项目实施期间将减少至少 10 亿吨碳污染。在建筑领域，美方将于年内制定完成 20 项额外的电器和设备能效标准，将有助于实现减少 30 亿吨碳污染的目标。在非二氧化碳排放方面，美方今年完成了减少国内氢氟碳化物及油气和垃圾填埋行业甲烷排放的措施制定。

八、中方正在大力推进生态文明建设，促进绿色、低碳、气候适应型经济和可持续发展。“十三五”期间（2016—2020 年），中国单位国内生产总值二氧化碳排放和单位国内生产总值能耗将分别下降 18% 和 15%，非化石能源占一次能源消费比重将提高至 15%，森林蓄积量将增加 14 亿立方米，作为实施其国家自主贡献的切实和关键步骤。中方将继续努力提高工业、交通和建筑领域的能效标准，推动绿色电力调度以加速发展可再生能源，于 2017 年启动全国碳交易市场，逐步削减氢氟碳化物的生产和消费。中方还将推进交通运输低碳发展，加强标准化、现代化运输装备和节能环保运输工具推广应用。

九、在国际层面，作为强化低碳政策长期承诺的一部分，2015年美国与其他经济合作与发展组织（OECD）成员一道通过了限制海外投资燃煤电厂的新OECD指南。美方还仍坚持承诺与其他发达国家一道，在有意义的减缓和适应行动背景下，到2020年每年联合动员1000亿美元的目标，用以解决发展中国家的需求。该资金将来自各种不同来源，其中既有公共来源也有私营部门来源，既有双边来源也有多边来源，包括替代性资金来源。中方正在采取切实步骤加强绿色和低碳政策与规定，旨在严格控制公共投资流向国内外高污染、高排放项目。

中美核安全合作联合声明

（华盛顿，2016年3月31日）

值此第四届核安全峰会于华盛顿举行之日，中国和美国宣布我们致力于通过减少核恐怖主义威胁，营造和平稳定的国际环境，并使全球核安全体系更为包容、协调、可持续、强有力，以实现共赢和共同安全。

中国和美国宣布，双方于2016年2月20日在瑞典斯德哥尔摩举行了首次双边核安全对话。我们计划继续开展年度双边对话，以便就防止核恐怖主义加强合作，并继续落实核安全峰会目标。

今天，通过承诺提供专家资源和资金及实物捐助，向有关国际机构根据各自授权开展的核安全工作提供有力支持，我们进一步展示了共同信念，即强有力的沟通与合作对实现核安全至关重要。

我们将继续在核安全的关键领域加强合作。我们注意到，双方尤其在以下领域取得了显著成果，并仍在继续保持接触：

在将使用高浓铀燃料的微型中子源反应堆改造为使用低浓铀燃料方面，中国北京附近的示范微堆最近已使用低浓铀启动，我们对此表示满意。以这次成功的合作为基础，中国将继续与美国合作，改造位于深圳大学的高浓铀微堆。此外，中国和美国共同致力于通过国际原子能机构，尽快帮助加纳和尼日利亚改造其微堆。中国重申愿意应有关国家请求，对所有其他中国出口的微堆实施改造。

在核安全培训和最佳操作实践方面，位于北京的核安全示范中心于2016年3月18日顺利竣工并正式投入使用，中国和美国对此表示满意。该示范中心具世界一流水准，不仅可满足中国国内的核安全培训需求，并可作为在双边和地区层面交流最佳操作实践、展示核安全领域先进技术的平台。中美将继续就核安全培训和最佳操作实践保持沟通，以最大程度发挥示范中心的作用和有效性。中国还承诺在示范中心为地区伙伴及其他国际人士举办培训课程，以进一步在全球范围提高核安全意识，推进核安全交流。

在打击核走私方面，中美两国声明，将不断致力于防止恐怖分子、犯罪分子以及其他非授权行为体获取核及放射性材料。双方认识到加强国际合作以打击核走私活动的必要性，将继续寻求机会，深化双方在调查核及放射性材料走私网络，探测、追回脱离监管的核及放射性材料并确保其安全，以及成功抓捕并起诉相关犯罪分子等方面的共同努力。中美两国将充分利用中国海关辐射探测培训中心，继续就加强打击核走私能力开展协调，并与国际社会分享先进经验。双方将致力于在 2016 年就打击核走私进行一次讨论。双方可借此交流对核走私威胁的看法，应对这一威胁的有效手段，以及两国政府如何在该领域加强协作。

在放射源安全方面，中美两国在加强放射源安全，尤其是废旧放射源收贮、放射源运输安全等方面开展了卓有成效的合作，双方对此表示满意。我们将继续在这方面加强合作，并推动与其他国家分享经验和最佳操作实践。

中美两国最近签署了《中国海关总署与美国能源部关于开展防扩散出口管制商品识别培训合作的意向声明》，双方对此表示满意。

中美两国承诺将在此次核安全峰会进程结束后，继续开展工作并持续作出努力，以应对不断演变的核安全挑战。

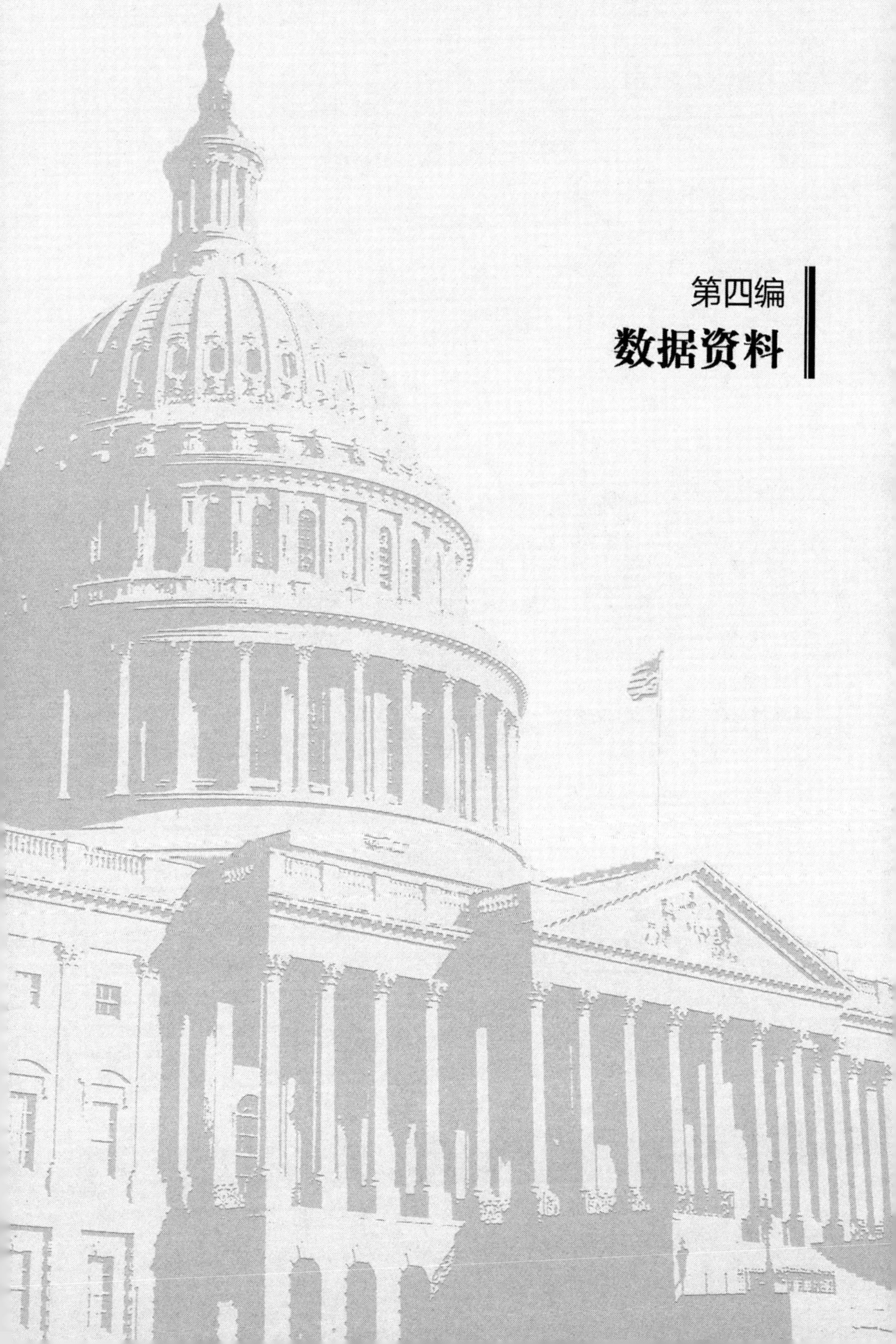

第四编

数据资料

美国政治

2016年美国政府主要内阁成员名录

职务	姓名
国务卿	约翰·克里（John Kerry）
财政部长	雅各布·卢（Jacob Lew）
国防部长	阿什顿·卡特（Ashton B. Carter）
司法部长	洛蕾塔·林奇（Loretta Lynch，女）
内政部长	萨利·尤厄尔（Sally Jewell，女）
农业部长	汤姆·维尔萨克（Tom J. Vilsack）
商务部长	彭妮·普利兹克（Penny Pritzker，女）
劳工部长	托马斯·佩雷斯（Thomas E. Perez）
卫生与公共服务部	西尔维娅·马修斯·伯韦尔（Sylvia Mathews Burwell，女）
住房与城市发展部	胡利安·卡斯特罗（Julián Castro）
交通部	安东尼·福克斯（Anthony Foxx）
能源部	欧内斯特·莫尼兹（Ernest Moniz）
教育部	阿恩·邓肯（Arne Duncan）
退伍军人事务部	罗伯特·麦克唐纳（Robert McDonald）
国土安全部	杰伊·约翰逊（Jeh Johnson）

2016年美国国安会主要涉华官员名录

职　务	姓　名
总统国家安全事务助理兼国家安全顾问	苏珊·赖斯（Susan E. Rice，女）
总统国家安全事务副助理	本杰明·罗兹（Benjamin J. Rhodes）
负责亚太事务的高级主任	丹尼尔·克里滕布林克（Daniel J. Kritenbrink，中文名康达）①
负责中国、台湾与蒙古事务的主任	瑞安·哈斯（Ryan L. Hass，中文名何瑞恩）

2016年美国国务院主要涉华官员名录

职　务	姓　名
国务卿	约翰·克里（John Kerry）
常务副国务卿	安东尼·布林肯（Antony Blinken）
负责资源与管理的常务副国务卿	希瑟·希金博特姆（Heather Higginbottom，女）
负责政治事务的副国务卿	空缺②
负责管理的副国务卿	帕特里克·肯尼迪（Patrick F. Kennedy）
负责公共外交与公共事务的副国务卿	理查德·斯坦格尔（Richard Stengel）
负责军控与国际安全的副国务卿	罗斯·哥特莫勒（Rose Gottemoeller，女）
负责平民安全、民主与人权的副国务卿	莎拉·修厄尔（Sarah Sewall，女）
负责经济增长、能源与环境的副国务卿	凯瑟琳·诺韦利（Catherine A. Novelli，女）
负责东亚与太平洋事务的助理国务卿	丹尼尔·拉塞尔（Daniel R. Russel）
负责东亚与太平洋事务的助理国务卿首席帮办	斯科特·马谢尔（Scot Marciel）
负责东亚与太平洋事务的助理国务卿帮办	苏珊·桑顿（Susan A. Thornton，中文名董云裳，女）
负责战略与多边事务的助理国务卿帮办	迈克·富克斯（Michael H. Fuchs）
中国、蒙古事务办公室主任	彼得·哈蒙德（Peter Haymond，中文名何孟德）
台湾协调办公室主任	克里斯琴·卡斯特罗（Christian M. Castro）

① 2015年5月1日前为麦艾文（Evan S. Medeiros）

② 2015年10月2日前为温迪·舍曼（Wendy Sherman），女。

2016 年美国国防部主要涉华官员名录

职　务	姓　名
国防部长	阿什顿·卡特（Ashton B. Carter）
常务副部长	罗伯特·沃克（Robert O. Work）
负责政策事务的副部长	布赖恩·麦基翁（Brian P. Mckeon）①
负责亚太安全事务的助理国防部长	施大伟（David B. Shear）
负责亚太安全事务的首席助理国防部长帮办	凯利·麦格斯曼（Kelly Magsamen，女）
负责东亚事务的助理国防部长帮办	亚伯拉罕·丹马克（Abraham Denmark，中文名邓志强）
负责中蒙台事务的主任	德鲁·汤普森（Drew Thompson，中文名唐安竹）

第 114 届国会（2016 年）领导层一览表

参议院

职　务		姓　名	所代表州
议长		副总统约瑟夫·拜登（Joseph R. Biden）	
共和党	共和党（多数党）领袖	米奇·麦康奈尔（Mitch McConnell）	肯塔基州
	临时议长	奥林·哈奇（Orrin Hatch）	犹他州
	共和党党督（兼助理领袖）	约翰·科宁（John Cornyn）	得克萨斯州
	共和党会议主席	约翰·图恩（John Thune）	南达科他州
	共和党政策委员会主席	约翰·巴拉索（John Barrasso）	怀俄明州
	共和党会议副主席	罗伊·布伦特（Roy Blunt）	密苏里州
	全国共和党参议院委员会主席	罗杰·威克（Roger Wicker）	密西西比州

① 2016 年 6 月 10 日前为克里斯廷·沃姆斯（Christine E. Wormuth），女。

续表

职　务		姓　名	所代表州
民主党	民主党（少数党）领袖	哈里·里德（Harry Reid）	内华达州
	民主党党督	理查德·德宾（Richard J. Durbin）	伊利诺伊州
	民主党会议副主席政策与交流委员会主席	查尔斯·舒默（Charles E. Schumer）	纽约州
	民主党会议秘书	帕蒂·默里（Patty Murray）	华盛顿州
	民主党参议院竞选委员会主席	乔恩·特斯特（Jon Tester）	蒙大拿州
	民主党指导与外联委员会主席	艾米·克洛布沙尔（Amy Klobuchar）	明尼苏达州
	民主党政策与交流委员会副主席	黛比·斯塔比诺（Debbie Stabenow）	密歇根州

众议院

职务		姓名	所代表选区
议长		保罗·瑞安（Paul Ryan）	威斯康星州第 1 选区
共和党	共和党（多数党）领袖	凯文·麦卡锡（Kevin McCarthy）	加利福尼亚州第 23 选区
	共和党党督	史蒂夫·斯卡利斯（Steve Scalise）	路易斯安那州第 1 选区
	共和党首席副党督	帕特里克·麦克亨利（Patrick McHenry）	北卡罗来纳州第 10 选区
	共和党会议主席	凯茜·麦克莫里斯·罗杰斯（Cathy McMorris Rodgers）	华盛顿州第 5 选区
	全国共和党众议院委员会主席	格雷格·沃尔登（Greg Walden）	俄勒冈州第 2 选区
	共和党会议副主席	林恩·詹金斯（Lynn Jenkins）	堪萨斯州第 2 选区
	共和党会议秘书	弗吉尼娅·福克斯（Virginia Foxx）	北卡罗来纳州第 5 选区

续表

职务		姓名	所代表选区
民主党	民主党（少数党）领袖	南希·佩洛西（Nancy Pelosi）	加利福尼亚州第12选区
	民主党党督	斯坦尼·霍耶（Steny Hoyer）	马里兰州第5选区
	民主党党团主席	泽维尔·贝瑟拉（Xavier Becerra）	加利福尼亚州第34选区
	民主党众议院竞选委员会主席	本·雷·卢汉（Ben Ray Lujan）	新墨西哥州第3选区
	民主党助理领袖	詹姆斯·克莱伯恩（James Clyburn）	南卡罗来纳州第6选区
	民主党党团副主席	约瑟夫·克劳利（Joseph Crowley）	纽约州第14选区
	民主党指导与政策委员会共同主席	罗莎·德劳罗（Rosa DeLauro）	康涅狄格州第3选区
		唐娜·爱德华兹（Donna Edwards）	马里兰州第4选区
	民主党高级首席副党督	约翰·刘易斯（John Lewis）	佐治亚州第5选区
	民主党首席副党督	简·沙科夫斯基（Jan Schakowsky）	伊利诺伊州第9选区
		戴安娜·德盖特（Diana DeGette）	科罗拉多州第1选区
		乔治·巴特菲尔德（G. K. Butterfield）	北卡罗来纳州第1选区
		黛比·沃瑟曼·舒尔兹（Debbie Wasserman Schultz）	佛罗里达州第23选区
		彼得·韦尔奇（Peter Welch）	佛蒙特州单一选区
		基思·埃利森（Keith Ellison）	明尼苏达州第5选区
		克丝滕·塞纳姆（Kyrsten Sinema）	亚利桑那州第9选区
		华金·卡斯特罗（Joaquin Castro）	得克萨斯州第20选区

第114届国会（2016年）各委员会及其负责人

参议院各委员会

委员会名称（Committee）	委员会领导人（主席、民主党首席议员）
Agriculture，Nutrition，and Forestry 农业、营养与林业委员会	帕特·罗伯茨（Pat Roberts） （主席，来自堪萨斯州） 黛比·斯塔比诺（Debbie Stabenow） （首席议员，女，来自密歇根州）
Appropriations 拨款委员会	撒德·柯克伦（Thad Cochran） （主席，来自密西西比州） 芭芭拉·米库尔斯基（Barbara Mikulski） （首席议员，女，来自马里兰州）
Armed Services 军事委员会	约翰·麦凯恩（John McCain） （主席，来自亚利桑那州） 杰克·里德（Jack Reed） （首席议员，来自罗得岛州）
Banking，Housing，and Urban Affairs 银行、住房与城市事务委员会	理查德·谢尔比（Richard Shelby） （主席，来自亚拉巴马州） 谢罗德·布朗（Sherrod Brown） （首席议员，来自俄亥俄州）
Budget 预算委员会	迈克尔·恩齐（Michael Enzi） （主席，来自怀俄明州） 伯尼·桑德斯（Bernie Sanders） （首席议员，来自佛蒙特州）
Commerce，Science，and Transportation 商务、科学与运输委员会	约翰·图恩（John Thune） （主席，来自南达科他州） 比尔·纳尔逊（Bill Nelson） （首席议员，来自佛罗里达州）
Energy and Natural Resources 能源与自然资源委员会	莉萨·穆尔科斯基（Lisa Murkowski） （主席，女，来自阿拉斯加州） 玛丽亚·坎特韦尔（Maria Cantwell） （首席议员，女，来自华盛顿州）

续表

委员会名称（Committee）	委员会领导人（主席、民主党首席议员）
Environment and Public Works 环境与公共工程委员会	詹姆斯·英霍夫（James Inhofe） （主席，来自俄克拉何马州） 芭芭拉·博克瑟（Barbara Boxer） （首席议员，女，来自加利福尼亚州）
Finance 财政委员会	奥林·哈奇（Orrin G. Hatch） （主席，来自犹他州） 罗恩·怀登（Ron Wyden） （首席议员，来自俄勒冈州）
Foreign Relations 外交关系委员会	鲍勃·科克（Bob Corker） （主席，来自田纳西州） 本·卡丁（Ben Cardin） （首席议员，来自马里兰州）
Health, Education, Labor, and Pensions 卫生、教育、劳工与退休金委员会	拉马尔·亚历山大（Lamar Alexander） （主席，来自田纳西州） 帕蒂·默里（Patty Murray） （首席议员，女，来自华盛顿州）
Homeland Security and Governmental Affairs 国土安全与政府事务委员会	罗恩·约翰逊（Ron Johnson） （主席，来自威斯康星州） 托马斯·卡珀（Thomas R. Carper） （首席议员，来自特拉华州）
Judiciary 司法委员会	查尔斯·格拉斯利（Charles E. Grassley） （主席，来自艾奥瓦州） 帕特里克·莱希（Patrick J. Leahy） （首席议员，来自佛蒙特州）
Rules and Administration 规则与管理委员会	罗伊·布伦特（Roy Blunt） （主席，来自密苏里州） 查尔斯·舒默（Charles E. Schumer） （首席议员，来自纽约州）
Small Business and Entrepreneurship 小企业与企业家委员会	戴维·维特（David Vitter） （主席，来自路易斯安那州） 珍妮·沙欣（Jeanne Shaheen） （首席议员，女，来自新罕布什尔州）

续表

委员会名称（Committee）		委员会领导人（主席、民主党首席议员）
Veterans Affairs 退伍军人事务委员会		约翰尼·艾萨克森（Johnny Isakson） （主席，来自佐治亚州） 理查德·布卢门撒尔（Richard Blumenthal） （首席议员，来自康涅狄格州）
特别委员会	Indian Affair 印第安人事务委员会	约翰·巴拉索（John Barrasso） （主席，来自怀俄明州） 乔恩·特斯特（Jon Tester） （首席议员，来自蒙大拿州）
	Select Committee on Ethics 道德特别委员会	约翰尼·艾萨克森（Johnny Isakson） （主席，来自佐治亚州） 芭芭拉·博克瑟（Barbara Boxer） （首席议员，女，来自加利福尼亚州）
	Select Committee on Intelligence 情报特别委员会	理查德·伯尔（Richard Burr） （主席，来自北卡罗来纳州） 戴安娜·范斯坦（Dianne Feinstein） （首席议员，女，来自加利福尼亚州）
	Special Committee on Aging 老龄事务特设委员会	苏珊·柯林斯（Susan Collins） （主席，女，来自缅因州） 克莱尔·迈卡斯基尔（Claire McCaskill） （首席议员，女，来自密苏里州）

两院联合委员会

Joint Economic Committee 联合经济委员会	丹·科茨（Dan Coats） （主席，参议员，来自印第安纳州） 帕特里克·蒂贝里（Patrick Tiberi） （副主席，众议员，来自俄亥俄州）
Joint Committee on the Library 联合图书馆委员会	罗伊·布伦特（Roy Blunt） （主席，参议员，来自密苏里州） 格里格·哈珀（Gregg Harper） （副主席，众议员，来自密西西比州）

续表

Joint Committee on Printing 联合印刷委员会	格里格·哈珀（Gregg Harper） （主席，众议员，来自密西西比州） 罗伊·布伦特（Roy Blunt） （副主席，参议员，来自密苏里州）
Joint Committee on Taxation 联合税收委员会	凯文·布雷迪（Kevin Brady） （主席，众议员，来自得克萨斯州） 奥林·哈奇（Orrin Hatch） （副主席，参议员，来自犹他州）
Joint Committee on Inaugural Ceremonies（Special） 联合就职典礼特别委员会	罗伊·布伦特（Roy Blunt） （主席，参议员，来自密苏里州） 保罗·瑞安（Paul Ryan） （副主席，众议长，来自威斯康星州） 2016年2月3日成立 旨在筹备2017年总统就职典礼事宜

众议院各委员会及其领导人

委员会名称	委员会领导人 （主席、民主党首席议员）
Committee on Agriculture 农业委员会	麦克·科纳韦（Mike Conaway） （主席，来自得克萨斯州） 科林·彼得森（Collin Peterson） （首席议员，来自明尼苏达州）
Committee on Appropriations 拨款委员会	哈罗德·罗杰斯（Harold Rogers） （主席，来自肯塔基州） 妮塔·洛伊（Nita M. Lowey） （首席议员，女，来自纽约州）
Committee on Armed Services 军事委员会	麦克·索恩伯里（Mac Thornberry） （主席，来自得克萨斯州） 亚当·史密斯（Adam Smith） （首席议员，来自华盛顿州）

续表

委员会名称	委员会领导人 （主席、民主党首席议员）
Committee on the Budget 预算委员会	汤姆·普赖斯（Tom Price） （主席，来自佐治亚州） 克里斯·范·霍伦（Chris Van Hollen） （首席议员，来自马里兰州）
Committee on Education and the Workforce 教育与劳动力委员会	约翰·克兰（John Kline） （主席，来自明尼苏达州） 博比·斯科特（Bobby Scott） （首席议员，来自弗吉尼亚州）
Committee on Energy and Commerce 能源与商务委员会	弗雷德·厄普顿（Fred Upton） （主席，来自密歇根州） 弗兰克·帕洛内（Frank Pallone） （首席议员，来自新泽西州）
Ethics Committee 道德委员会	查利·登特（Charlie Dent） （主席，来自宾夕法尼亚州） 琳达·桑切斯（Linda T. Sanchez） （首席议员，来自加利福尼亚州）
Committee on Financial Services 财政服务委员会	杰布·亨萨林（Jeb Hensarling） （主席，来自得克萨斯州） 玛克辛·沃特斯（Maxine Waters） （首席议员，来自加利福尼亚州）
Committee on Foreign Affairs 外交事务委员会	埃德·罗伊斯（Ed Royce） （主席，来自加利福尼亚州） 埃利奥特·恩格尔（Eliot L. Engel） （首席议员，来自纽约州）
Homeland Security Committee 国土安全委员会	迈克尔·麦考（Michael McCaul） （主席，来自得克萨斯州） 本尼·汤普森（Bennie G. Thompson） （首席议员，来自密西西比州）

续表

委员会名称	委员会领导人（主席、民主党首席议员）
Committee on House Administration 众议院管理委员会	坎迪丝·米勒（Candice S. Miller） （主席，女，来自密歇根州） 罗伯特·布雷迪（Robert A. Brady） （首席议员，来自宾夕法尼亚州）
Committee on the Judiciary 司法委员会	鲍勃·古德拉特（Bob Goodlatte） （主席，来自弗吉尼亚州） 约翰·科尼尔斯（John Conyers，Jr.） （首席议员，来自密歇根州）
Committee on Natural Resources 自然资源委员会	罗布·毕晓普（Rob Bishop） （主席，来自犹他州） 劳尔·格力亚尔瓦（Raul Grijalva） （首席议员，来自亚利桑那州）
Committee on Oversight and Government Reform 监督与政府改革委员会	詹森·查菲茨（Jason Chaffetz） （主席，来自犹他州） 伊莱贾·卡明斯（Elijah E. Cummings） （首席议员，来自马里兰州）
Committee on Rules 规则委员会	皮特·塞欣斯（Pete Sessions） （主席，来自得克萨斯州） 路易丝·斯劳特（Louise McIntosh Slaughter） （首席议员，女，来自纽约州）
Committee on Science，Space and Technology 科学、空间与技术委员会	拉马尔·史密斯（Lamar Smith） （主席，来自得克萨斯州） 埃笛·伯尼斯·约翰逊（Eddie Bernice Johnson） （首席议员，来自得克萨斯州）
Small Business Committee 小企业委员会	史蒂夫·查博特（Steve Chabot） （主席，来自密苏里州） 尼迪亚·维拉泽奎兹（Nydia Velazquez） （首席议员，女，来自纽约州）

续表

<table>
<tr><th colspan="2">委员会名称</th><th>委员会领导人
（主席、民主党首席议员）</th></tr>
<tr><td colspan="2">Committee on Transportation and Infrastructure
运输与基础设施委员会</td><td>比尔·舒斯特（Bill Shuster）
（主席，来自宾夕法尼亚州）
彼得·德法西奥（Peter DeFazio）
（首席议员，来自俄勒冈州）</td></tr>
<tr><td colspan="2">Committee on Veterans Affairs
退伍军人事务委员会</td><td>杰夫·米勒（Jeff Miller）
（主席，来自佛罗里达州）
科琳·布朗（Corrine Brown）
（首席议员，来自佛罗里达州）</td></tr>
<tr><td colspan="2">Committee on Ways and Means
筹款委员会</td><td>凯文·布雷迪（Kevin Brady）
（主席，来自得克萨斯州）
桑德·莱文（Sander M. Levin）
（首席议员，来自密歇根州）</td></tr>
<tr><td rowspan="2">特别委员会</td><td>House Permanent Select Committee on Intelligence
众议院永久情报特别委员会
（简称情报委员会）</td><td>德温·努涅斯（Devin Nunes）
（主席，来自加利福尼亚州）
亚当·希夫（Adam Schiff）
（首席议员，来自加利福尼亚州）</td></tr>
<tr><td>Select Committee on Benghazi
班加西事件特别委员会</td><td>特里·高迪（Trey Gowdy）
（主席，来自南卡罗来纳州）
伊莱贾·卡明斯（Elijah Cummings）
（首席议员，来自马里兰州）</td></tr>
</table>

美国50州州长与联邦议员名录

所在州	州长	党籍
亚拉巴马州	罗伯特·本特利（Robert Bentley）	共和党
阿拉斯加州	比尔·沃克（Bill Walker）	无
亚利桑那州	道格·杜西（Doug Ducey）	共和党
阿肯色州	阿萨·哈钦森（Asa Hutchinson）	共和党
加利福尼亚州	杰瑞·布朗（Jerry Brown）	民主党
科罗拉多州	约翰·希肯卢珀（John Hickenlooper）	民主党
康涅狄格州	丹尼尔·马洛伊（Dannel Malloy）	民主党

续表

所在州	州长	党籍
特拉华州	杰克·马克尔（Jack Markell）	民主党
佛罗里达州	里克·斯科特（Rick Scott）	共和党
佐治亚州	内森·迪尔（Nathan Deal）	共和党
夏威夷州	戴维·伊格（David Ige）	民主党
爱达荷州	布奇·奥特（Butch Otter）	共和党
伊利诺伊州	布鲁斯·劳纳（Bruce Rauner）	共和党
印第安纳州	迈克·彭斯（Mike Pence）	共和党
艾奥瓦州	特里·布兰斯塔德（Terry Branstad）	共和党
堪萨斯州	萨姆·布朗巴克（Sam Brownback）	共和党
肯塔基州	马特·贝文（Matt Bevin）	民主党
路易斯安那州	约翰·爱德华兹（John Edwards）①	共和党
缅因州	保罗·勒佩奇（Paul LePage）	共和党
马里兰州	拉里·霍根（Larry Hogan）	共和党
马萨诸塞州	查利·贝克（Charlie Baker）	共和党
密歇根州	里克·斯奈德（Rick Snyder）	共和党
明尼苏达州	马克·戴顿（Mark Dayton）	民主党
密西西比州	菲尔·布赖恩特（Phil Bryant）	共和党
密苏里州	杰伊·尼克松（Jay Nixon）	民主党
蒙大拿州	史蒂夫·布洛克（Steve Bullock）	民主党
内布拉斯加州	皮特·里基茨（Pete Ricketts）	共和党
内华达州	布赖恩·桑多瓦尔（Brian Sandoval）	共和党
新罕布什尔州	玛吉·哈桑*（Maggie Hassan）	民主党
新泽西	克里斯·克里斯蒂（Chris Christie）	共和党
新墨西哥州	苏珊娜·马丁内斯（Susana Martinez）*	共和党
纽约州	安德鲁·科莫（Andrew Cuomo）	民主党
北卡罗来纳州	帕特·麦克罗里（Pat McCrory）	共和党
北达科他州	杰克·达尔林普尔（Jack Dalrymple）②	共和党
俄亥俄州	约翰·卡西奇（John Kasich）	共和党
俄克拉何马州	玛丽·法林*（Mary Fallin）	共和党

① 2016年1月11日上任。
② 2016年12月15日被道格·伯格姆（Doug Burgum）接替。

续表

所在州	州长	党籍
俄勒冈州	凯特·布朗（Kate Brown）*	民主党
宾夕法尼亚州	汤姆·沃尔夫（Tom Wolf）	民主党
罗得岛州	吉娜·瑞蒙多*（Gina Raimondo）	民主党
南卡罗来纳州	尼基·黑利*（Nikki Haley）	共和党
南达科他州	丹尼斯·多加德（Dennis Daugaard）	共和党
田纳西州	比尔·哈斯拉姆（Bill Haslam）	共和党
得克萨斯州	格雷格·阿博特（Greg Abbott）	共和党
犹他州	加里·赫伯特（Gary Herbert）	共和党
佛蒙特州	彼得·沙林姆（Peter Shumlin）	民主党
弗吉尼亚州	特里·麦考利夫（Terry McAuliffe）	民主党
华盛顿州	杰伊·英斯利（Jay Inslee）	民主党
西弗吉尼亚州	厄尔·雷·汤布林（Earl Ray Tomblin）	民主党
威斯康星州	斯科特·沃克（Scott Walker）	共和党
怀俄明州	马特·米德（Matt Mead）	共和党

所在州	联邦参议员	党籍
亚拉巴马州	理查德·谢尔比（Richard Shelby）	共和党
	杰夫·塞欣斯（Jeff Sessions）	共和党
阿拉斯加州	莉萨·穆尔科斯基（Lisa Murkowski）*	共和党
	丹·苏利文（Dan Sullivan）	共和党
亚利桑那州	约翰·麦凯恩（John McCain）	共和党
	杰夫·弗莱克（Jeff Flake）	共和党
阿肯色州	约翰·布兹曼（John Boozman）	共和党
	汤姆·科顿（Tom Cotton）	共和党
加利福尼亚州	戴安娜·范斯坦（Dianne Feinstein）*	民主党
	芭芭拉·博克瑟（Barbara Boxer）*	民主党
科罗拉多州	迈克尔·贝内特（Michael Bennet）	民主党
	科里·加德纳（Cory Gardner）	共和党
康涅狄格州	理查德·布卢门撒尔（Richard Blumenthal）	民主党
	克里斯·墨菲（Chris Murphy）	民主党

续表

所在州	联邦参议员	党籍
特拉华州	托马斯·卡珀（Thomas Carper）	民主党
	克里斯托弗·孔斯（Christopher Coons）	民主党
佛罗里达州	比尔·纳尔逊（Bill Nelson）	民主党
	马尔科·鲁比奥（Marco Rubio）	共和党
佐治亚州	约翰尼·艾萨克森（Johnny Isakson）	共和党
	大卫·珀杜（David Perdue）	共和党
夏威夷州	布赖恩·沙茨（Brian Schatz）	民主党
	广野庆子（Mazie Hirono）*	民主党
爱达荷州	迈克·克拉波（Mike Crapo）	共和党
	詹姆斯·里什（James Risch）	共和党
伊利诺伊州	理查德·德宾（Richard Durbin）	民主党
	马克·柯克（Mark Kirk）	共和党
印第安纳州	丹·科茨（Dan Coats）	共和党
	乔·唐纳利（Joe Donnelly）	民主党
艾奥瓦州	查尔斯·格拉斯利（Charles Grassley）	共和党
	琼妮·厄恩斯特（Joni Ernst）*	共和党
堪萨斯州	帕特·罗伯茨（Pat Roberts）	共和党
	杰瑞·莫兰（Jerry Moran）	共和党
肯塔基州	米奇·麦康奈尔（Mitch McConnell）	共和党
	兰德·保罗（Rand Paul）	共和党
路易斯安那州	戴维·维特（David Vitter）	共和党
	比尔·卡西迪（Bill Cassidy）	共和党
缅因州	苏珊·柯林斯（Susan Collins）*	共和党
	安格斯·金（Angus King）	无
马里兰州	芭芭拉·米库尔斯基（Barbara Mikulski）*	民主党
	本·卡丁（Ben Cardin）	民主党
马萨诸塞州	伊丽莎白·沃伦（Elizabeth Warren）*	民主党
	爱德华·马基（Edward Markey）	民主党
密歇根州	黛比·斯塔比诺（Debbie Stabenow）*	民主党
	加里·彼得斯（Gary Peters）	民主党
明尼苏达州	艾米·克洛布沙尔（Amy Klobuchar）*	民主党
	阿尔·弗兰肯（Al Franken）	民主党

续表

所在州	联邦参议员	党籍
密西西比州	撒德·柯克伦（Thad Cochran）	共和党
	罗杰·威克（Roger Wicker）	共和党
密苏里州	克莱尔·迈卡斯基尔（Claire McCaskill）*	民主党
	罗伊·布伦特（Roy Blunt）	共和党
蒙大拿州	乔恩·特斯特（Jon Tester）	民主党
	史蒂夫·戴恩斯（Steve Daines）	共和党
内布拉斯加州	德布·费希尔（Deb Fischer）*	共和党
	本·萨斯（Ben Sasse）	共和党
内华达州	哈里·里德（Harry Reid）	民主党
	迪安·赫勒（Dean Heller）	共和党
新罕布什尔州	珍妮·沙欣（Jeanne Shaheen）*	民主党
	凯莉·阿约特（Kelly Ayotte）*	共和党
新泽西	罗伯特·梅嫩德斯（Robert Menendez）	民主党
	科里·布克（Cory Booker）	民主党
新墨西哥州	汤姆·尤德尔（Tom Udall）	民主党
	马丁·海因里希（Martin Heinrich）	民主党
纽约州	查尔斯·舒默（Charles Schumer）	民主党
	柯尔丝滕·吉利布兰德（Kirsten Gillibrand）*	民主党
北卡罗来纳州	理查德·伯尔（Richard Burr）	共和党
	汤姆·蒂利斯（Thom Tillis）	共和党
北达科他州	约翰·霍文（John Hoeven）	共和党
	海迪·海特坎普（Heidi Heitkamp）*	民主党
俄亥俄州	谢罗德·布朗（Sherrod Brown）	民主党
	罗布·波特曼（Rob Portman）	共和党
俄克拉何马州	詹姆斯·英霍夫（James Inhofe）	共和党
	詹姆斯·兰克福德（James Lankford）	共和党
俄勒冈州	罗恩·怀登（Ron Wyden）	民主党
	杰夫·莫克里（Jeff Merkley）	民主党
宾夕法尼亚州	罗伯特·凯西（Robert Casey Jr.）	民主党
	帕特·图米（Pat Toomey）	共和党
罗得岛州	杰克·里德（Jack Reed）	民主党
	谢尔登·怀特豪斯（Sheldon Whitehouse）	民主党

续表

所在州	联邦参议员	党籍
南卡罗来纳州	林赛·格雷厄姆（Lindsey Graham）	共和党
	蒂姆·斯科特（Tim Scott）	共和党
南达科他州	约翰·图恩（John Thune）	共和党
	麦克·朗兹（Mike Rounds）	共和党
田纳西州	拉马尔·亚历山大（Lamar Alexander）	共和党
	鲍勃·科克（Bob Corker）	共和党
得克萨斯州	约翰·科宁（John Cornyn）	共和党
	特德·克鲁兹（Ted Cruz）	共和党
犹他州	奥林·哈奇（Orrin Hatch）	共和党
	迈克·李（Mike Lee）	共和党
佛蒙特州	帕特里克·莱希（Patrick Leahy）	民主党
	伯尼·桑德斯（Bernie Sanders）	无
弗吉尼亚州	马克·沃纳（Mark Warner）	民主党
	蒂姆·凯恩（Tim Kaine）	民主党
华盛顿州	帕蒂·默里（Patty Murray）*	民主党
	玛丽亚·坎特韦尔（Maria Cantwell）*	民主党
西弗吉尼亚州	乔·曼钦（Joe Manchin）	民主党
	谢利·穆尔·卡皮托（Shelley Moore Capito）*	共和党
威斯康星州	罗恩·约翰逊（Ron Johnson）	共和党
	塔米·鲍德温（Tammy Baldwin）*	民主党
怀俄明州	迈克尔·恩齐（Michael Enzi）	共和党
	约翰·巴拉索（John Barrasso）	共和党

所在州	所属选区	联邦众议员	党籍
亚拉巴马州	第1选区	布拉德利·伯恩（Bradley Byrne）	共和党
	第2选区	玛莎·罗比（Martha Roby）*	共和党
	第3选区	迈克·罗杰斯（Mike Rogers）	共和党
	第4选区	罗伯特·阿德霍尔特（Robert Aderholt）	共和党
	第5选区	莫·布鲁克斯（Mo Brooks）	共和党
	第6选区	加里·帕默尔（Gary Palmer）	共和党
	第7选区	特里·休厄尔（Terri Sewell）*	民主党

续表

所在州	所属选区	联邦众议员	党籍
阿拉斯加州	单一选区	唐·扬（Don Young）	共和党
亚利桑那州	第1选区	安·柯克帕特里克（Ann Kirkpatrick）*	民主党
	第2选区	玛莎·麦克萨利（Martha McSally）*	共和党
	第3选区	劳尔·格力亚尔瓦（Raúl Grijalva）	民主党
	第4选区	保罗·戈萨（Paul Gosar）	共和党
	第5选区	马特·萨蒙（Matt Salmon）	共和党
	第6选区	戴维·施韦克特（David Schweikert）	共和党
	第7选区	鲁本·加莱戈（Ruben Gallego）	民主党
	第8选区	特伦特·弗兰克斯（Trent Franks）	共和党
	第9选区	克丝滕·塞纳姆（Kyrsten Sinema）*	民主党
阿肯色州	第1选区	里克·克劳福德（Rick Crawford）	共和党
	第2选区	弗伦奇·希尔（French Hill）	共和党
	第3选区	史蒂夫·沃马克（Steve Womack）	共和党
	第4选区	布鲁斯·韦斯特曼（Bruce Westerman）	共和党
加利福尼亚州	第1选区	道格·拉马尔福（Doug LaMalfa）	共和党
	第2选区	贾里德·赫夫曼（Jared Huffman）	民主党
	第3选区	约翰·加拉门迪（John Garamendi）	民主党
	第4选区	汤姆·麦克林托克（Tom McClintock）	共和党
	第5选区	迈克·汤普森（Mike Thompson）	民主党
	第6选区	多丽丝·松井（Doris Matsui）*	民主党
	第7选区	埃米·贝拉（Ami Bera）	民主党
	第8选区	保罗·库克（Paul Cook）	共和党
	第9选区	杰里·麦克纳尼（Jerry McNerney）	民主党
	第10选区	杰夫·德纳姆（Jeff Denham）	共和党
	第11选区	马克·德索尼尔（Mark DeSaulnier）	民主党
	第12选区	南希·佩洛西（Nancy Pelosi）*	民主党
	第13选区	芭芭拉·李（Barbara Lee）*	民主党
	第14选区	杰姬·斯皮尔（Jackie Speier）*	民主党
	第15选区	埃里克·斯沃韦尔（Eric Swalwell）	民主党
	第16选区	吉姆·科斯塔（Jim Costa）	民主党
	第17选区	迈克·本田（Mike Honda）	民主党
	第18选区	安娜·埃舒（Anna Eshoo）*	民主党

续表

所在州	所属选区	联邦众议员	党籍
加利福尼亚州	第 19 选区	佐伊·洛夫格伦（Zoe Lofgren）*	民主党
	第 20 选区	萨姆·法尔（Sam Farr）	民主党
	第 21 选区	戴维·瓦拉德奥（David Valadao）	共和党
	第 22 选区	德温·努涅斯（Devin Nunes）	共和党
	第 23 选区	凯文·麦卡锡（Kevin McCarthy）	共和党
	第 24 选区	洛伊丝·卡普斯（Lois Capps）*	民主党
	第 25 选区	史蒂夫·奈特（Steve Knight）	共和党
	第 26 选区	朱莉娅·布朗利（Julia Brownley）*	民主党
	第 27 选区	赵美心（Judy Chu）*	民主党
	第 28 选区	亚当·希夫（Adam Schiff）	民主党
	第 29 选区	托尼·卡德纳斯（Tony Cárdenas）	民主党
	第 30 选区	布拉德·舍曼（Brad Sherman）	民主党
	第 31 选区	皮特·阿圭勒（Pete Aguilar）	民主党
	第 32 选区	格雷丝·纳波里塔诺（Grace Napolitano）*	民主党
	第 33 选区	刘云平（Ted Lieu）	民主党
	第 34 选区	泽维尔·贝瑟拉（Xavier Becerra）	民主党
	第 35 选区	诺尔玛·托里斯（Norma Torres）*	民主党
	第 36 选区	劳尔·鲁伊斯（Raul Ruiz）	民主党
	第 37 选区	卡伦·巴斯（Karen Bass）*	民主党
	第 38 选区	琳达·桑切斯（Linda Sánchez）*	民主党
	第 39 选区	埃德·罗伊斯（Ed Royce）	共和党
	第 40 选区	露西尔·罗伊鲍尔 阿拉德（Lucille Roybal-Allard）*	民主党
	第 41 选区	马克·高野（Mark Takano）	民主党
	第 42 选区	肯·卡尔弗特（Ken Calvert）	共和党
	第 43 选区	玛克辛·沃特斯（Maxine Waters）*	民主党
	第 44 选区	贾尼丝·哈恩（Janice Hahn）①*	民主党
	第 45 选区	咪咪·沃尔特斯（Mimi Walters）*	共和党
	第 46 选区	洛蕾塔·桑切斯（Loretta Sanchez）*	民主党
	第 47 选区	艾伦·洛温塔尔（Alan Lowenthal）	民主党

① 2016 年 12 月辞职，后担任洛杉矶县监事会委员。

续表

所在州	所属选区	联邦众议员	党籍
加利福尼亚州	第48选区	达纳·罗拉巴克尔（Dana Rohrabacher）	共和党
	第49选区	达雷尔·伊萨（Darrell Issa）	共和党
	第50选区	邓肯·亨特（Duncan D. Hunter）	共和党
	第51选区	胡安·瓦尔加斯（Juan Vargas）	民主党
	第52选区	斯科特·皮特斯（Scott Peters）	民主党
	第53选区	苏珊·戴维斯（Susan Davis）*	民主党
科罗拉多州	第1选区	戴安娜·德盖特（Diana DeGette）*	民主党
	第2选区	贾里德·波利斯（Jared Polis）	民主党
	第3选区	斯科特·蒂普顿（Scott Tipton）	共和党
	第4选区	肯·巴克（Ken Buck）	共和党
	第5选区	道格·兰伯恩（Doug Lamborn）	共和党
	第6选区	迈克·考夫曼（Mike Coffman）	共和党
	第7选区	埃德·珀尔马特（Ed Perlmutter）	民主党
康涅狄格州	第1选区	约翰·拉森（John Larson）	民主党
	第2选区	乔·考特尼（Joe Courtney）	民主党
	第3选区	罗莎·德鲁洛（Rosa DeLauro）*	民主党
	第4选区	吉姆·海姆斯（Jim Himes）	民主党
	第5选区	伊丽莎白·埃斯蒂（Elizabeth Esty）*	民主党
特拉华州	单一选区	约翰·卡尼（John Carney）	民主党
佛罗里达州	第1选区	杰夫·米勒（Jeff Miller）	共和党
	第2选区	格温·格雷厄姆（Gwen Graham）*	民主党
	第3选区	特德·约霍（Ted Yoho）	共和党
	第4选区	安德·克伦肖（Ander Crenshaw）	共和党
	第5选区	科琳·布朗（Corrine Brown）*	民主党
	第6选区	罗恩·德桑蒂斯（Ron DeSantis）	共和党
	第7选区	约翰·迈卡（John Mica）	共和党
	第8选区	比尔·波西（Bill Posey）	共和党
	第9选区	阿兰·格雷森（Alan Crayson）	民主党
	第10选区	丹尼尔·韦伯斯特（Daniel Webster）	共和党
	第11选区	理查德·纽金特（Richard Nugent）	共和党
	第12选区	格斯·比利拉基斯（Gus Bilirakis）	共和党
	第13选区	戴维·乔利（David Jolly）	共和党

续表

所在州	所属选区	联邦众议员	党籍
佛罗里达州	第 14 选区	凯茜·卡斯托（Kathy Castor）*	民主党
	第 15 选区	丹尼斯·罗斯（Dennis Ross）	共和党
	第 16 选区	维恩·布坎南（Vern Buchanan）	共和党
	第 17 选区	汤姆·鲁尼（Tom Rooney）	共和党
	第 18 选区	帕特里克·墨菲（Patrick Murphy）	民主党
	第 19 选区	柯特·克劳森（Curt Clawson）	共和党
	第 20 选区	阿尔西·黑斯廷斯（Alcee Hastings）	民主党
	第 21 选区	特德·多伊奇（Ted Deutch）	民主党
	第 22 选区	洛伊丝·弗兰克尔（Lois Frankel）*	民主党
	第 23 选区	黛比·沃瑟曼·舒尔兹（Debbie Wasserman Schultz）*	民主党
	第 24 选区	弗雷德丽卡·威尔森（Frederica Wilson）*	民主党
	第 25 选区	马里奥·迪亚兹—巴拉特（Mario Diaz-Balart）	共和党
	第 26 选区	卡洛斯·柯贝洛（Carlos Curbelo）	共和党
	第 27 选区	伊利安娜·罗斯—莱赫蒂宁（Ileana Ros-Lehtinen）*	共和党
佐治亚州	第 1 选区	巴迪·卡特（Buddy Carter）	共和党
	第 2 选区	桑福德·毕晓普（Sanford Bishop）	民主党
	第 3 选区	林恩·威斯特摩兰（Lynn Westmorelan）	共和党
	第 4 选区	汉克·约翰逊（Hank Johnson）	民主党
	第 5 选区	约翰·刘易斯（John Lewis）	民主党
	第 6 选区	汤姆·普赖斯（Tom Price）	共和党
	第 7 选区	罗布·伍德尔（Rob Woodall）	共和党
	第 8 选区	奥斯汀·斯科特（Austin Scott）	共和党
	第 9 选区	道格·柯林斯（Doug Collins）	共和党
	第 10 选区	乔迪·海斯（Jody Hice）	共和党
	第 11 选区	巴里·劳德米尔克（Barry Loudermilk）	共和党
	第 12 选区	里克·艾伦（Rick Allen）	共和党
	第 13 选区	戴维·斯科特（David Scott）	民主党
	第 14 选区	汤姆·格雷夫斯（Tom Graves）	共和党

续表

所在州	所属选区	联邦众议员	党籍
夏威夷州	第1选区	科琳·哈娜布萨（Colleen Hanabusa）*①	民主党
	第2选区	图尔西·加伯德（Tulsi Gabbard）*	民主党
爱达荷州	第1选区	劳尔·拉布拉多（Raúl Labrador）	共和党
	第2选区	迈克·辛普森（Mike Simpson）	共和党
伊利诺伊州	第1选区	博比·拉什（Bobby Rush）	民主党
	第2选区	罗宾·凯莉（Robin Kelly）*	民主党
	第3选区	丹尼尔·利平斯基（Daniel Lipinski）	民主党
	第4选区	路易斯·古铁雷斯（Luis Gutierrez）	民主党
	第5选区	迈克·奎格利（Mike Quigley）	民主党
	第6选区	彼得·罗斯凯姆（Peter Roskam）	共和党
	第7选区	丹尼·戴维斯（Danny Davis）	民主党
	第8选区	塔米·达克沃斯（Tammy Duckworth）*	民主党
	第9选区	简·沙科夫斯基（Jan Schakowsky）*	民主党
	第10选区	鲍勃·多尔德（Bob Dold）	共和党
	第11选区	比尔·福斯特（Bill Foster）	民主党
	第12选区	迈克·博斯特（Mike Bost）	共和党
	第13选区	罗德尼·戴维斯（Rodney Davis）	共和党
	第14选区	兰迪·赫尔特格伦（Randy Hultgren）	共和党
	第15选区	约翰·希姆库斯（John Shimkus）	共和党
	第16选区	亚当·金泽格尔（Adam Kinzinger）	共和党
	第17选区	谢里·巴斯托斯（Cheri Bustos）*	民主党
	第18选区	达林·拉胡德（Darin LaHood）	共和党
印第安纳州	第1选区	彼得·维斯克洛斯基（Peter Visclosky）	民主党
	第2选区	杰姬·沃罗尔斯基（Jackie Walorski）*	共和党
	第3选区	马林·斯塔茨曼（Marlin Stutzman）	共和党
	第4选区	托德·罗基塔（Todd Rokita）	共和党
	第5选区	苏珊·布鲁克斯（Susan Brooks）*	共和党
	第6选区	卢克·梅瑟（Luke Messer）	共和党
	第7选区	安德烈·卡森（André Carson）	民主党
	第8选区	拉里·巴克尚（Larry Bucshon）	共和党
	第9选区	托德·扬（Todd Young）	共和党

① 2016年11月经特别选举任职，前任马克·高井（Mark Takai）2016年7月逝世。

续表

所在州	所属选区	联邦众议员	党籍
艾奥瓦州	第 1 选区	罗德·布拉姆（Rod Blum）	共和党
	第 2 选区	戴夫·洛布萨克（Dave Loebsack）	民主党
	第 3 选区	戴维·扬（David Young）	共和党
	第 4 选区	史蒂夫·金（Steve King）	共和党
堪萨斯州	第 1 选区	蒂姆·许尔斯坎普（Tim Huelskamp）	共和党
	第 2 选区	琳恩·詹金斯（Lynn Jenkins）*	共和党
	第 3 选区	凯文·约德（Kevin Yoder）	共和党
	第 4 选区	迈克·庞佩欧（Mike Pompeo）	共和党
肯塔基州	第 1 选区	詹姆斯·科默（James Comer）①	共和党
	第 2 选区	布雷特·格斯里（Brett Guthrie）	共和党
	第 3 选区	约翰·亚穆斯（John Yarmuth）	民主党
	第 4 选区	托马斯·马西（Thomas Massie）	共和党
	第 5 选区	哈罗德·罗杰斯（Harold Rogers）	共和党
	第 6 选区	安迪·巴尔（Andy Barr）	共和党
路易斯安那州	第 1 选区	史蒂夫·斯卡利斯（Steve Scalise）	共和党
	第 2 选区	锡德里克·里士满（Cedric Richmond）	民主党
	第 3 选区	查尔斯·布斯塔尼（Charles Boustany）	共和党
	第 4 选区	约翰·弗莱明（John Fleming）	共和党
	第 5 选区	拉尔夫·亚伯拉罕（Ralph Abraham）	共和党
	第 6 选区	加勒特·格雷夫斯（Garret Graves）	共和党
缅因州	第 1 选区	雪莱·平格里（Chellie Pingree）*	民主党
	第 2 选区	布鲁斯·波利奎恩（Bruce Poliquin）	共和党
马里兰州	第 1 选区	安迪·哈里斯（Andy Harris）	共和党
	第 2 选区	达切·鲁柏斯博格（Dutch Ruppersberger）	民主党
	第 3 选区	约翰·萨班斯（John Sarbanes）	民主党
	第 4 选区	唐娜·爱德华兹（Donna Edwards）*	民主党
	第 5 选区	斯滕尼·霍耶（Steny Hoyer）	民主党
	第 6 选区	约翰·德莱尼（John Delaney）	民主党
	第 7 选区	伊莱贾·卡明斯（Elijah Cummings）	民主党
	第 8 选区	克里斯·范·霍伦（Chris Van Hollen）	民主党

① 2016 年 11 月经特别选举任职，前任埃德·惠特菲尔德（Ed Whitfield）2016 年 9 月因道德委员会的调查辞职。

续表

所在州	所属选区	联邦众议员	党籍
马萨诸塞州	第1选区	理查德·尼尔（Richard Neal）	民主党
	第2选区	詹姆斯·麦戈文（James McGovern）	民主党
	第3选区	尼基·聪格斯（Niki Tsongas）*	民主党
	第4选区	乔·肯尼迪（Joe Kennedy）	民主党
	第5选区	凯瑟琳·克拉克（Katherine Clark）*	民主党
	第6选区	赛斯·莫尔顿（Seth Moulton）	民主党
	第7选区	迈克尔·卡普阿诺（Michael Capuano）	民主党
	第8选区	斯蒂芬·林奇（Stephen Lynch）	民主党
	第9选区	威廉·基廷（William Keating）	民主党
密歇根州	第1选区	丹·贝尼什科（Dan Benishek）	共和党
	第2选区	比尔·休伊曾加（Bill Huizenga）	共和党
	第3选区	贾斯廷·阿马什（Justin Amash）	共和党
	第4选区	约翰·穆伦纳尔（John Moolenaar）	共和党
	第5选区	丹·基尔迪（Dan Kildee）	民主党
	第6选区	弗雷德·厄普顿（Fred Upton）	共和党
	第7选区	蒂姆·沃尔伯格（Tim Walberg）	共和党
	第8选区	迈克·毕晓普（Mike Bishop）	共和党
	第9选区	桑德·莱文（Sander Levin）	民主党
	第10选区	坎迪丝·米勒（Candice Miller）*①	共和党
	第11选区	戴夫·特罗特（Dave Trott）	共和党
	第12选区	黛比·丁格尔（Debbie Dingell）*	民主党
	第13选区	约翰·科尼尔斯（John Conyers）	民主党
	第14选区	布兰达·劳伦斯（Brenda Lawrence）*	民主党
明尼苏达州	第1选区	蒂姆·沃尔兹（Tim Walz）	民主党
	第2选区	约翰·克兰（John Kline）	共和党
	第3选区	艾力克·保尔森（Erik Paulsen）	共和党
	第4选区	贝蒂·麦科勒姆（Betty McCollum）*	民主党
	第5选区	基思·埃利森（Keith Ellison）	民主党
	第6选区	汤姆·埃默（Tom Emmer）	共和党
	第7选区	科林·彼得森（Collin Peterson）	民主党
	第8选区	里克·诺兰（Rick Nolan）	民主党

① 2016年12月辞职，任密歇根州马科姆县公共工程委员会委员。

续表

所在州	所属选区	联邦众议员	党籍
密西西比州	第 1 选区	特伦特・凯利（Trent Kelly）	共和党
	第 2 选区	本尼・汤普森（Bennie Thompson）	民主党
	第 3 选区	格里格・哈珀（Gregg Harper）	共和党
	第 4 选区	史蒂文・帕拉佐（Steven Palazzo）	共和党
密苏里州	第 1 选区	威廉・莱西・克莱（William Lacy Clay）	民主党
	第 2 选区	安・瓦格纳（Ann Wagner）*	共和党
	第 3 选区	布赖恩・吕特克迈尔（Blaine Luetkemeyer）	共和党
	第 4 选区	薇姬・哈茨勒（Vicky Hartzler）*	共和党
	第 5 选区	伊曼纽尔・克利弗（Emanuel Cleaver）	民主党
	第 6 选区	萨姆・格雷夫斯（Sam Graves）	共和党
	第 7 选区	比利・朗（Billy Long）	共和党
	第 8 选区	贾森・史密斯（Jason Smith）	共和党
蒙大拿州	单一选区	瑞安・津克（Ryan Zinke）	共和党
内布拉斯加州	第 1 选区	杰夫・福滕伯里（Jeff Fortenberry）	共和党
	第 2 选区	布拉德・阿什福德（Brad Ashford）	民主党
	第 3 选区	阿德里安・史密斯（Adrian Smith）	共和党
内华达州	第 1 选区	迪娜・泰特斯（Dina Titus）*	民主党
	第 2 选区	马克・埃莫迪（Mark Amodei）	共和党
	第 3 选区	乔・赫克（Joe Heck）	共和党
	第 4 选区	克雷森・哈迪（Cresent Hardy）	共和党
新罕布什尔州	第 1 选区	弗兰克・甘塔（Frank Guinta）	共和党
	第 2 选区	安妮・麦克莱恩・库斯特（Ann McLane Kuster）*	民主党
新泽西	第 1 选区	唐纳德・诺克罗斯（Donald Norcross）	民主党
	第 2 选区	弗兰克・洛比翁多（Frank LoBiondo）	共和党
	第 3 选区	汤姆・麦克阿瑟（Tom MacArthur）	共和党
	第 4 选区	克里斯托弗・史密斯（Chris Smith）	共和党
	第 5 选区	斯科特・加勒特（Scott Garrett）	共和党
	第 6 选区	弗兰克・帕洛内（Frank Pallone）	民主党
	第 7 选区	伦纳德・兰斯（Leonard Lance）	共和党
	第 8 选区	阿尔比奥・赛雷斯（Albio Sires）	民主党
	第 9 选区	比尔・帕斯克利尔（Bill Pascrell）	民主党

续表

所在州	所属选区	联邦众议员	党籍
新泽西	第 10 选区	唐纳德·佩恩（Donald Payne Jr.）	民主党
	第 11 选区	罗德里·弗里林海森（Rodney Frelinghuysen）	共和党
	第 12 选区	邦尼·沃森·柯尔曼（Bonnie Watson Coleman）	民主党
新墨西哥州	第 1 选区	米歇尔·卢汉·格里沙姆（Michelle Lujan Grisham）*	民主党
	第 2 选区	史蒂文·皮尔斯（Steve Pearce）	共和党
	第 3 选区	本·雷·卢汉（Ben Ray Luján）	民主党
纽约州	第 1 选区	李·泽尔丁（Lee Zeldin）	共和党
	第 2 选区	彼得·金（Peter King）	共和党
	第 3 选区	史蒂夫·伊斯雷尔（Steve Israel）	民主党
	第 4 选区	凯瑟琳·赖斯（Kathleen Rice）*	民主党
	第 5 选区	格雷戈里·米克斯（Gregory Meeks）	民主党
	第 6 选区	孟昭文（Grace Meng）*	民主党
	第 7 选区	尼迪亚·维拉泽奎兹（Nydia Velázquez）*	民主党
	第 8 选区	哈基姆·杰弗里斯（Hakeem Jeffries）	民主党
	第 9 选区	伊薇特·克拉克（Yvette Clarke）*	民主党
	第 10 选区	杰罗尔德·纳德勒（Jerrold Nadler）	民主党
	第 11 选区	丹尼尔·多诺万（Daniel Donovan）	共和党
	第 12 选区	卡罗琳·马洛尼（Carolyn Maloney）*	民主党
	第 13 选区	查尔斯·兰热尔（Charles Rangel）	民主党
	第 14 选区	约瑟夫·克劳利（Joseph Crowley）	民主党
	第 15 选区	乔斯·塞拉诺（José Serrano）	民主党
	第 16 选区	埃利奥特·恩格尔（Eliot Engel）	民主党
	第 17 选区	妮塔·洛伊（Nita Lowey）*	民主党
	第 18 选区	肖恩·帕特里克·马洛尼（Sean Patrick Maloney）	民主党
	第 19 选区	克里斯·吉布森（Chris Gibson）	共和党
	第 20 选区	保罗·汤科（Paul Tonko）	民主党
	第 21 选区	埃莉斯·斯泰范尼科（Elise Stefanik）*	共和党
	第 22 选区	理查德·汉纳（Richard Hanna）	共和党
	第 23 选区	托马斯·里德（Tom Reed）	共和党
	第 24 选区	约翰·卡特科（John Katko）	共和党
	第 25 选区	路易丝·斯劳特（Louise Slaughter）*	民主党
	第 26 选区	布赖恩·希金斯（Brian Higgins）	民主党
	第 27 选区	克里斯·柯林斯（Chris Collins）	共和党

续表

所在州	所属选区	联邦众议员	党籍
北卡罗来纳州	第1选区	乔治·巴特菲尔德（G. K. Butterfield）	民主党
	第2选区	勒妮·埃尔莫斯（Renee Ellmers）*	共和党
	第3选区	沃尔特·琼斯（Walter Jones）	共和党
	第4选区	戴维·普赖斯（David Price）	民主党
	第5选区	弗吉尼娅·福克斯（Virginia Foxx）*	共和党
	第6选区	马克·沃克（Mark Walker）	共和党
	第7选区	大卫·劳泽（David Rouzer）	共和党
	第8选区	理查德·赫德森（Richard Hudson）	共和党
	第9选区	罗伯特·皮滕杰（Robert Pittenger）	共和党
	第10选区	帕特里克·麦克亨利（Patrick McHenry）	共和党
	第11选区	马克·梅多斯（Mark Meadows）	共和党
	第12选区	阿尔玛·亚当斯（Alma Adams）*	民主党
	第13选区	乔治·霍尔丁（George Holding）	共和党
北达科他州	单一选区	凯文·克拉默（Kevin Cramer）	共和党
俄亥俄州	第1选区	史蒂夫·查博特（Steve Chabot）	共和党
	第2选区	布拉德·温斯罗普（Brad Wenstrup）	共和党
	第3选区	乔伊丝·贝蒂（Joyce Beatty）*	民主党
	第4选区	吉姆·乔丹（Jim Jordan）	共和党
	第5选区	罗伯特·拉塔（Bob Latta）	共和党
	第6选区	比尔·约翰逊（Bill Johnson）	共和党
	第7选区	鲍勃·吉布斯（Bob Gibbs）	共和党
	第8选区	沃伦·戴维森（Warren Davidson）①	共和党
	第9选区	马西·卡普图尔（Marcy Kaptur）*	民主党
	第10选区	迈克尔·特纳（Mike Turner）	共和党
	第11选区	马西亚·富奇（Marcia Fudge）*	民主党
	第12选区	帕特·蒂贝里（Pat Tiberi）	共和党
	第13选区	蒂姆·瑞安（Tim Ryan）	民主党
	第14选区	戴维·乔伊斯（David Joyce）	共和党
	第15选区	史蒂夫·斯蒂夫斯（Steve Stivers）	共和党
	第16选区	吉姆·瑞纳西（Jim Renacci）	共和党

① 2016年6月经特别选举任职，前任众议院议长约翰·博纳（John Boehner）2015年10月底因遭众议院“茶党”议员的反对被迫辞职。

续表

所在州	所属选区	联邦众议员	党籍
俄克拉何马州	第1选区	吉姆·布莱登斯汀（Jim Bridenstine）	共和党
	第2选区	马克维恩·马林（Markwayne Mullin）	共和党
	第3选区	弗兰克·卢卡斯（Frank Lucas）	共和党
	第4选区	汤姆·科尔（Tom Cole）	共和党
	第5选区	史蒂夫·拉塞尔（Steve Russell）	共和党
俄勒冈州	第1选区	苏珊妮·伯纳密西（Suzanne Bonamici）	民主党
	第2选区	格雷格·沃尔登（Greg Walden）	共和党
	第3选区	厄尔·布卢门奥尔（Earl Blumenauer）	民主党
	第4选区	彼得·德法西奥（Peter DeFazio）	民主党
	第5选区	库尔特·施拉德（Kurt Schrader）	民主党
宾夕法尼亚州	第1选区	罗伯特·布雷迪（Robert Brady）	民主党
	第2选区	德怀特·埃文斯（Dwight Evans）①	民主党
	第3选区	麦克·凯利（Mike Kelly）	共和党
	第4选区	斯科特·佩里（Scott Perry）	共和党
	第5选区	格伦·汤普森（Glenn Thompson）	共和党
	第6选区	瑞安·科斯特洛（Ryan Costello）	共和党
	第7选区	帕特·米汉（Pat Meehan）	共和党
	第8选区	麦克·菲茨帕特里克（Mike Fitzpatrick）	共和党
	第9选区	比尔·舒斯特（Bill Shuster）	共和党
	第10选区	汤姆·马里诺（Tom Marino）	共和党
	第11选区	卢·巴莱塔（Lou Barletta）	共和党
	第12选区	基思·罗思法斯（Keith Rothfus）	共和党
	第13选区	布伦丹·博伊尔（Brendan Boyle）	民主党
	第14选区	迈克·多伊尔（Mike Doyle）	民主党
	第15选区	查利·登特（Charlie Dent）	共和党
	第16选区	乔·皮茨（Joe Pitts）	共和党
	第17选区	马特·卡特赖特（Matt Cartwright）	民主党
	第18选区	蒂姆·墨菲（Tim Murphy）	共和党
罗得岛州	第1选区	戴维·西西里尼（David Cicilline）	民主党
	第2选区	吉姆·兰格文（Jim Langevin）	民主党

① 2016年11月经特别选举任职，前任查卡·法塔（Chaka Fattah）2016年6月因犯下受贿、洗钱和欺诈等罪而辞职。

续表

所在州	所属选区	联邦众议员	党籍
南卡罗来纳州	第1选区	马克·桑福德（Mark Sanford）	共和党
	第2选区	乔·威尔逊（Joe Wilson）	共和党
	第3选区	杰夫·邓肯（Jeff Duncan）	共和党
	第4选区	特里·高迪（Trey Gowdy）	共和党
	第5选区	米克·马尔瓦尼（Mick Mulvaney）	共和党
	第6选区	詹姆斯·克莱伯恩（James Clyburn）	民主党
	第7选区	汤姆·赖斯（Tom Rice）	共和党
南达科他州	单一选区	克里斯蒂·诺埃姆（Kristi Noem）*	共和党
田纳西州	第1选区	菲尔·罗（Phil Roe）	共和党
	第2选区	约翰·邓肯（John Duncan）	共和党
	第3选区	查尔斯·弗莱施曼（Charles Fleischmann）	共和党
	第4选区	斯科特·德斯贾拉斯（Scott DesJarlais）	共和党
	第5选区	吉姆·库珀（Jim Cooper）	民主党
	第6选区	黛安娜·布莱克（Diane Black）*	共和党
	第7选区	玛莎·布莱克本（Marsha Blackburn）*	共和党
	第8选区	斯蒂芬·芬彻（Stephen Fincher）	共和党
	第9选区	史蒂夫·科恩（Steve Cohen）	民主党
得克萨斯州	第1选区	路易·戈莫特（Louie Gohmert）	共和党
	第2选区	特德·波（Ted Poe）	共和党
	第3选区	萨姆·约翰逊（Sam Johnson）	共和党
	第4选区	约翰·拉特克利夫（John Ratcliffe）	共和党
	第5选区	杰布·亨萨林（Jeb Hensarling）	共和党
	第6选区	乔·巴顿（Joe Barton）	共和党
	第7选区	约翰·卡伯森（John Culberson）	共和党
	第8选区	凯文·布雷迪（Kevin Brady）	共和党
	第9选区	阿尔·格林（Al Green）	民主党
	第10选区	迈克尔·麦考（Michael McCaul）	共和党
	第11选区	麦克·科纳韦（Mike Conaway）	共和党
	第12选区	凯·格兰杰（Kay Granger）*	共和党
	第13选区	麦克·索恩伯里（Mac Thornberry）	共和党
	第14选区	兰迪·韦伯（Randy Weber）	共和党
	第15选区	鲁宾·海纳乔萨（Rubén Hinojosa）	民主党

续表

所在州	所属选区	联邦众议员	党籍
得克萨斯州	第 16 选区	贝托・奥罗克（Beto O'Rourke）	民主党
	第 17 选区	比尔・弗洛里斯（Bill Flores）	共和党
	第 18 选区	希拉・杰克逊—李（Sheila Jackson Lee）*	民主党
	第 19 选区	兰迪・纽格鲍尔（Randy Neugebauer）	共和党
	第 20 选区	华金・卡斯特罗（Joaquin Castro）	民主党
	第 21 选区	拉马尔・史密斯（Lamar Smith）	共和党
	第 22 选区	皮特・奥尔森（Pete Olson）	共和党
	第 23 选区	威尔・赫德（Will Hurd）	共和党
	第 24 选区	肯尼・马钱特（Kenny Marchant）	共和党
	第 25 选区	罗杰・威廉斯（Roger Williams）	共和党
	第 26 选区	迈克尔・伯吉斯（Michael Burgess）	共和党
	第 27 选区	布莱克・法伦索尔德（Blake Farenthold）	共和党
	第 28 选区	亨利・丘拉尔（Henry Cuellar）	民主党
	第 29 选区	吉恩・格林（Gene Green）	民主党
	第 30 选区	埃笛・伯尼斯・约翰逊（Eddie Bernice Johnson）*	民主党
	第 31 选区	约翰・卡特（John Carter）	共和党
	第 32 选区	皮特・塞欣斯（Pete Sessions）	共和党
	第 33 选区	马克・维齐（Marc Veasey）	民主党
	第 34 选区	法勒蒙・维拉（Filemon Vela）	民主党
	第 35 选区	劳埃德・多格特（Lloyd Doggett）	民主党
	第 36 选区	布赖恩・巴宾（Brian Babin）	共和党
犹他州	第 1 选区	罗布・毕晓普（Rob Bishop）	共和党
	第 2 选区	克里斯・斯图尔特（Chris Stewart）	共和党
	第 3 选区	詹森・查菲茨（Jason Chaffetz）	共和党
	第 4 选区	米娅・洛夫（Mia Love）*	共和党
佛蒙特州	单一选区	彼得・韦尔奇（Peter Welch）	民主党

续表

所在州	所属选区	联邦众议员	党籍
弗吉尼亚州	第 1 选区	罗伯特·威特曼（Rob Wittman）	共和党
	第 2 选区	斯科特·里格尔（Scott Rigell）	共和党
	第 3 选区	博比·斯科特（Bobby Scott）	民主党
	第 4 选区	兰迪·福布斯（Randy Forbes）	共和党
	第 5 选区	罗伯特·赫特（Robert Hurt）	共和党
	第 6 选区	鲍勃·古德拉特（Bob Goodlatte）	共和党
	第 7 选区	戴夫·布拉特（Dave Brat）	共和党
	第 8 选区	唐·拜尔（Don Beyer）	民主党
	第 9 选区	摩根·格里菲思（Morgan Griffith）	共和党
	第 10 选区	巴巴拉·科姆斯托克（Barbara Comstock）*	共和党
	第 11 选区	杰拉尔德·康诺利（Gerald Connolly）	民主党
华盛顿州	第 1 选区	苏珊·德尔伯尼（Suzan DelBene）*	民主党
	第 2 选区	里克·拉森（Rich Larsen）	民主党
	第 3 选区	贾米·赫雷拉（Jaime Herrera Beutler）*	共和党
	第 4 选区	丹·纽豪斯（Dan Newhouse）	共和党
	第 5 选区	凯茜·麦克莫里斯·罗杰斯（Cathy McMorris Rodgers）*	共和党
	第 6 选区	德里克·基尔默（Derek Kilmer）	民主党
	第 7 选区	吉姆·麦克德莫特（Jim McDermott）	民主党
	第 8 选区	戴夫·赖克特（Dave Reichert）	共和党
	第 9 选区	亚当·史密斯（Adam Smith）	民主党
	第 10 选区	丹尼·赫克（Denny Heck）	民主党
西弗吉尼亚州	第 1 选区	戴维·麦金利（David McKinley）	共和党
	第 2 选区	亚历克斯·穆尼（Alex Mooney）	共和党
	第 3 选区	埃文·詹金斯（Evan Jenkins）	共和党
威斯康星州	第 1 选区	保罗·瑞安（Paul Ryan）	共和党
	第 2 选区	马克·波坎（Mark Pocan）	民主党
	第 3 选区	罗恩·金德（Ron Kind）	民主党
	第 4 选区	格温·穆尔*（Gwen Moore）	民主党
	第 5 选区	詹姆斯·森森布伦纳（Jim Sensenbrenner）	共和党
	第 6 选区	格伦·格罗斯曼（Glenn Grothman）	共和党
	第 7 选区	肖恩·达菲（Sean Duffy）	共和党
	第 8 选区	里德·里布尔（Reid Ribble）	共和党

续表

所在州	所属选区	联邦众议员	党籍
怀俄明州	单一选区	辛西娅·拉米斯（Cynthia Lummis）*	共和党
华盛顿特区	驻国会代表	埃莉诺·霍姆斯·诺顿（Elanor Holmes Norton）*	民主党
美属萨摩亚	驻国会代表	奥姆·拉德瓦格（Aumua Amata Coleman Radewagen）*	共和党
关岛	驻国会代表	马德琳·博尔达洛（Madeleine Bordallo）*	民主党
北马里亚纳群岛	驻国会代表	格雷戈里奥·赛布伦（Gregorio Kilili Camacho Sablan）	民主党
波多黎各	驻国会代表	佩德罗·皮尔露西（Pedro Pierluisi）	民主党
维尔京群岛	驻国会代表	斯泰茜·普拉斯基特（Stacey Plaskett）*	民主党

注：* 代表女性。

2016 年美国总统选举结果①

	共和党总统候选人 唐纳德·特朗普	民主党总统候选人 希拉里·克林顿
普选票（单位：张）	62984825	65853516
百分比	46.4%	48.5%
选举人票（张）	306	232

	唐纳德·特朗普		希拉里·克林顿		加里·约翰逊		吉尔·斯坦	
州 （选举人票数）	普选票 （张）	百分比	普选票 （张）	百分比	普选票 （张）	百分比	普选票 （张）	百分比
亚拉巴马（9）	1318255	62.7%	729547	34.7%	44467	2.1%	9391	0.4%
阿拉斯加（3）	163387	52.8%	116454	37.6%	18725	6.1%	5735	1.9%
亚利桑那（11）	1252401	49%	1161167	45.5%	106327	4.2%	34345	1.3%
阿肯色（6）	684872	60.6%	380494	33.7%				
加利福尼亚（55）	4483810	31.9%	8753788	62.3%	478500	3.4%	278657	2%
科罗拉多（9）	1202484	43.3%	1338870	48.2%	144121	5.2%	38437	1.4%

① http：//edition.cnn.com/election/results/president.

续表

州（选举人票数）	唐纳德·特朗普 普选票（张）	唐纳德·特朗普 百分比	希拉里·克林顿 普选票（张）	希拉里·克林顿 百分比	加里·约翰逊 普选票（张）	加里·约翰逊 百分比	吉尔·斯坦 普选票（张）	吉尔·斯坦 百分比
康涅狄格（7）	673215	41%	897572	54.7%	48676	3%	22841	1.4%
特拉华（3）	185127	41.9%	235603	53.4%	14757	3.3%	6103	1.4%
哥伦比亚特区（3）	12723	4.2%	282830	92.8%	4906	1.6%	4258	1.4%
佛罗里达（29）	4617886	49%	4504975	47.8%	207043	2.2%	64399	0.7%
佐治亚（16）	2089104	51%	1877963	45.9%	125306	3.1%		
夏威夷（4）	128847	30%	266891	62.2%	15954	3.7%	12737	3%
爱达荷（4）	409055	59.3%	189765	27.5%	28331	4.1%	8496	1.2%
伊利诺伊（20）	2146015	38.9%	3090729	56%	209596	3.8%	76802	1.4%
印第安纳（11）	1557286	57.2%	1033126	37.9%	133993	4.9%		
艾奥瓦（6）	800983	51.7%	653669	42.2%	59186	3.8%	11479	0.7%
堪萨斯（6）	671018	57%	427005	36.3%	55406	4.7%	23506	2%
肯塔基（8）	1202971	62.5%	628854	32.7%	53752	2.8%	13913	0.7%
路易斯安那（8）	1178638	58.1%	780154	38.4%	37978	1.9%	14031	0.7%
缅因（4）希拉里3，特朗普1	335593	45%	357735	48%	38105	5.1%	14251	1.9%
马里兰（10）	943169	34.5%	1677928	61.3%	79605	2.9%	35945	1.3%
马萨诸塞（11）	1090893	33.3%	1995196	61%	138018	4.2%	47661	1.5%
密歇根（16）	2279543	47.6%	2268839	47.4%	172136	3.6%	51463	1.1%
明尼苏达（10）	1322951	45.3%	1367716	46.9%	112972	3.9%	36985	1.3%
密西西比（6）	700714	57.9%	485131	40.1%	14435	1.2%	3731	0.3%
密苏里（10）	1594511	56.9%	1071068	38.2%	97359	3.5%	25419	0.9%
蒙大拿（3）	279240	56.5%	177709	35.9%	28037	5.7%	7970	1.6%
内布拉斯加（5）	495961	59.9%	284494	34.4%	38946	4.7%	8775	1.1%
内华达（6）	512058	45.5%	539260	47.9%	37384	3.3%		
新罕布什尔（4）	345790	47.2%	348526	47.6%	30777	4.2%	6496	0.9%

续表

州（选举人票数）	唐纳德·特朗普		希拉里·克林顿		加里·约翰逊		吉尔·斯坦	
	普选票（张）	百分比	普选票（张）	百分比	普选票（张）	百分比	普选票（张）	百分比
新泽西（14）	1601933	41.4%	2148278	55.5%	72477	1.9%	37772	1%
新墨西哥（5）	319667	40%	385234	48.3%	74541	9.3%	9879	1.2%
纽约（29）	2819534	36.8%	4556124	59.5%			107934	1.4%
北卡罗莱纳（15）	2362631	50.5%	2189316	46.8%	130126	2.8%		
北达科他（3）	216794	64.1%	93758	27.7%	21434	6.3%	3780	1.1%
俄亥俄（18）	2841005	51.8%	2394164	43.7%	174498	3.2%	46271	0.8%
俄克拉荷马（7）	949136	65.3%	420375	28.9%	83481	5.7%		
俄勒冈（7）	782403	40.6%	1002106	52%	94231	4.9%	50002	2.6%
宾夕法尼亚（20）	2970733	48.6%	2926441	47.9%	146715	2.4%	49941	0.8%
罗德岛（4）	180543	39.7%	252525	55.5%	14746	3.2%	6220	1.4%
南卡罗莱纳（9）	1155389	54.9%	855373	40.7%	49204	2.3%	13034	0.6%
南达科他（3）	227721	61.5%	117458	31.7%	20850	5.6%		
田纳西（11）	1522925	61.1%	870695	34.9%	70397	2.8%	15993	0.6%
得克萨斯（38）	4685047	52.5%	3877868	43.5%	283492	3.2%	71558	0.8%
犹他（6）	515231	45.5%	310676	27.5%	39608	3.5%	9438	0.8%
佛蒙特（3）	95369	32.6%	178573	61.1%	10078	3.4%	6758	2.3%
弗吉尼亚（13）	1769443	44.8%	1981473	50.2%	118274	3%	27638	0.7%
华盛顿（12）	1221747	38.1%	1742718	54.3%	160879	5%	58417	1.8%
西弗吉尼亚（5）	489371	68.6%	188794	26.5%	23004	3.2%	8075	1.1%
威斯康星（10）	1405284	47.8%	1382536	47%	106674	3.6%	31072	1.1%
怀俄明（3）	174419	70.1%	55973	22.5%	13287	5.3%	2515	1%

美国经济

2016 年美国经济主要指标

项目	单位	2016 年				2016 年	2015 年	2014 年
		1 季度	2 季度	3 季度	4 季度			
名义 GDP	万亿美元	18.28	18.45	18.68	18.87	18.57	18.04	17.39
实际 GDP	万亿美元	15.53	16.58	16.73	16.81	16.66	16.4	15.98
实际 GDP 增长率	%	0.8	1.4	3.5	2.1	1.6	2.6	2.4
实际消费增长率	%	1.6	4.3	3	3.5	3.7	3.2	2.9
实际投资增长率	%	-3.3	-7.9	3	9.4	-1.6	5	4.5
实际出口增长率	%	-0.7	1.8	1	-4.5	0.4	0.1	4.3
实际进口增长率	%	-0.6	0.2	2.2	9	1.2	4.6	4.4

续表

项目	单位	2016年												2016年	2015年	2014年
		1季度			2季度			3季度			4季度					
进口总额	十亿美元	2686.3			2702.2			2736.2			2810			2733.7	2786.3	2884.1
出口总额	十亿美元	2179			2209.7			2276.3			2264.8			2232.4	2264.3	2375.3
净经常性账户交易	十亿美元	-133.07			-119.75			-116			-112.38			-481.28	-462.96	-392.06
净金融账户交易	十亿美元	59.06			322.68			28.34			-29.13			331	225.4	823.3
美国对华商品和服务出口总额	十亿美元	40.34			36.87			44.34			48.27			169.82	165.15	169.18
美国对华商品和服务进口总额	十亿美元	107.12			113.27			128.92			130.28			479.57	499.23	483.64
美国对外直接投资总量	十亿美元	—			—			—			—			—	5040	4829
美国对华直接投资总额	十亿美元	—			—			—			—			—	74.56	67.5
美国吸收中国直接投资总额	十亿美元	—			—			—			—			—	14.84	9.85
		1月	2月	3月	4月	5月	6月	7月	8月	9月	10月	11月	12月			
CPI增长率	%	1.4	1	0.9	1.1	1	1	0.8	1.1	1.5	1.6	1.7	2.1	—	—	—
失业率	%	4.9	4.9	5	5	4.7	4.9	4.9	4.9	4.9	4.8	4.6	4.7	—	—	—
劳动参与率	%	62.7	62.9	63	62.8	62.6	62.7	62.8	62.8	62.9	62.8	62.7	62.7	—	—	—

续表

项目	单位	2016 年												2016 年	2015 年	2014 年
		1 季度			2 季度			3 季度			4 季度					
政府财政赤字（财年累计值）	十亿美元	55	193	108	106	53	6	113	107	46	44	137	137	587	439	483
政府债务	万亿美元	—	—	—	—	—	—	—	—	—	—	—	—	19.54	18.12	17.794
政府赤字占 GDP 比重	%	—	—	—	—	—	—	—	—	—	—	—	—	3.2	2.5	2.8
政府债务占 GDP 比重	%	—	—	—	—	—	—	—	—	—	—	—	—	105.2	101.8	103.6
M2	十亿美元	12436.5	12485.2	12572.8	12652.4	12728.9	12803.7	12987.2	12987.2	13061.3	13138.1	13223.3	13185.1	—	—	—
美元指数（兑主要货币）	指数	95.4	93.3	91.5	89.6	90.6	89.9	91.78	89.59	90.17	92.8	95.2	96.5	—	—	—
PMI	指数	48.2	49.5	51.8	50.7	51	52.8	52.3	49.4	51.7	52	53.5	54.5	—	—	—
密西根大学消费者信心指数	指数	92	91.7	91	89	94.7	93.5	90	89.8	91.2	87.2	938	98.2	—	—	—
贫困线贫困人口比例	%	—	—	—	—	—	—	—	—	—	—	—	—	—	14.7	15.5
家庭年收入中位值	美元	—	—	—	—	—	—	—	—	—	—	—	—	—	55775	53657
人均 GDP	美元	—	—	—	—	—	—	—	—	—	—	—	—	57294	56084	54502

美国外交

2016 年美国领导人出访情况

2016 年奥巴马总统出访统计

序号	时间	出访地点
1	3 月 21—22 日	古巴（国事访问）
2	3 月 23—24 日	阿根廷（国事访问）
3	4 月 20—21 日	沙特（国事访问、美国—海合会峰会）
4	4 月 21—23 日	英国（国事访问）
5	4 月 24 日	德国（国事访问）
6	5 月 22—25 日	越南（国事访问）
7	5 月 25—27 日	日本（七国集团峰会）
8	6 月 29 日	加拿大（北美领导人峰会）
9	7 月 7—9 日	波兰（北约峰会）
10	7 月 10 日	西班牙（国事访问）
11	9 月 3—5 日	中国（G20 峰会）
12	9 月 6—8 日	老挝（国事访问、东亚峰会、美国—东盟峰会）
13	9 月 30 日	以色列（葬礼外交）
14	11 月 15—18 日	希腊、德国（国事访问）
15	11 月 19—20 日	秘鲁（APEC 会议）

资料来源：根据白宫网站总统 2016 年行程表整理。

2016 年奥巴马会见来访外国首脑情况

2016 年美国总统奥巴马与来访的外国领导人及重要外宾共举行 19 场

会晤，详情见下表：

序号	时间	会晤对象
1	1月19日	澳大利亚总理马尔科姆·特恩布尔
2	2月4日	哥伦比亚总统桑托斯
3	2月8日	意大利总统塞尔焦·马塔雷拉
4	2月15—16日	东盟十国领导人：马来西亚总理纳吉布、印尼总统维多多、新加坡总理李显龙、柬埔寨首相洪森、泰国总理巴育·占奥差、越南总理阮晋勇、老挝总统朱马利·赛雅贡、文莱达鲁萨兰国苏丹哈桑纳尔·博尔基亚、菲律宾总统阿基诺三世、缅甸副总统吴年吞。
5	3月10日	加拿大总理贾斯廷·特鲁多
6	3月15日	爱尔兰总理恩达·肯尼
7	3月31日	中国国家主席习近平、韩国总统朴槿惠、日本首相安倍晋三、法国总统奥朗德
8	4月4日	北约秘书长斯托尔滕贝格
9	5月13日	丹麦首相拉斯穆森、芬兰总统尼尼斯特、瑞典首相勒文、冰岛总理约翰松
10	6月7日	印度总理莫迪
11	6月17日	沙特副王储、国防部长穆罕默德·本·萨勒曼
12	7月22日	墨西哥总统恩里克·培尼亚·涅托
13	8月2日	新加坡总理李显龙
14	9月14日	缅甸国务资政昂山素季
15	9月19日	中国国务院总理李克强、伊拉克总理海德尔·阿巴迪
16	9月20日	尼日利亚总统穆罕默杜·布哈里、乌克兰总理彼得·波罗申科
17	9月21日	以色列总理本雅明·内塔尼亚胡、哥伦比亚总统胡安·曼努埃尔·桑托斯、巴西总统米歇尔·特梅尔
18	10月18日	意大利总理马泰奥·伦齐
19	12月27日	日本首相安倍晋三

资料来源：根据白宫网站总统2016年行程表整理。

奥巴马2016年度共出访15次，与来访的外国领导人及重要外宾共举行19场会晤，相比2015年出访次数显著增多，“收官之年”意在主动出击塑造“外交遗产”、稳定传统盟友关系。打造“外交遗产”方面：一是奥巴马2016年历史性首访古巴，继续推动美古关系正常化；二是首次在美举行美国—东盟十国峰会，访问老挝、参加东亚峰会及美国与东盟峰会，加快在东南亚战略布局，推进亚太“再平衡”战略；三是主办并出席任内最后一次核安全峰会，访问日本广岛，推广“无核世界”理念。巩固盟友关系方面：一是两度访问欧洲，第一次访欧重点为劝诫英国民众谨慎对待脱欧公投，第二次则是在英国脱欧、特朗普胜选大背景下力争稳固跨大西洋关系，确保美欧关系平稳过渡；二是出席美国—海合会峰会、七国集团峰会、北美领导人峰会、北约峰会等，继续借助多边机制团结盟友力量。

2016年国务卿克里出访统计

序号	时间	出访地点
1	1月13—16日	英国、奥地利
2	1月20—27日	瑞士、沙特、老挝、柬埔寨、中国
3	1月29日	加拿大
4	2月1—4日	意大利、英国
5	2月10—16日	德国、阿尔巴尼亚
6	2月19—22日	英国、约旦
7	3月11—13日	沙特、法国
8	3月21—22日	古巴
9	3月22—24日	俄罗斯、比利时
10	4月6—10日	巴林、伊拉克、阿富汗、日本
11	4月19—21日	埃及、沙特
12	5月1—2日	瑞士
13	5月8—12日	法国、英国
14	5月14—26日	沙特、奥地利、埃及、比利时、缅甸、越南
15	6月2—9日	法国、蒙古、中国、阿联酋
16	6月13—17日	多米尼加共和国、挪威、丹麦
17	6月25—27日	意大利、比利时、英国
18	6月28—29日	加拿大
19	7月6—8日	格鲁吉亚、乌克兰、波兰

续表

序号	时间	出访地点
20	7月13—19日	法国、俄罗斯、卢森堡、比利时、英国
21	7月22—27日	奥地利、法国、老挝、菲律宾
22	7月29—31日	法国
23	8月3—6日	阿根廷、巴西
24	8月22—9月5日	肯尼亚、尼日利亚、沙特、瑞士、孟加拉国、印度、中国
25	9月8—9日	瑞士
26	9月26日	哥伦比亚
27	10月3—5日	比利时
28	10月13—16日	卢旺达、瑞士、英国
29	10月30—31日	爱尔兰、英国
30	11月10—18日	南极洲、新西兰、阿曼、阿联酋、摩洛哥、秘鲁
31	12月2—3日	意大利、梵蒂冈
32	12月4—11日	德国、比利时、法国
33	12月17—19日	沙特

资料来院：美国国务院网站。

2016年克里共外访33次、48个国家和地区，较2015年有所增多。主要有五大特点：第一，外访国家和地区遍及世界六大洲。特别是11月上旬，克里成为美国历史上第一位访问南极洲的国务卿。第二，“安抚”欧洲。克里访问次数较多的国家主要是欧洲国家，在当时美国大选激战正酣的情况下“安抚”盟友。例如8次访问英国加深美英“特殊关系”，6次访问北约总部所在地以巩固美国与北约关系，多次前往瑞士、奥地利参加国际会议，与包括俄罗斯外长在内的欧洲主要国家外长会晤斡旋解决乌克兰危机问题等。第三，“稳住”中东。克里6次访问中东盟国沙特、巴林、阿联酋、约旦、阿曼等，意在巩固与中东盟友关系，斡旋解决叙利亚问题。第四，“开拓”东南亚。克里访问越南、老挝、柬埔寨、菲律宾等东南亚国家，续推奥巴马政府亚太“再平衡”战略。第五，稳定中美。克里3次访问中国，力促中美关系在奥巴马政府最后一年平稳发展。

2017年美国外交预算数据

2016年2月9日，奥巴马政府向国会提交2017财年外交预算，总共

527.8 亿美元，用于“国务院、对外行动及相关拨款账户”［the State Department, Foreign Operations, and Related Appropriations（SFOPS）accounts］。其中 170.5 亿美元用于国务院及相关对外机构经费，比 2016 财年增长 3.6%，357.4 亿美元用于对外行动，比 2016 年下降 1.8%。国务卿克里在申请报告中写道，该预算旨在实现三大目标：一是促进美安全以及应对威胁与全球挑战的能力；二是促进繁荣、健康与发展；三是支持美人员、平台及全球接触。2016 年 6 月 29 日，参院拨款委员会提出修正拨款法案（S. 3117/S. Rept. 114 - 290），决定共提供 522.4 亿美元外交拨款，包括海外紧急行动（OCO）。这比奥巴马原先申请的数额减少可 1%，即 5.42 亿。其中用于国务院及相关机构经费 168.8 亿美元，用于对外行动有 355.2 亿美元。2016 年 7 月 15 日，众院拨款委员会提出修正拨款法案（H. R. 5912/H. Rept. 114 - 693），比参院数额又减少 400 万美元。其中用于国务院及相关机构费用 162.9 亿美元，比参院减少近 6 亿美元，用于海外行动有 359.5 亿美元，比参院增加 4.32 亿美元，2016 年 9 月 29 日，奥巴马签署法案（P. L. 114 - 223）要求延期 2016 财年外交拨款直至 2016 年 12 月 9 日。这一延期法案在原先申请外交预算的基础数额上降低了 0.496%，但在海外紧急行动上并未减少。

国务院永久性拨款预算情况

（单位：千美元）	2015 财年实际额	2016 财年估算额	2017 财年申请额	增加/减少
外交事务行政费用	9444232	7903332	8477003	573671
国务院项目	6612469	5688570	6552532	863962
现有行动	6556069	5622170	6539932	917762
世界范围安全保护	4427421	4193702	4640453	446751
资本投资基金	56400	66400	12600	-53800
使馆安全、建造与维护	2063450	1473896	1117859	-356037
现有行动	822950	785097	759161	-25936
世界范围安全升级	1240500	688799	358698	-330101
其他外交行政费用	768313	740866	806612	65746
冲突稳定行动	22732	0	0	0
总监督办公室	73400	72700	87069	14369
教育与文化交流项目	594915	590900	639773	48873

续表

（单位：千美元）	2015 财年实际额	2016 财年估算额	2017 财年申请额	增加/减少
代表花费	8030	8030	8263	233
驻外代表保护	30036	30036	30344	308
紧急外交与领事服务	7900	7900	7900	0
购买力维护账户	0	0	0	0
遣返贷款项目账户	1300	1300	1300	0
美在台协会费用	30000	30000	31963	1963
国际组织	3540950	2011032	2097821	86789
国际组织捐款	1422159	1344458	1290891	-53567
国际维和行动捐款	2118791	666574	806930	140356
国际委员会	122949	122718	121294	-1424
国际边界与水委员会	44707	45307	48134	2827
国际边界与水委员会	29000	28400	28400	0
美国方面	12561	12330	12252	-72
国际联合委员会	7663	7508	7552	44
国际边界委员会	2525	2422	2304	-118
边界环境合作委员会	2373	2400	2402	2
国际渔业委员会	36681	36681	32502	-4179
相关项目	168700	203700	115500	-88200
亚洲基金会	17000	17000	12000	-5000
全国民主基金会	135000	170000	103500	-66500
东西方中心	16700	16700	10800	-16700
特殊与信托基金	928	1312	1839	527
中东东—西对话中心	106	122	122	0
艾森豪威尔交流项目	265	400	350	-50
以色列阿拉伯学者计划	24	47	47	0
国际大法官中心	533	743	1320	577
外交服务退休与残疾人基金	158900	158900	158900	0
国务院全部拨款总额	13277759	10242094	10813457	571363

2015—2017 财年外援申请情况

	2015 财年实际花费	2015 财年 OCO 实际花费	2015 财年实际花费总额	2015 财年埃博拉经费	2016 财年估算永久花费	2016 财年估算 OCO 花费	2016 财年估算总额	2017 财年估算永久花费	2017 财年申请 OCO	2017 财年申请总额	增加/减少
对外行动	26829815	7598084	34457899	2489961	26793020	9612225	36405245	26101850	9634800	35736650	664544
国际发展署	1275916	125464	1401400	24663	1377914	139262	1517176	1440085	232300	1672385	155209
USAID 行动费用	1090836	125464	1216300	19037	1143614	139262	1282876	1306340	98460	1404800	121924
冲突稳定经费	—	—	—	—			—	—	—	—	—
USAID 资本投资基金	130815	—	130815	—	168300	—	168300	66145	133840	199985	31685
USAID 总监督执行费用	54285	—	54285	5626	66000	—	66000	67600	—	67600	1600
双边经济援助	15352857	5757650	21110507	2459998	15772379	6946777	22737356	15037124	7502756	225399880	197276
全球健康项目	8458110	—	8458110		8503450	—	8503450	8576500	—	85766500	73050
USAID 全球健康	2788110	—	2788110	312000	2833450	—	2833450	2906500	—	2906500	73050
国务院全球健康	5670000	—	5670000	—	5670000	—	5670000	5670000	—	5670000	—
发展援助	2507001	—	2507001	—	2780971	—	2780971	2959573	—	2959573	178602
国际灾难援助	560000	1335000	1895000	1436271	874763	1919421	2794184	125000	1832000	1957000	837184
过渡倡议	47000	20000	67000	—	30000	37000	67000	15000	62000	77000	10600
复杂危机基金	20000	30000	50000	—	10000	20000	30000	10000	20000	30000	—
发展信用补助	40000	—	40000	—	40000	—	40000	60000	—	60000	20000
发展信用行政花费	8120	—	8120	—	8120	—	8120	10000	—	60000	20000

续表

	2015 财年实际花费	2015 财年 OCO 实际花费	2015 财年实际花费总额	2015 财年埃博拉经费	2016 财年估算永久花费	2016 财年估算 OCO 花费	2016 财年估算总额	2017 财年估算永久花费	2017 财年申请 OCO	2017 财年申请总额	增加/减少
经济支持基金	2640240	2245536	4885776	711725	1879595	2422673	4302268	2408454	3672153	6080607	1778339
民主基金	130500	—	130500	—	150500	—	150500	—	—	—	150500
对欧、欧亚、中亚援助	—	—	—	—	546094	438569	984663	—	—	—	984663
移民与难民援助	931886	227114	3059000	—	50000	—	50000	10000	40000	50000	—
美国紧急难民与移民援助	50000	—	50000	—	50000	—	50000	10000	40000	50000	—
独立机构	1331500	—	1331500	—	1363500	—	1363500	1460400	—	1460400	96900
和平队	379500	—	379500	—	410000	—	410000	410000	—	410000	—
千年挑战	899500	—	899500	—	901000	—	901000	1000000	—	1000000	99000
美洲基金会	22500	—	22500	—	22500	—	22500	22200	—	22200	300
美国非洲基金会	30000	—	30000	—	30000	—	30000	28200	—	28200	1800
国际安全援助	6704491	1714970	8419461	5300	6323225	2508186	8831411	6206373	1899744	8206117	725294
国际反毒控制与法律执行	853055	439195	1292250	—	839846	371650	1211496	813775	324240	1138011	73483
不扩散、反恐、排雷与相关计划	586260	95240	681500	5300	506381	379091	885472	454196	214254	668450	217022
维和行动	144993	328698	473681	—	131361	469269	600630	126291	349100	475391	217022
国际军事教育与培训	106074	—	106074	—	108115	—	108115	110300	—	110300	2185
外国军事金融	5014109	851837	5865946	—	4737522	1288176	6025698	4701813	1012150	5713963	311755

续表

	2015财年实际花费	2015财年OCO实际花费	2015财年实际花费总额	2015财年埃博拉经费	2016财年估算永久花费	2016财年估算OCO花费	2016财年估算总额	2017财年估算永久花费	2017财年申请OCO	2017财年申请总额	增加/减少
多边援助	2770814	—	2770814	—	2628970	—	2628970	2617921	—	2617921	11049
国际组织与计划	340010	—	340010	—	339000	—	339000	332900	—	332900	11049
多边发展银行与相关基金	2430804		2430804		2289970		2289970	2285021		2285021	4949
美洲发展银行	102020	—	102020	—	102020	—	102020	21940	—	21940	80080
美洲多边投资基金	3378	—	3378	—	—	—	—	—	—	—	—
清洁技术基金	136563	—	136563	—	168263	—	168263	146563	—	146563	21700
战略气候基金	63200	—	63200	—	59620	—	59620	—	—		59620
绿色气候基金	—	—	—	—	—	—	250000	—	—	250000	250000
北美洲发展银行	—	—	—	—	10000	—	10000	45000	—	45000	35000
国际农业发展基金	30000	—	30000	—	31930	—	31930	30000	—	30000	1930
全球农业与粮食安全计划	—	—	—	—	43000	—	43000	23000	—	23000	20000
加勒比灾难保险	—	—	—	—				12500		12500	12500
全球基础设施								20000		20000	20000
出口与投资账户	87374	—	87374	—	91224	—	91224	95275	—	95275	4051
出口与投资援助	30000	—	30000	—	—	—	—	—	—	—	—

海外紧急行动（OCO）国务院行动与外国援助申请情况（2015—2017 财年）

	2015 财年 OCO 实际花费	2016 财年 OCO 估算	2017 财年 OCO 申请花费	增加/减少
OCO 总额	93652240.00	1489500.00	14894.00	11
国务院行动与相关机构	1767156	5282775	5260189	22586
外交事务行政费用	1683503	3376259	3425940	49690
				81100
国务院项目	1350803	2561808	2132249	429559
外交与领事计划	1350803	2561808	2132249	429559
现有行动	361097	595176	317019	278137
世界范围安全保护	989700	1966632	1815210	151422
大使馆安全、建设与维护	260800	747851	1238800	490949
现有行动	10800	12650	10800	1850
世界范围安全保护	250000	735201	1228000	492799
其他外交事务行政费用	71900	66600	54900	11700
冲突稳定行动	15000	—	—	0
总监督办公室	56900	66600	54900	11700
国际组织	74400	1895816	1834240	61576
国际组织捐款	74400	101728	96240	5488
维和捐款	—	1794088	1588000	206088
维和反应机制	—		150000	150000
广播委员会	9253	10700	0	10700
国际广播行动	9253	10700	0	10700
外国行动 - OCO	7598084	9612225	9634800	22575

续表

	2015 财年 OCO 实际花费	2016 财年 OCO 估算	2017 财年 OCO 申请花费	增加/减少
国际发展署 - OCO	125464	139262	232300	93038
USAID 行动经费	125464	139262	98460	40802
USAID 资本投资基金	—	—	133840	133840
双边经济援助 - OCO	5757650	6964777	7502756	537979
国际灾难援助	1335000	1919421	1832000	87421
过渡倡议	20000	37000	62600	25600
复杂危机基金	30000	20000	20000	0
经济援助基金	2245536	2422673	3672153	1249480
欧、欧亚与中亚援助				
移民与难民援助	2127114	2127114	1876003	251111
美国紧急难民与移民援助			40000	40000
国际安全援助 - OCO	1714970	2508186	1899744	608442
国际毒品控制与法律执行	439195	371650	324240	47410
不扩散，反恐，排雷与相关项目	95240	379091	214254	164837
维和行动	328698	469269	349100	120169
外国军事金融	851837	1288176	1012150	276026

资料来源：美国国务院网站。

2017 财年美国对外援助情况

美国对外援助预算由国会拨款，2017 财年（2016 年 10 月 1 日—2017 年 9 月 30 日）总额约为 339.65 亿美元，较 2016 财年减少了约 39 亿美元。美国对外援助由美国国防部、卫生部、美洲基金会、千年挑战集团、“和平队”、美非发展基金会、美国国际开发署、美国农业部、美国国务院、美国财政部等各部门共同负责实施，主要援助的领域包括人权和治理、经济发展、教育和社会服务、环境、健康、人道主义援助、和平与安全等。

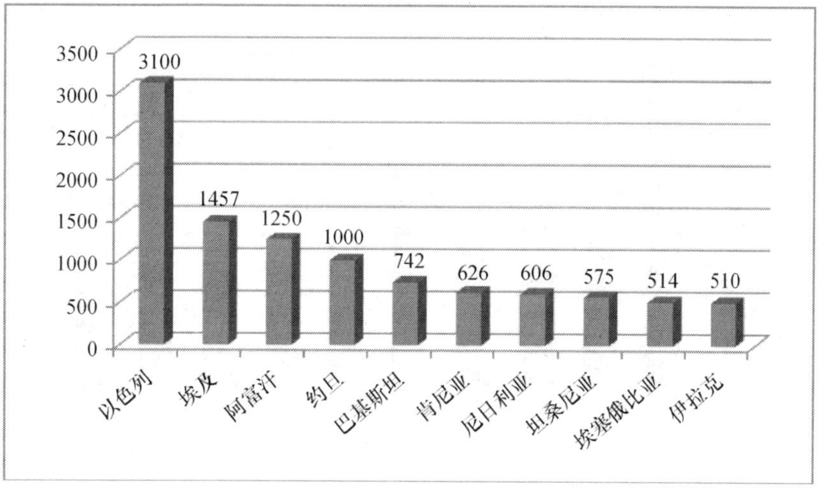

2017 财年美国前 10 位对外援助对象

（含军事援助，单位：百万美元）

资料来源："美国对外援助"政府网站。①

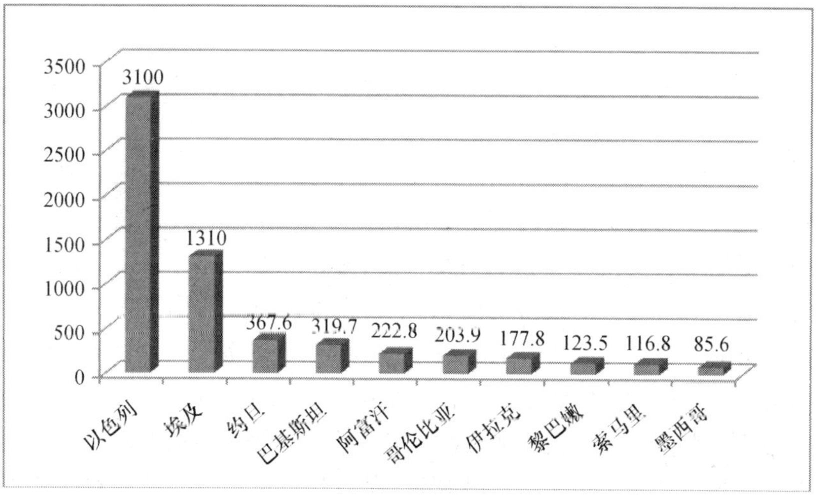

2017 财年美国前 10 位对外军事援助对象

（单位：百万美元）

资料来源：华盛顿邮报网站。②

---

① http：//beta. foreignassistance. gov/.（上网时间：2017 年 1 月 23 日）

② https：//www. washingtonpost. com/news/worldviews/wp/2016/09/26/the－u－s－foreign－aid－budget－visualized/？ utm_ term＝. 8c669b8609d8.

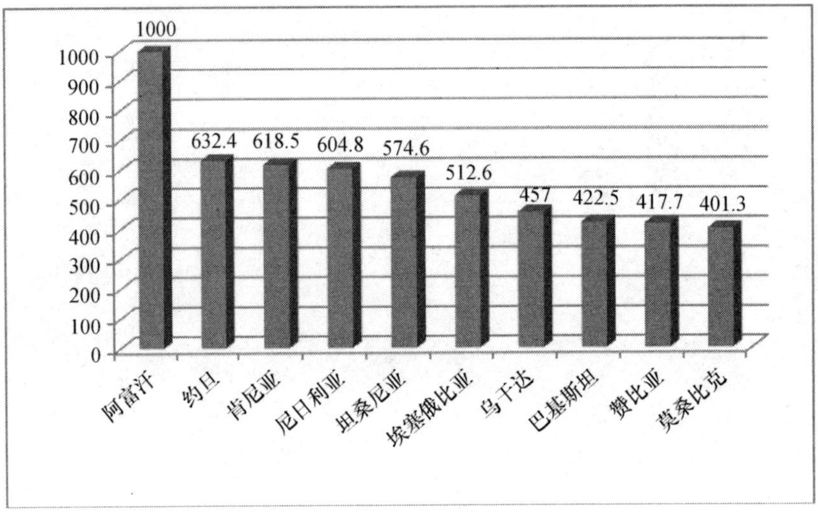

2017 财年美国前 10 位对外经济发展援助对象

（单位：百万美元）

资料来源：华盛顿邮报网站。①

美国对外援助对象国中，以色列成为受美国援助金额最大的国家，2017 财年对以色列援助达 31 亿美元，且全部为军事与安全援助。对埃及、约旦和巴基斯坦的援助也包含较多的军事援助。阿富汗是接受美国经济发展对外援助金额最大的国家，受助金额达 10 亿美元，美国对阿富汗援助主要是用于支持“后阿富汗时代”政治转型、经济重建及反恐。在接受美国经济发展资助最多的前 10 个国家中，非洲占据了大头，这其中包括埃塞俄比亚、肯尼亚、尼日利亚、坦桑尼亚等 7 个非洲国家，受资助数额均在 4 亿—6 亿美元之间，用于防治传染病和扶贫项目等。自叙利亚危机爆发以来，约旦接受了大量的叙利亚难民，为了支持约旦稳定，美国投入了约 6. 3 亿美元的经济发展援助。随着乌克兰危机趋于相对缓和以及美国对乌克兰的关注度下降，相对于 2016 财年的 5. 13 亿美元，乌克兰获得 2017 财年美国对外援助预算仅为 2. 94 亿美元，已不在受美国对外援助前十位国家之列。

① https://www.washingtonpost.com/news/worldviews/wp/2016/09/26/the-u-s-foreign-aid-budget-visualized/?utm_term=.8c669b8609d8.

美国安全

美国军事基地最新情况

驻地	大型基地/设施数量	中型基地/设施数量	小型基地/设施数量	其他类型基地/设施数量	总计
美国本土	100	101	3475	478	4154
美国领地	4	0	78	32	114
海外	20	16	482	69	587
总计	124	117	4035	579	4855

驻地	兵种	大型基地/设施数量	中型基地/设施数量	小型基地/设施数量	其他类型基地/设施数量	总计
美国本土	陆军	35	30	1395	102	1562
	海军	24	26	570	183	803
	空军	32	40	1319	144	1535
	海军陆战队	8	5	98	49	160
	华盛顿特勤	1	0	93	0	94
	本土总计	100	101	3475	478	4195
美国领地	陆军	1	0	40	0	41
	海军	3	0	29	32	64
	空军	0	0	9	0	9
	领地总计	4	0	78	32	114
海外	陆军	3	7	212	33	255
	海军	5	2	101	20	128

续表

驻地	兵种	大型基地/设施数量	中型基地/设施数量	小型基地/设施数量	其他类型基地/设施数量	总计
	空军	9	5	158	10	182
	海军陆战队	3	2	11	6	22
	海外总计	20	16	482	69	587
	共计	124	117	4035	579	4855

注：引自美国国防部《军事基地结构报告》。

美国国防部2011—2016财年开支表

财年	2011	2012	2013	2014	2015	2016
总预算	6870	6450	5780	5810	5600	5850
基础预算	5280	5300	4950	4960	4970	5340
海外应急行动及其他预算	1590	1150	820	850	630	510

（注：总预算 = 基础预算 + 海外应急行动及其他预算，单位：亿美元）

图书在版编目（CIP）数据

美国大势2016 = Mapping the USA. 2016/中国现代国际关系研究院美国研究所编. —北京：时事出版社，2017. 9
ISBN 978-7-5195-0079-5

Ⅰ. ①美… Ⅱ. ①中… Ⅲ. ①美国—研究 Ⅳ. ①D771. 2

中国版本图书馆CIP数据核字（2017）第166412号

出版发行：时事出版社
地　　址：北京市海淀区万寿寺甲2号
邮　　编：100081
发行热线：（010）88547590　88547591
读者服务部：（010）88547595
传　　真：（010）88547592
电子邮箱：shishichubanshe@ sina. com
网　　址：www. shishishe. com
印　　刷：北京市昌平百善印刷厂

开本：787 × 1092　1/16　印张：20　字数：338千字
2017年9月第1版　2017年9月第1次印刷
定价：110. 00元
（如有印装质量问题，请与本社发行部联系调换）